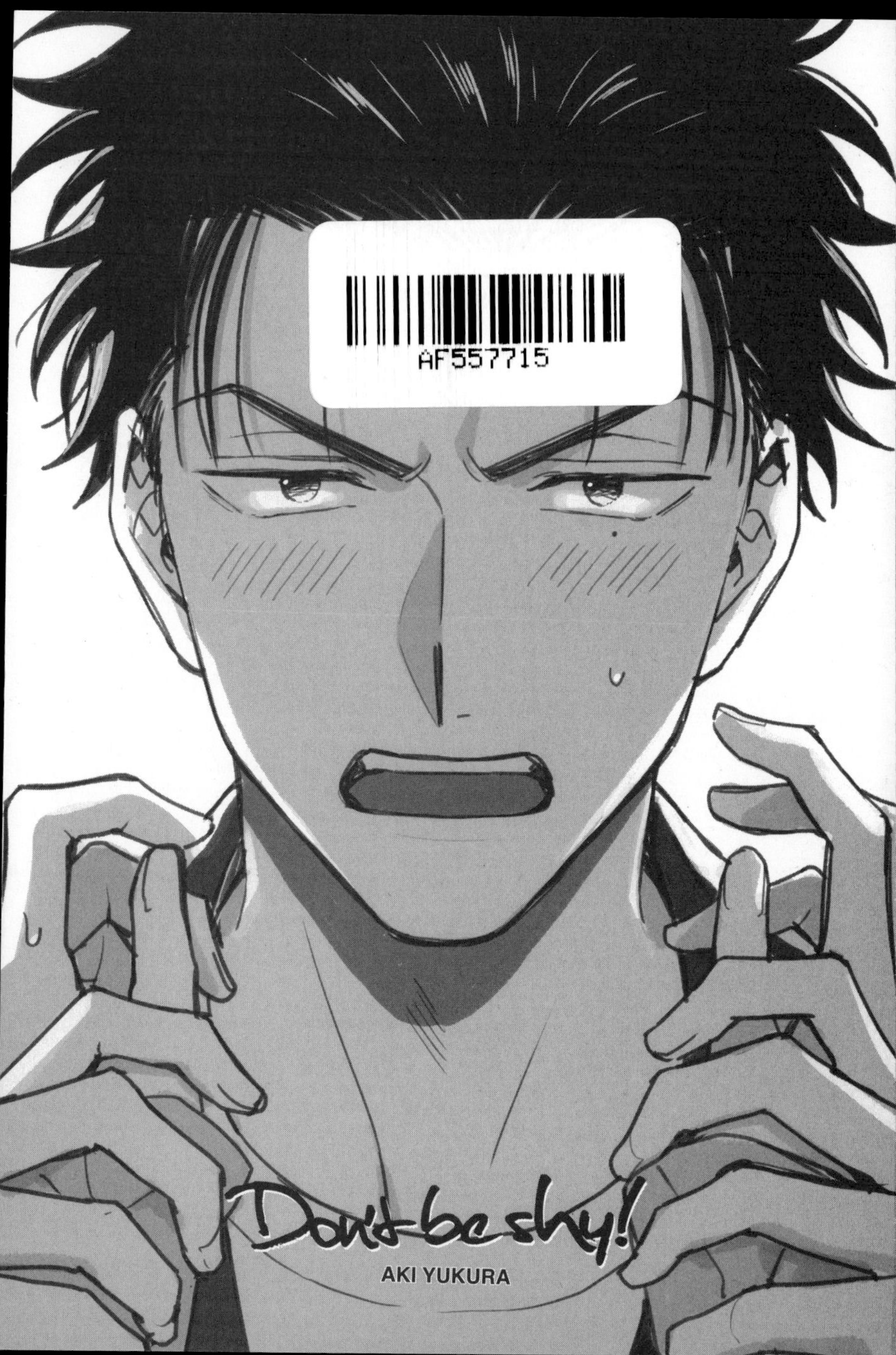

Don't be shy!
AKI YUKURA

INHALT

DON'T BE SHY! 2

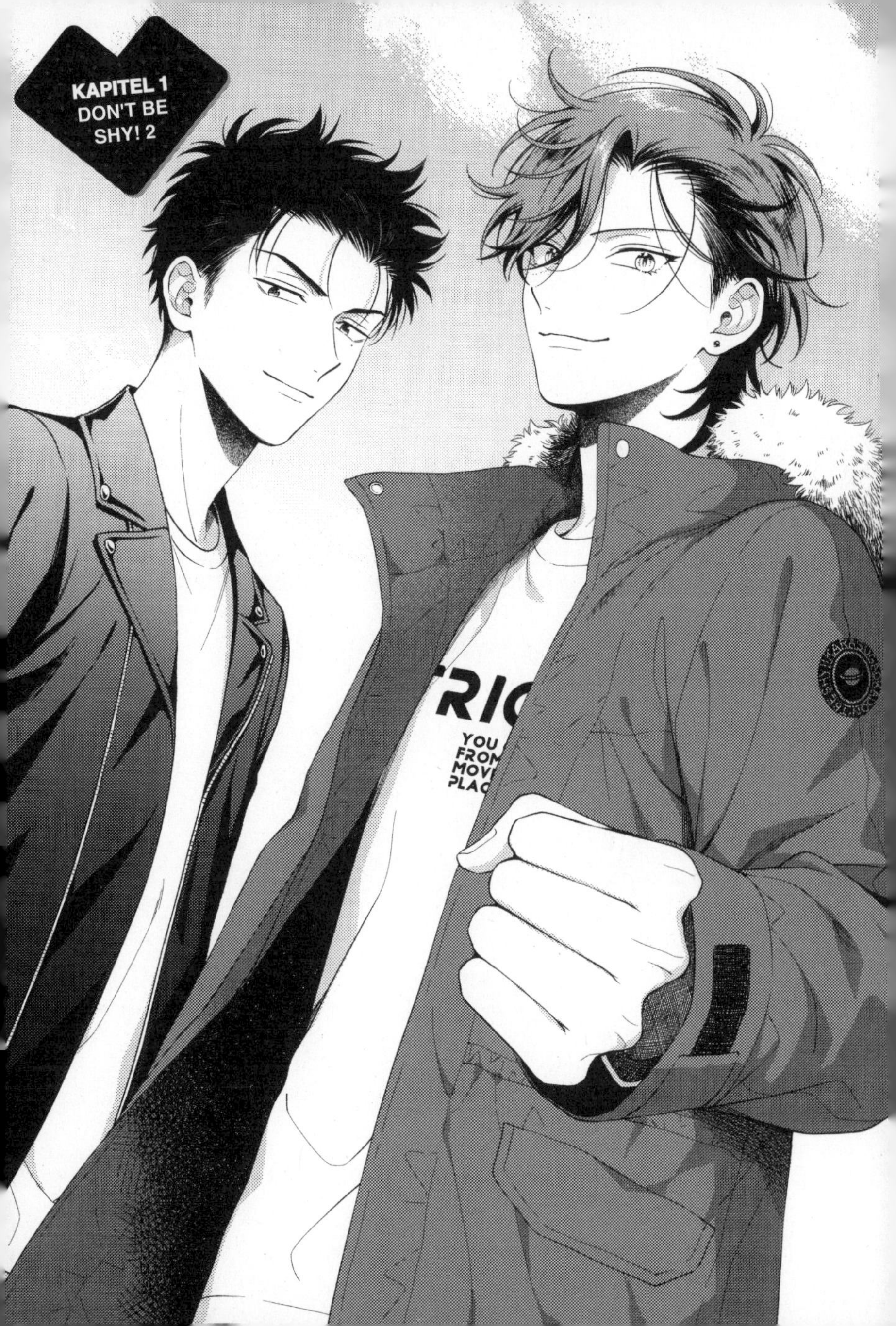
KAPITEL 1
DON'T BE
SHY! 2

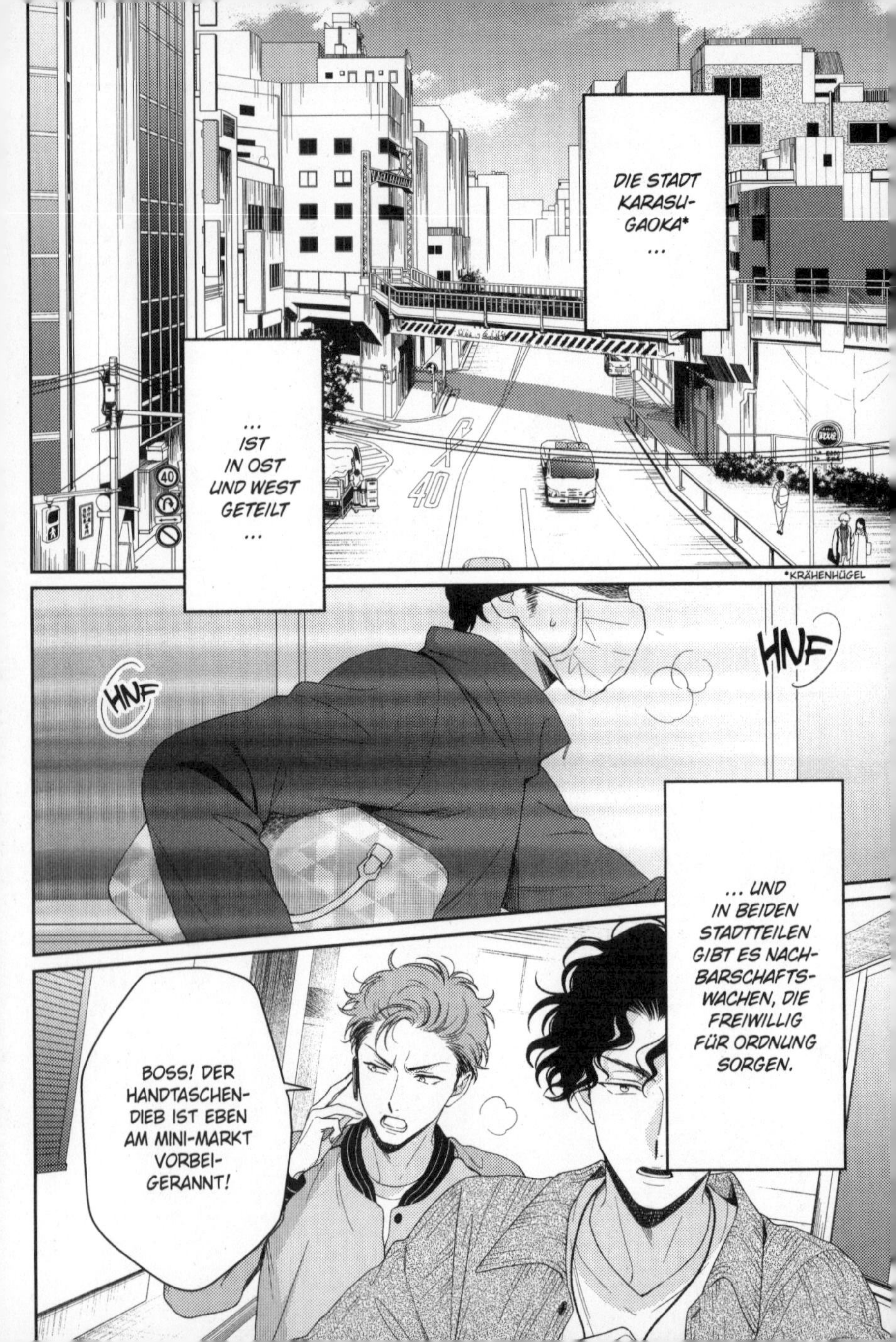
DIE STADT KARASU-GAOKA* ...
... IST IN OST UND WEST GETEILT ...
*KRÄHENHÜGEL
HNF
HNF
... UND IN BEIDEN STADTTEILEN GIBT ES NACH-BARSCHAFTS-WACHEN, DIE FREIWILLIG FÜR ORDNUNG SORGEN.
BOSS! DER HANDTASCHEN-DIEB IST EBEN AM MINI-MARKT VORBEI-GERANNT!

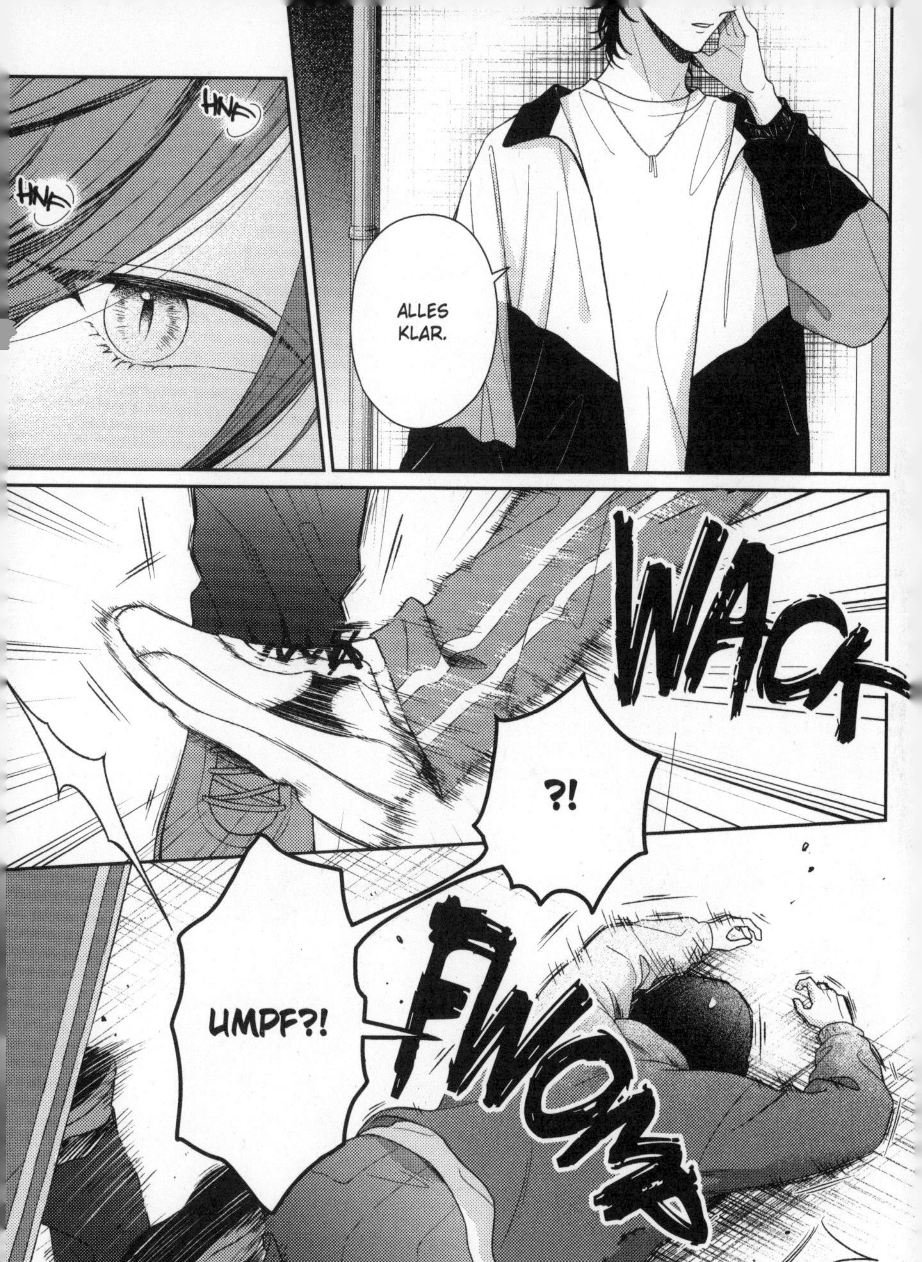
HNF
HNF
ALLES KLAR.
WACK
?!
UMPF?!
FWOMP

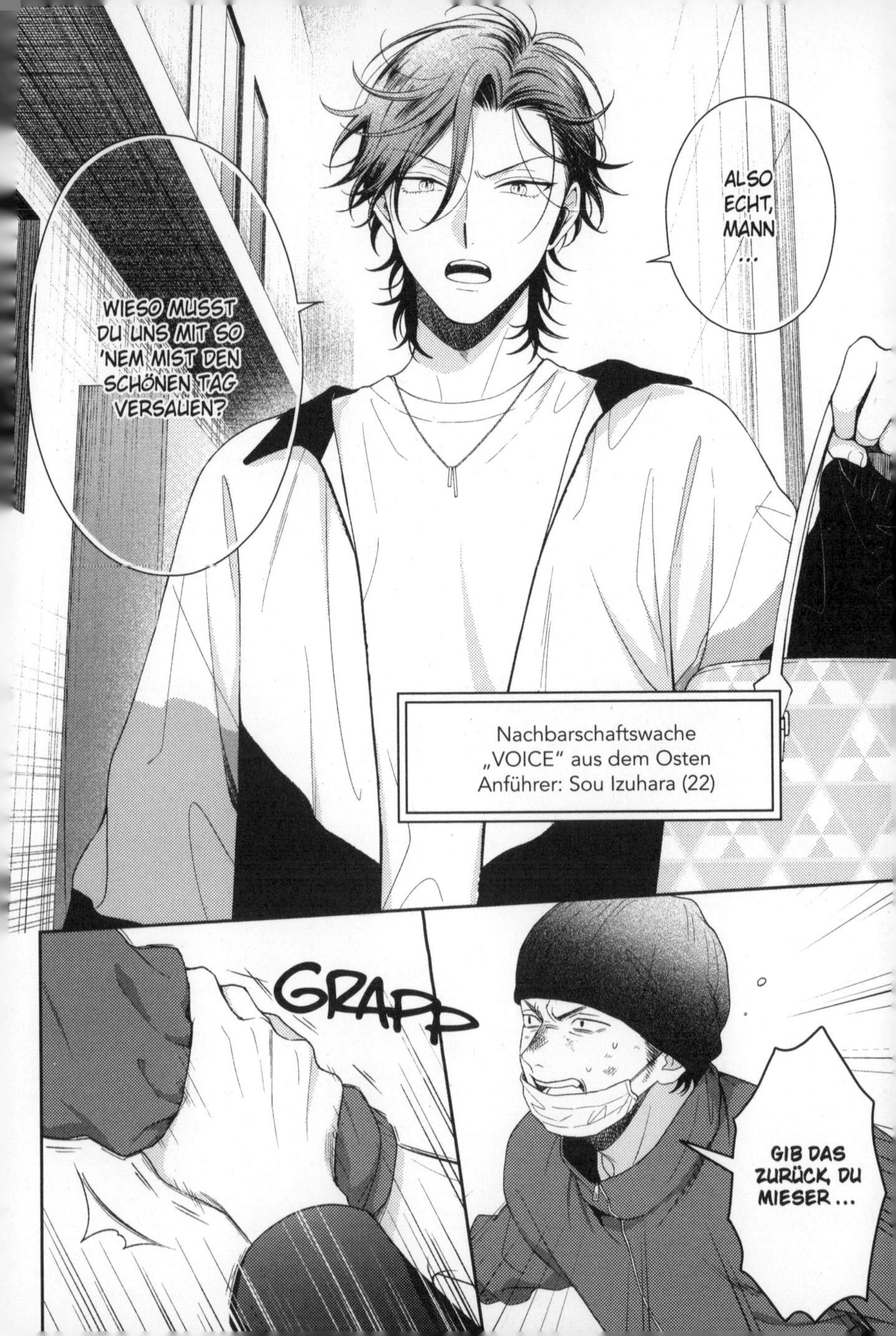
ALSO ECHT, MANN ...
WIESO MUSST DU UNS MIT SO 'NEM MIST DEN SCHÖNEN TAG VERSAUEN?
Nachbarschaftswache „VOICE" aus dem Osten Anführer: Sou Izuhara (22)
GRAPP
GIB DAS ZURÜCK, DU MIESER ...

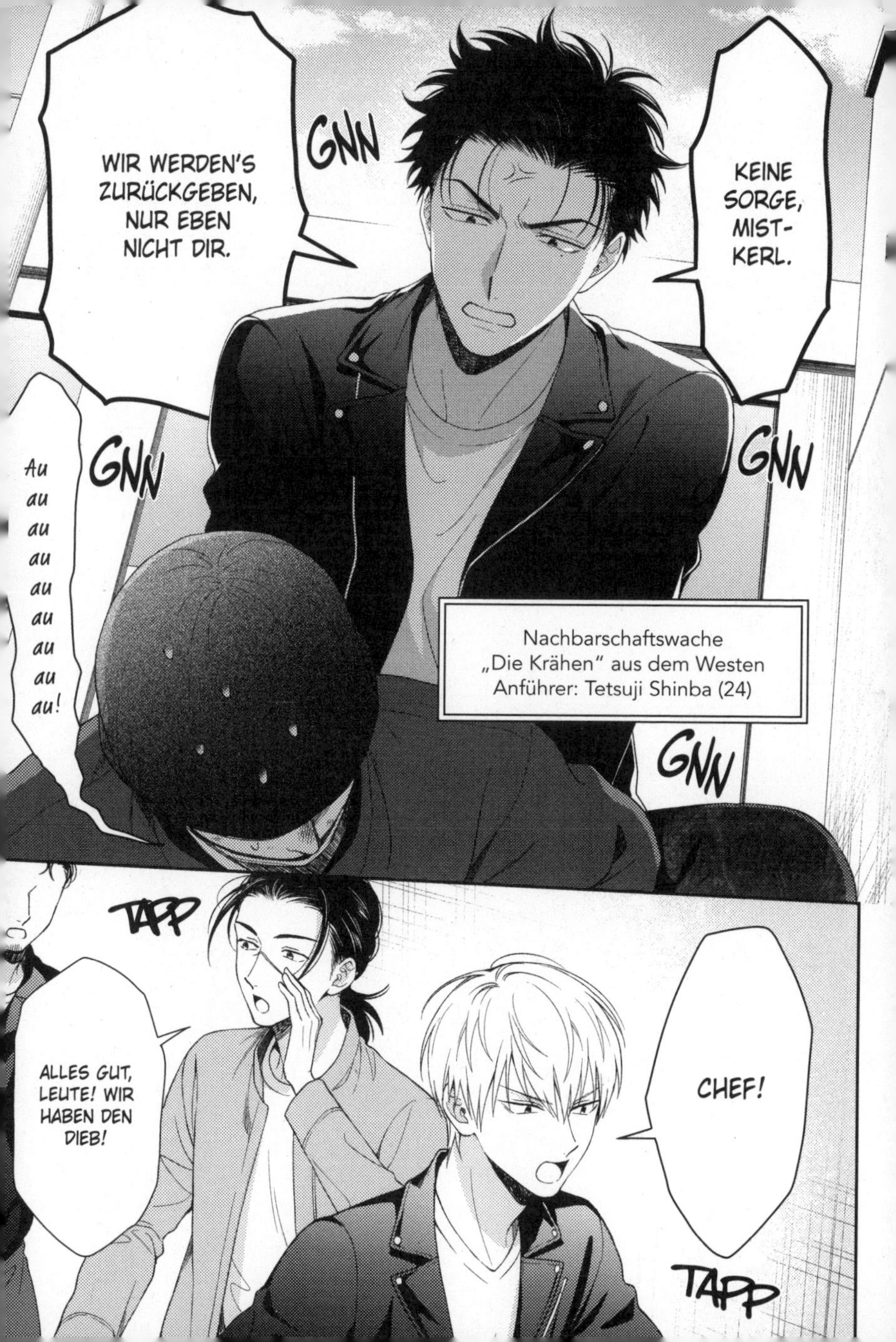
KEINE SORGE, MIST-KERL.
GNN
WIR WERDEN'S ZURÜCKGEBEN, NUR EBEN NICHT DIR.
GNN
GNN
Au au au au au au au au au!
Nachbarschaftswache „Die Krähen" aus dem Westen Anführer: Tetsuji Shinba (24)
GNN
TAPP
CHEF!
ALLES GUT, LEUTE! WIR HABEN DEN DIEB!
TAPP

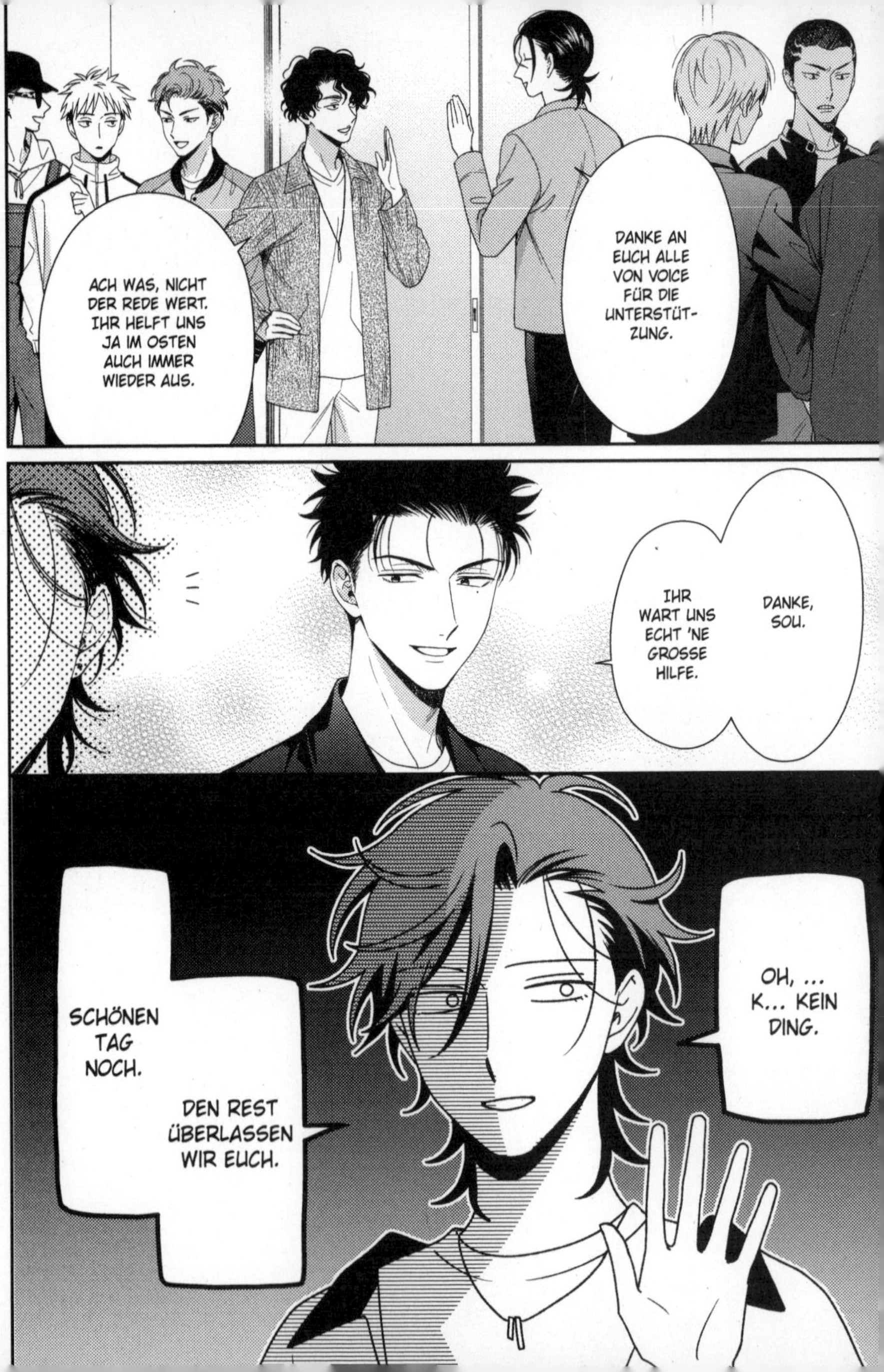

DANKE AN EUCH ALLE VON VOICE FÜR DIE UNTERSTÜTZUNG.

ACH WAS, NICHT DER REDE WERT. IHR HELFT UNS JA IM OSTEN AUCH IMMER WIEDER AUS.

DANKE, SOU.

IHR WART UNS ECHT 'NE GROSSE HILFE.

OH, ... K... KEIN DING.

DEN REST ÜBERLASSEN WIR EUCH.

SCHÖNEN TAG NOCH.

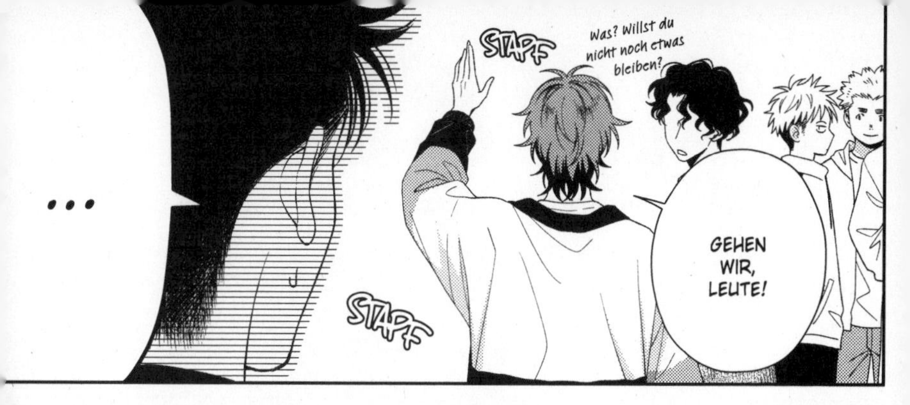

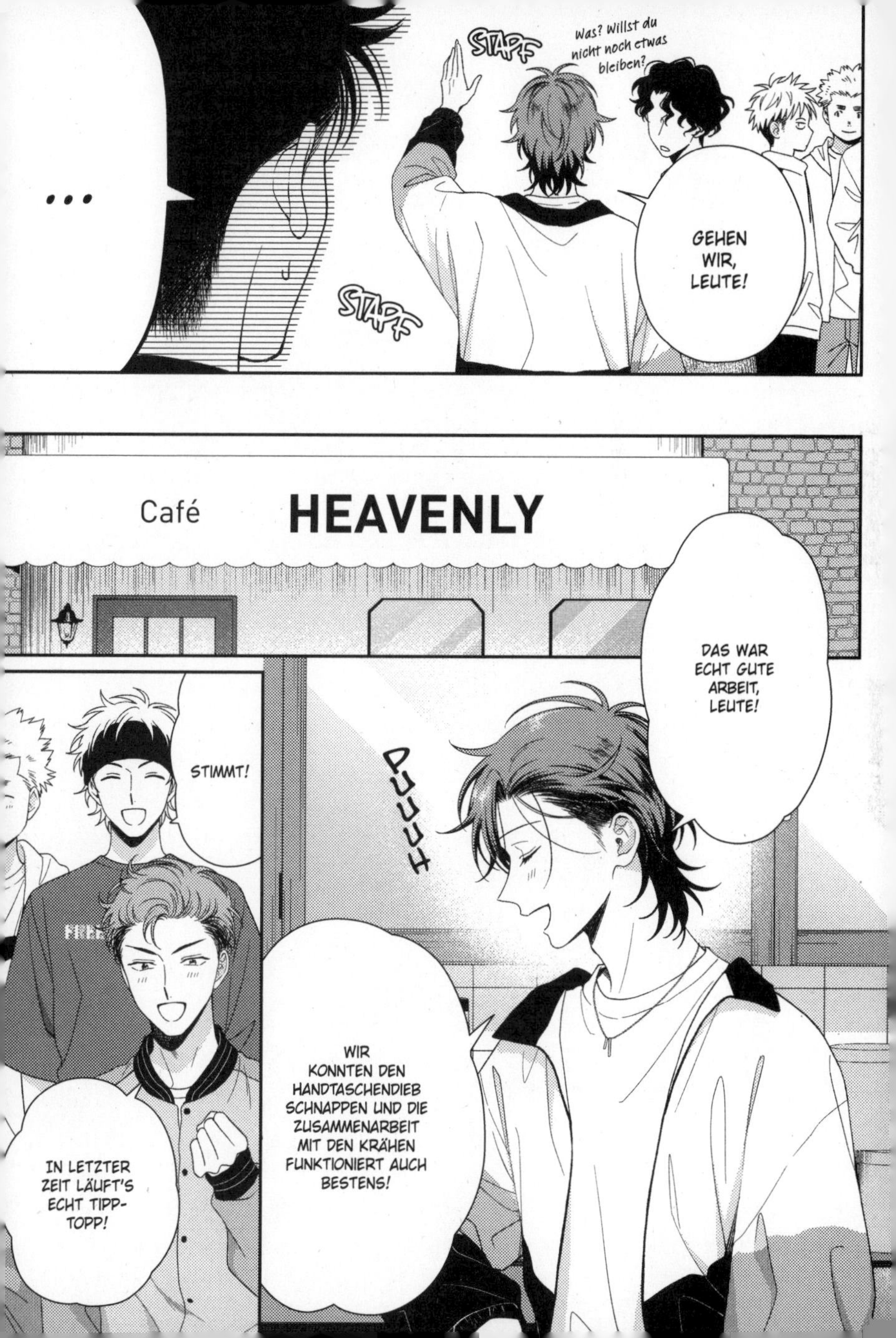

Café HEAVENLY

DAS WAR ECHT GUTE ARBEIT, LEUTE!

PUUUH

WIR KONNTEN DEN HANDTASCHENDIEB SCHNAPPEN UND DIE ZUSAMMENARBEIT MIT DEN KRÄHEN FUNKTIONIERT AUCH BESTENS!

STIMMT!

IN LETZTER ZEIT LÄUFT'S ECHT TIPP-TOPP!

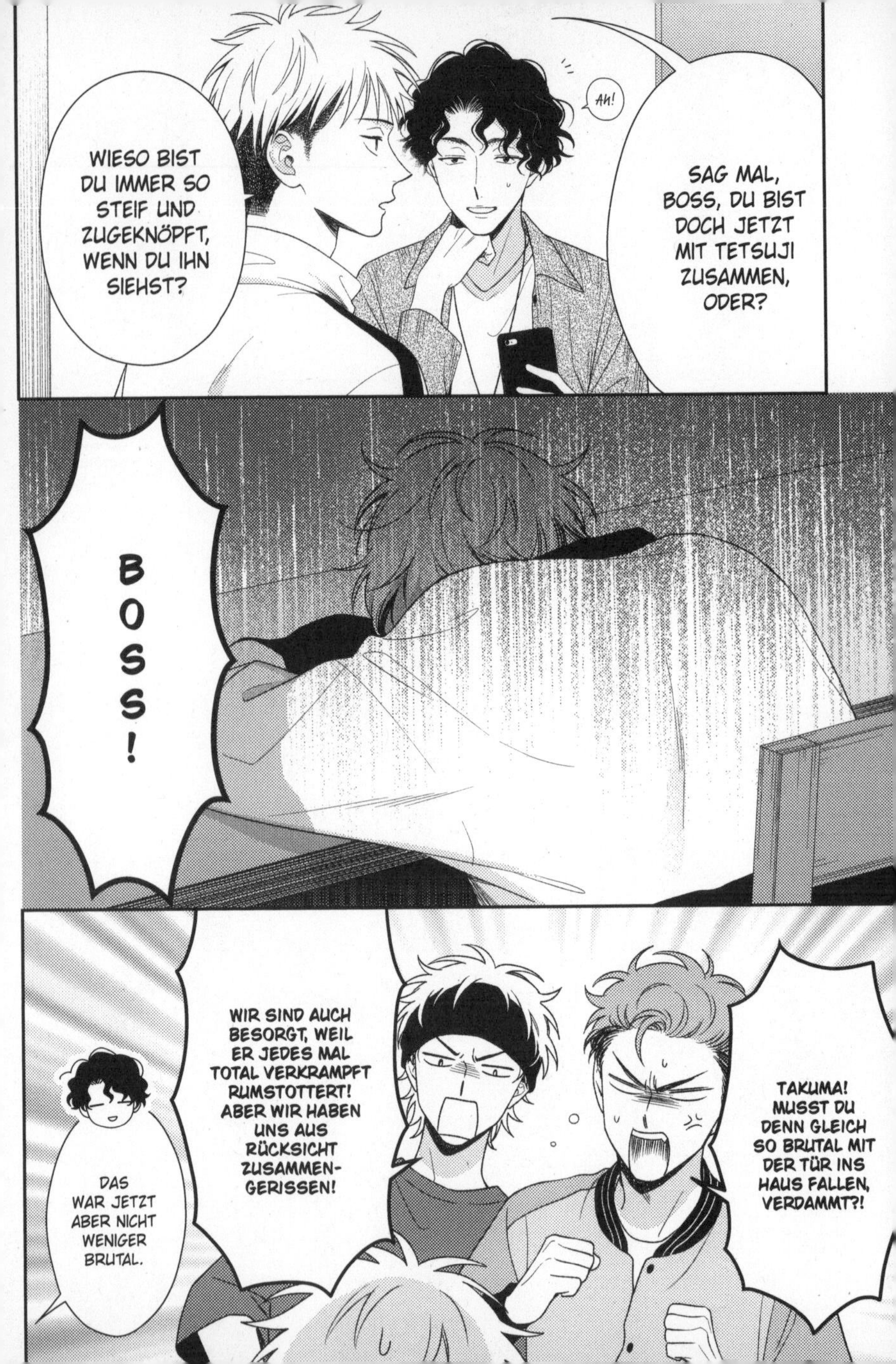
SAG MAL, BOSS, DU BIST DOCH JETZT MIT TETSUJI ZUSAMMEN, ODER?
Ah!
WIESO BIST DU IMMER SO STEIF UND ZUGEKNÖPFT, WENN DU IHN SIEHST?
BOSS!
TAKUMA! MUSST DU DENN GLEICH SO BRUTAL MIT DER TÜR INS HAUS FALLEN, VERDAMMT?!
WIR SIND AUCH BESORGT, WEIL ER JEDES MAL TOTAL VERKRAMPFT RUMSTOTTERT! ABER WIR HABEN UNS AUS RÜCKSICHT ZUSAMMEN-GERISSEN!
DAS WAR JETZT ABER NICHT WENIGER BRUTAL.

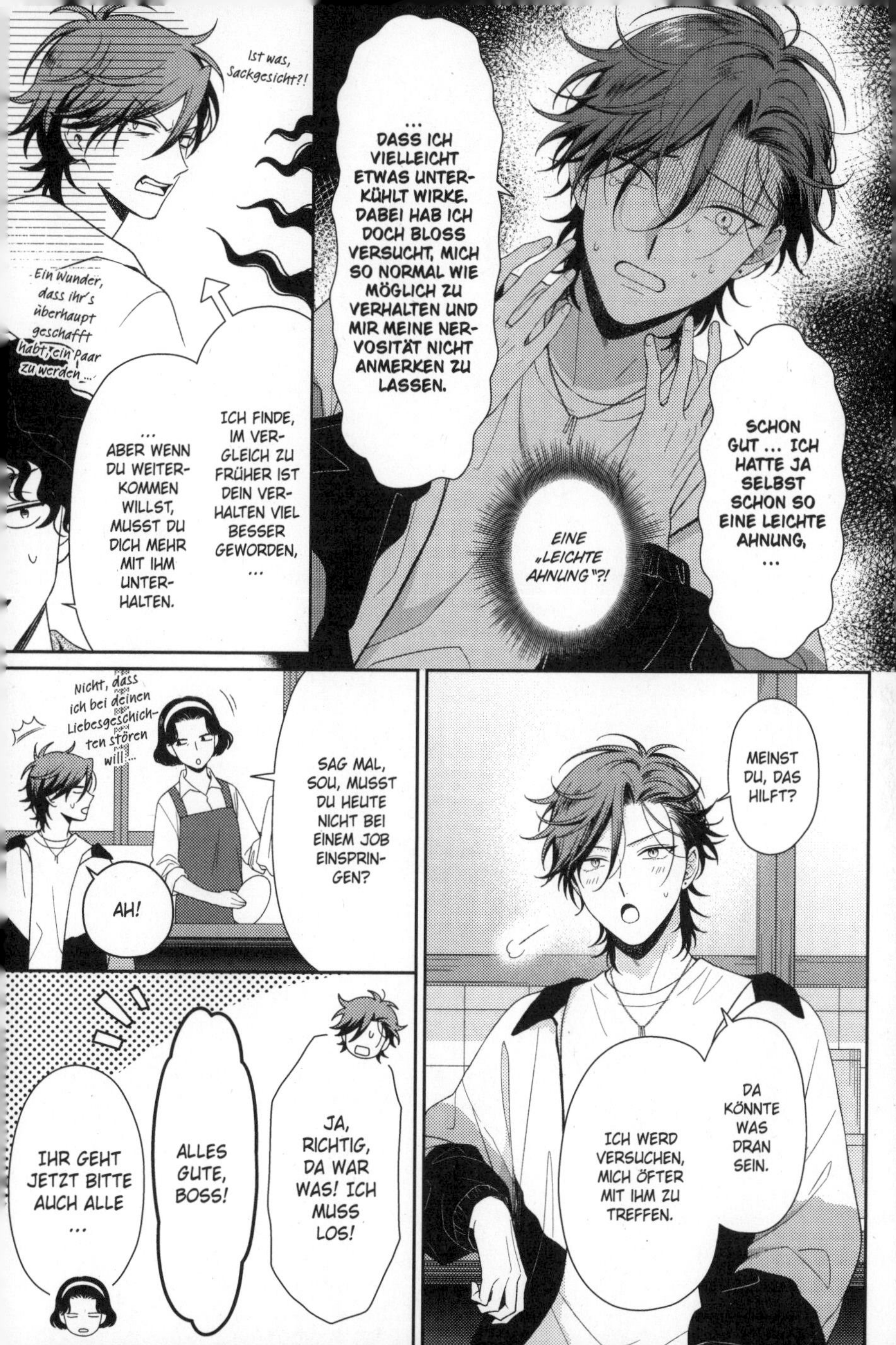
SCHON GUT … ICH HATTE JA SELBST SCHON SO EINE LEICHTE AHNUNG, …
EINE „LEICHTE AHNUNG"?!
… DASS ICH VIELLEICHT ETWAS UNTERKÜHLT WIRKE. DABEI HAB ICH DOCH BLOSS VERSUCHT, MICH SO NORMAL WIE MÖGLICH ZU VERHALTEN UND MIR MEINE NERVOSITÄT NICHT ANMERKEN ZU LASSEN.
ICH FINDE, IM VERGLEICH ZU FRÜHER IST DEIN VERHALTEN VIEL BESSER GEWORDEN, …
… ABER WENN DU WEITERKOMMEN WILLST, MUSST DU DICH MEHR MIT IHM UNTERHALTEN.
Ist was, Sackgesicht?!
Ein Wunder, dass ihr's überhaupt geschafft habt, ein Paar zu werden …
MEINST DU, DAS HILFT?
DA KÖNNTE WAS DRAN SEIN.
ICH WERD VERSUCHEN, MICH ÖFTER MIT IHM ZU TREFFEN.
SAG MAL, SOU, MUSST DU HEUTE NICHT BEI EINEM JOB EINSPRINGEN?
Nicht, dass ich bei deinen Liebesgeschichten stören will …
AH!
JA, RICHTIG, DA WAR WAS! ICH MUSS LOS!
ALLES GUTE, BOSS!
IHR GEHT JETZT BITTE AUCH ALLE …

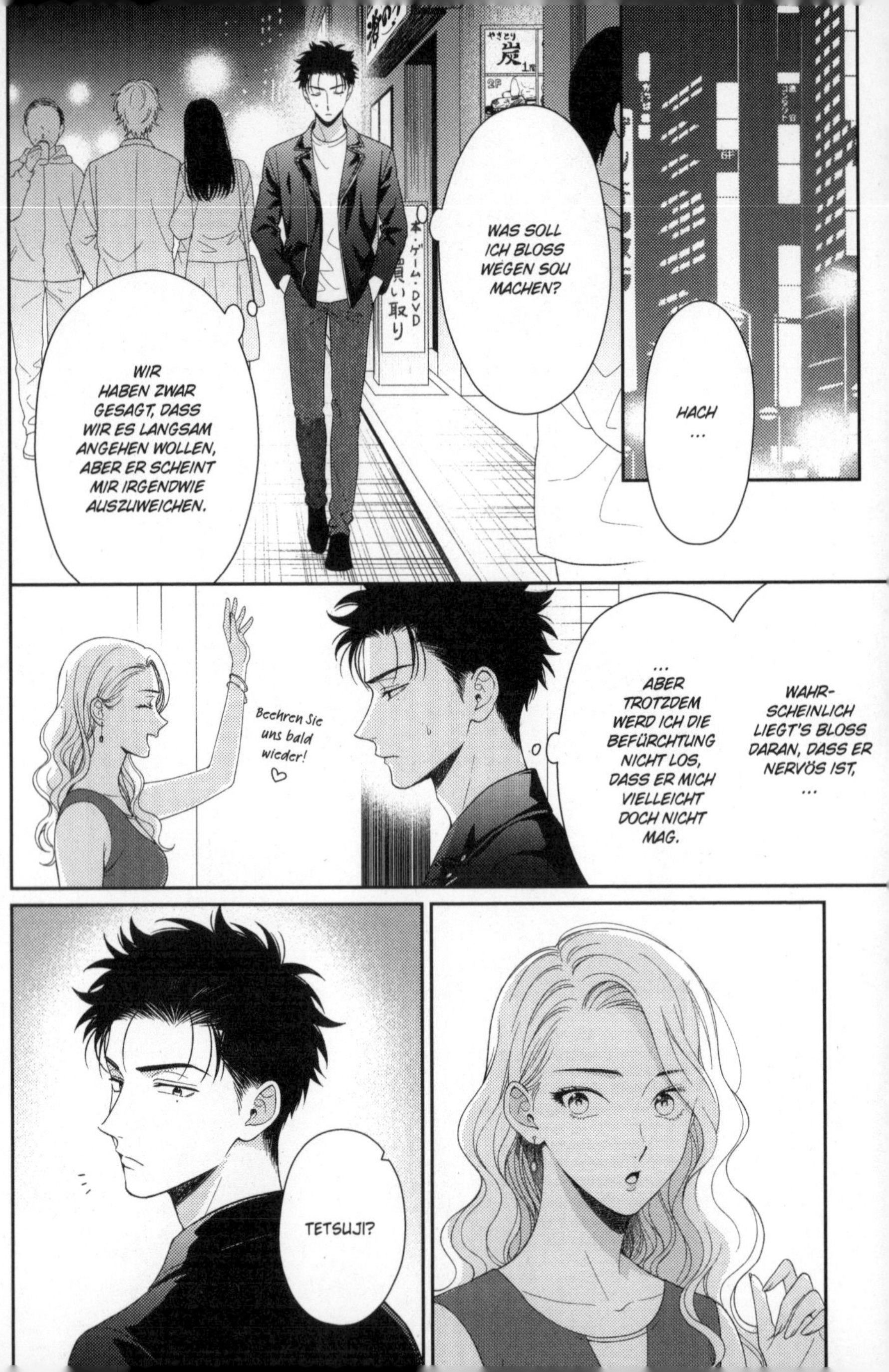

やきとり 炭

本・ゲーム・DVD 買い取り

WAS SOLL ICH BLOSS WEGEN SOU MACHEN?

HACH ...

WIR HABEN ZWAR GESAGT, DASS WIR ES LANGSAM ANGEHEN WOLLEN, ABER ER SCHEINT MIR IRGENDWIE AUSZUWEICHEN.

WAHR-SCHEINLICH LIEGT'S BLOSS DARAN, DASS ER NERVÖS IST, ...

... ABER TROTZDEM WERD ICH DIE BEFÜRCHTUNG NICHT LOS, DASS ER MICH VIELLEICHT DOCH NICHT MAG.

Beehren Sie uns bald wieder! ♡

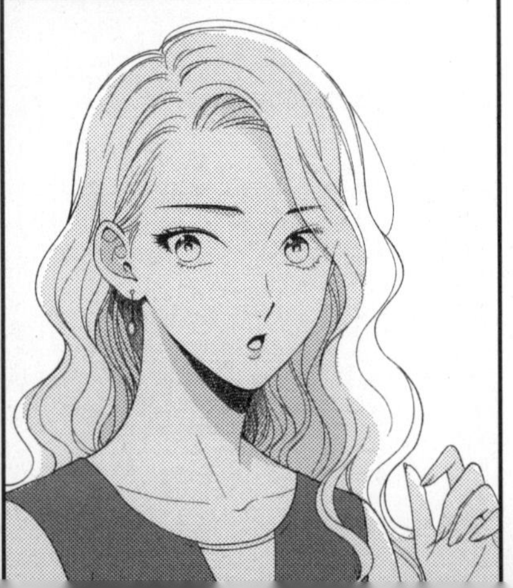

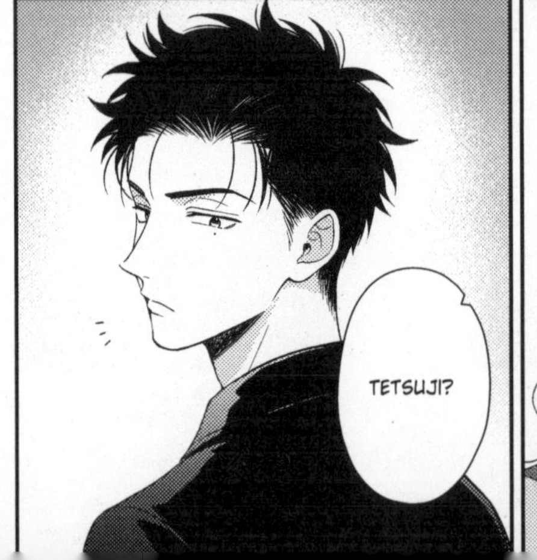

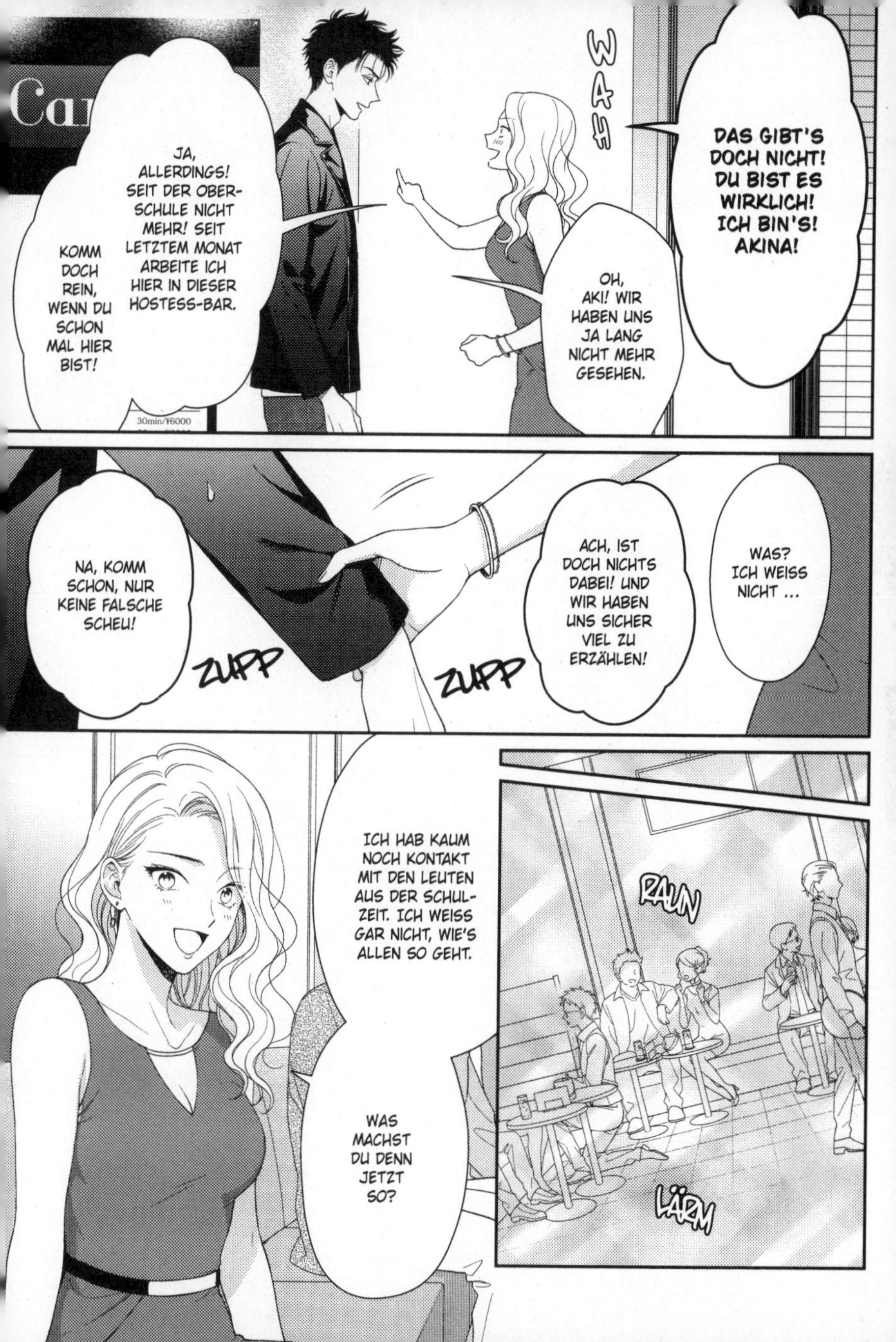
DAS GIBT'S DOCH NICHT! DU BIST ES WIRKLICH! ICH BIN'S! AKINA!
WAH
OH, AKI! WIR HABEN UNS JA LANG NICHT MEHR GESEHEN.
JA, ALLERDINGS! SEIT DER OBER-SCHULE NICHT MEHR! SEIT LETZTEM MONAT ARBEITE ICH HIER IN DIESER HOSTESS-BAR.
KOMM DOCH REIN, WENN DU SCHON MAL HIER BIST!
30min/¥6000
WAS? ICH WEISS NICHT …
ACH, IST DOCH NICHTS DABEI! UND WIR HABEN UNS SICHER VIEL ZU ERZÄHLEN!
ZUPP
ZUPP
NA, KOMM SCHON, NUR KEINE FALSCHE SCHEU!
RAUN
LÄRM
ICH HAB KAUM NOCH KONTAKT MIT DEN LEUTEN AUS DER SCHUL-ZEIT. ICH WEISS GAR NICHT, WIE'S ALLEN SO GEHT.
WAS MACHST DU DENN JETZT SO?

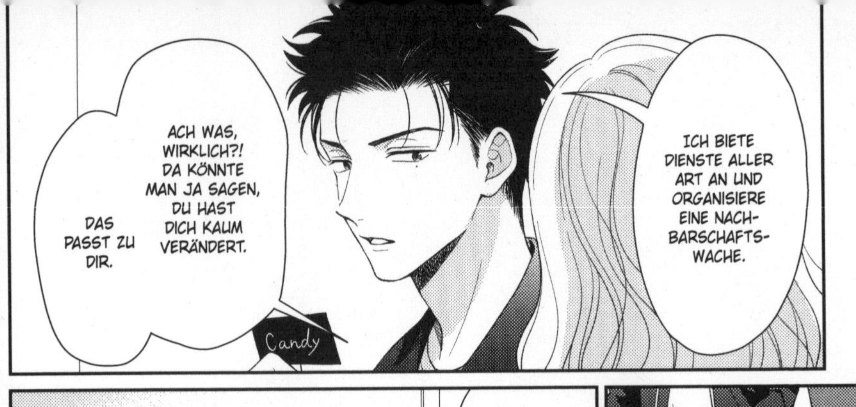

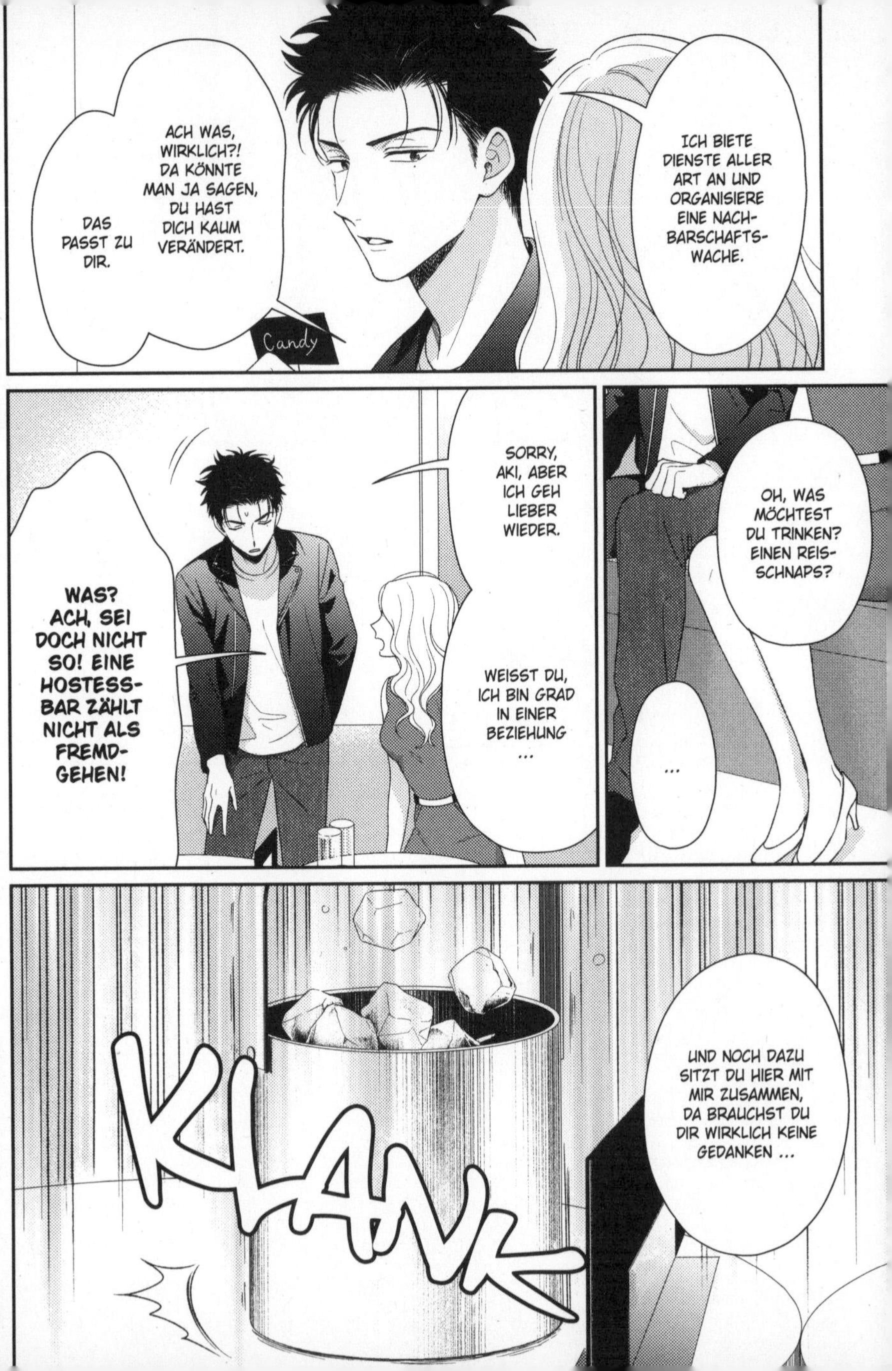

OH, WAS MÖCHTEST DU TRINKEN? EINEN REIS-SCHNAPS?

...

SORRY, AKI, ABER ICH GEH LIEBER WIEDER.

WEISST DU, ICH BIN GRAD IN EINER BEZIEHUNG ...

WAS? ACH, SEI DOCH NICHT SO! EINE HOSTESS-BAR ZÄHLT NICHT ALS FREMD-GEHEN!

UND NOCH DAZU SITZT DU HIER MIT MIR ZUSAMMEN, DA BRAUCHST DU DIR WIRKLICH KEINE GEDANKEN ...

KLANK

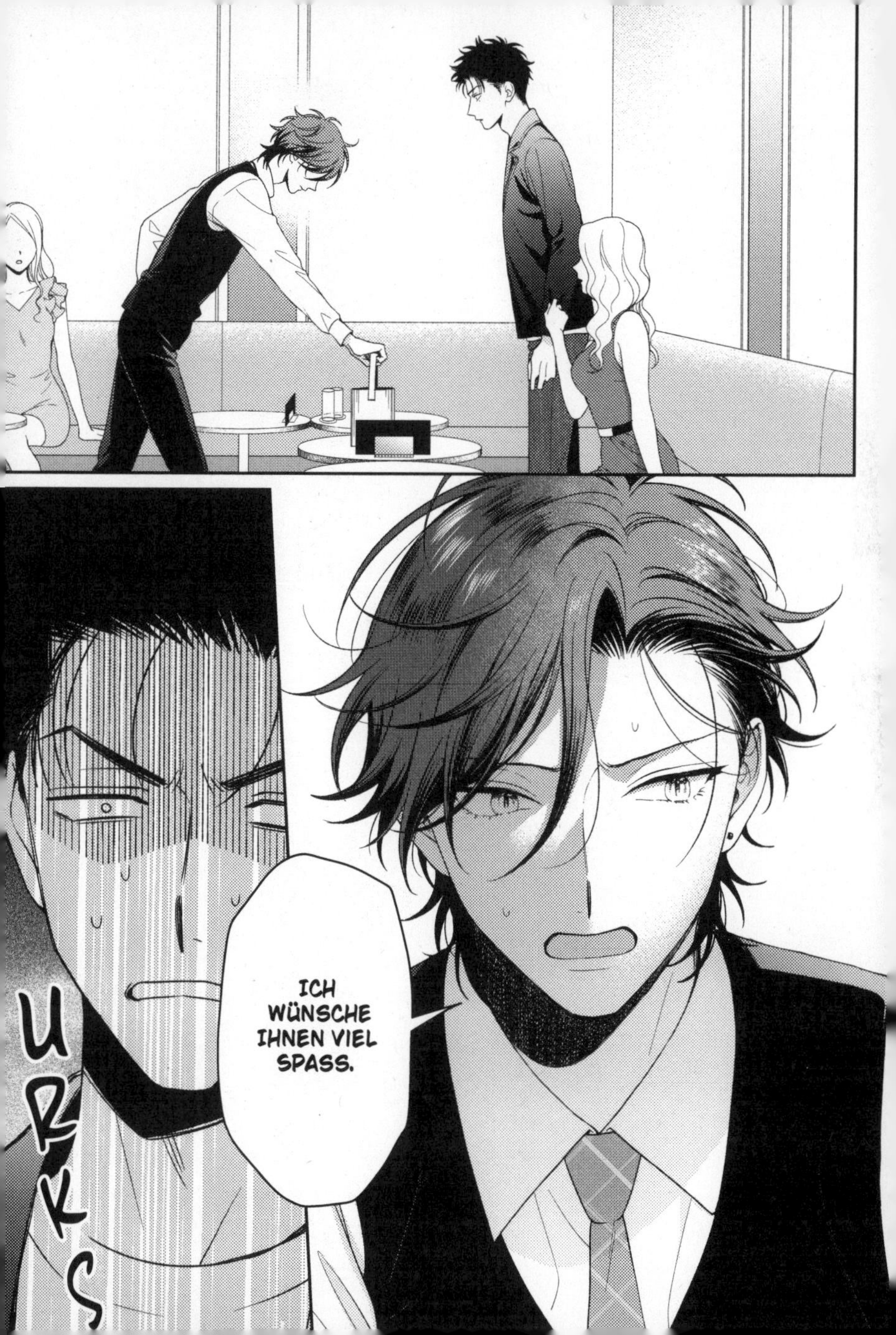
ICH WÜNSCHE IHNEN VIEL SPASS.
URKS

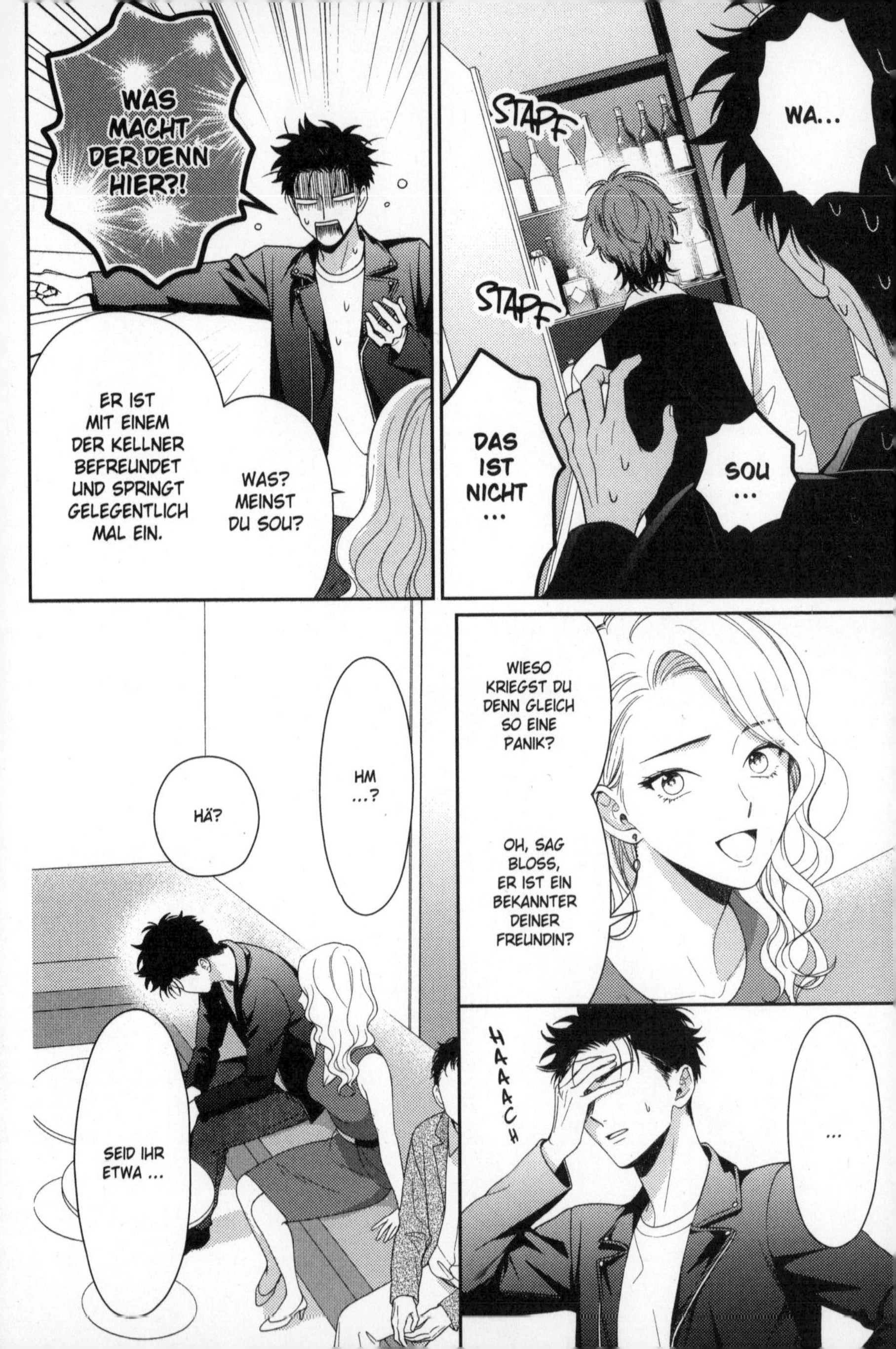
WA...
STAPF
STAPF
SOU ...
DAS IST NICHT ...
WAS MACHT DER DENN HIER?!
WAS? MEINST DU SOU?
ER IST MIT EINEM DER KELLNER BEFREUNDET UND SPRINGT GELEGENTLICH MAL EIN.
WIESO KRIEGST DU DENN GLEICH SO EINE PANIK?
OH, SAG BLOSS, ER IST EIN BEKANNTER DEINER FREUNDIN?
HAAACH
...
HM ...?
HÄ?
SEID IHR ETWA ...

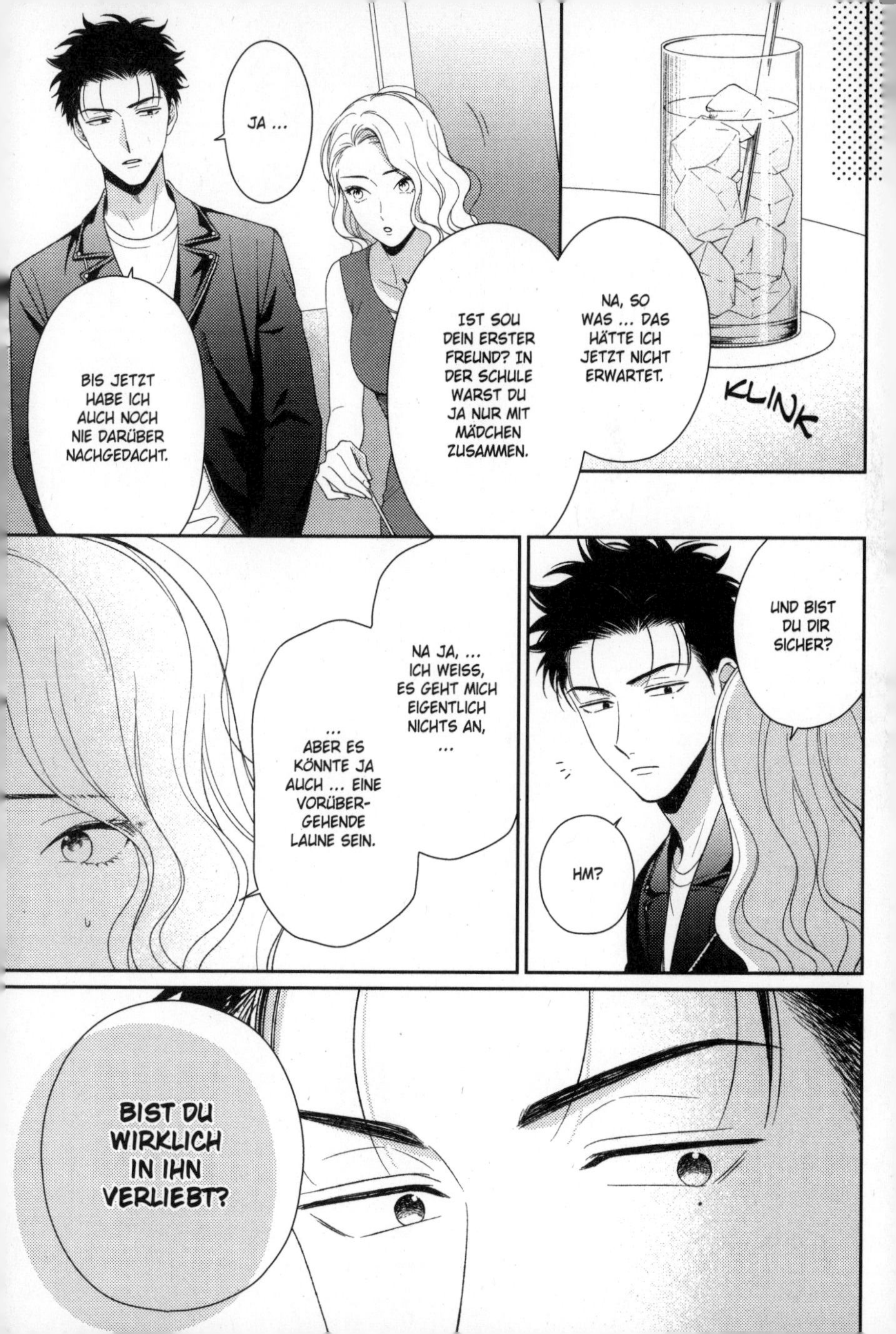
KLINK
NA, SO WAS ... DAS HÄTTE ICH JETZT NICHT ERWARTET.
IST SOU DEIN ERSTER FREUND? IN DER SCHULE WARST DU JA NUR MIT MÄDCHEN ZUSAMMEN.
JA ...
BIS JETZT HABE ICH AUCH NOCH NIE DARÜBER NACHGEDACHT.
UND BIST DU DIR SICHER?
HM?
NA JA, ... ICH WEISS, ES GEHT MICH EIGENTLICH NICHTS AN, ...
... ABER ES KÖNNTE JA AUCH ... EINE VORÜBER-GEHENDE LAUNE SEIN.
BIST DU WIRKLICH IN IHN VERLIEBT?

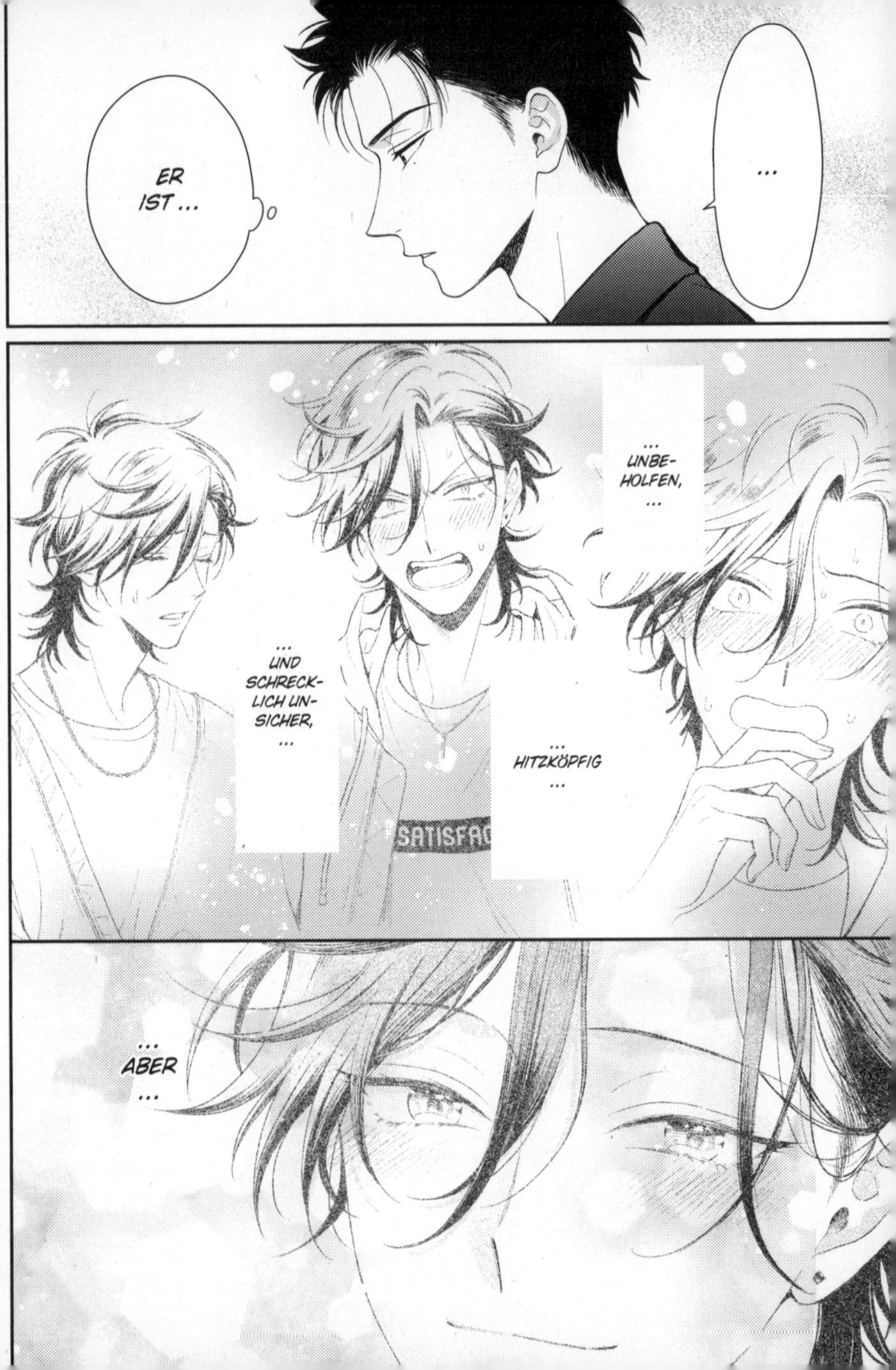

...

ER IST ...

... UNBEHOLFEN, ...

... HITZKÖPFIG ...

... UND SCHRECKLICH UNSICHER, ...

SATISFAC

... ABER ...

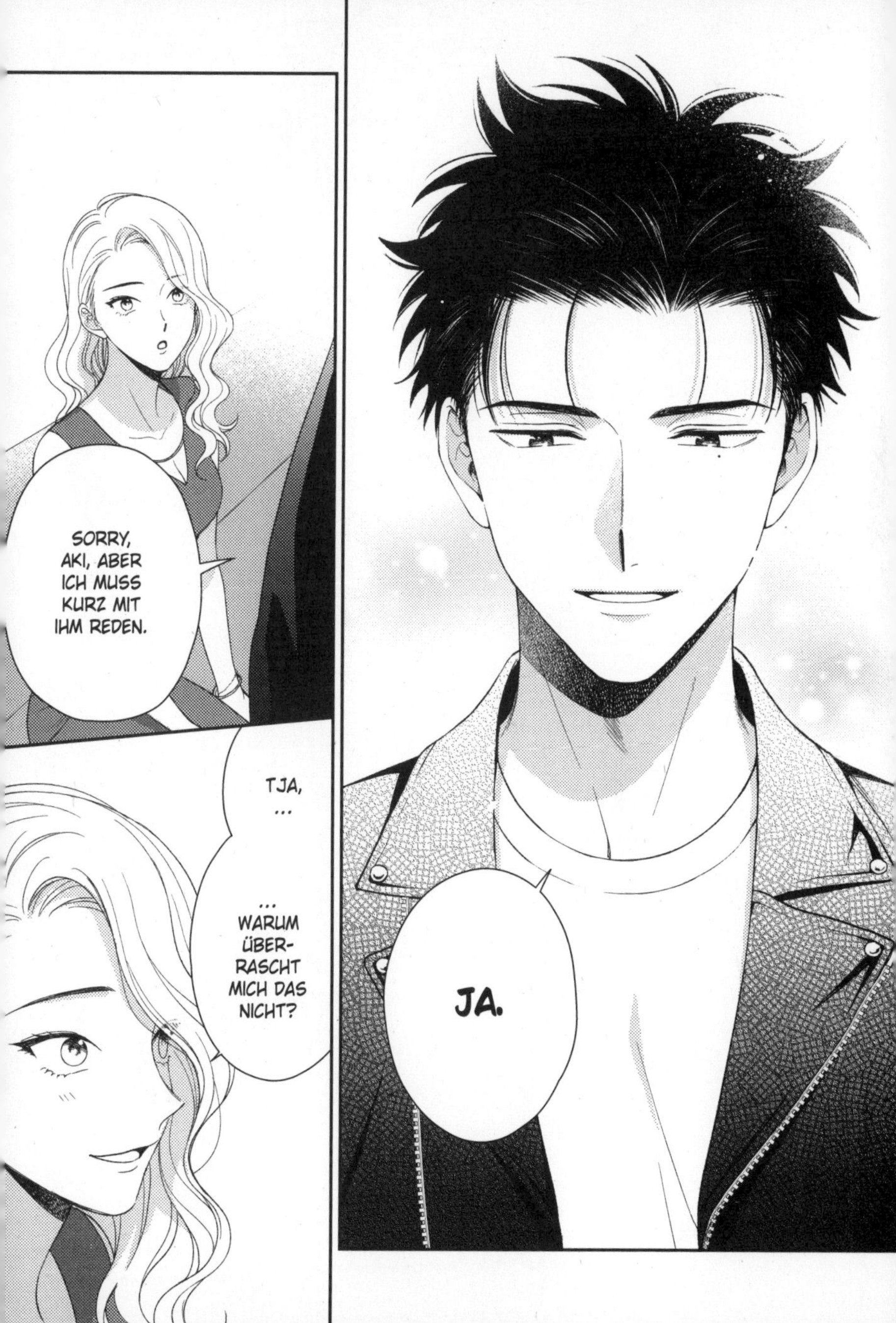
JA.
SORRY, AKI, ABER ICH MUSS KURZ MIT IHM REDEN.
TJA, …
… WARUM ÜBER-RASCHT MICH DAS NICHT?

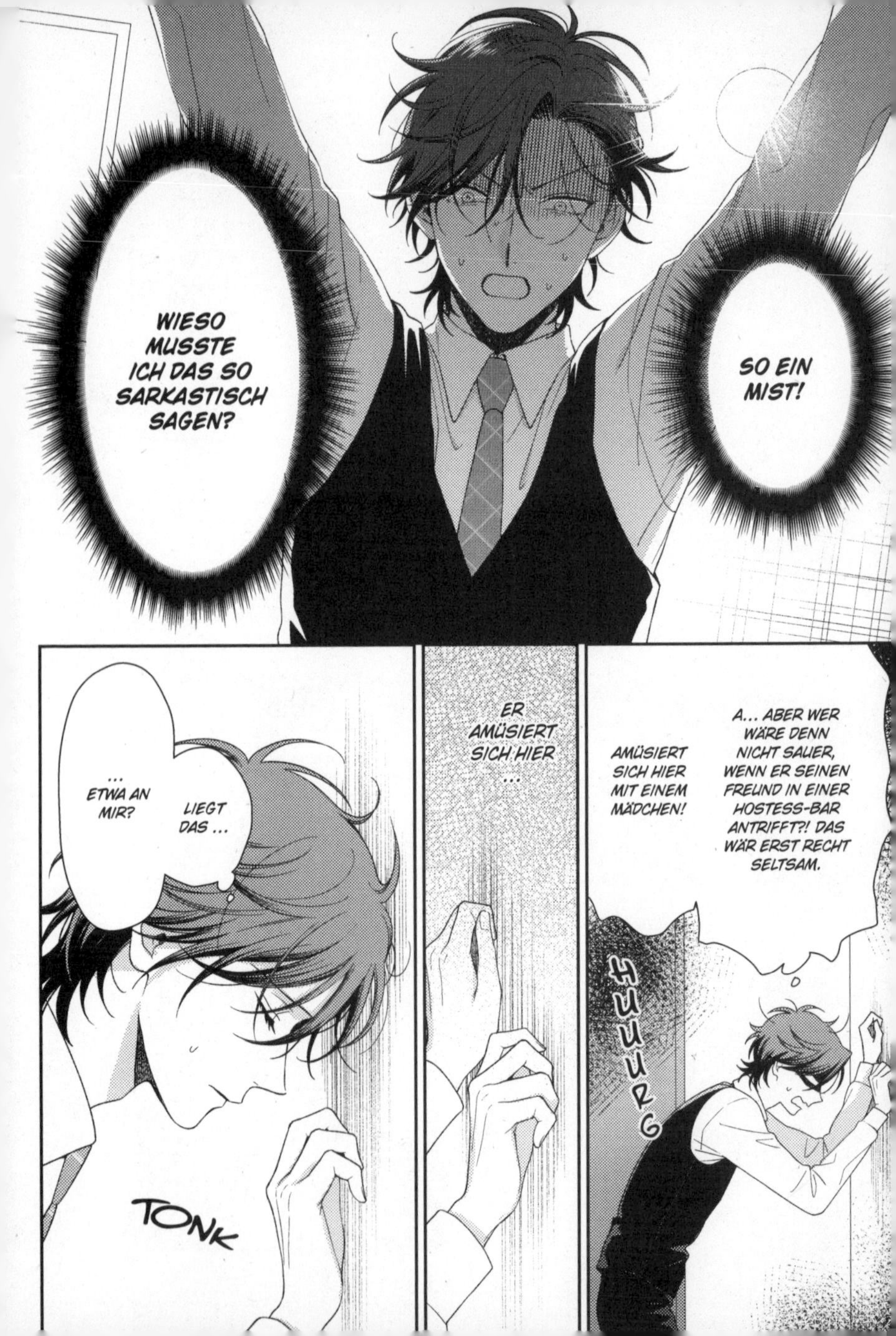
SO EIN MIST!
WIESO MUSSTE ICH DAS SO SARKASTISCH SAGEN?
A... ABER WER WÄRE DENN NICHT SAUER, WENN ER SEINEN FREUND IN EINER HOSTESS-BAR ANTRIFFT?! DAS WÄR ERST RECHT SELTSAM.
AMÜSIERT SICH HIER MIT EINEM MÄDCHEN!
HUUURG
ER AMÜSIERT SICH HIER ...
LIEGT DAS ...
... ETWA AN MIR?
TONK

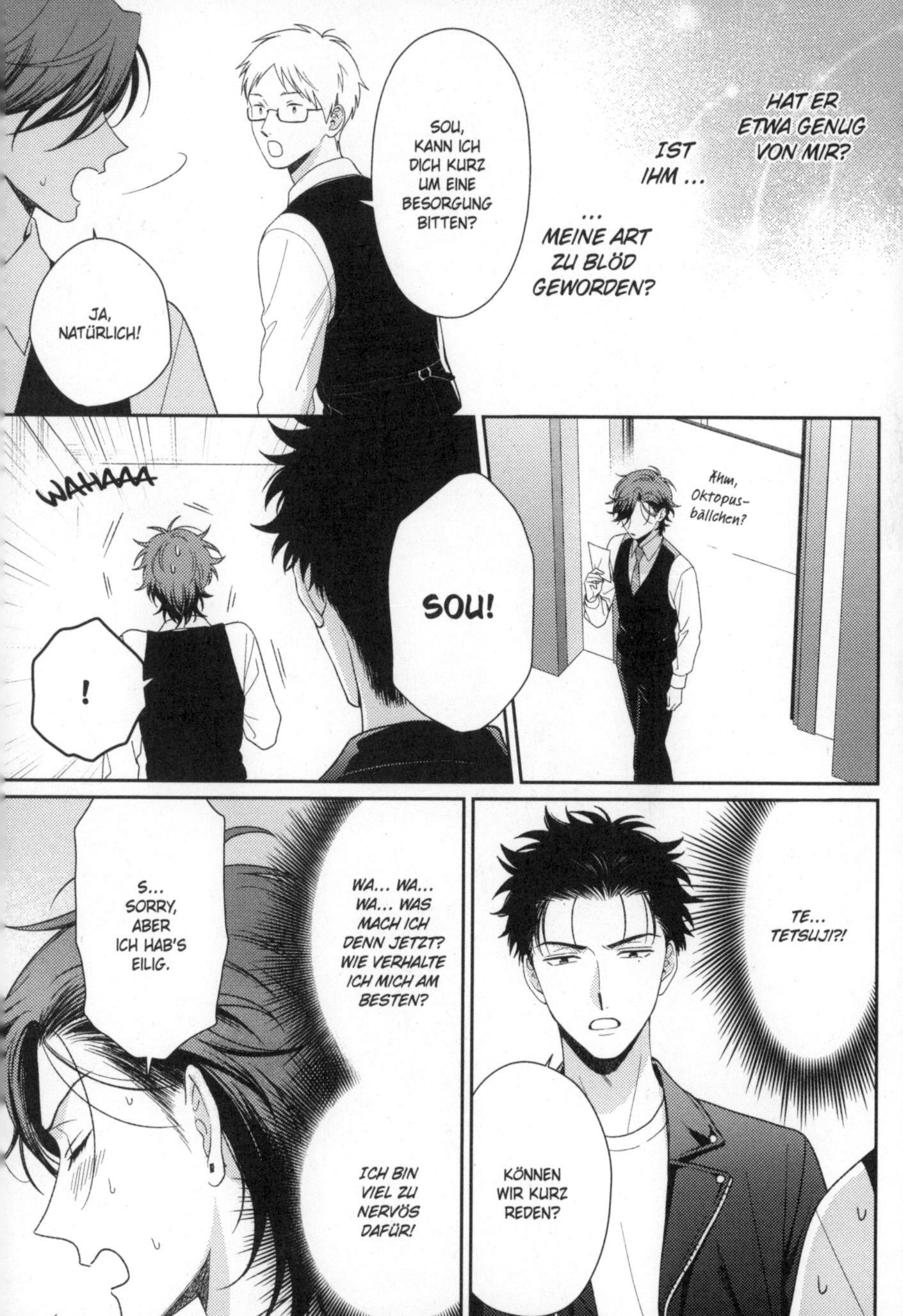
HAT ER ETWA GENUG VON MIR?
IST IHM …
… MEINE ART ZU BLÖD GEWORDEN?
SOU, KANN ICH DICH KURZ UM EINE BESORGUNG BITTEN?
JA, NATÜRLICH!
Ähm, Oktopusbällchen?
SOU!
WAHAAA
!
TE… TETSUJI?!
KÖNNEN WIR KURZ REDEN?
WA… WA… WA… WAS MACH ICH DENN JETZT? WIE VERHALTE ICH MICH AM BESTEN?
ICH BIN VIEL ZU NERVÖS DAFÜR!
S… SORRY, ABER ICH HAB'S EILIG.

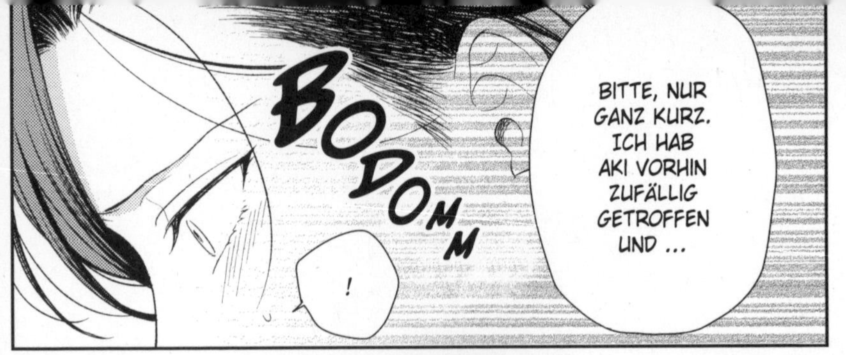

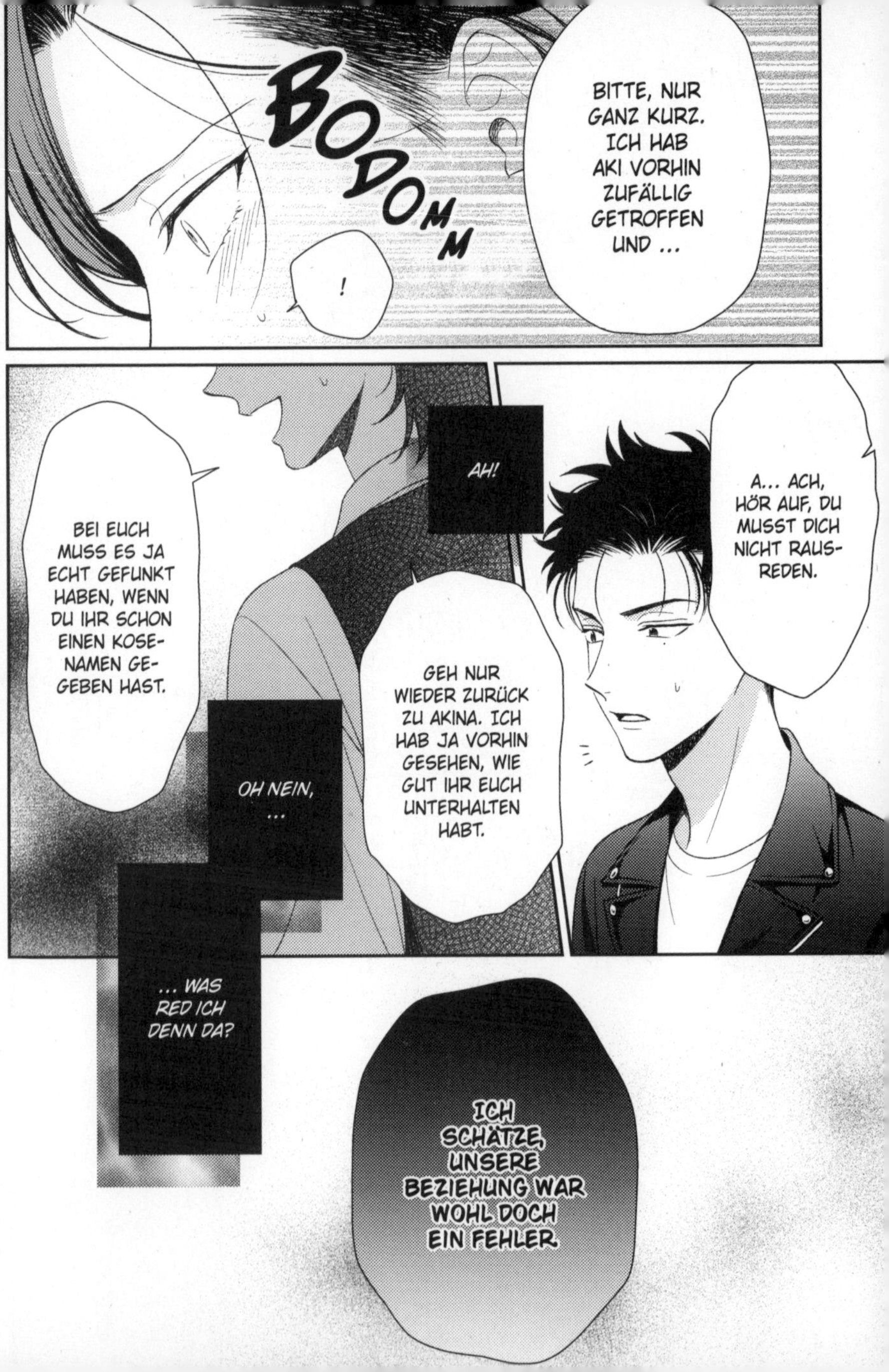

A… ACH, HÖR AUF, DU MUSST DICH NICHT RAUS-REDEN.

AH!

GEH NUR WIEDER ZURÜCK ZU AKINA. ICH HAB JA VORHIN GESEHEN, WIE GUT IHR EUCH UNTERHALTEN HABT.

BEI EUCH MUSS ES JA ECHT GEFUNKT HABEN, WENN DU IHR SCHON EINEN KOSE-NAMEN GE-GEBEN HAST.

OH NEIN, …

… WAS RED ICH DENN DA?

ICH SCHÄTZE, UNSERE BEZIEHUNG WAR WOHL DOCH EIN FEHLER.

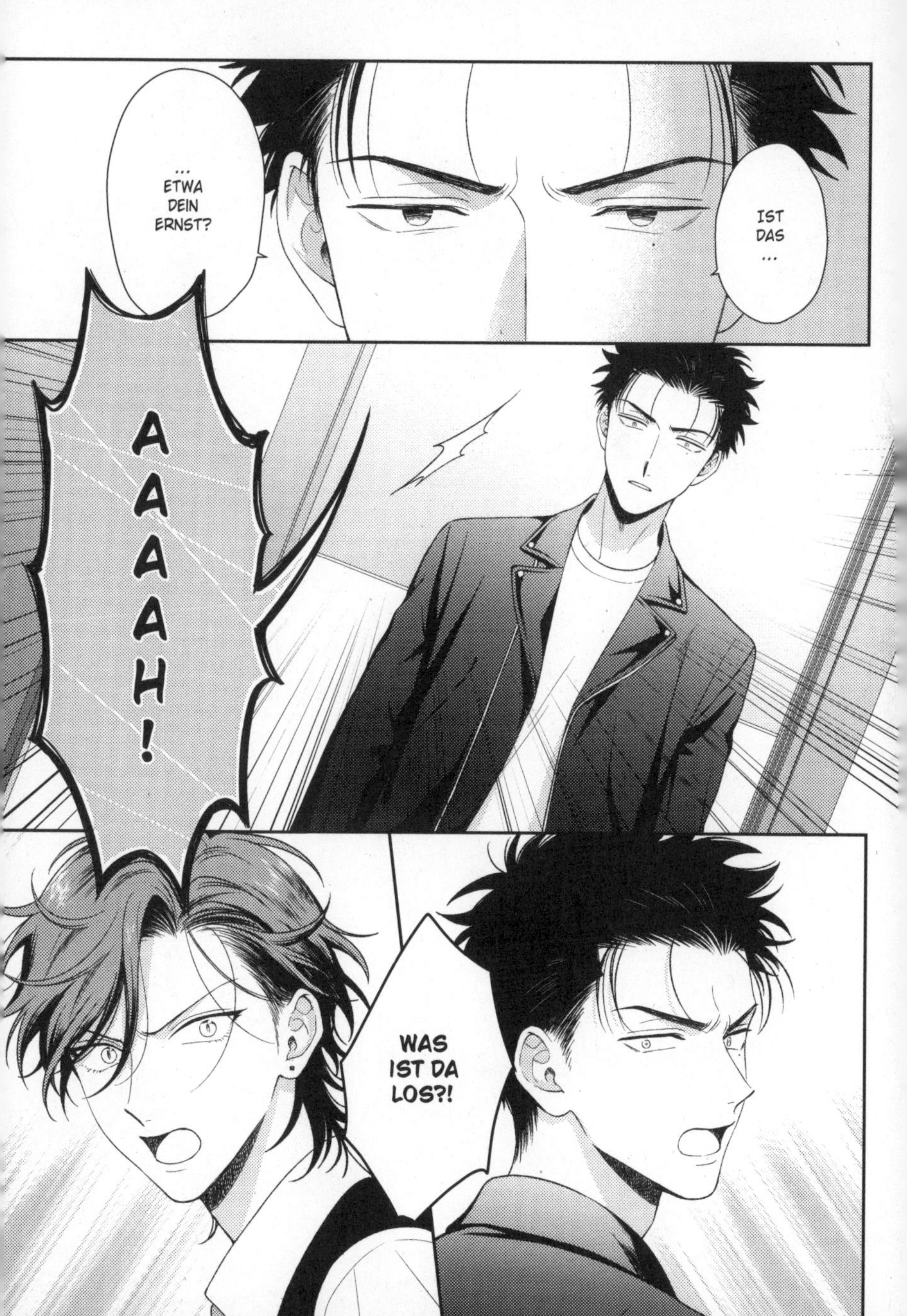
IST DAS …
… ETWA DEIN ERNST?
AAAAH!
WAS IST DA LOS?!

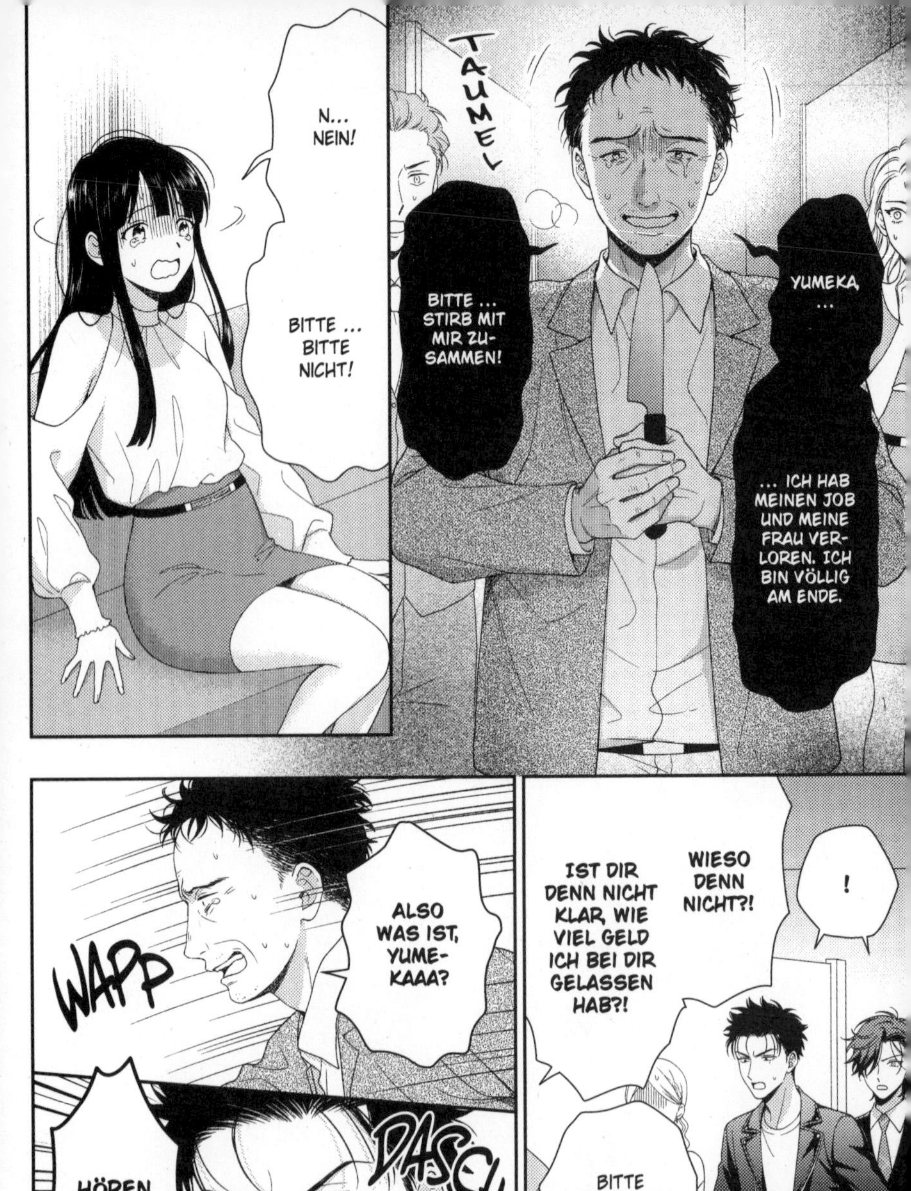
TAUMEL
YUMEKA, …
… ICH HAB MEINEN JOB UND MEINE FRAU VER-LOREN. ICH BIN VÖLLIG AM ENDE.
BITTE … STIRB MIT MIR ZU-SAMMEN!
N… NEIN!
BITTE … BITTE NICHT!
!
WIESO DENN NICHT?!
IST DIR DENN NICHT KLAR, WIE VIEL GELD ICH BEI DIR GELASSEN HAB?!
ALSO WAS IST, YUME-KAAA?
WAPP
BITTE BERUHIGEN SIE SICH DOCH!
DASCH
HÖREN SIE AUF!

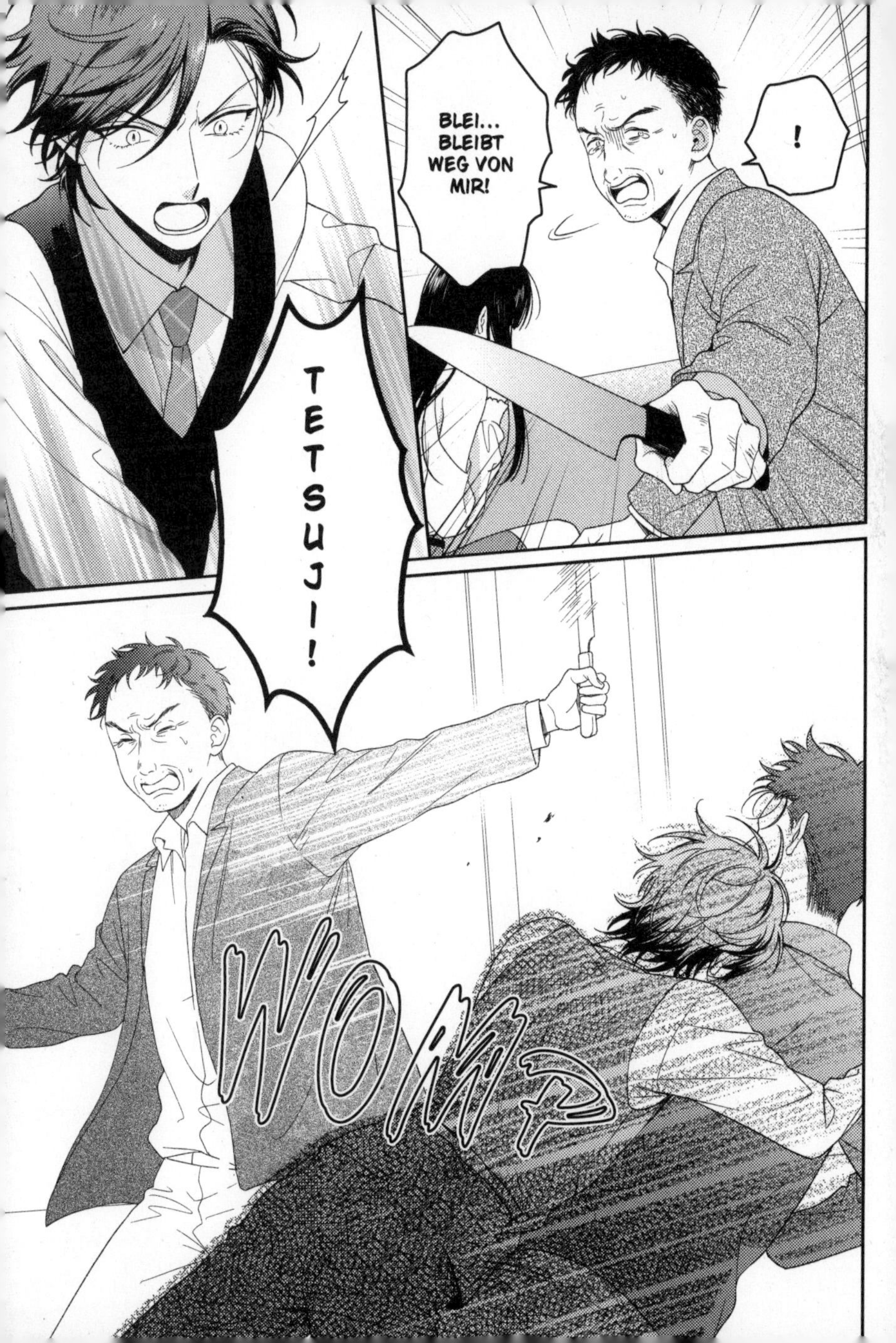
!
BLEI... BLEIBT WEG VON MIR!
TETSUJI!
WOMP

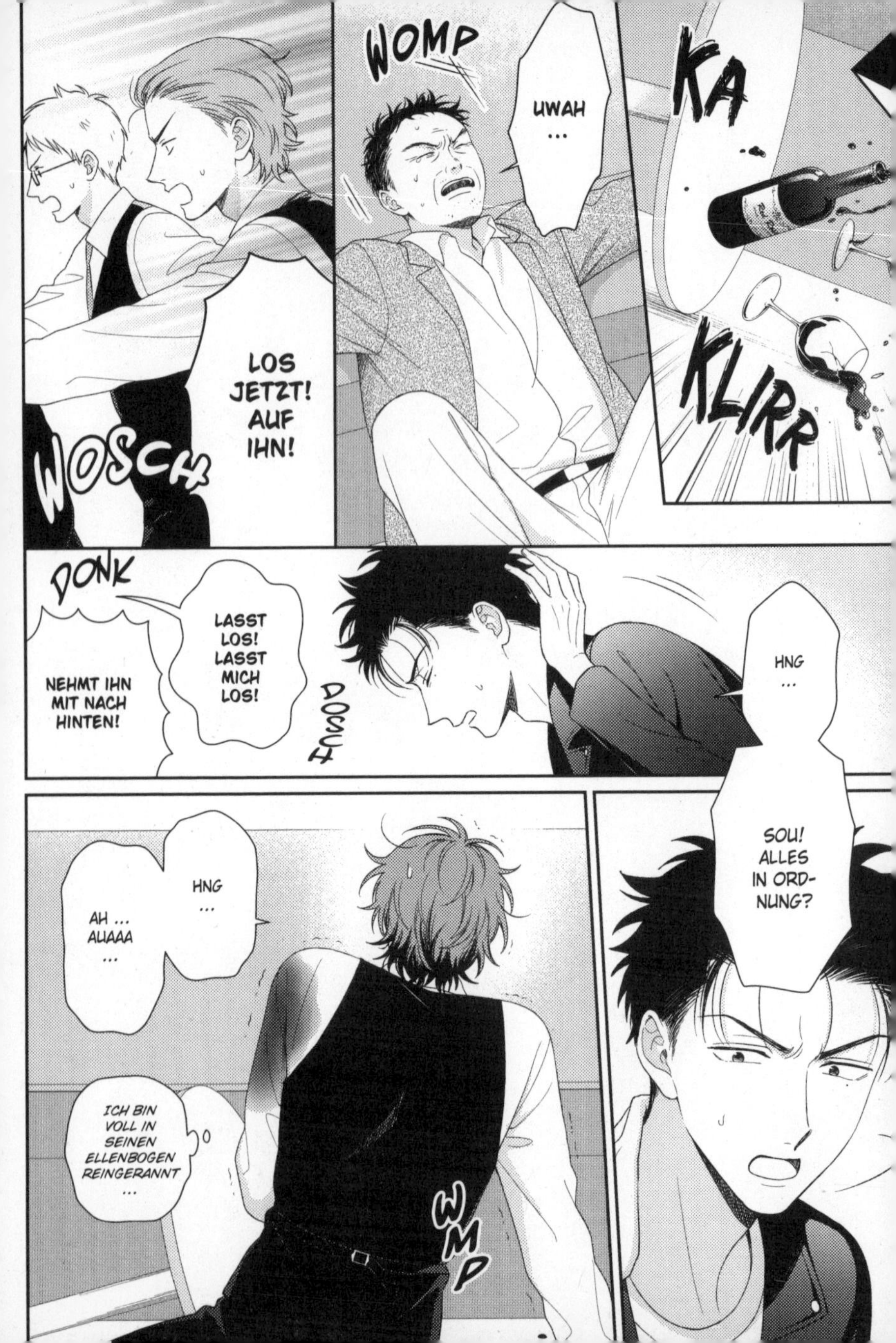
KA
KLIRR
WOMP
UWAH …
LOS JETZT! AUF IHN!
WOSCH
HNG …
DOSCH
LASST LOS! LASST MICH LOS!
DONK
NEHMT IHN MIT NACH HINTEN!
SOU! ALLES IN ORD- NUNG?
HNG …
AH … AUAAA …
ICH BIN VOLL IN SEINEN ELLENBOGEN REINGERANNT …
WMP

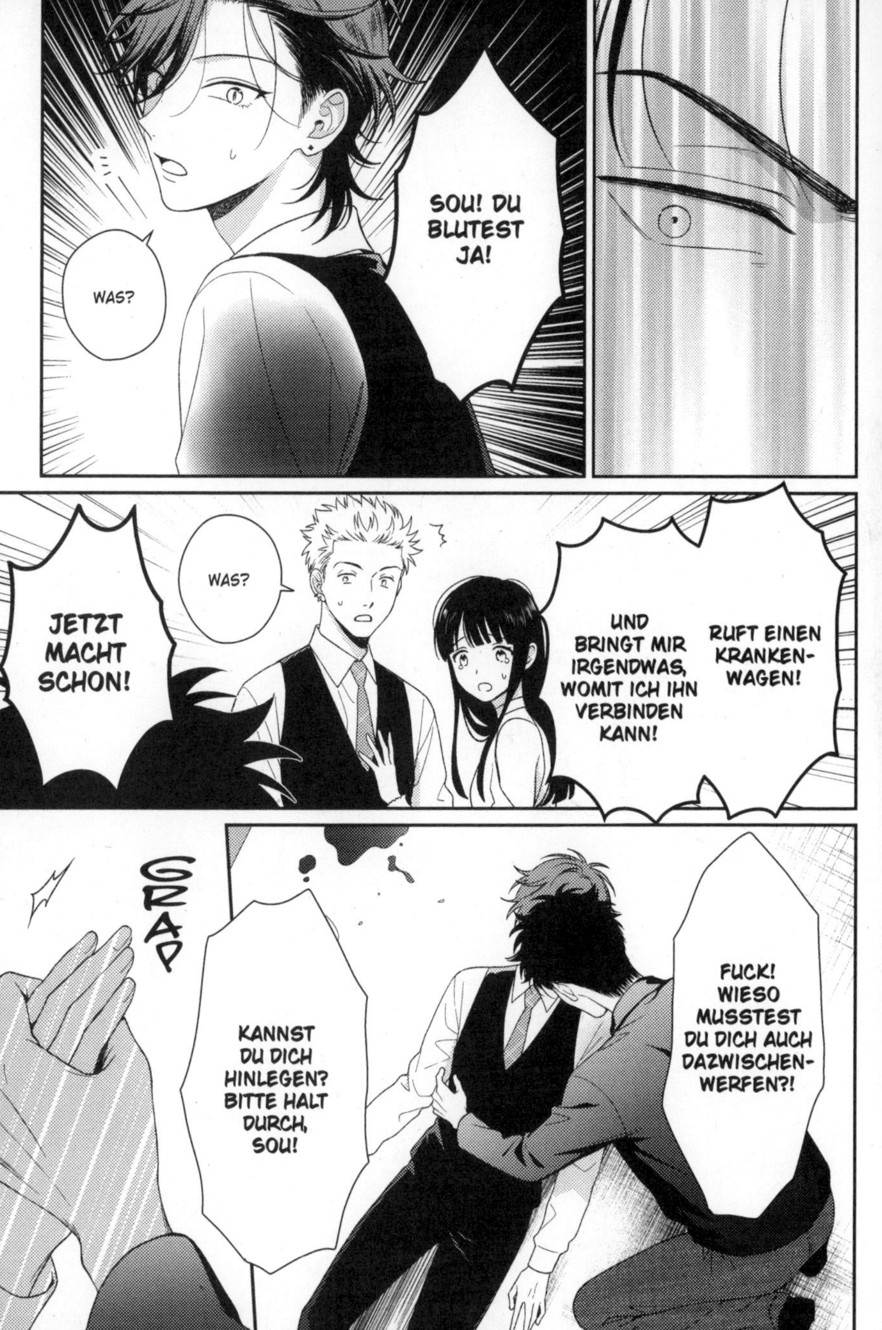
SOU! DU BLUTEST JA!
WAS?
RUFT EINEN KRANKEN-WAGEN!
UND BRINGT MIR IRGENDWAS, WOMIT ICH IHN VERBINDEN KANN!
WAS?
JETZT MACHT SCHON!
GRAP
FUCK! WIESO MUSSTEST DU DICH AUCH DAZWISCHEN-WERFEN?!
KANNST DU DICH HINLEGEN? BITTE HALT DURCH, SOU!

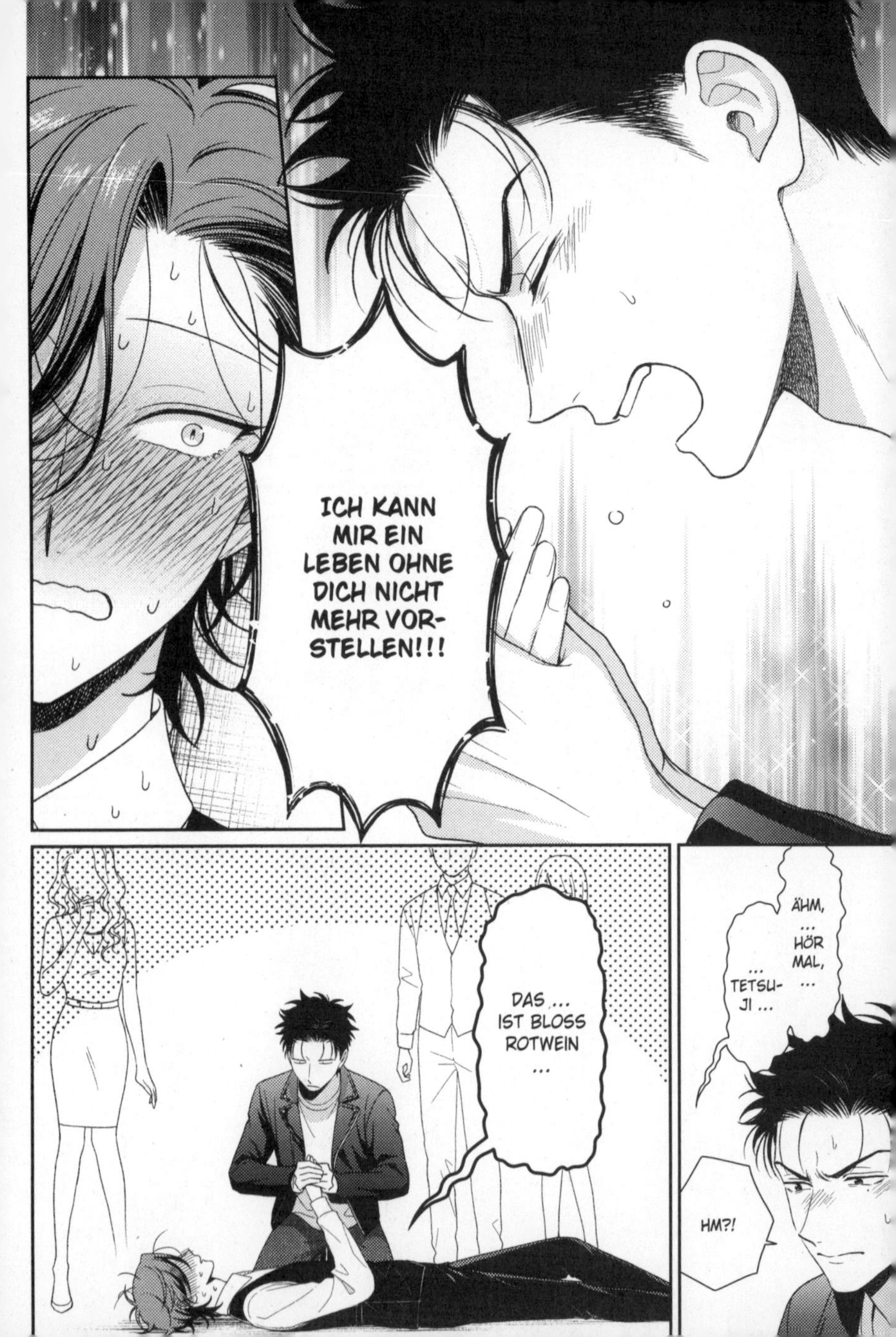
ICH KANN MIR EIN LEBEN OHNE DICH NICHT MEHR VOR-STELLEN!!!
ÄHM, ... HÖR MAL, ...
... TETSU-JI ...
HM?!
DAS ... IST BLOSS ROTWEIN ...

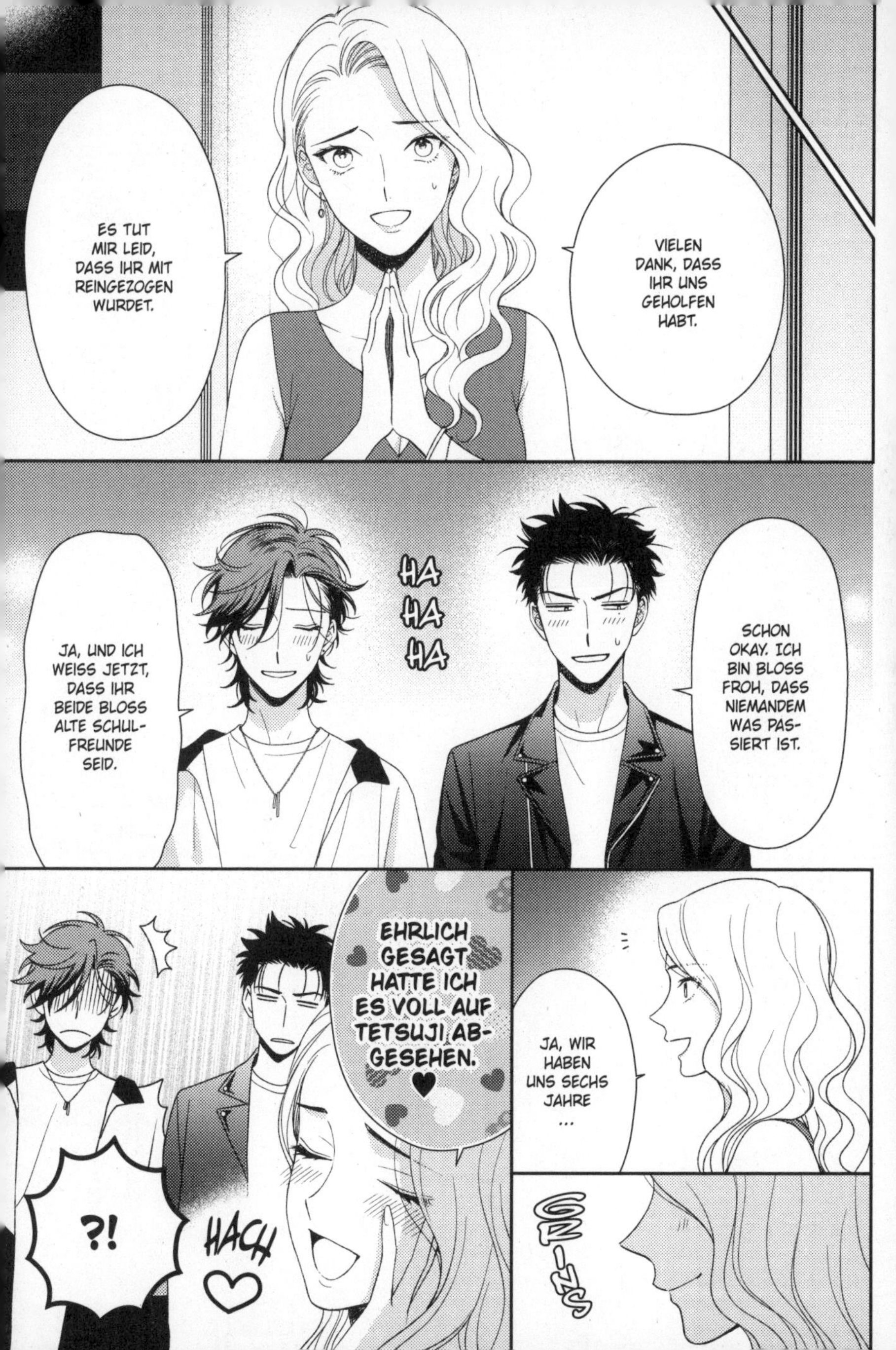
VIELEN DANK, DASS IHR UNS GEHOLFEN HABT.
ES TUT MIR LEID, DASS IHR MIT REINGEZOGEN WURDET.
SCHON OKAY. ICH BIN BLOSS FROH, DASS NIEMANDEM WAS PASSIERT IST.
HA HA HA
JA, UND ICH WEISS JETZT, DASS IHR BEIDE BLOSS ALTE SCHULFREUNDE SEID.
JA, WIR HABEN UNS SECHS JAHRE …
GRINS
EHRLICH GESAGT HATTE ICH ES VOLL AUF TETSUJI ABGESEHEN. ♥
HACH ♥
?!

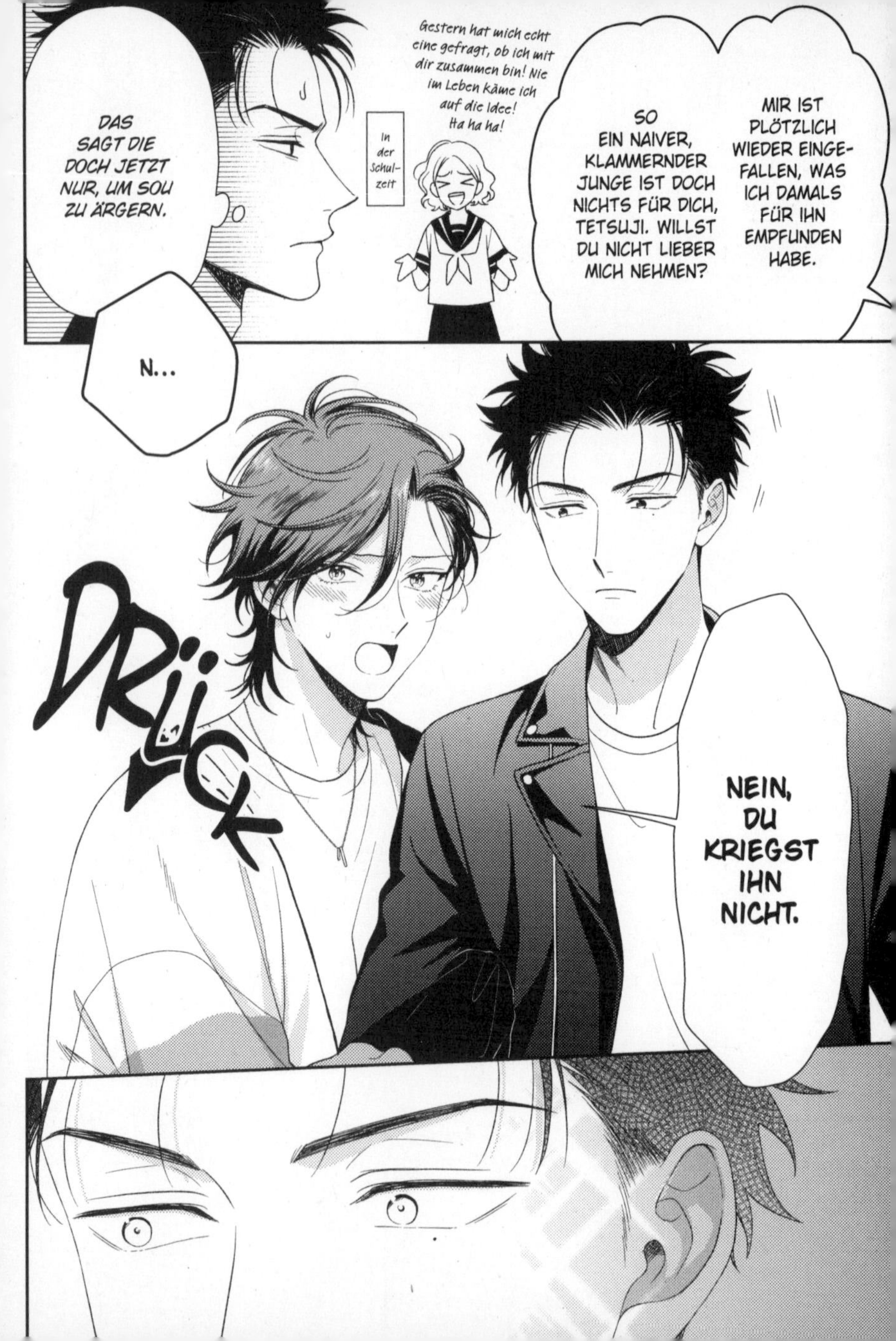
Mir ist plötzlich wieder eingefallen, was ich damals für ihn empfunden habe.
So ein naiver, klammernder Junge ist doch nichts für dich, Tetsuji. Willst du nicht lieber mich nehmen?
Gestern hat mich echt eine gefragt, ob ich mit dir zusammen bin! Nie im Leben käme ich auf die Idee! Ha ha ha!
In der Schulzeit
Das sagt die doch jetzt nur, um Sou zu ärgern.
N...
Nein, du kriegst ihn nicht.
DRÜCK

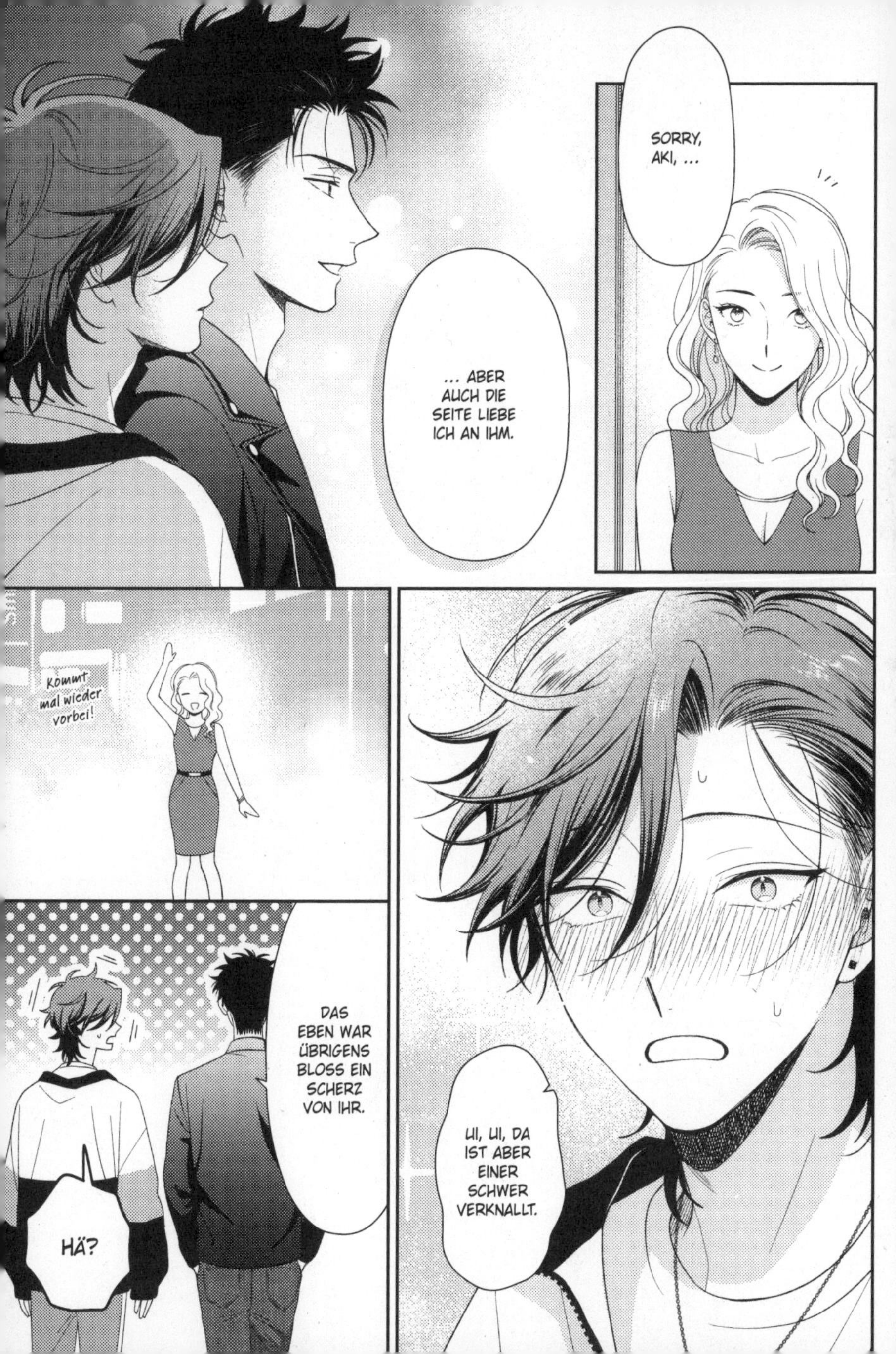
SORRY, AKI, …
… ABER AUCH DIE SEITE LIEBE ICH AN IHM.
Kommt mal wieder vorbei!
UI, UI, DA IST ABER EINER SCHWER VERKNALLT.
DAS EBEN WAR ÜBRIGENS BLOSS EIN SCHERZ VON IHR.
HÄ?

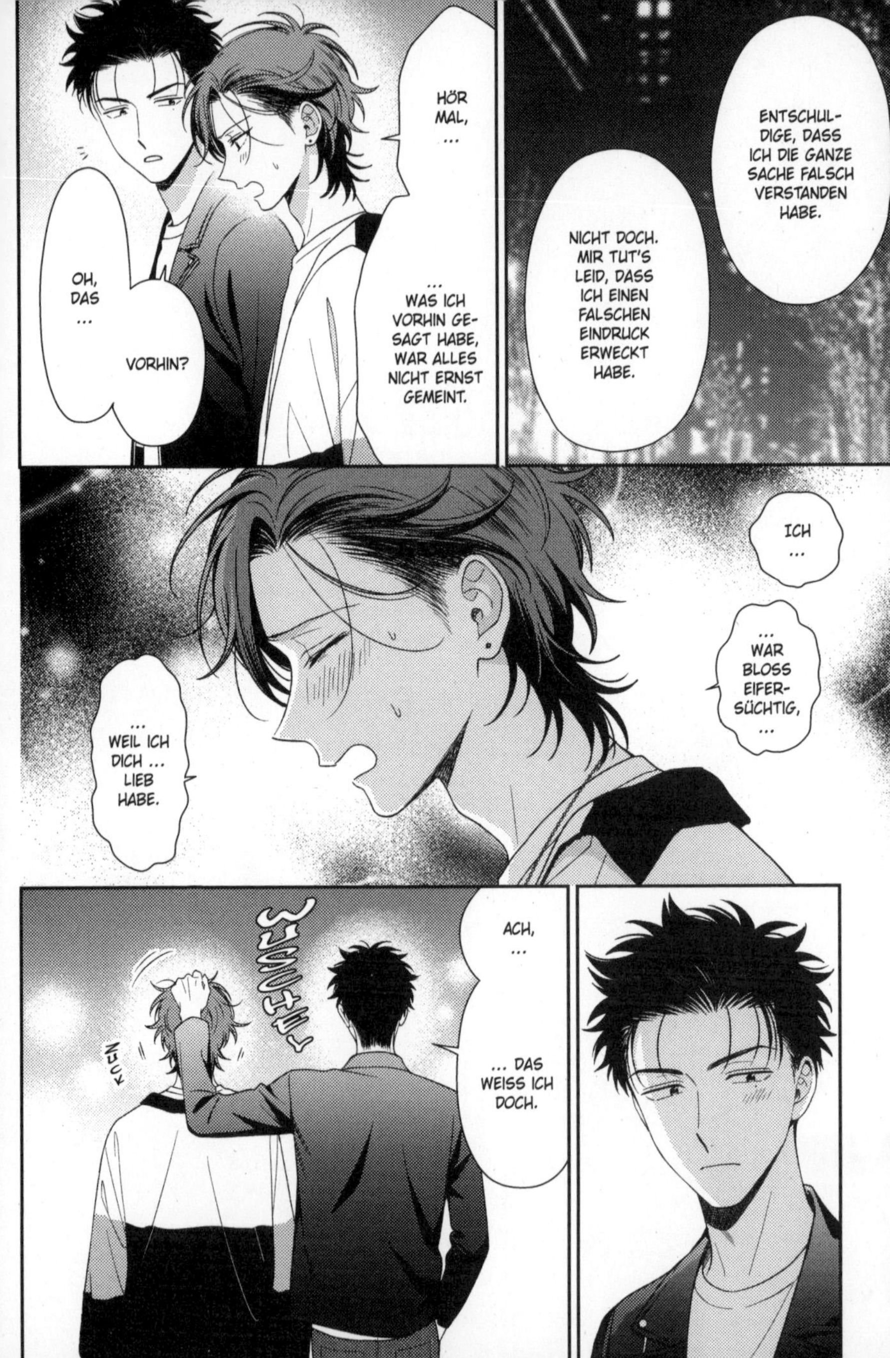
ENTSCHULDIGE, DASS ICH DIE GANZE SACHE FALSCH VERSTANDEN HABE.
NICHT DOCH. MIR TUT'S LEID, DASS ICH EINEN FALSCHEN EINDRUCK ERWECKT HABE.
HÖR MAL, …
… WAS ICH VORHIN GESAGT HABE, WAR ALLES NICHT ERNST GEMEINT.
OH, DAS … VORHIN?
ICH …
… WAR BLOSS EIFERSÜCHTIG, …
… WEIL ICH DICH … LIEB HABE.
ACH, …
… DAS WEISS ICH DOCH.
WUSCHEL
ZUCK

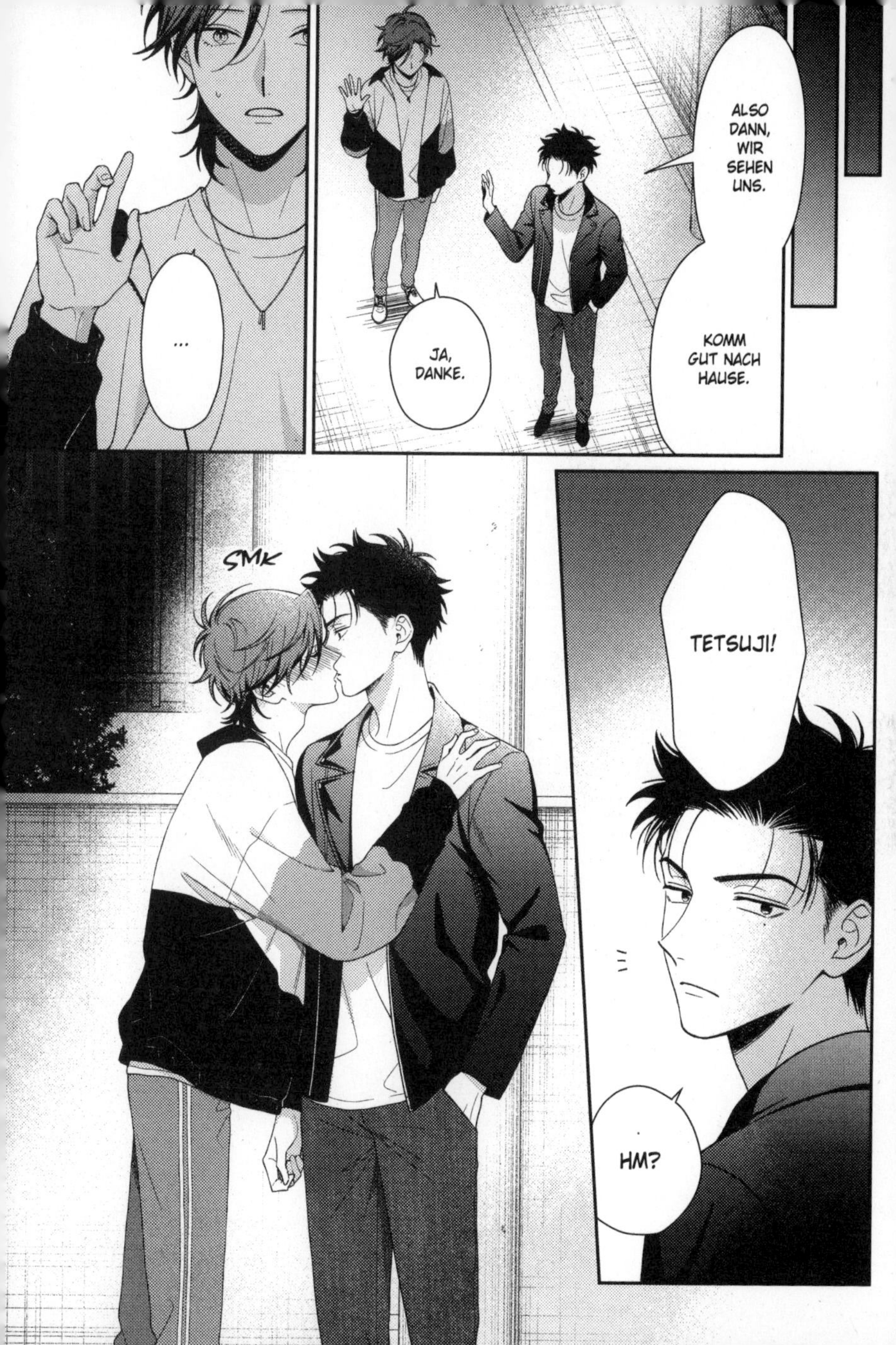
ALSO DANN, WIR SEHEN UNS.
KOMM GUT NACH HAUSE.
JA, DANKE.
...
TETSUJI!
HM?
SMK

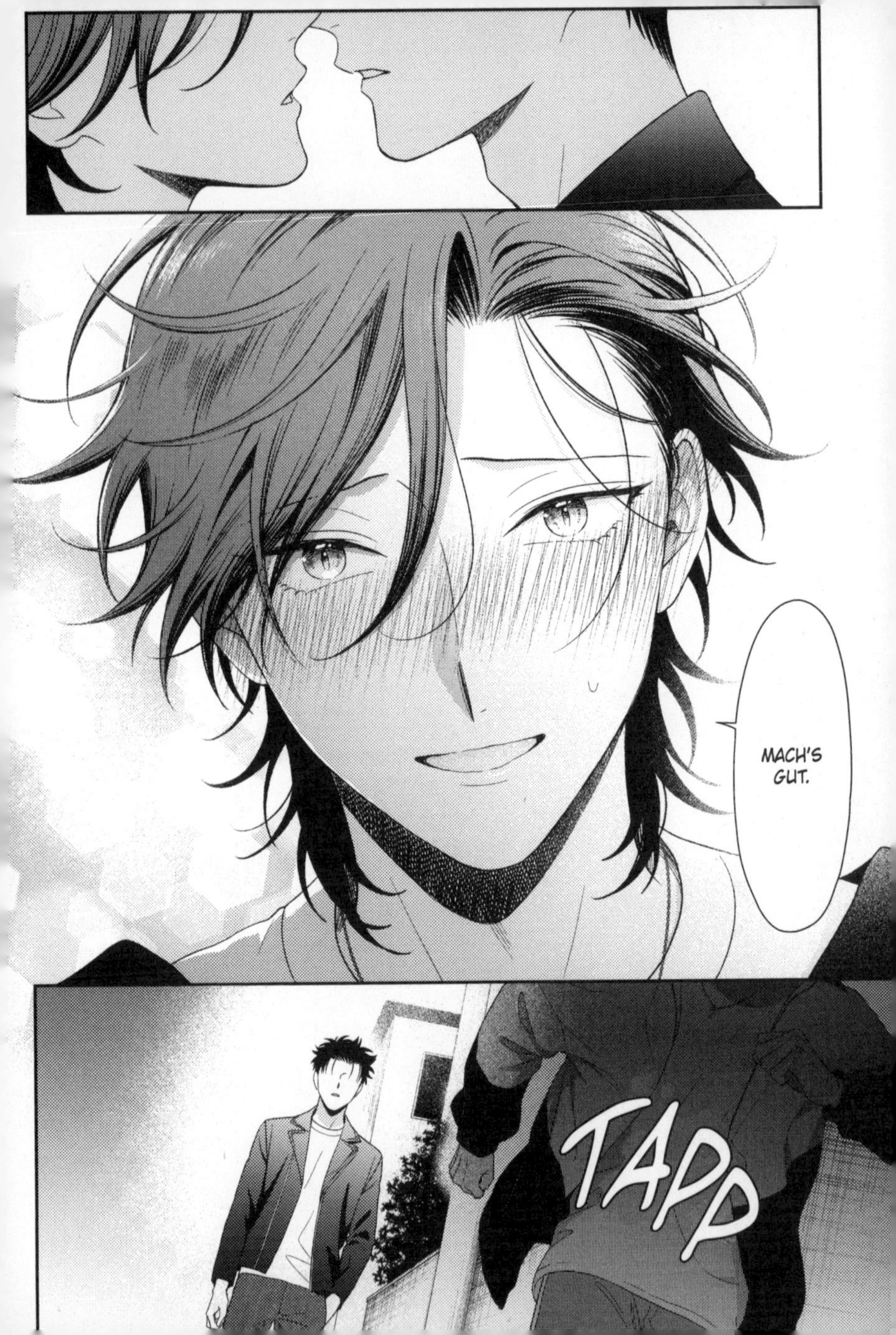
MACH'S GUT.
TAPP

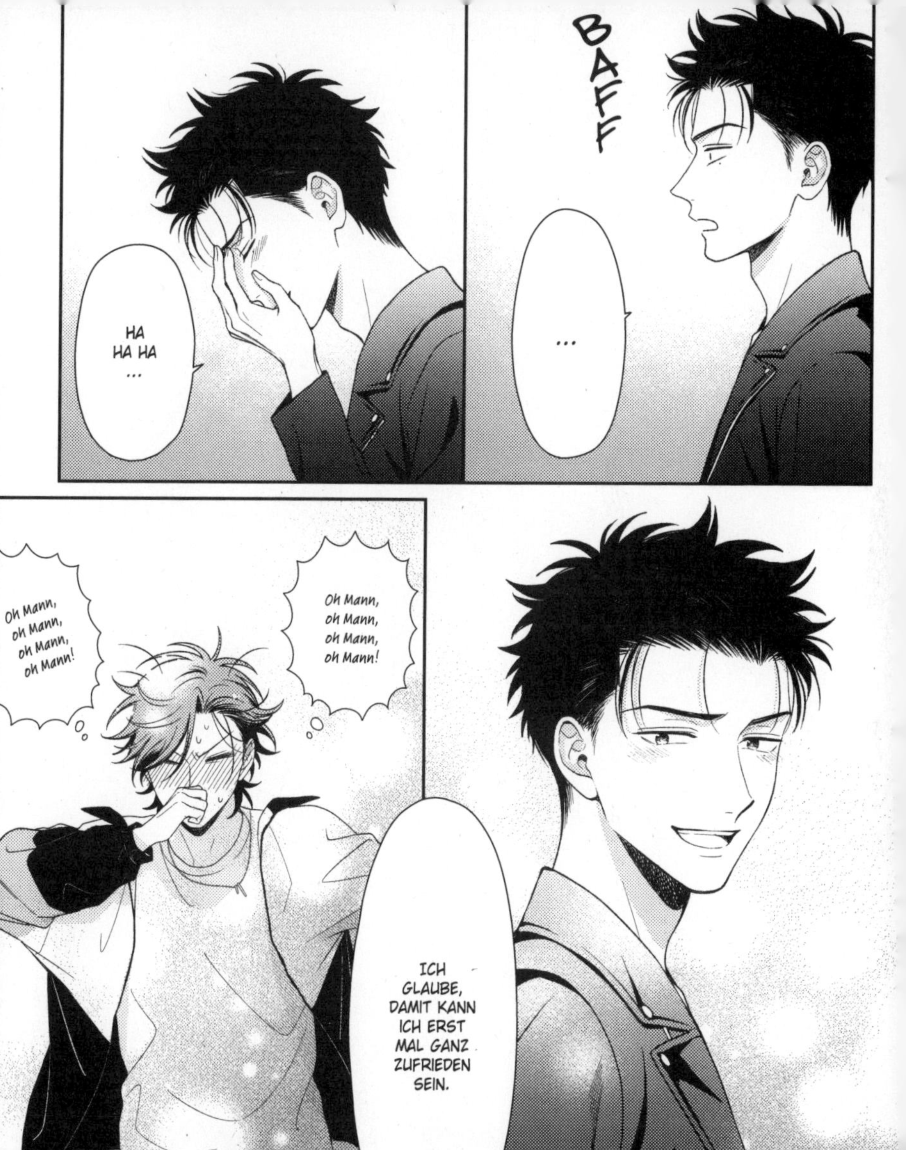
BAFF
...
HA HA HA ...
Oh Mann, oh Mann, oh Mann, oh Mann!
Oh Mann, oh Mann, oh Mann, oh Mann!
ICH GLAUBE, DAMIT KANN ICH ERST MAL GANZ ZUFRIEDEN SEIN.
#1 END

Hinter den Kulissen bei den Krähen, Teil ①

Kurz nach den Geschehnissen von Band 1 Entschuldigte sich Sou bei allen Mitgliedern der Krähen.

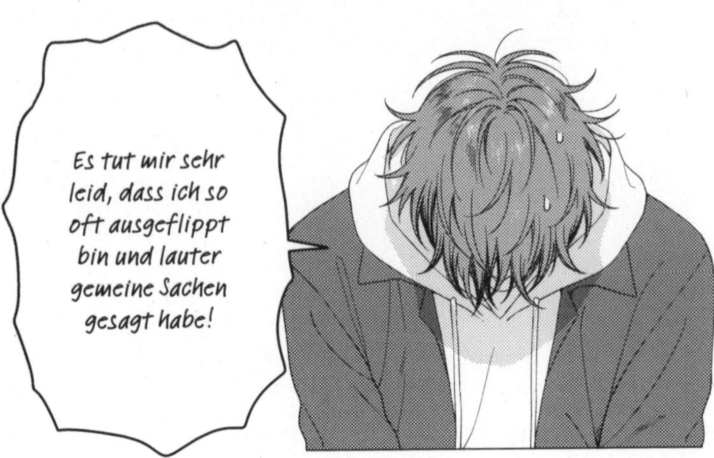

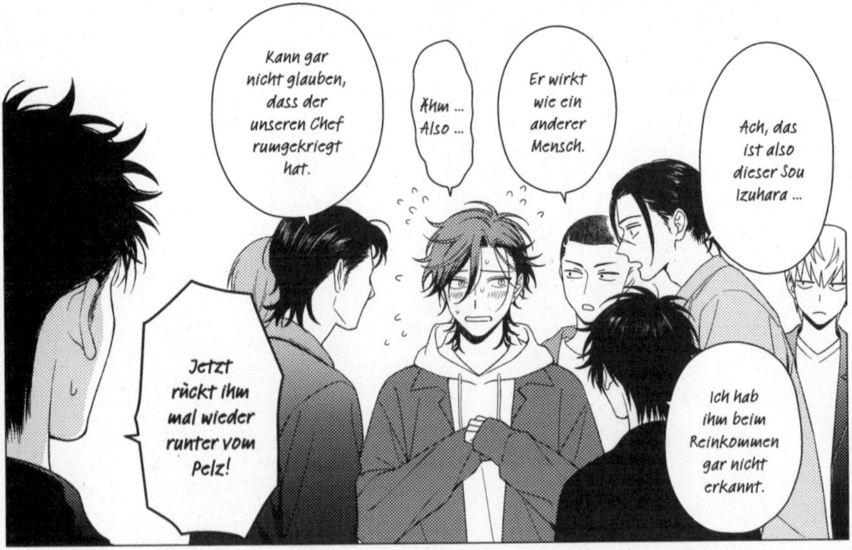

Ach, das ist also dieser Sou Izuhara ...

Er wirkt wie ein anderer Mensch.

Ähm ... Also ...

Kann gar nicht glauben, dass der unseren Chef rumgekriegt hat.

Ich hab ihm beim Reinkommen gar nicht erkannt.

Jetzt rückt ihm mal wieder runter vom Pelz!

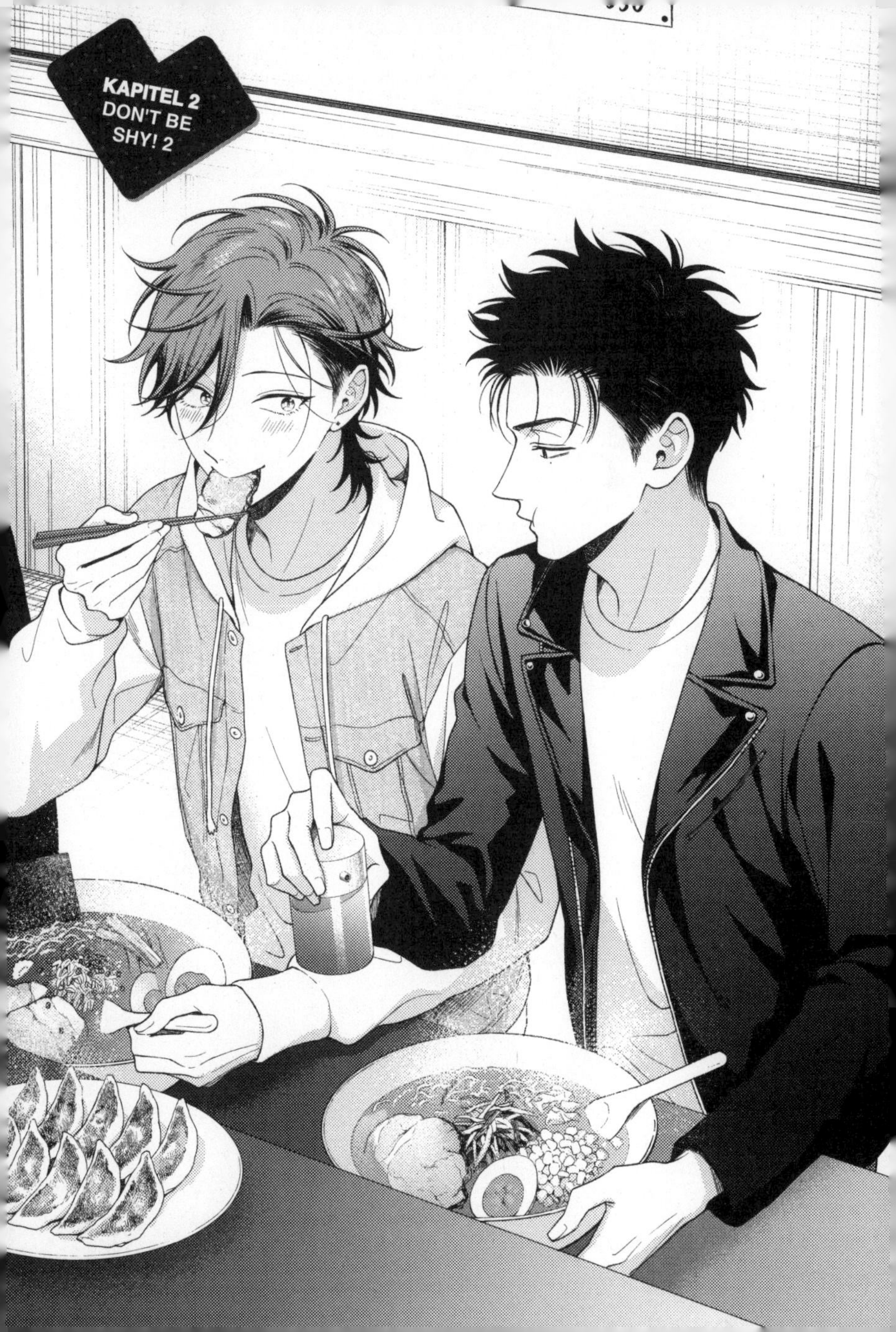
KAPITEL 2
DON'T BE
SHY! 2

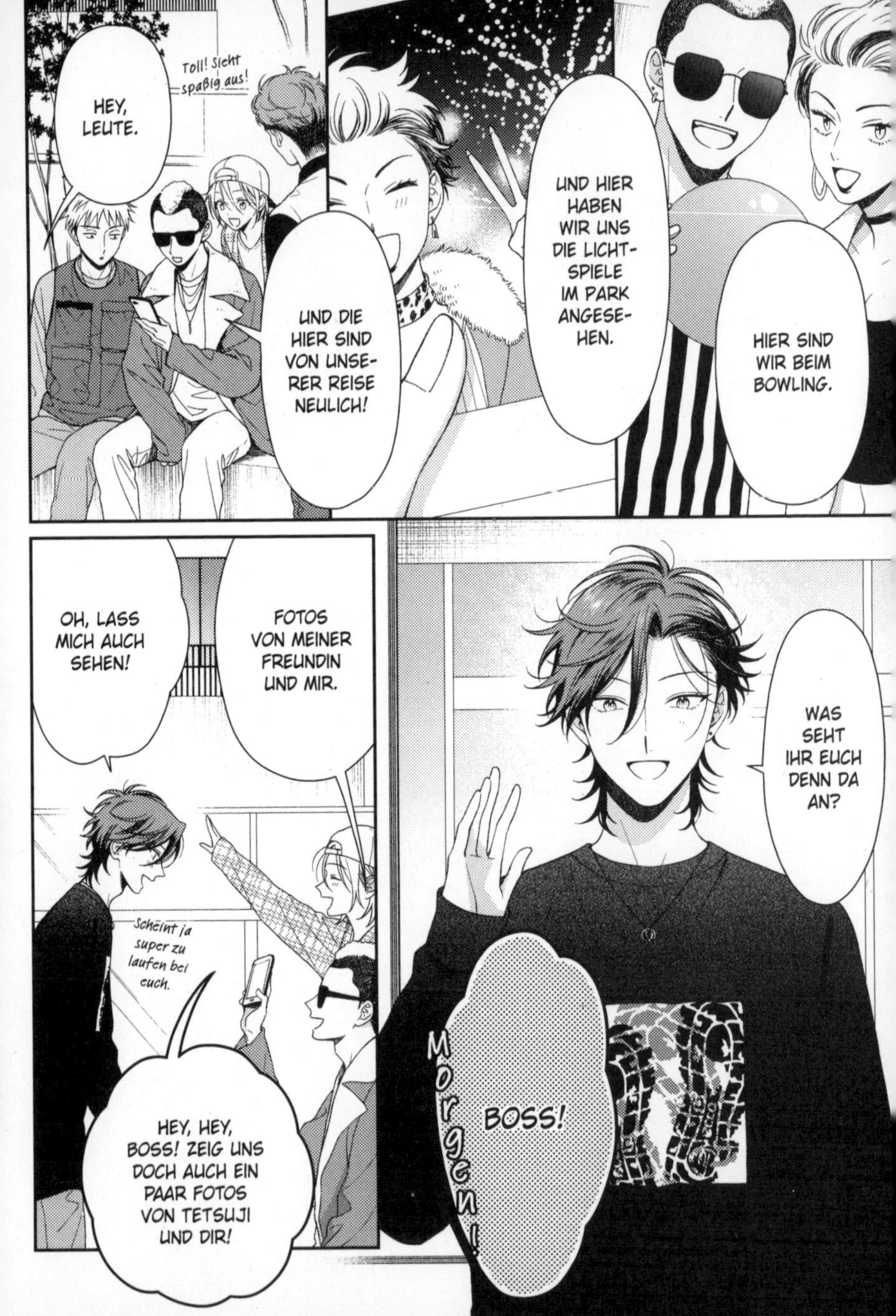
HIER SIND WIR BEIM BOWLING.
UND HIER HABEN WIR UNS DIE LICHT-SPIELE IM PARK ANGESE-HEN.
UND DIE HIER SIND VON UNSE-RER REISE NEULICH!
HEY, LEUTE.
Toll! Sieht spaßig aus!
WAS SEHT IHR EUCH DENN DA AN?
Morgen!
BOSS!
FOTOS VON MEINER FREUNDIN UND MIR.
OH, LASS MICH AUCH SEHEN!
Scheint ja super zu laufen bei euch.
HEY, HEY, BOSS! ZEIG UNS DOCH AUCH EIN PAAR FOTOS VON TETSUJI UND DIR!

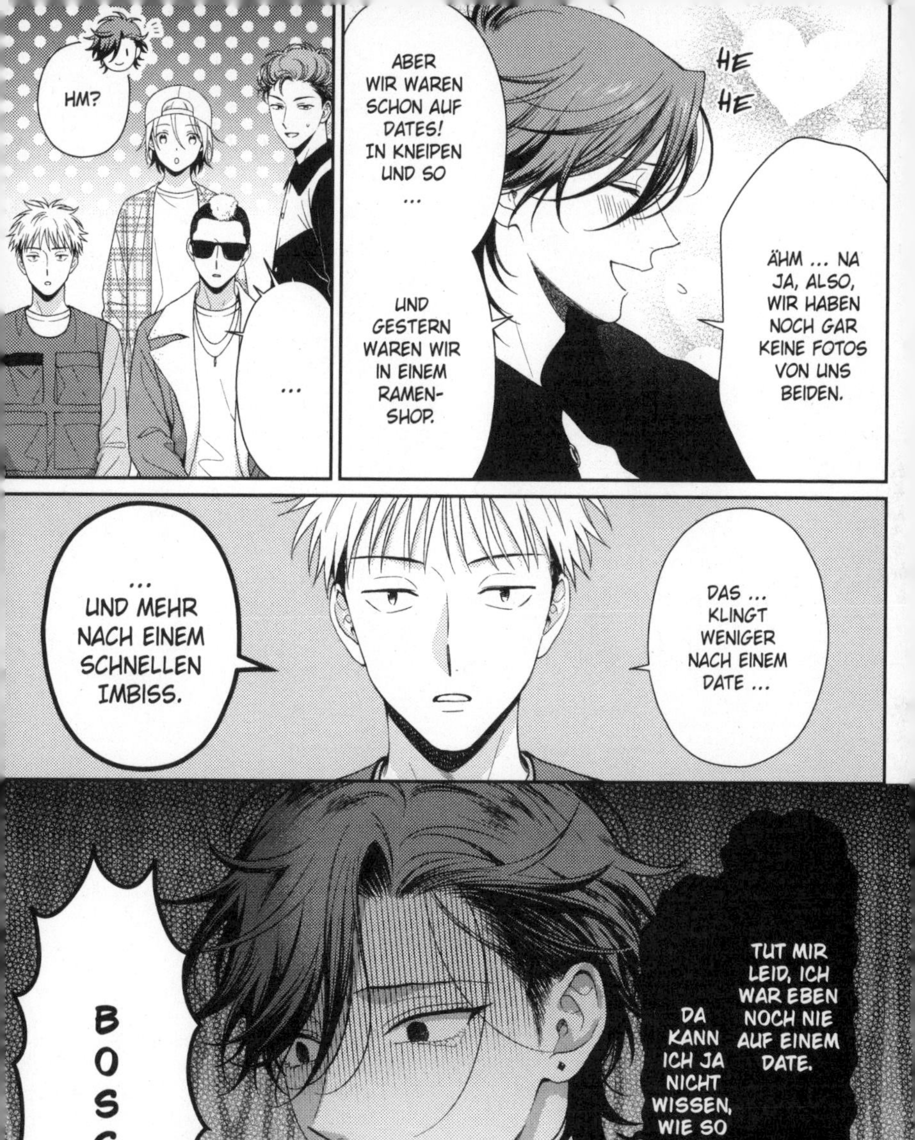
HE HE
ÄHM … NA JA, ALSO, WIR HABEN NOCH GAR KEINE FOTOS VON UNS BEIDEN.
ABER WIR WAREN SCHON AUF DATES! IN KNEIPEN UND SO …
UND GESTERN WAREN WIR IN EINEM RAMEN-SHOP.
HM?
…
DAS … KLINGT WENIGER NACH EINEM DATE …
… UND MEHR NACH EINEM SCHNELLEN IMBISS.
TUT MIR LEID, ICH WAR EBEN NOCH NIE AUF EINEM DATE.
DA KANN ICH JA NICHT WISSEN, WIE SO WAS LÄUFT …
BOSS!

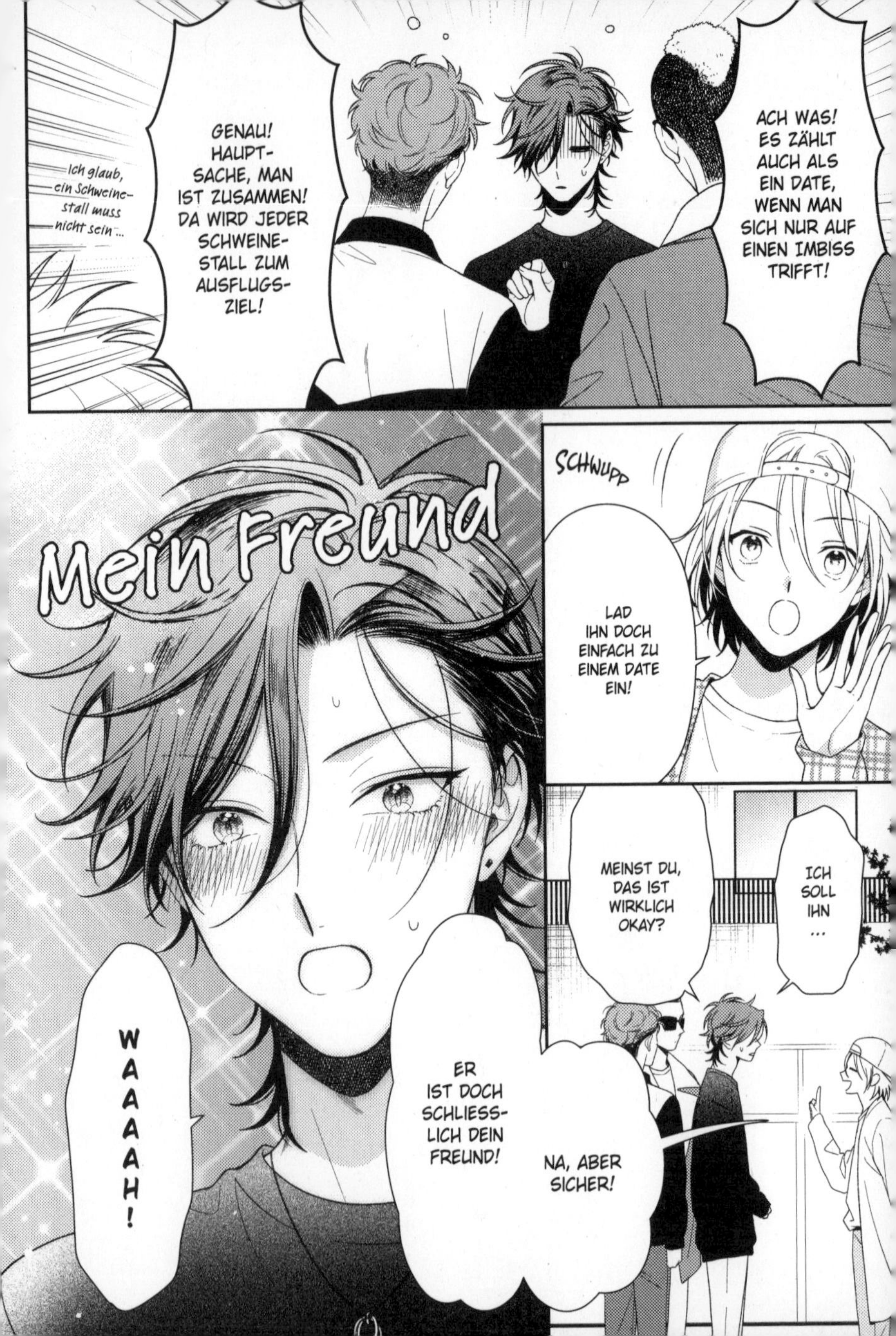
ACH WAS! ES ZÄHLT AUCH ALS EIN DATE, WENN MAN SICH NUR AUF EINEN IMBISS TRIFFT!
GENAU! HAUPT-SACHE, MAN IST ZUSAMMEN! DA WIRD JEDER SCHWEINE-STALL ZUM AUSFLUGS-ZIEL!
Ich glaub, ein Schweine-stall muss nicht sein ...
SCHWUPP
LAD IHN DOCH EINFACH ZU EINEM DATE EIN!
ICH SOLL IHN ...
MEINST DU, DAS IST WIRKLICH OKAY?
NA, ABER SICHER!
ER IST DOCH SCHLIESS-LICH DEIN FREUND!
Mein Freund
WAAAAAH!

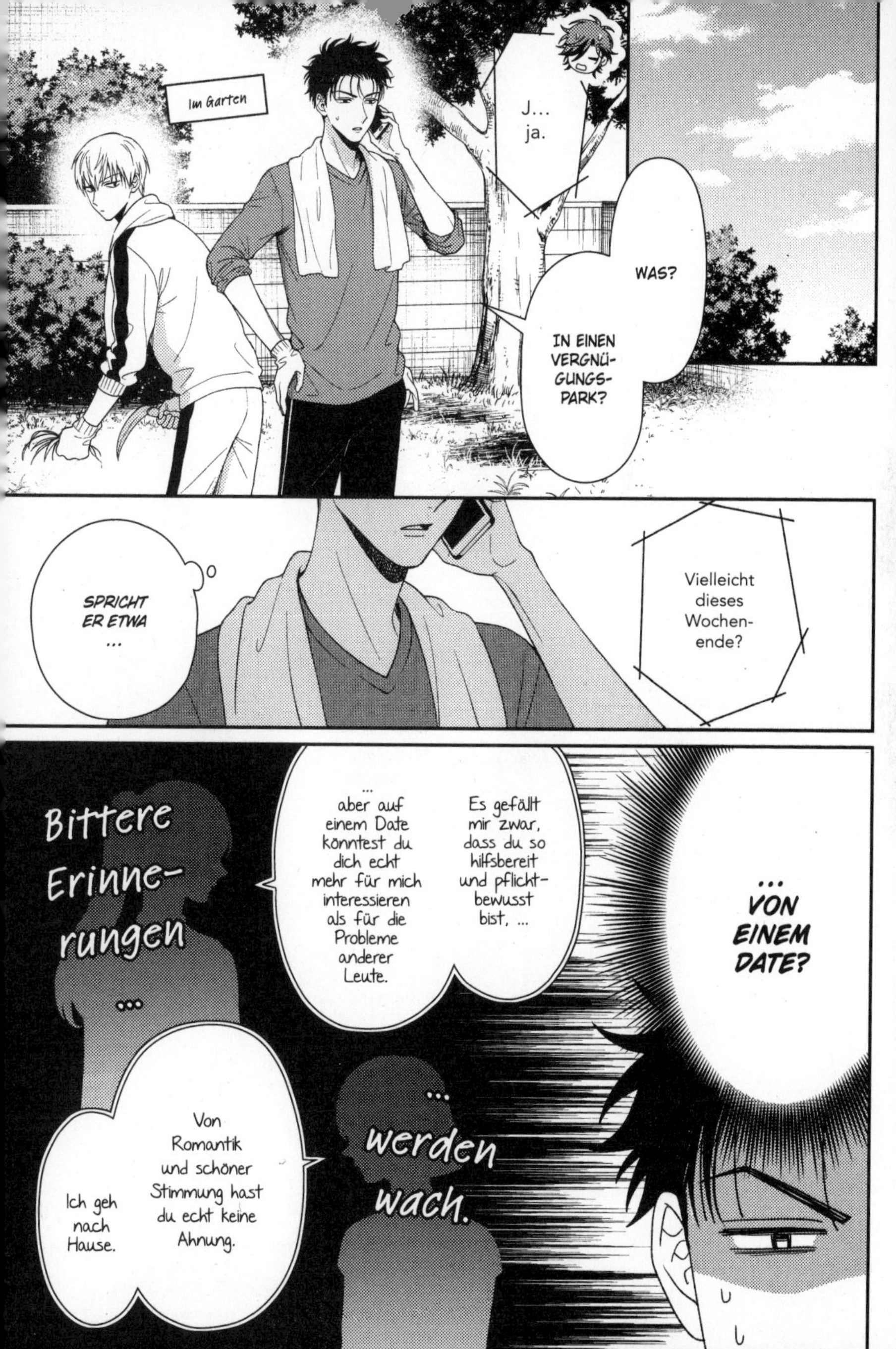
Im Garten
J... ja.
WAS?
IN EINEN VERGNÜGUNGSPARK?
Vielleicht dieses Wochenende?
SPRICHT ER ETWA ...
... VON EINEM DATE?
Es gefällt mir zwar, dass du so hilfsbereit und pflichtbewusst bist, ...
... aber auf einem Date könntest du dich echt mehr für mich interessieren als für die Probleme anderer Leute.
Bittere Erinnerungen ...
... werden wach.
Von Romantik und schöner Stimmung hast du echt keine Ahnung.
Ich geh nach Hause.

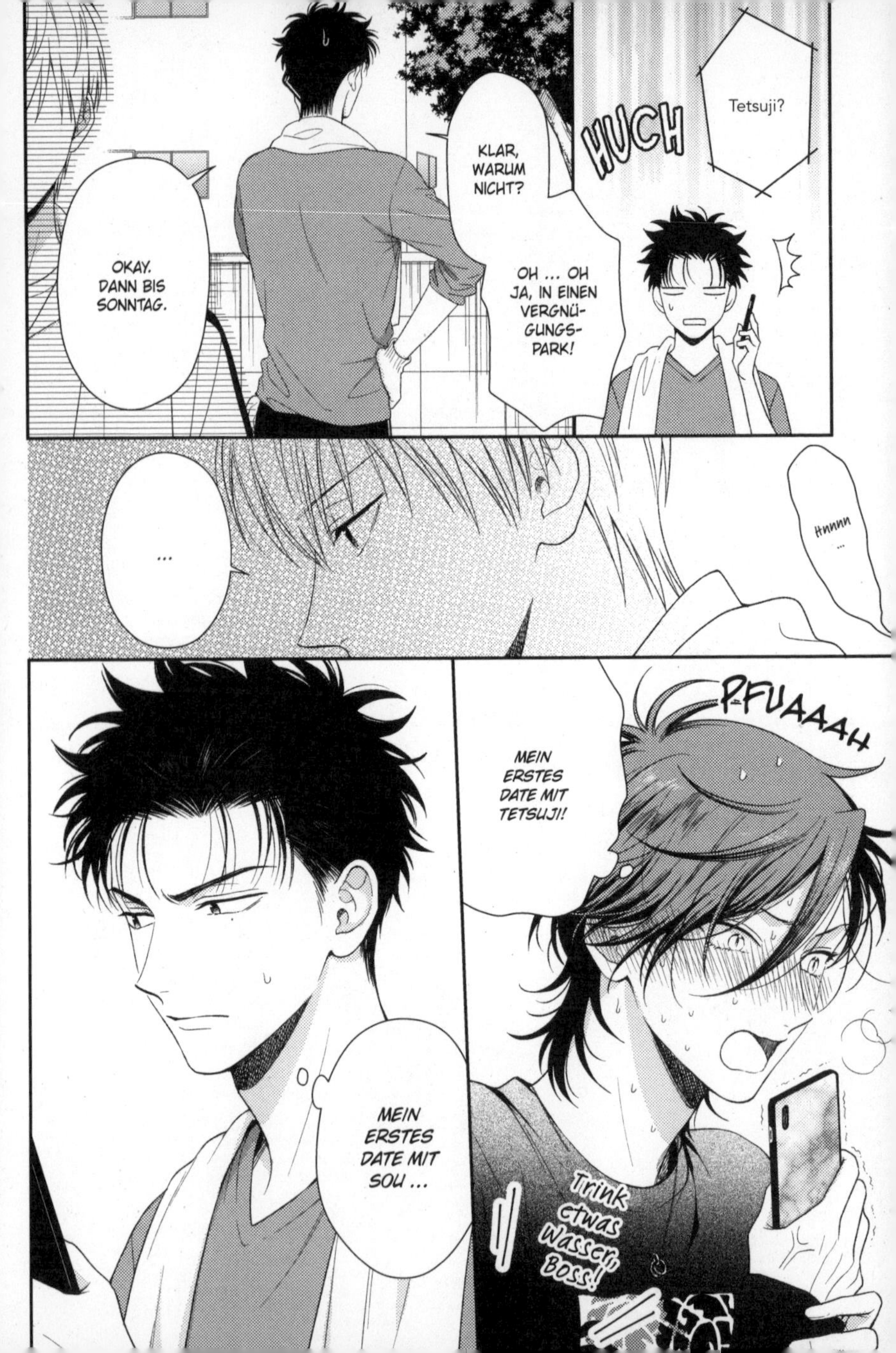
Tetsuji?
HUCH
OH ... OH JA, IN EINEN VERGNÜ-GUNGS-PARK!
KLAR, WARUM NICHT?
OKAY. DANN BIS SONNTAG.
Hnnnn ...
...
PFUAAAH
MEIN ERSTES DATE MIT TETSUJI!
Trink etwas Wasser, Boss!
MEIN ERSTES DATE MIT SOU ...

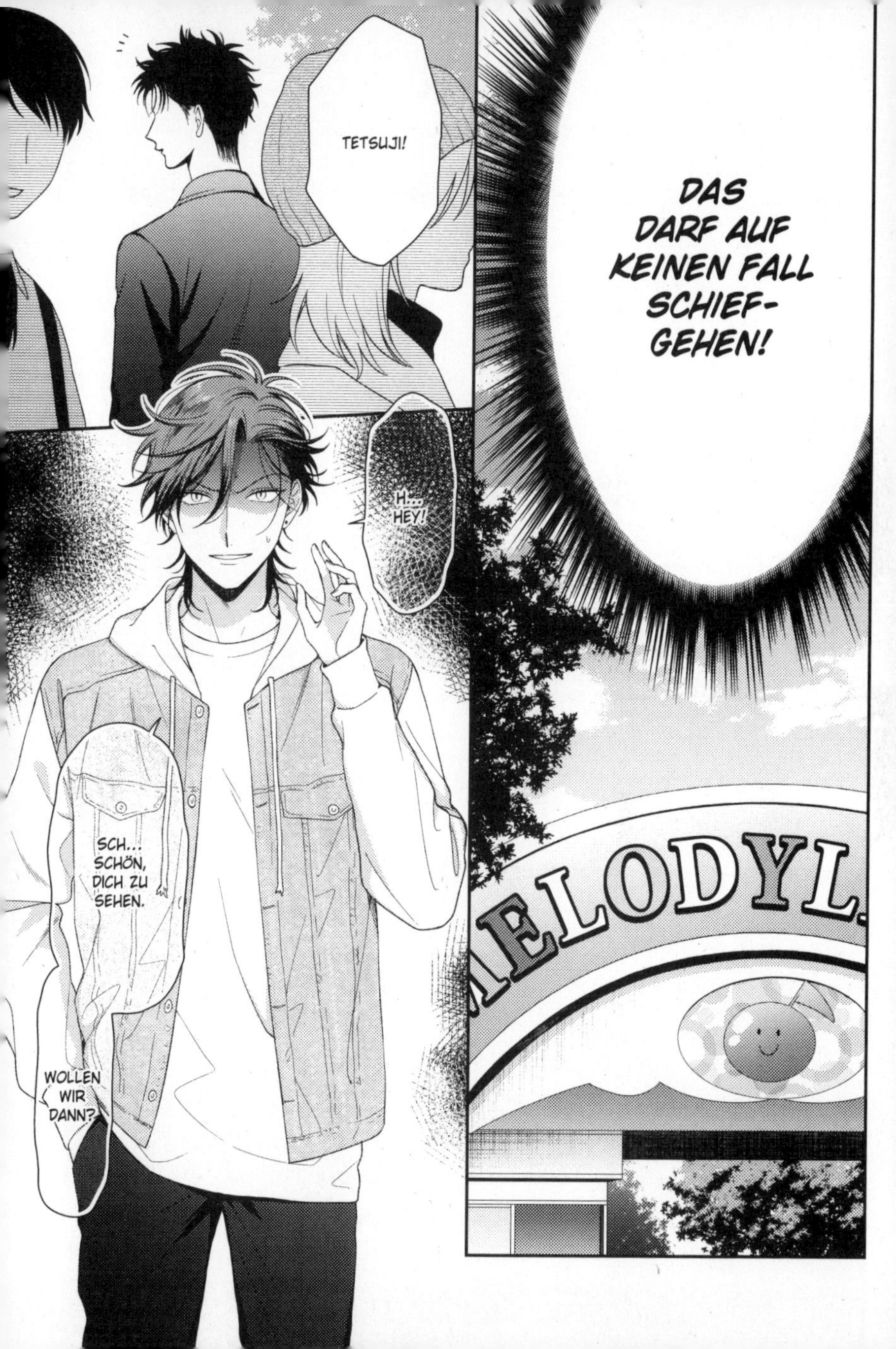
DAS DARF AUF KEINEN FALL SCHIEF-GEHEN!
ELODYL
TETSUJI!
H... HEY!
SCH... SCHÖN, DICH ZU SEHEN.
WOLLEN WIR DANN?

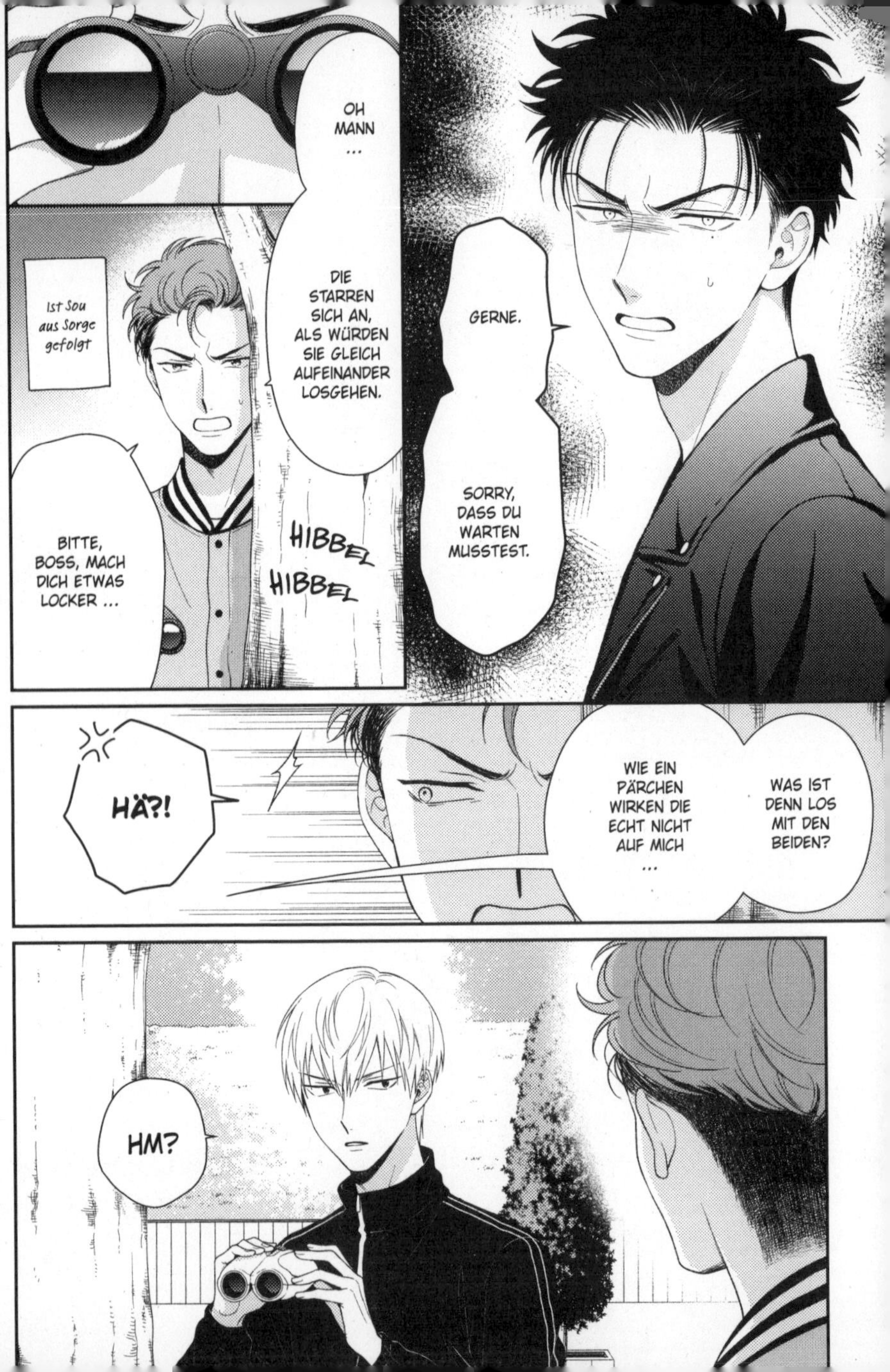

GERNE.
SORRY, DASS DU WARTEN MUSSTEST.
OH MANN ...
DIE STARREN SICH AN, ALS WÜRDEN SIE GLEICH AUFEINANDER LOSGEHEN.
Ist Sou aus Sorge gefolgt
HIBBEL
HIBBEL
BITTE, BOSS, MACH DICH ETWAS LOCKER ...
WAS IST DENN LOS MIT DEN BEIDEN?
WIE EIN PÄRCHEN WIRKEN DIE ECHT NICHT AUF MICH ...
HÄ?!

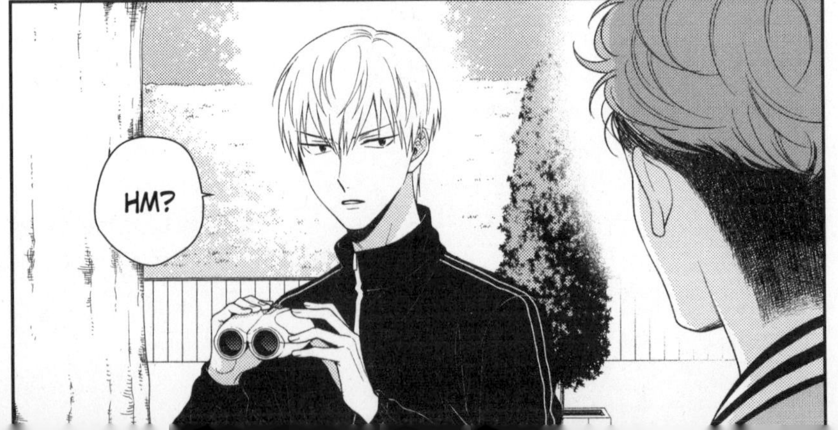

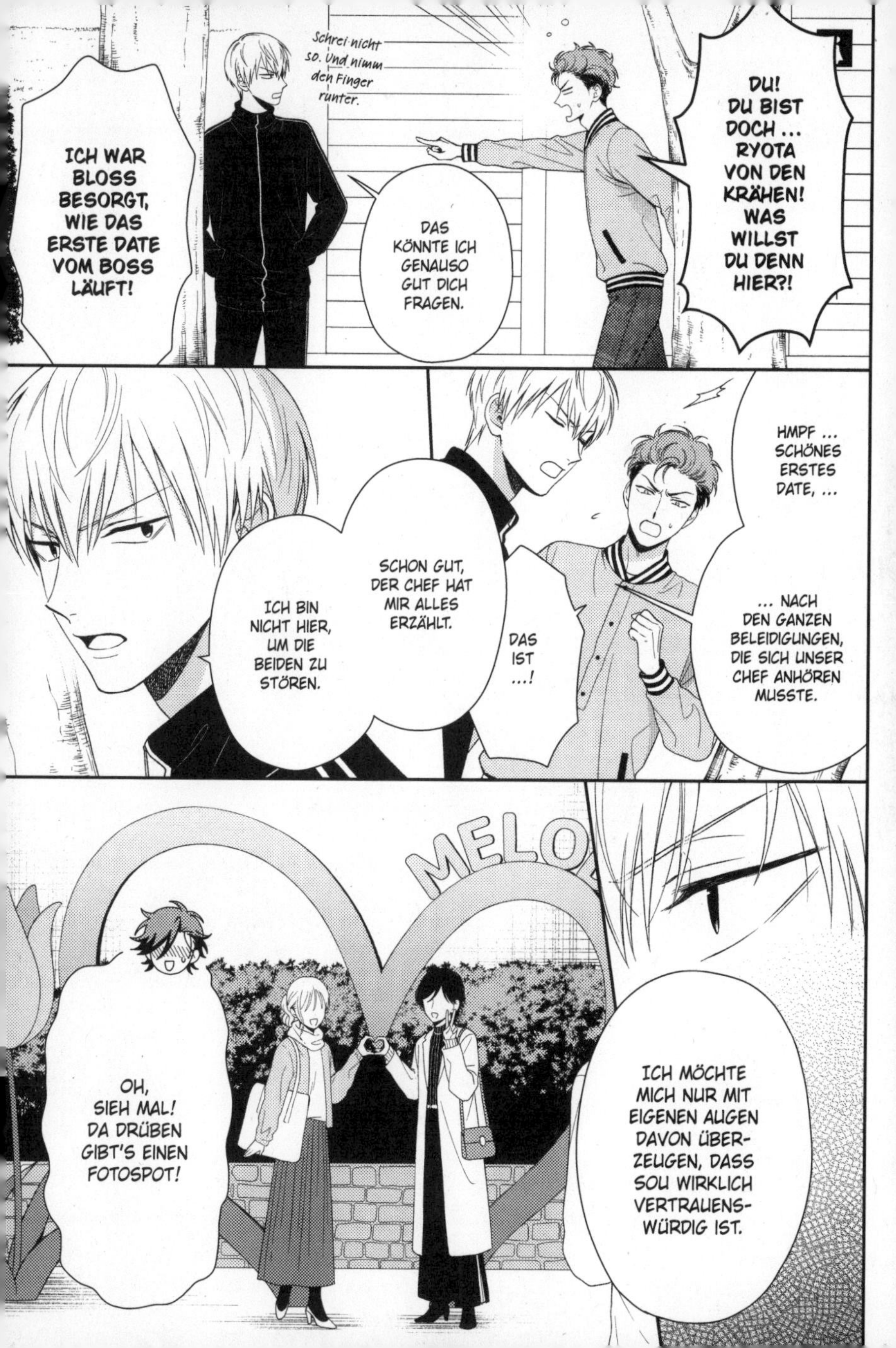
DU! DU BIST DOCH … RYOTA VON DEN KRÄHEN! WAS WILLST DU DENN HIER?!
Schrei nicht so. Und nimm den Finger runter.
DAS KÖNNTE ICH GENAUSO GUT DICH FRAGEN.
ICH WAR BLOSS BESORGT, WIE DAS ERSTE DATE VOM BOSS LÄUFT!
HMPF … SCHÖNES ERSTES DATE, …
… NACH DEN GANZEN BELEIDIGUNGEN, DIE SICH UNSER CHEF ANHÖREN MUSSTE.
DAS IST …!
SCHON GUT, DER CHEF HAT MIR ALLES ERZÄHLT.
ICH BIN NICHT HIER, UM DIE BEIDEN ZU STÖREN.
MELO
ICH MÖCHTE MICH NUR MIT EIGENEN AUGEN DAVON ÜBERZEUGEN, DASS SOU WIRKLICH VERTRAUENSWÜRDIG IST.
OH, SIEH MAL! DA DRÜBEN GIBT'S EINEN FOTOSPOT!

WOLLEN WIR NICHT EIN ERINNERUNGS-FOTO MACHEN, WENN WIR SCHON MAL HIER SIND?
ALLES LÄUFT NACH PLAN.
MEIN ERSTES PÄRCHEN-FOTO MIT TETSUJI!

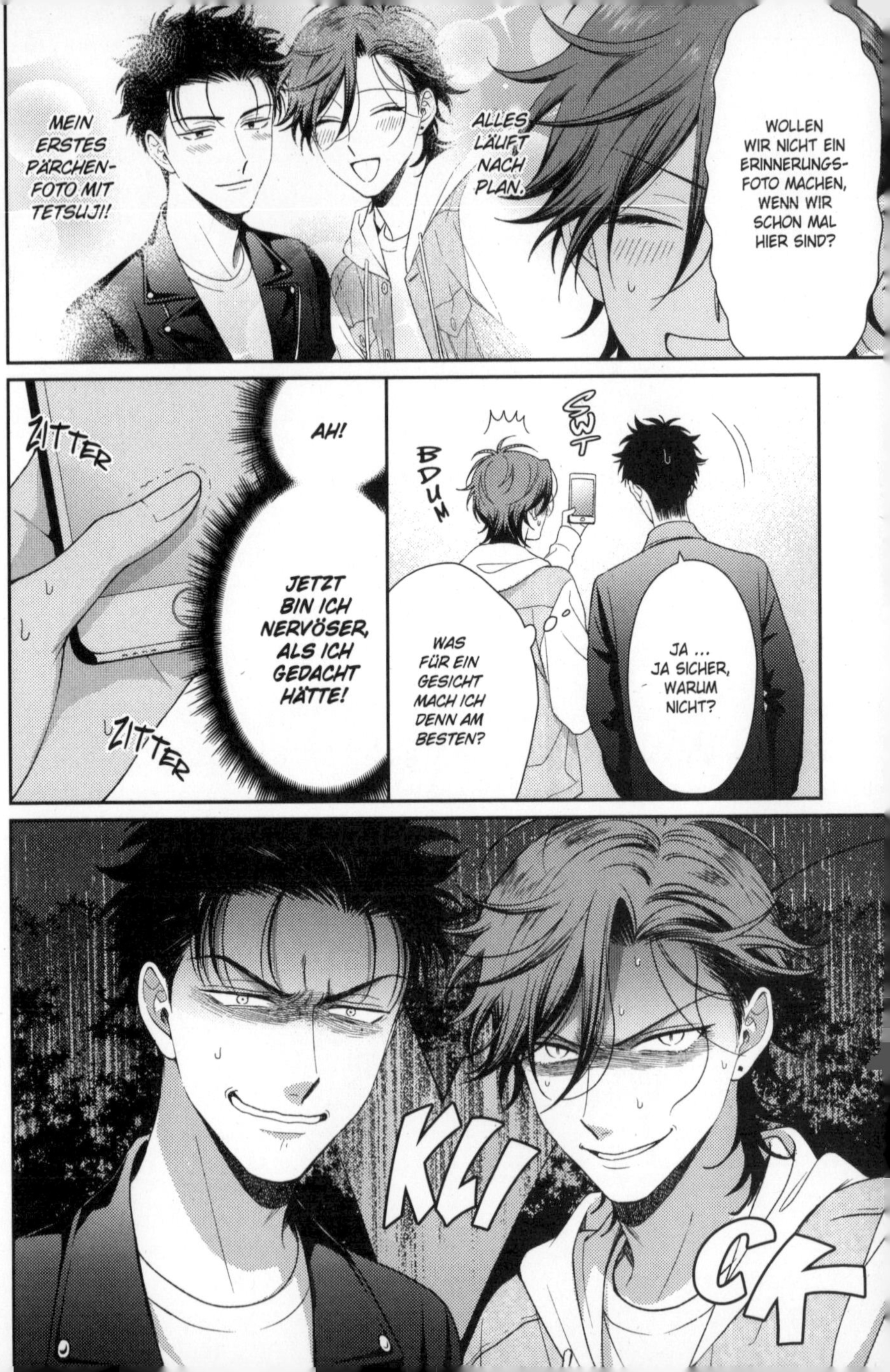

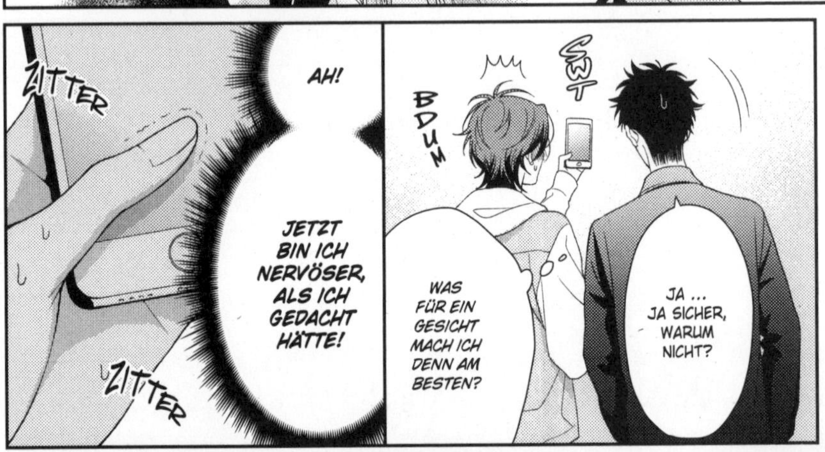
JA ... JA SICHER, WARUM NICHT?
SWT
BDUM
WAS FÜR EIN GESICHT MACH ICH DENN AM BESTEN?
AH!
JETZT BIN ICH NERVÖSER, ALS ICH GEDACHT HÄTTE!
ZITTER
ZITTER

KLICK

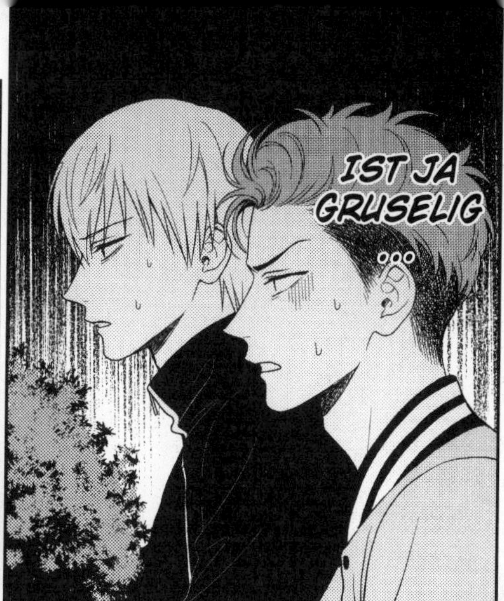

IST JA GRUSELIG …

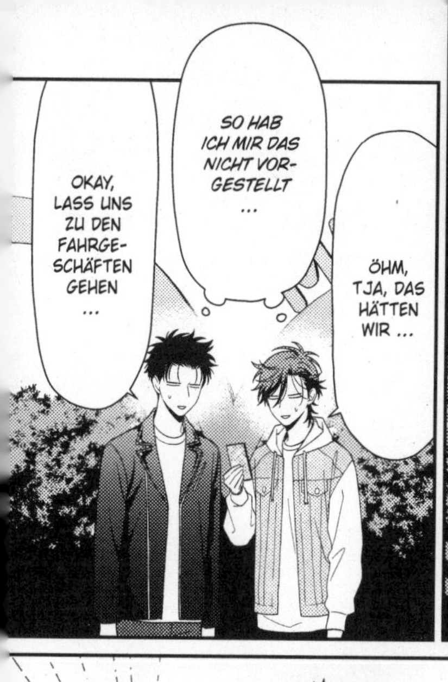

ÖHM, TJA, DAS HÄTTEN WIR …
SO HAB ICH MIR DAS NICHT VOR-GESTELLT …
OKAY, LASS UNS ZU DEN FAHRGE-SCHÄFTEN GEHEN …

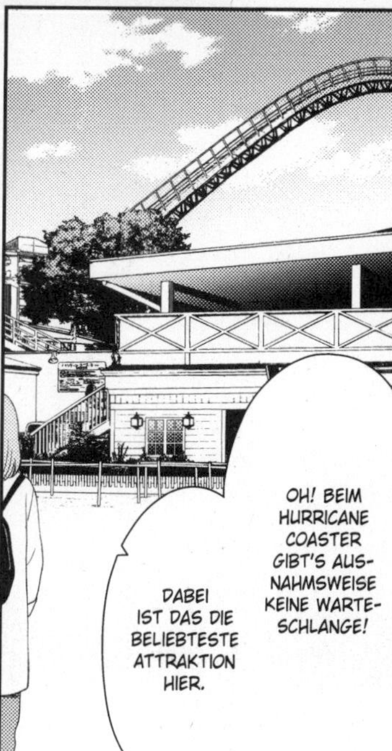

OH! BEIM HURRICANE COASTER GIBT'S AUS-NAHMSWEISE KEINE WARTE-SCHLANGE!
DABEI IST DAS DIE BELIEBTESTE ATTRAKTION HIER.

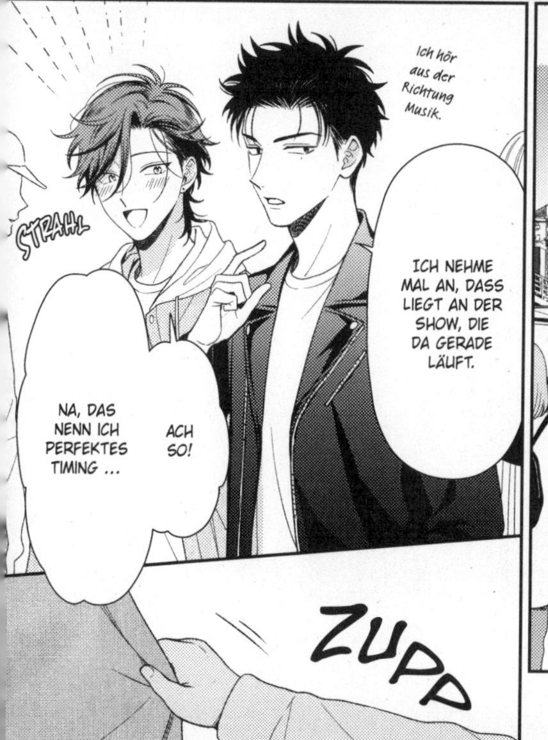

Ich hör aus der Richtung Musik.
ICH NEHME MAL AN, DASS LIEGT AN DER SHOW, DIE DA GERADE LÄUFT.
ACH SO!
NA, DAS NENN ICH PERFEKTES TIMING …
STRAHL
ZUPP

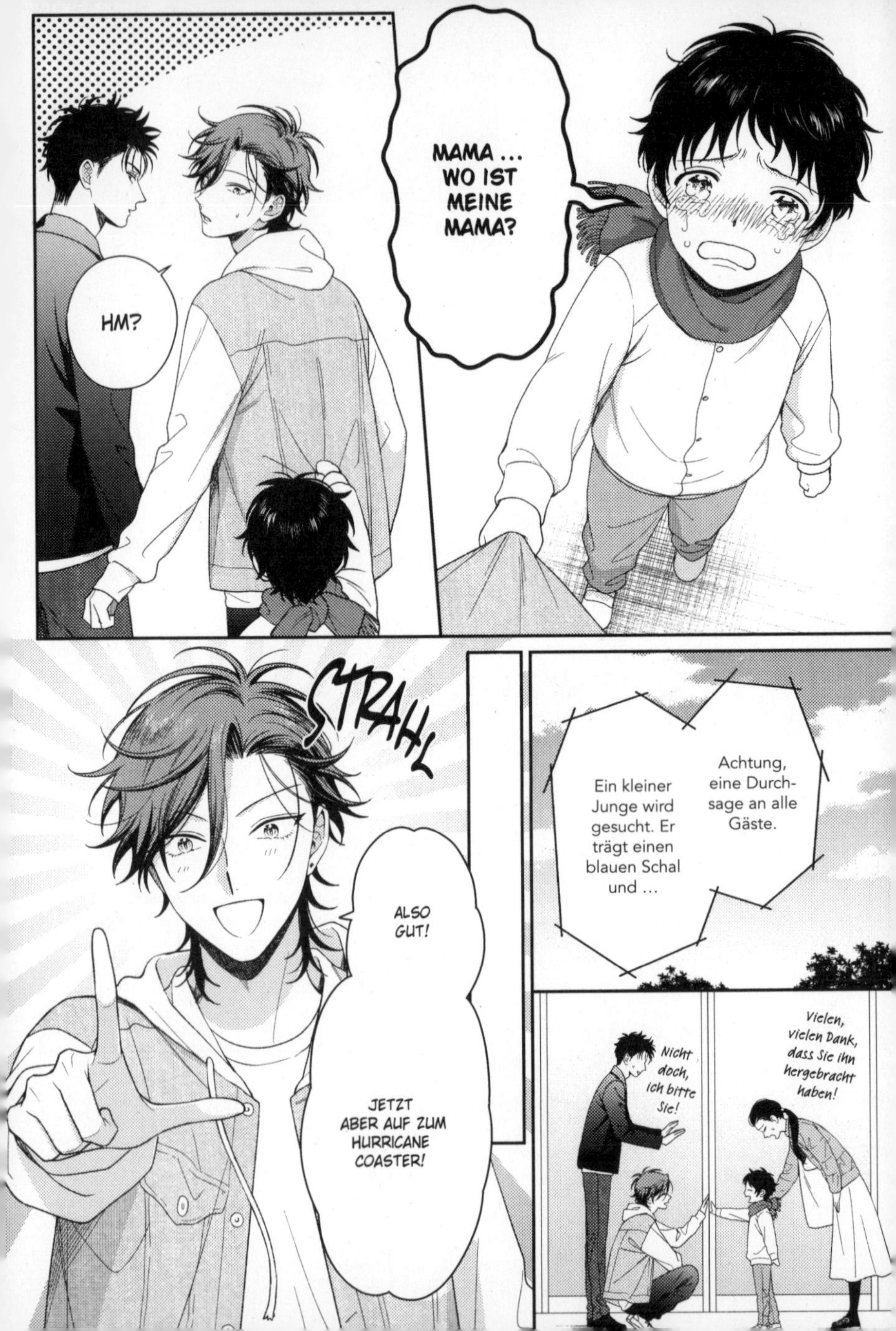
HM?
MAMA … WO IST MEINE MAMA?
Achtung, eine Durchsage an alle Gäste.
Ein kleiner Junge wird gesucht. Er trägt einen blauen Schal und …
Vielen, vielen Dank, dass Sie ihn hergebracht haben!
Nicht doch, ich bitte Sie!
STRAHL
ALSO GUT!
JETZT ABER AUF ZUM HURRICANE COASTER!

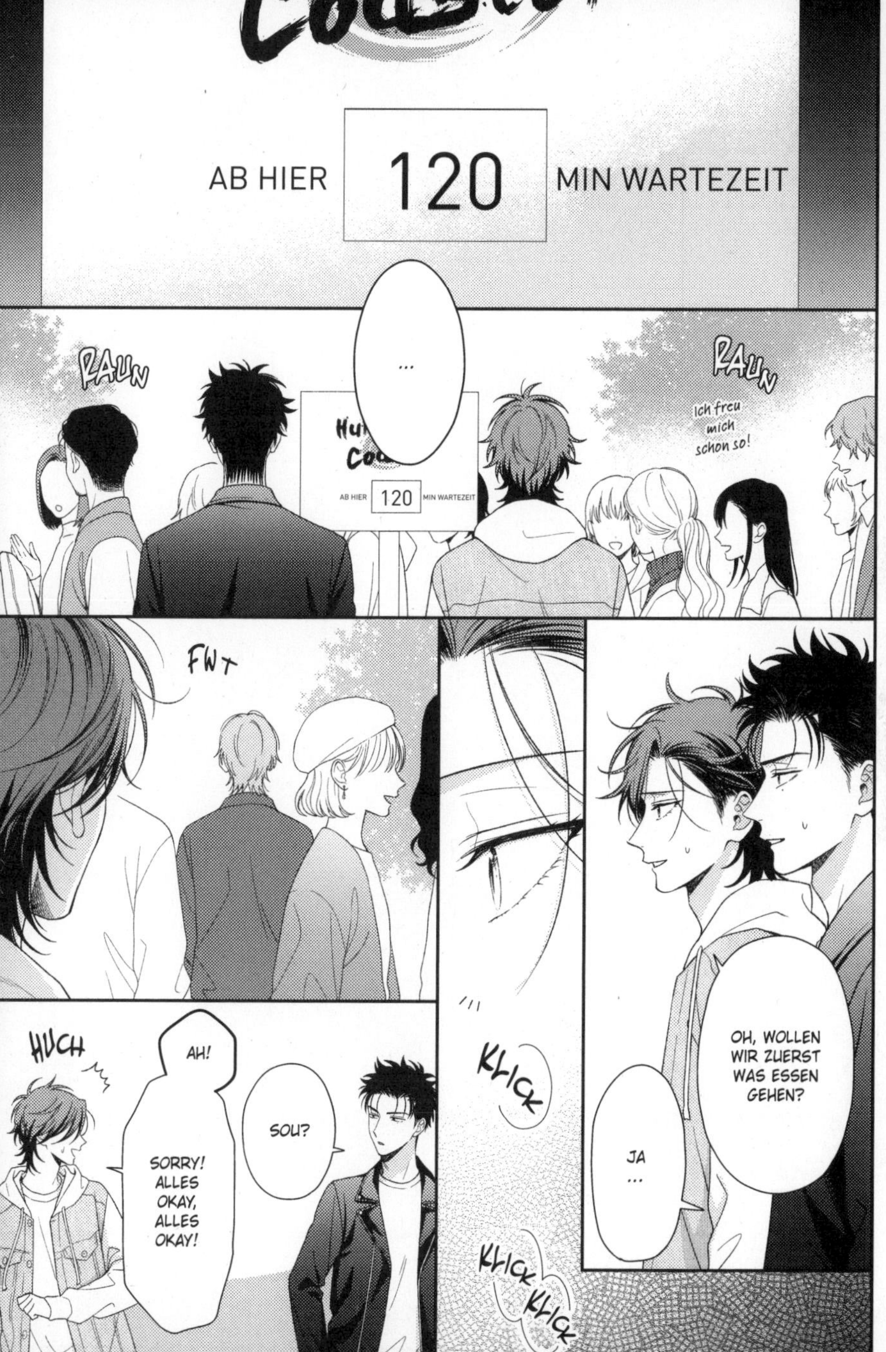
AB HIER
120
MIN WARTEZEIT
RAUN
Ich freu mich schon so!
...
RAUN
AB HIER 120 MIN WARTEZEIT
FWT
OH, WOLLEN WIR ZUERST WAS ESSEN GEHEN?
JA ...
KLICK
KLICK KLICK
SOU?
AH!
SORRY! ALLES OKAY, ALLES OKAY!
HUCH

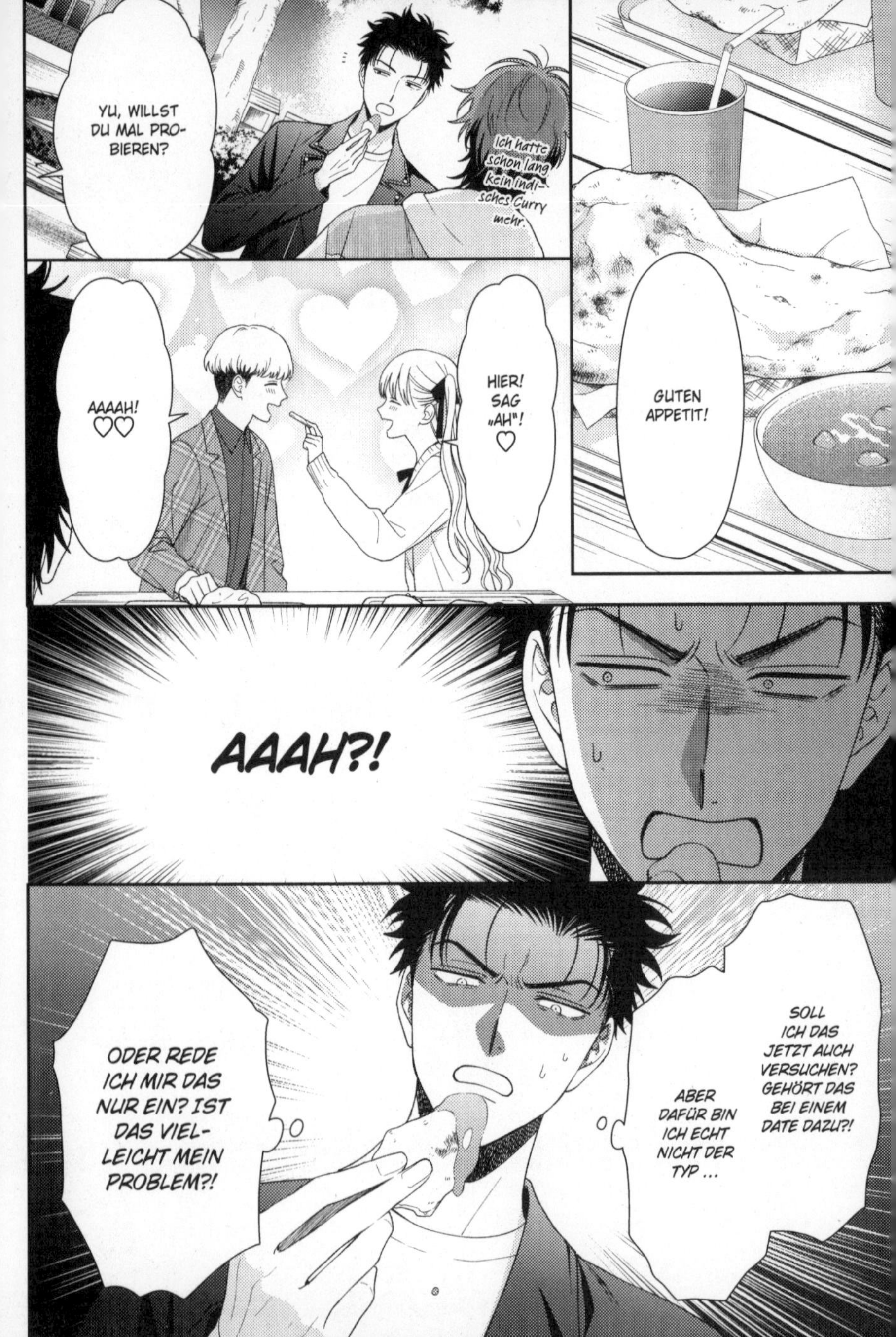
GUTEN APPETIT!
Ich hatte schon lang kein indisches Curry mehr.
YU, WILLST DU MAL PROBIEREN?
HIER! SAG „AH"! ♡
AAAAH! ♡♡
AAAH?!
SOLL ICH DAS JETZT AUCH VERSUCHEN? GEHÖRT DAS BEI EINEM DATE DAZU?!
ABER DAFÜR BIN ICH ECHT NICHT DER TYP …
ODER REDE ICH MIR DAS NUR EIN? IST DAS VIELLEICHT MEIN PROBLEM?!

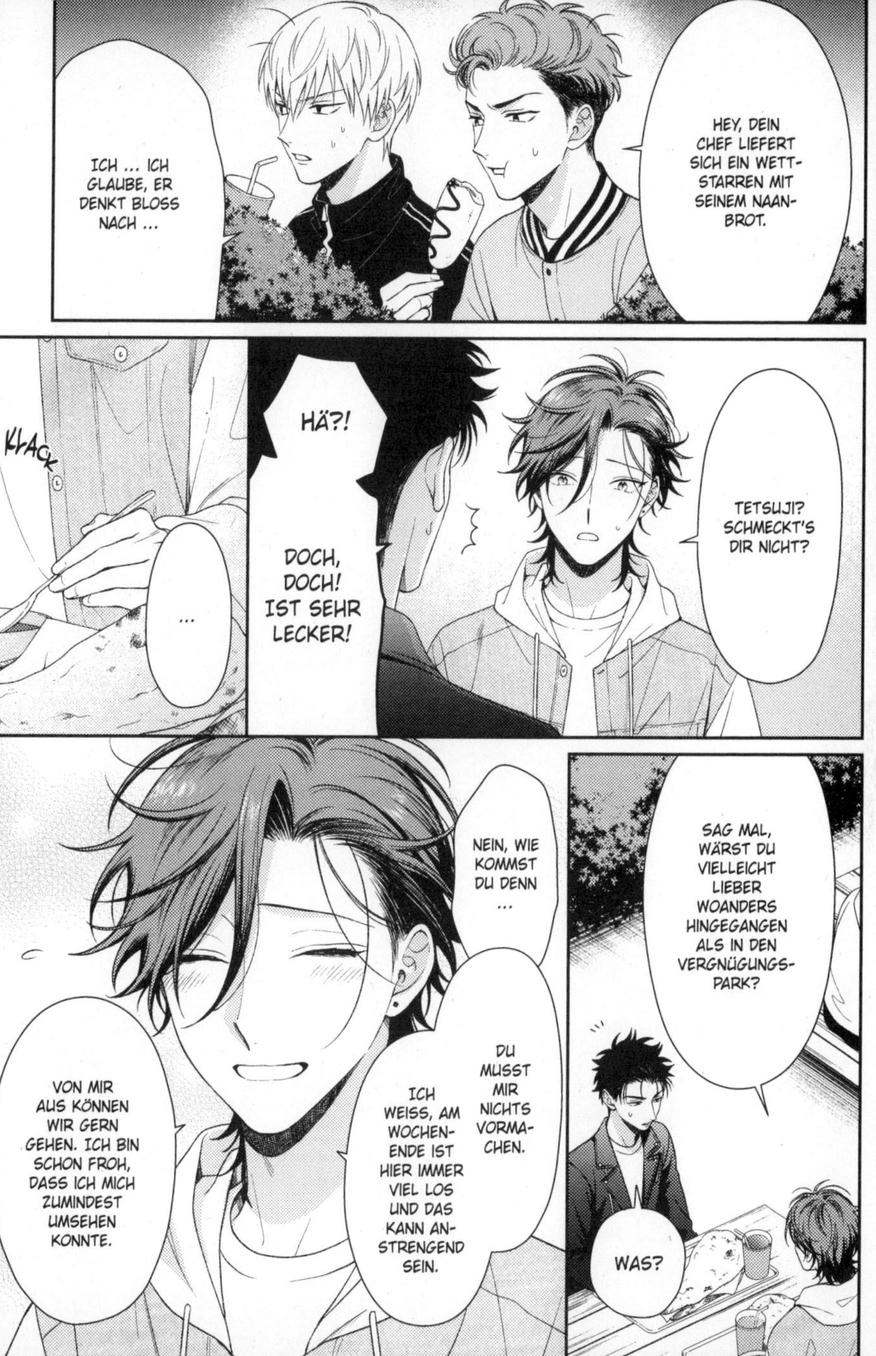
HEY, DEIN CHEF LIEFERT SICH EIN WETT-STARREN MIT SEINEM NAAN-BROT.
ICH ... ICH GLAUBE, ER DENKT BLOSS NACH ...
TETSUJI? SCHMECKT'S DIR NICHT?
HÄ?!
DOCH, DOCH! IST SEHR LECKER!
...
KLACK
SAG MAL, WÄRST DU VIELLEICHT LIEBER WOANDERS HINGEGANGEN ALS IN DEN VERGNÜGUNGS-PARK?
WAS?
NEIN, WIE KOMMST DU DENN ...
DU MUSST MIR NICHTS VORMA-CHEN.
ICH WEISS, AM WOCHEN-ENDE IST HIER IMMER VIEL LOS UND DAS KANN AN-STRENGEND SEIN.
VON MIR AUS KÖNNEN WIR GERN GEHEN. ICH BIN SCHON FROH, DASS ICH MICH ZUMINDEST UMSEHEN KONNTE.

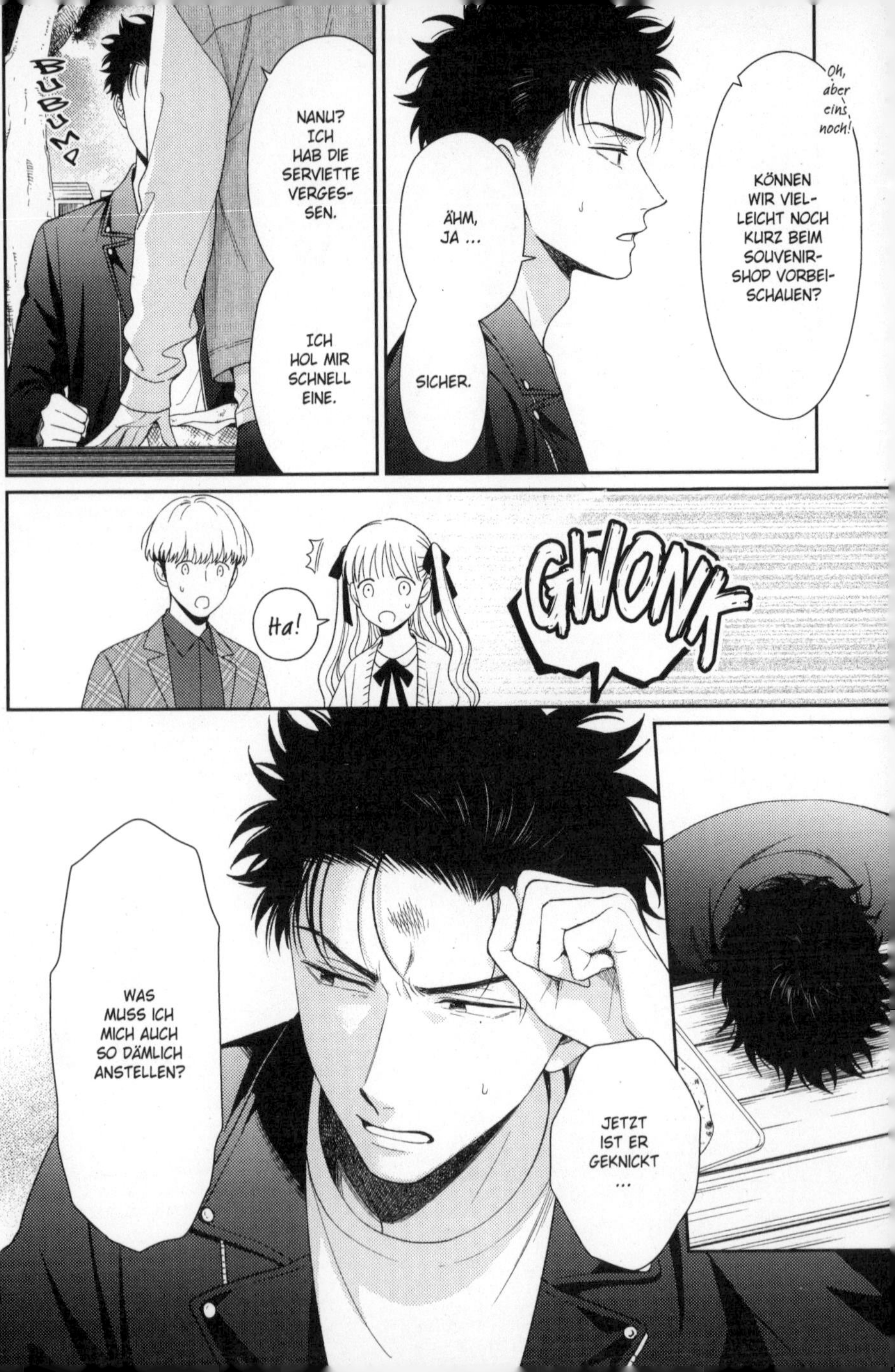

Oh, aber eins noch!
KÖNNEN WIR VIELLEICHT NOCH KURZ BEIM SOUVENIR-SHOP VORBEISCHAUEN?
ÄHM, JA …
SICHER.
NANU? ICH HAB DIE SERVIETTE VERGESSEN.
ICH HOL MIR SCHNELL EINE.
BUBUMP
GWONK
Ha!
JETZT IST ER GEKNICKT …
WAS MUSS ICH MICH AUCH SO DÄMLICH ANSTELLEN?

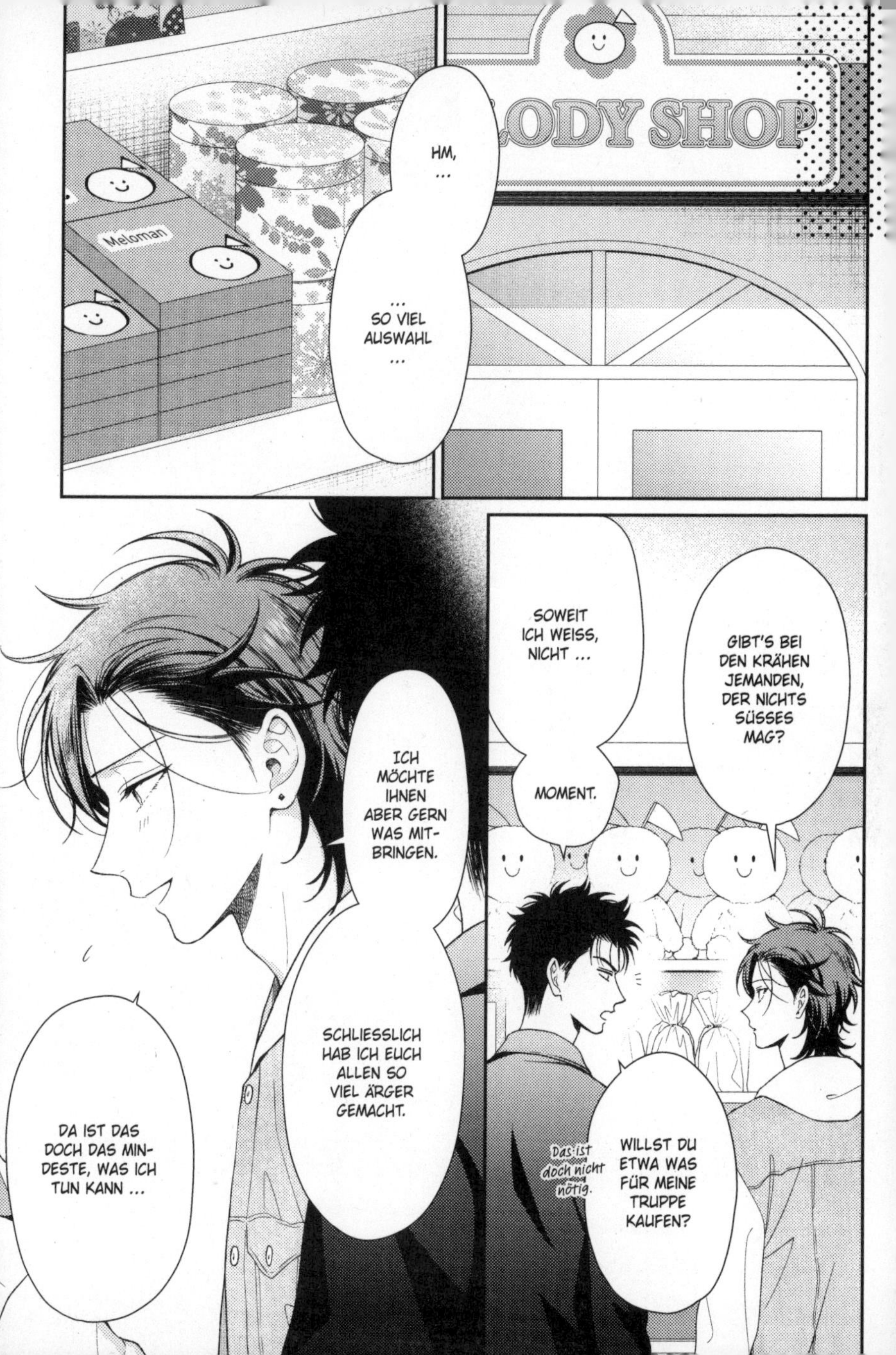
LODY SHOP
Meloman
HM, …
… SO VIEL AUSWAHL …
GIBT'S BEI DEN KRÄHEN JEMANDEN, DER NICHTS SÜSSES MAG?
SOWEIT ICH WEISS, NICHT …
MOMENT.
WILLST DU ETWA WAS FÜR MEINE TRUPPE KAUFEN?
Das ist doch nicht nötig.
ICH MÖCHTE IHNEN ABER GERN WAS MIT-BRINGEN.
SCHLIESSLICH HAB ICH EUCH ALLEN SO VIEL ÄRGER GEMACHT.
DA IST DAS DOCH DAS MIN-DESTE, WAS ICH TUN KANN …

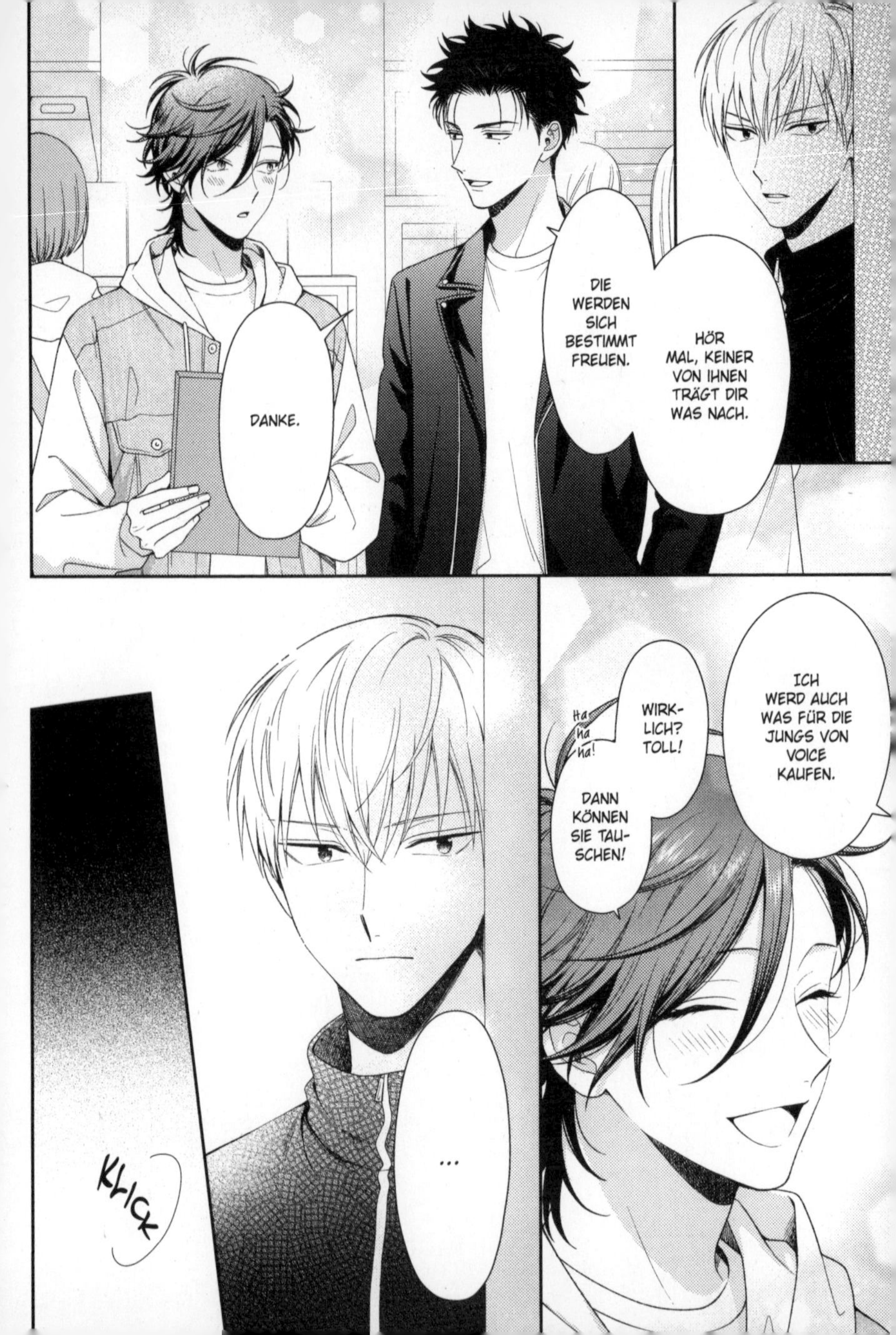
HÖR MAL, KEINER VON IHNEN TRÄGT DIR WAS NACH.
DIE WERDEN SICH BESTIMMT FREUEN.
DANKE.
ICH WERD AUCH WAS FÜR DIE JUNGS VON VOICE KAUFEN.
WIRK-LICH? TOLL!
Ha ha ha!
DANN KÖNNEN SIE TAU-SCHEN!
...
KLICK

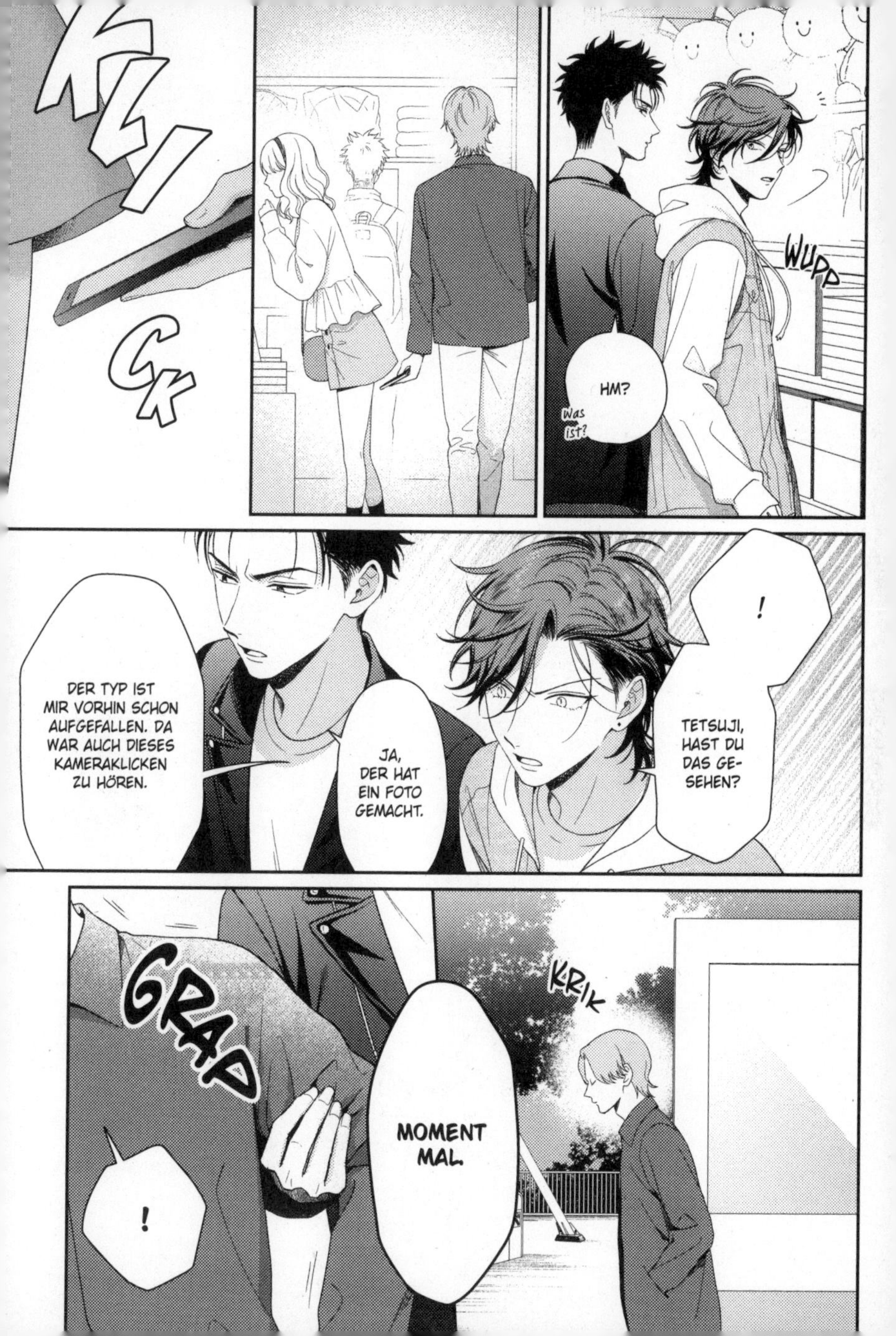

WUPP
HM?
Was ist?
KLI
CK

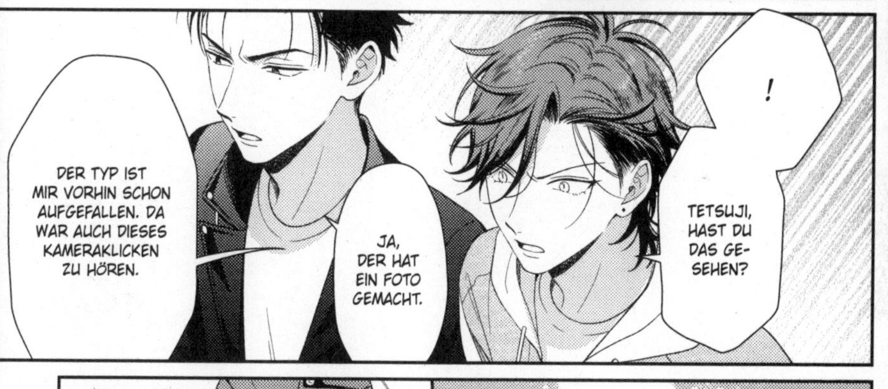

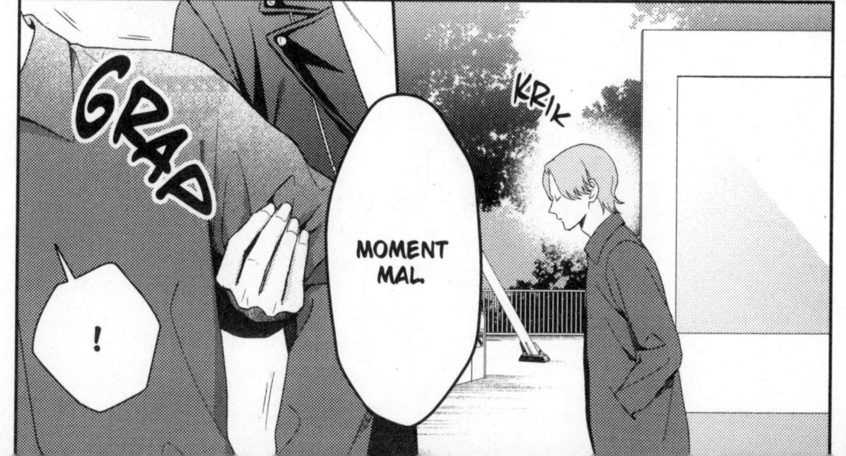

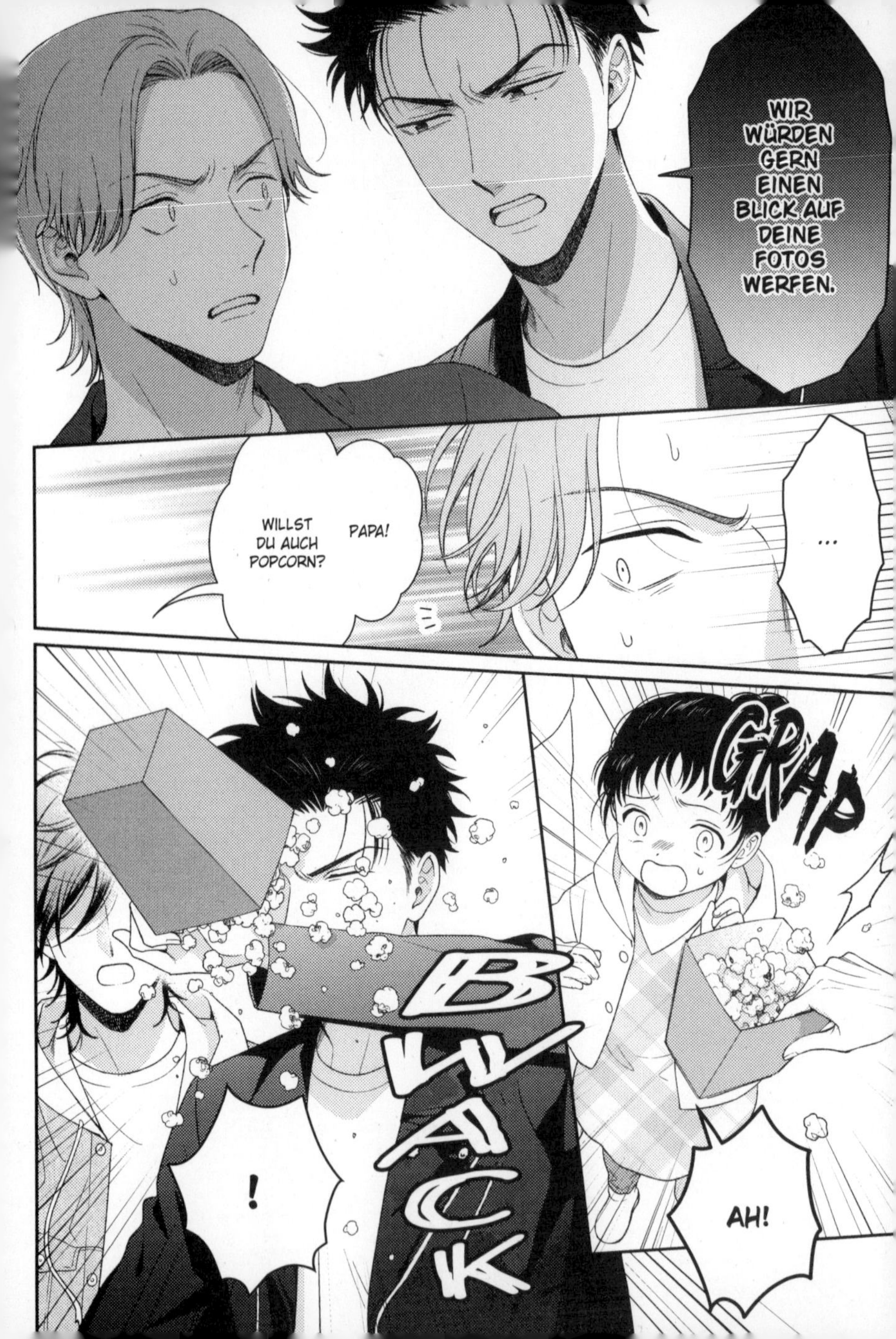
WIR WÜRDEN GERN EINEN BLICK AUF DEINE FOTOS WERFEN.
...
PAPA!
WILLST DU AUCH POPCORN?
GRAP
AH!
BWACK
!

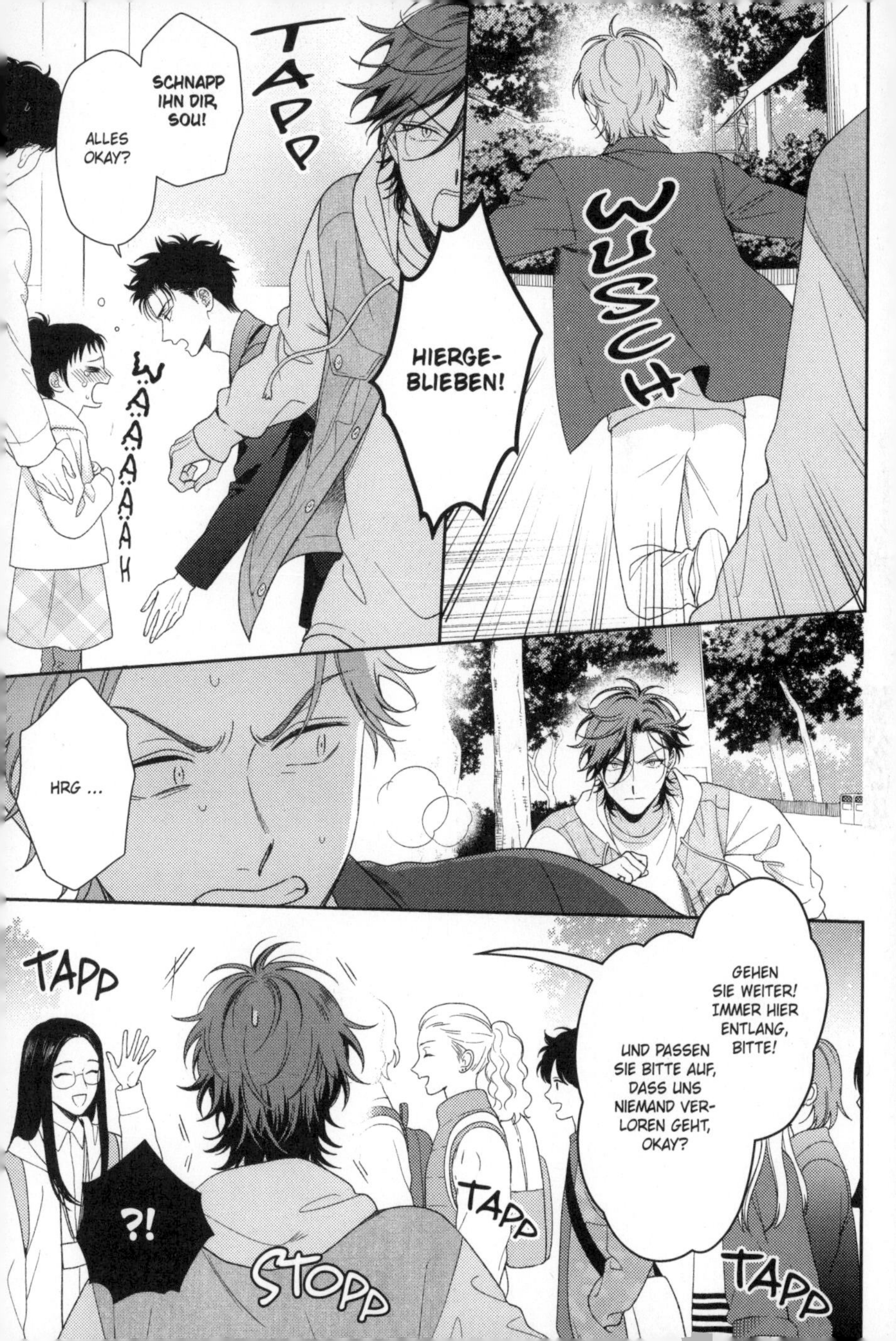
WUSUH
HIERGE-
BLIEBEN!
TAPP
TAPP
SCHNAPP
IHN DIR,
SOU!
ALLES
OKAY?
WAAAAAAH
HRG ...
GEHEN
SIE WEITER!
IMMER HIER
ENTLANG,
BITTE!
UND PASSEN
SIE BITTE AUF,
DASS UNS
NIEMAND VER-
LOREN GEHT,
OKAY?
TAPP
TAPP
TAPP
?!
STOPP

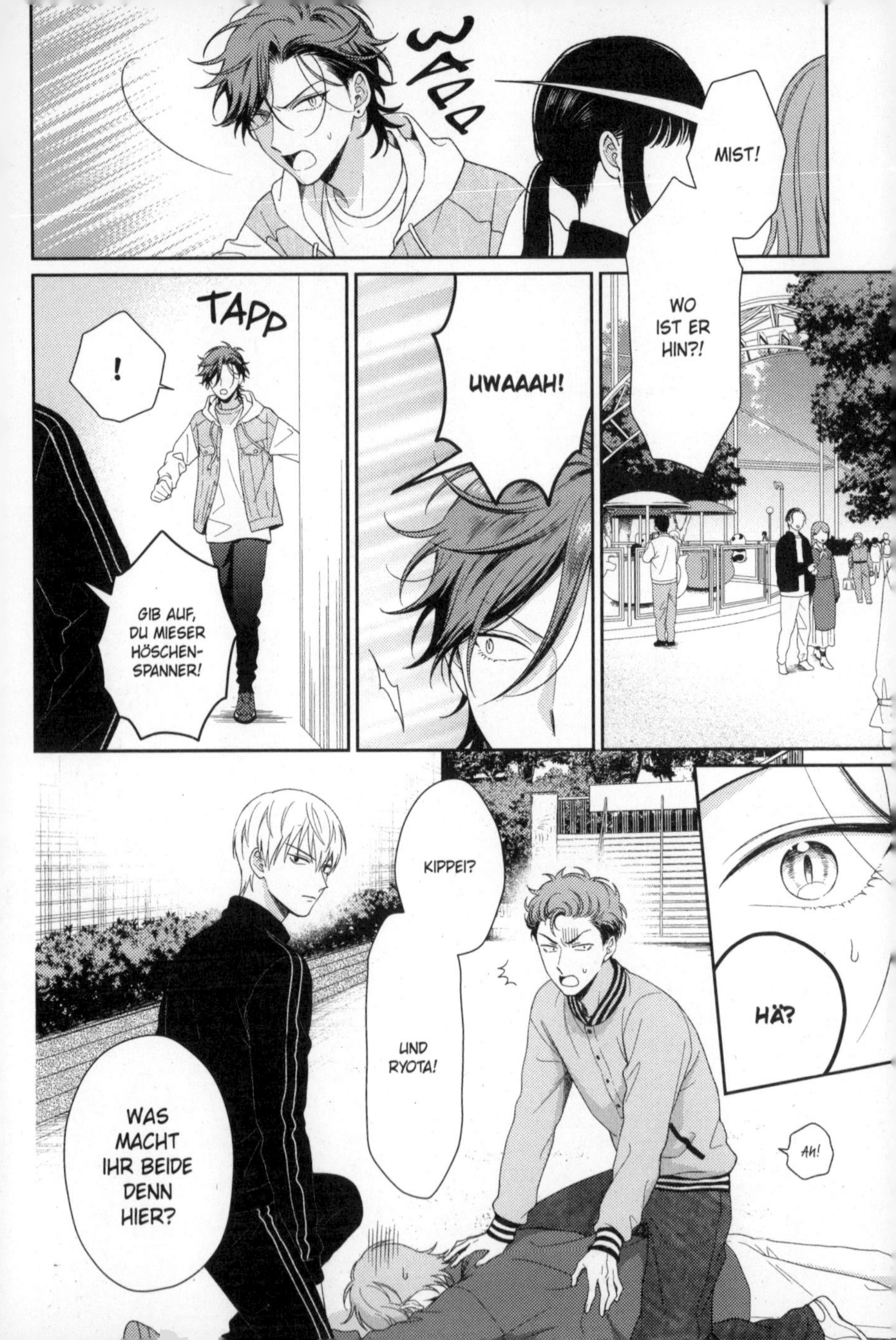
MIST!
WADA
WO IST ER HIN?!
UWAAAH!
TAPP
!
GIB AUF, DU MIESER HÖSCHEN-SPANNER!
HÄ?
Ah!
KIPPEI?
UND RYOTA!
WAS MACHT IHR BEIDE DENN HIER?

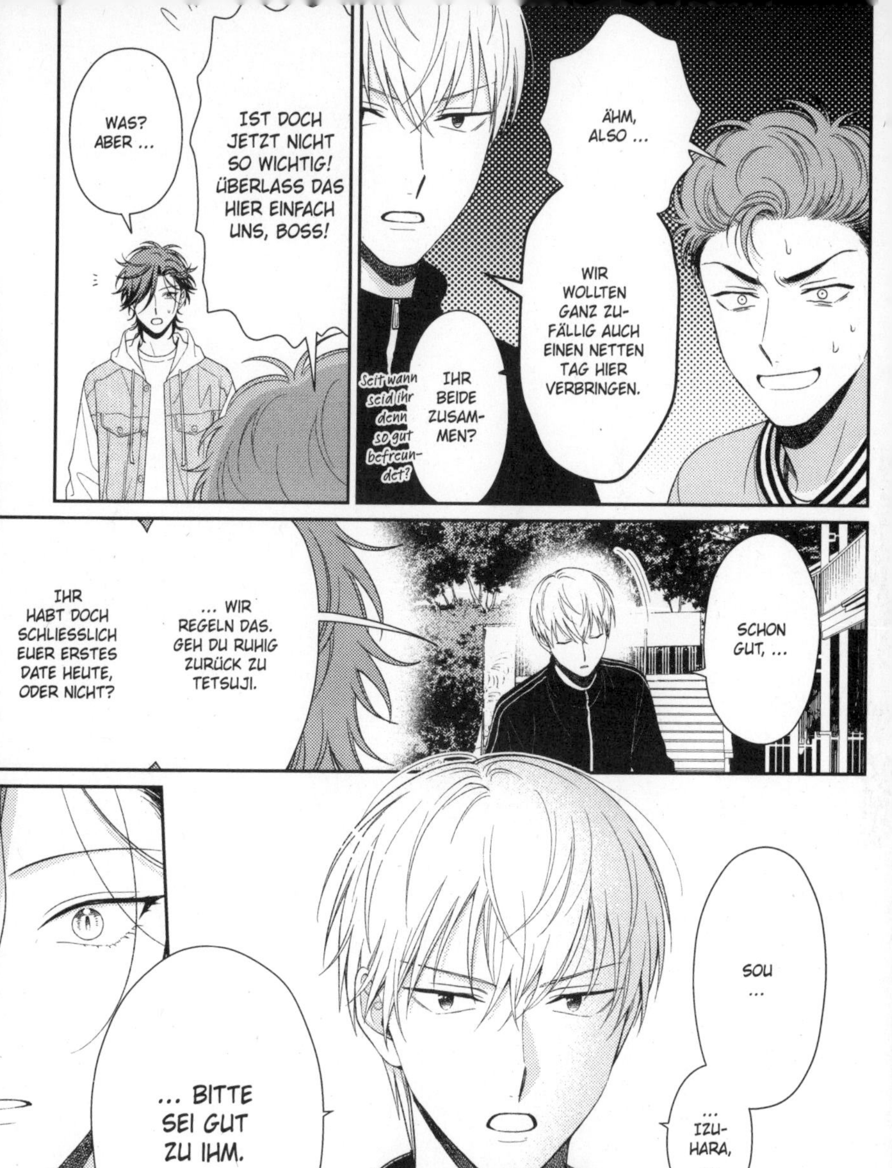
ÄHM, ALSO …
WIR WOLLTEN GANZ ZUFÄLLIG AUCH EINEN NETTEN TAG HIER VERBRINGEN.
IHR BEIDE ZUSAMMEN?
Seit wann seid ihr denn so gut befreundet?
IST DOCH JETZT NICHT SO WICHTIG! ÜBERLASS DAS HIER EINFACH UNS, BOSS!
WAS? ABER …
SCHON GUT, …
… WIR REGELN DAS. GEH DU RUHIG ZURÜCK ZU TETSUJI.
IHR HABT DOCH SCHLIESSLICH EUER ERSTES DATE HEUTE, ODER NICHT?
SOU …
… IZUHARA, …
… BITTE SEI GUT ZU IHM.

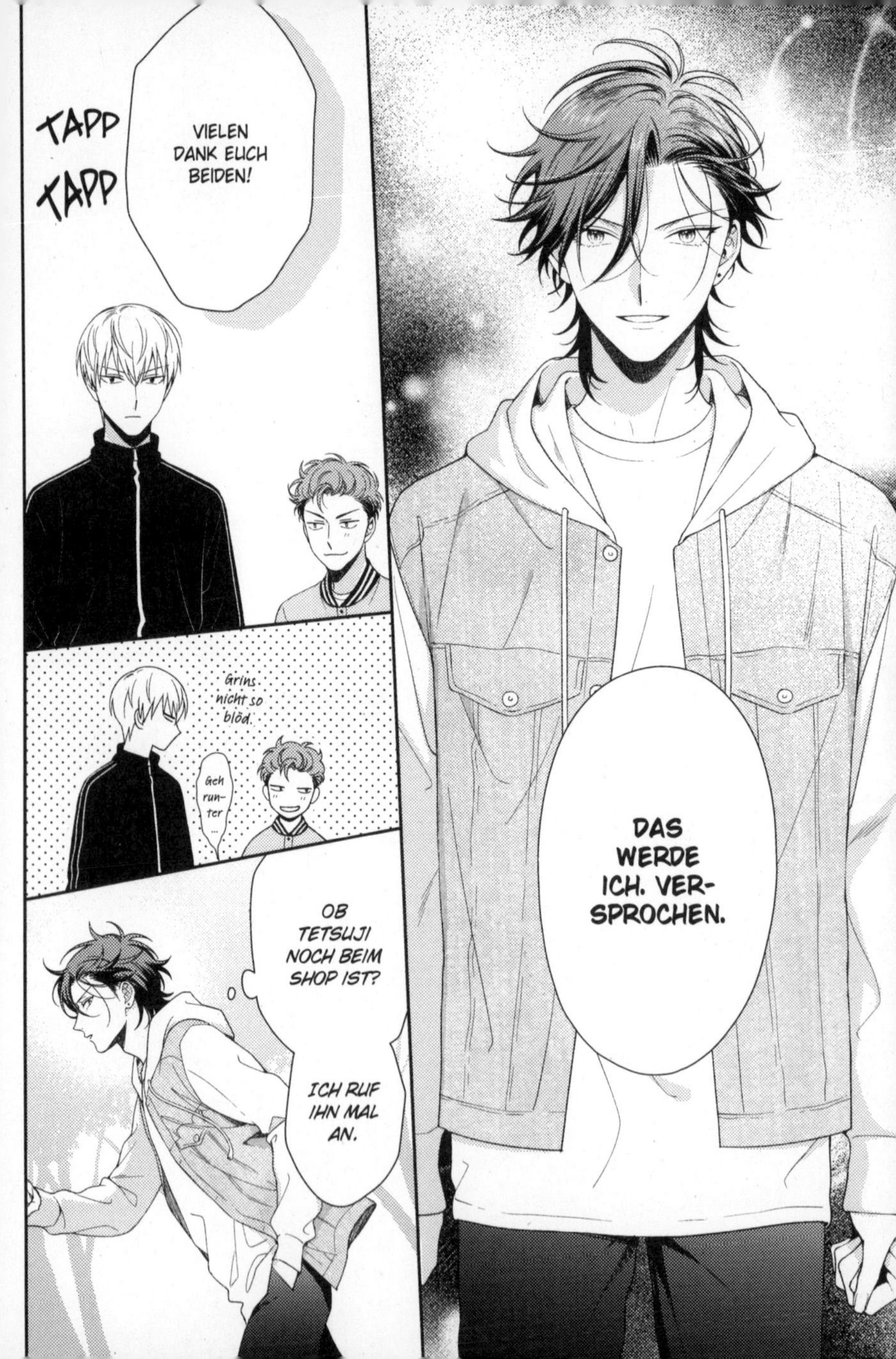
DAS WERDE ICH. VERSPROCHEN.
VIELEN DANK EUCH BEIDEN!
TAPP TAPP
Grins nicht so blöd.
Geh runter ...
OB TETSUJI NOCH BEIM SHOP IST?
ICH RUF IHN MAL AN.

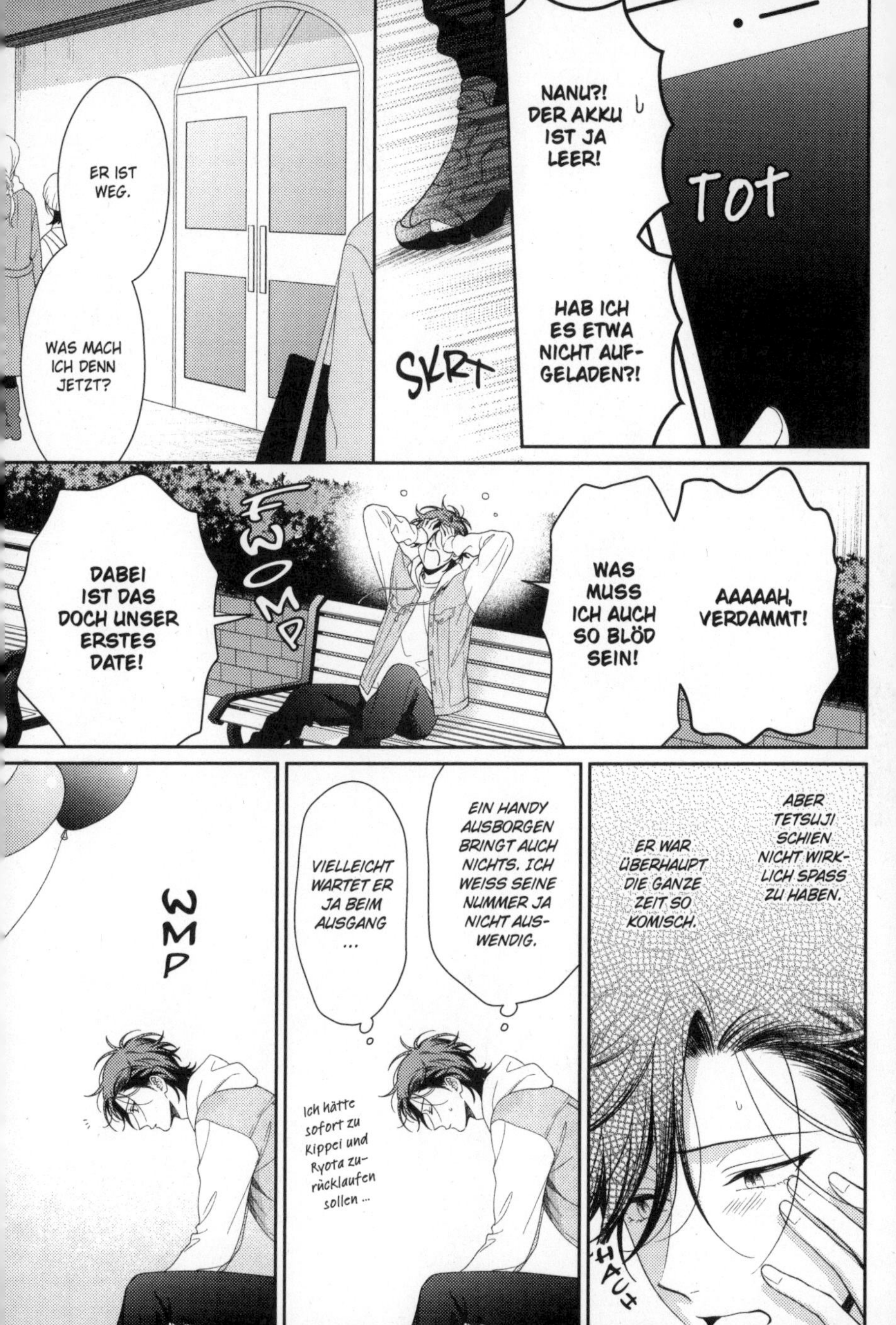
NANU?! DER AKKU IST JA LEER!
TOT
HAB ICH ES ETWA NICHT AUF-GELADEN?!
SKRT
ER IST WEG.
WAS MACH ICH DENN JETZT?
AAAAAH, VERDAMMT!
WAS MUSS ICH AUCH SO BLÖD SEIN!
FWOMP
DABEI IST DAS DOCH UNSER ERSTES DATE!
ABER TETSUJI SCHIEN NICHT WIRK-LICH SPASS ZU HABEN.
ER WAR ÜBERHAUPT DIE GANZE ZEIT SO KOMISCH.
HAUH
EIN HANDY AUSBORGEN BRINGT AUCH NICHTS. ICH WEISS SEINE NUMMER JA NICHT AUS-WENDIG.
VIELLEICHT WARTET ER JA BEIM AUSGANG …
Ich hätte sofort zu Kippei und Ryota zu-rücklaufen sollen …
WMP

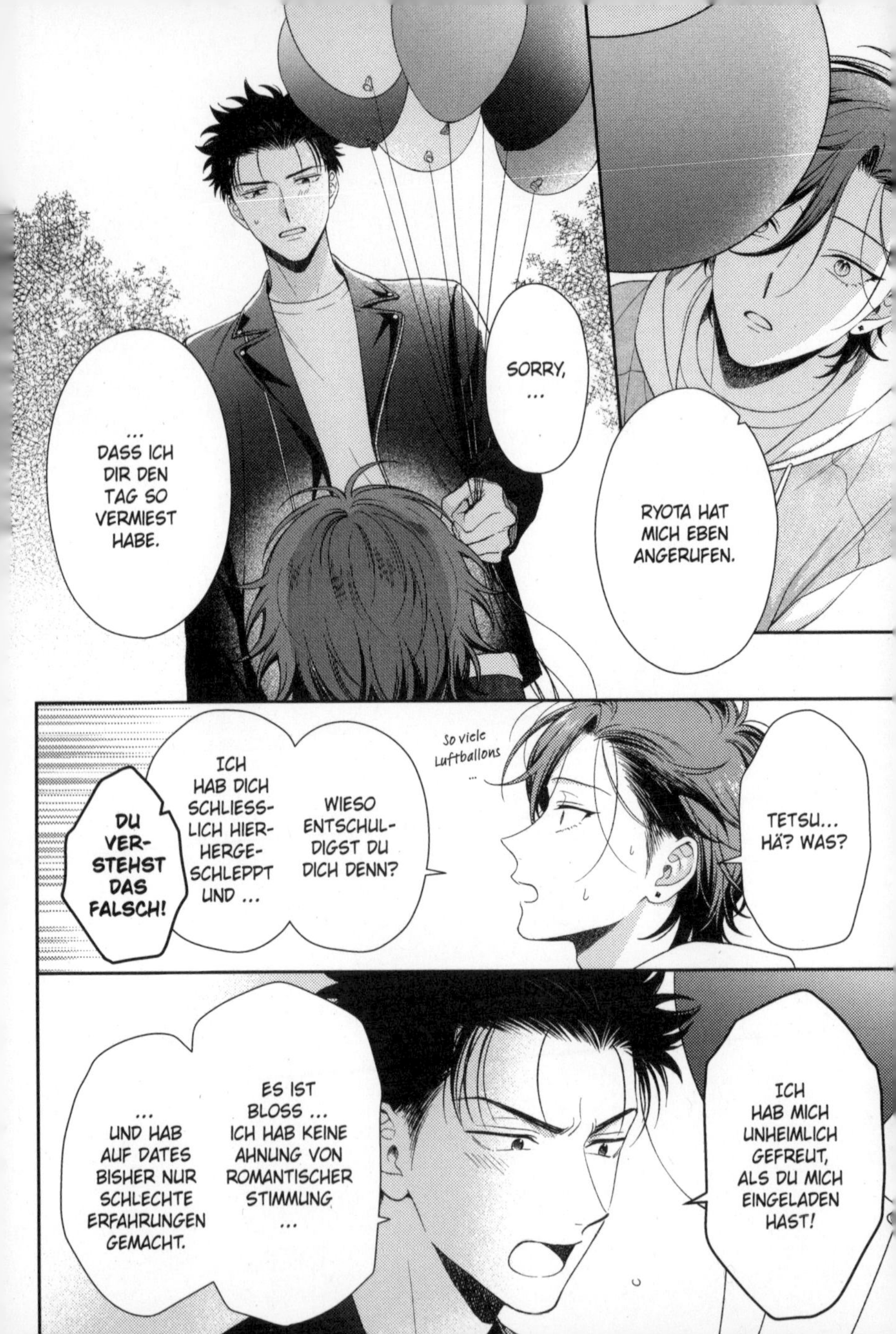
RYOTA HAT MICH EBEN ANGERUFEN.
SORRY, …
… DASS ICH DIR DEN TAG SO VERMIEST HABE.
TETSU… HÄ? WAS?
So viele Luftballons …
WIESO ENTSCHULDIGST DU DICH DENN?
ICH HAB DICH SCHLIESSLICH HIERHERGESCHLEPPT UND …
DU VERSTEHST DAS FALSCH!
ICH HAB MICH UNHEIMLICH GEFREUT, ALS DU MICH EINGELADEN HAST!
ES IST BLOSS … ICH HAB KEINE AHNUNG VON ROMANTISCHER STIMMUNG …
… UND HAB AUF DATES BISHER NUR SCHLECHTE ERFAHRUNGEN GEMACHT.

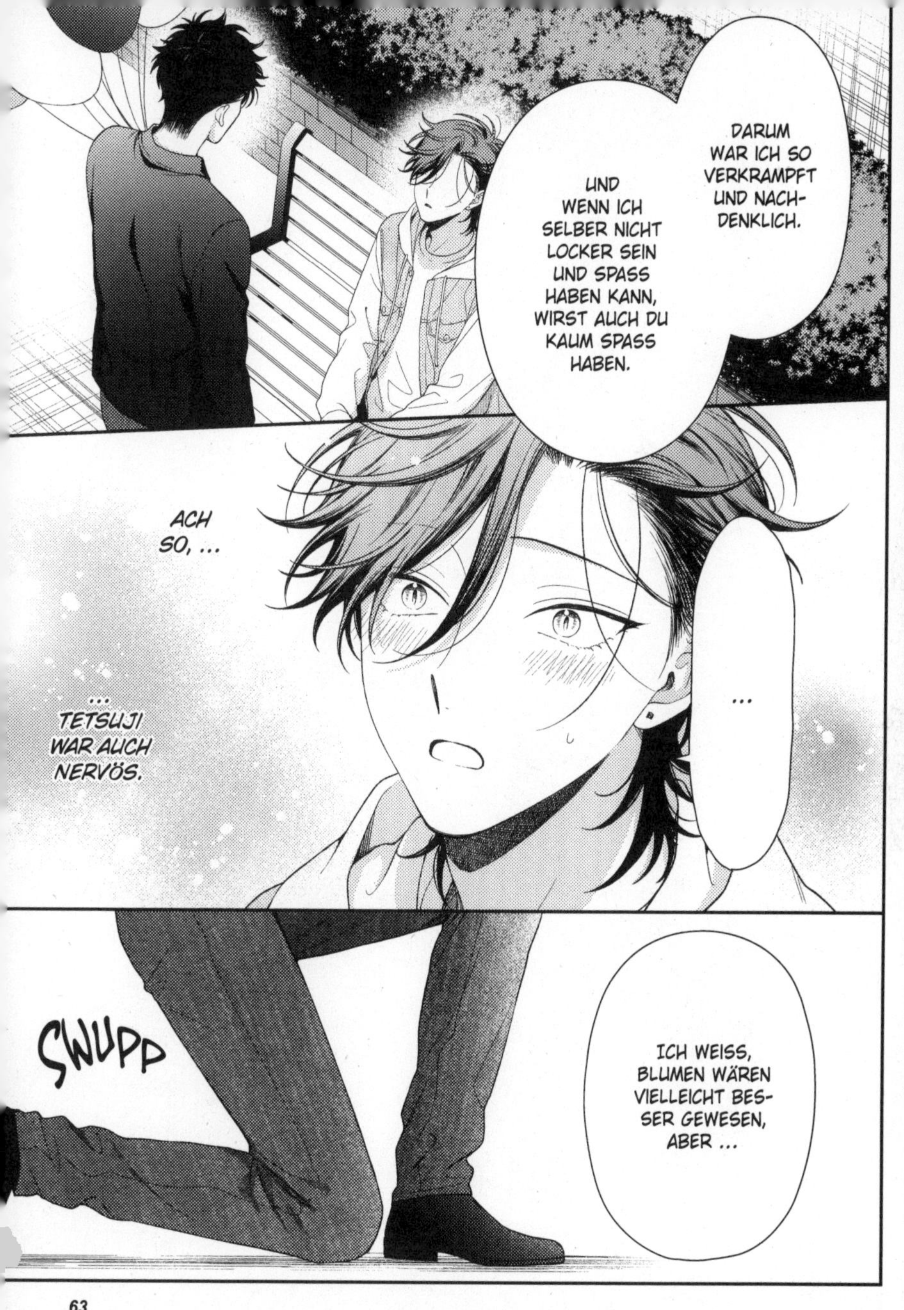
DARUM WAR ICH SO VERKRAMPFT UND NACH-DENKLICH.
UND WENN ICH SELBER NICHT LOCKER SEIN UND SPASS HABEN KANN, WIRST AUCH DU KAUM SPASS HABEN.
...
ACH SO, ...
... TETSUJI WAR AUCH NERVÖS.
ICH WEISS, BLUMEN WÄREN VIELLEICHT BES-SER GEWESEN, ABER ...
SWUPP

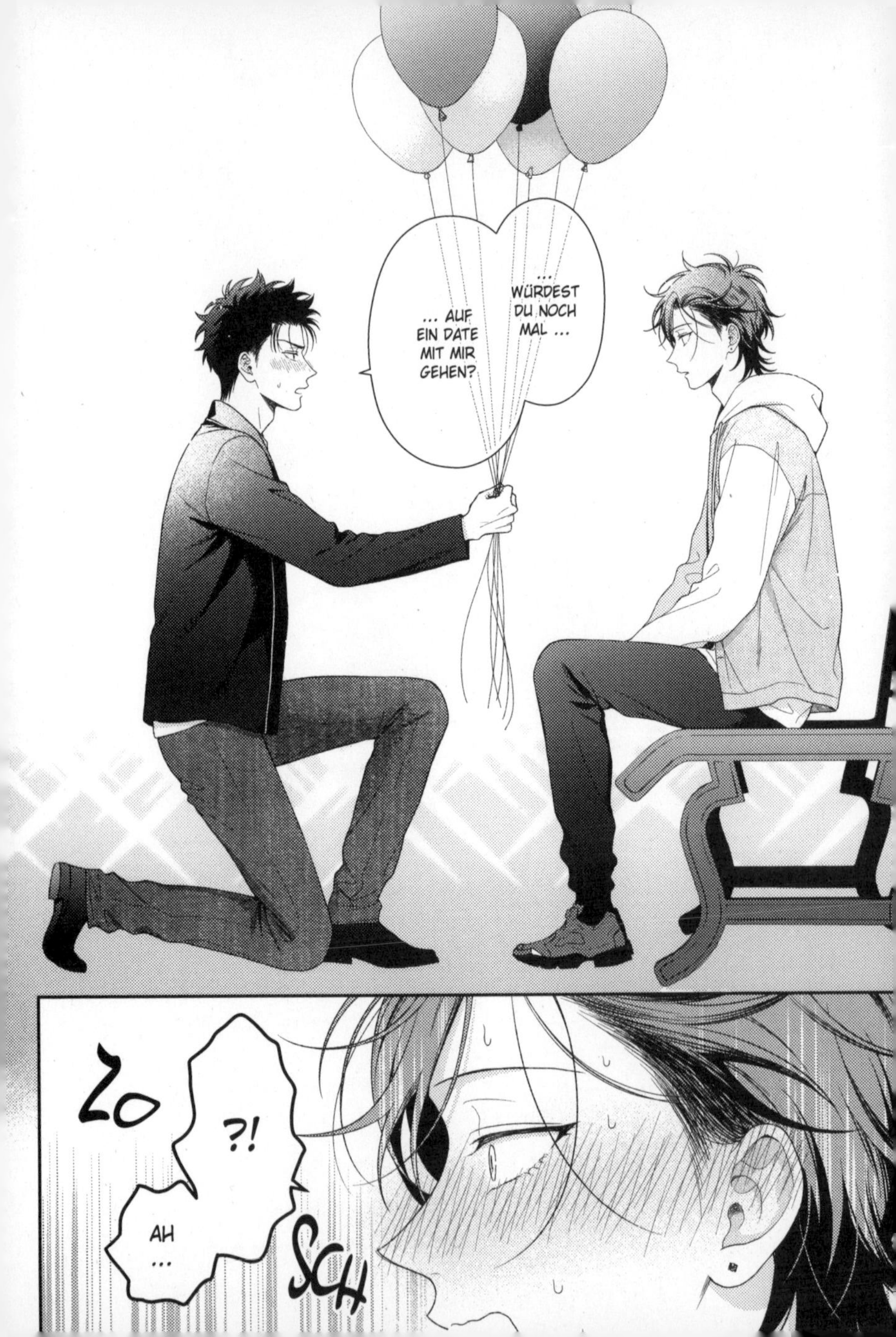
... WÜRDEST DU NOCH MAL ...
... AUF EIN DATE MIT MIR GEHEN?
?!
AH ...
ZO
SCH

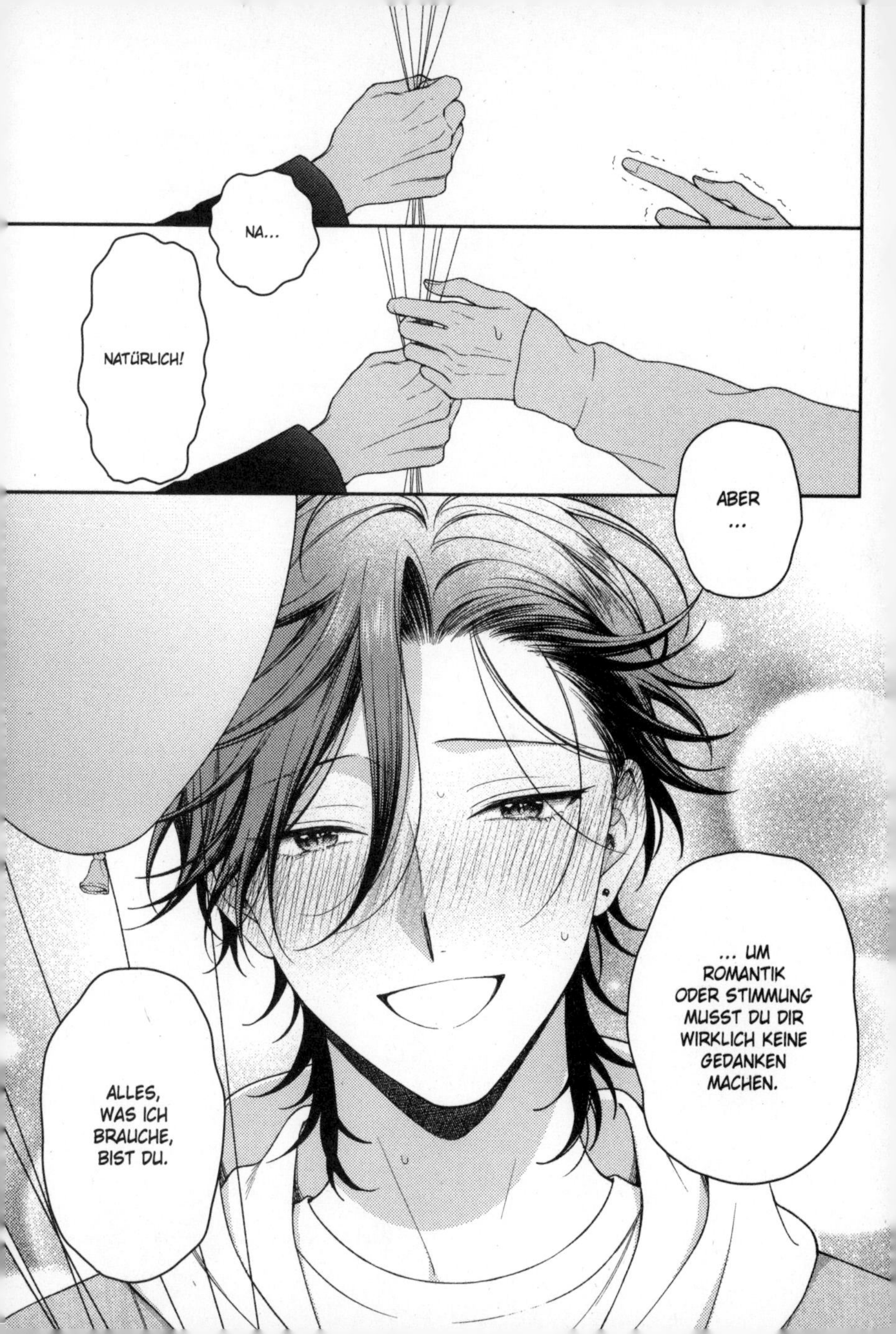
NA…
NATÜRLICH!
ABER …
… UM ROMANTIK ODER STIMMUNG MUSST DU DIR WIRKLICH KEINE GEDANKEN MACHEN.
ALLES, WAS ICH BRAUCHE, BIST DU.

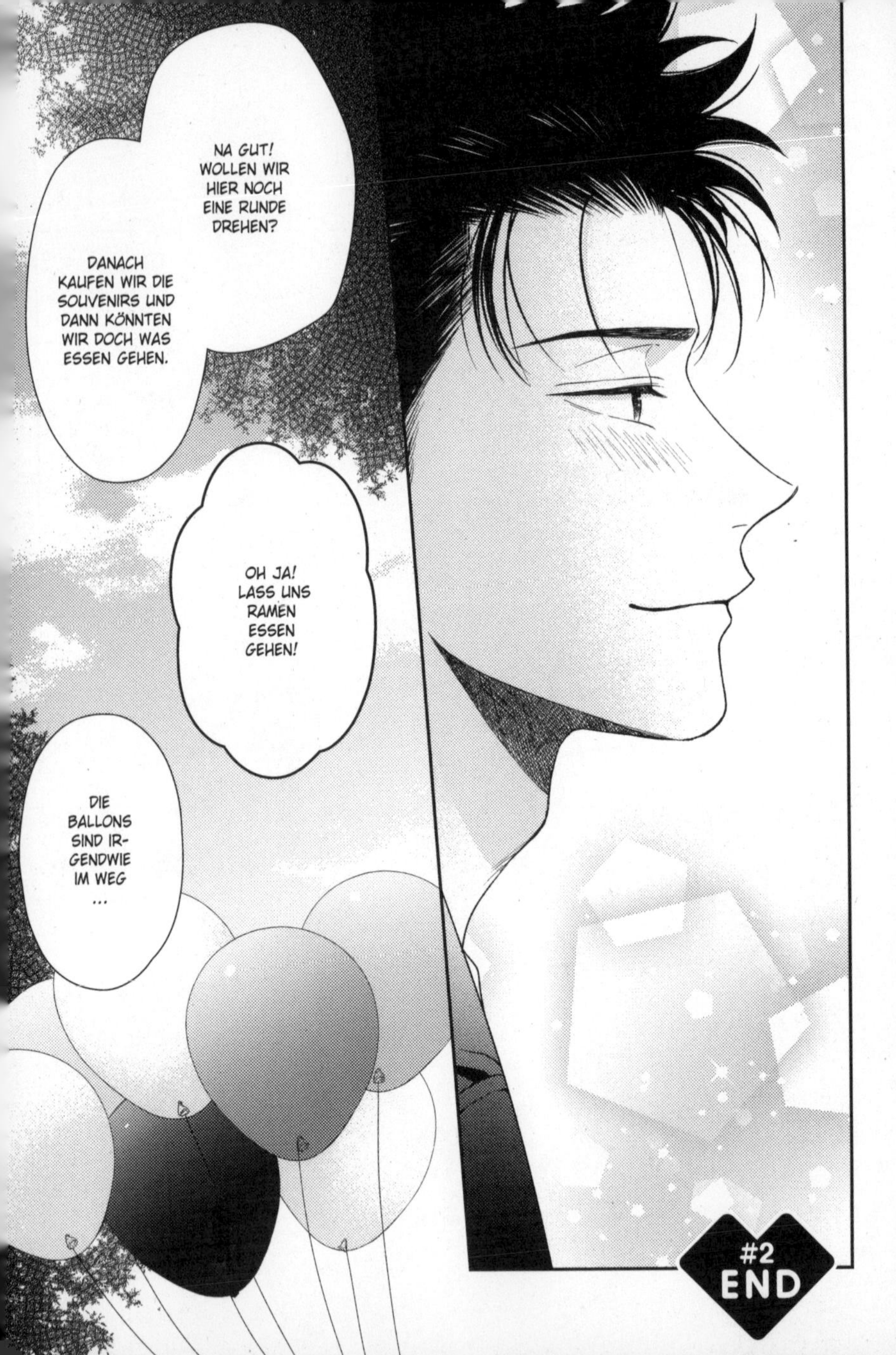
NA GUT! WOLLEN WIR HIER NOCH EINE RUNDE DREHEN?
DANACH KAUFEN WIR DIE SOUVENIRS UND DANN KÖNNTEN WIR DOCH WAS ESSEN GEHEN.
OH JA! LASS UNS RAMEN ESSEN GEHEN!
DIE BALLONS SIND IR-GENDWIE IM WEG ...
#2 END

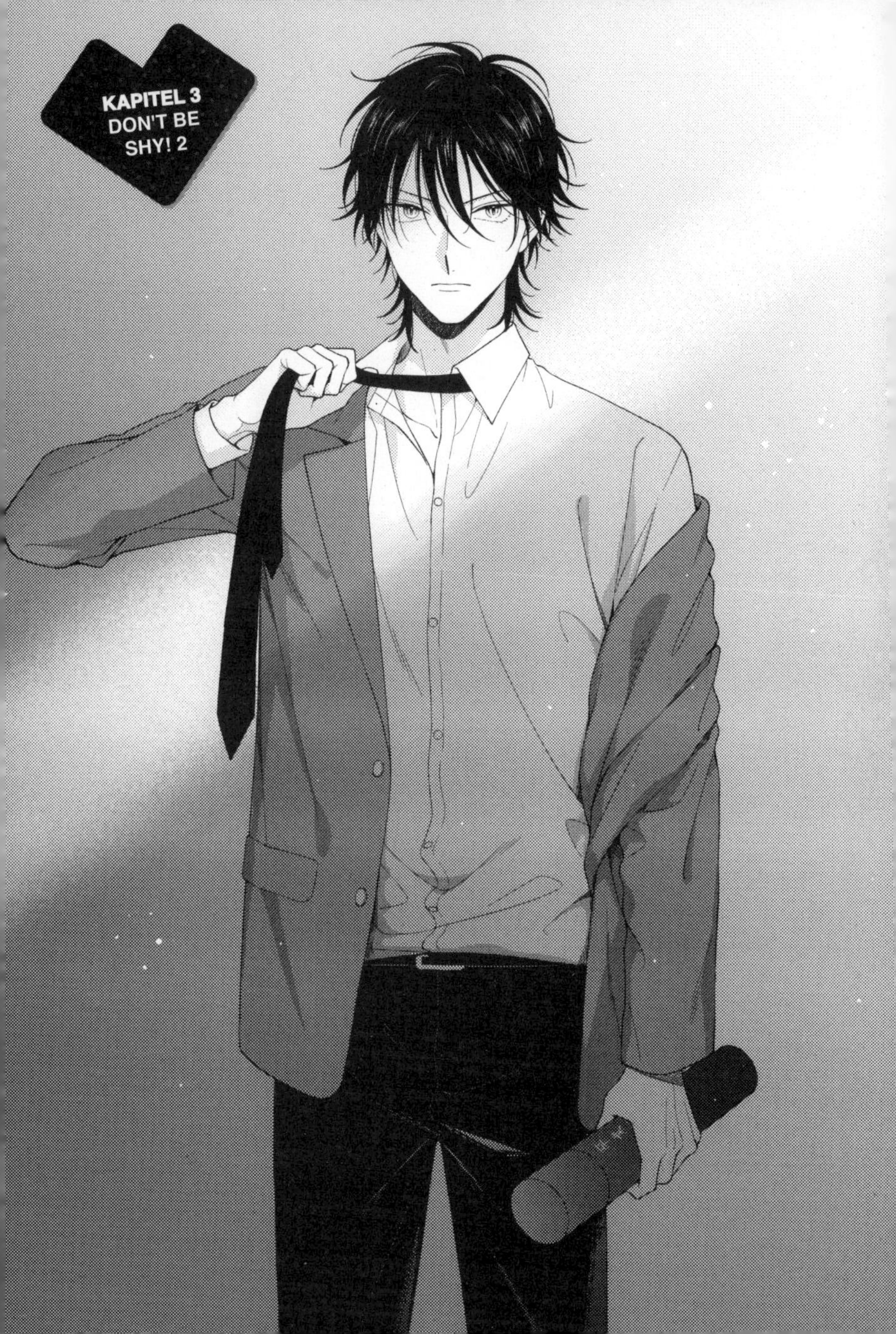
KAPITEL 3
DON'T BE SHY! 2

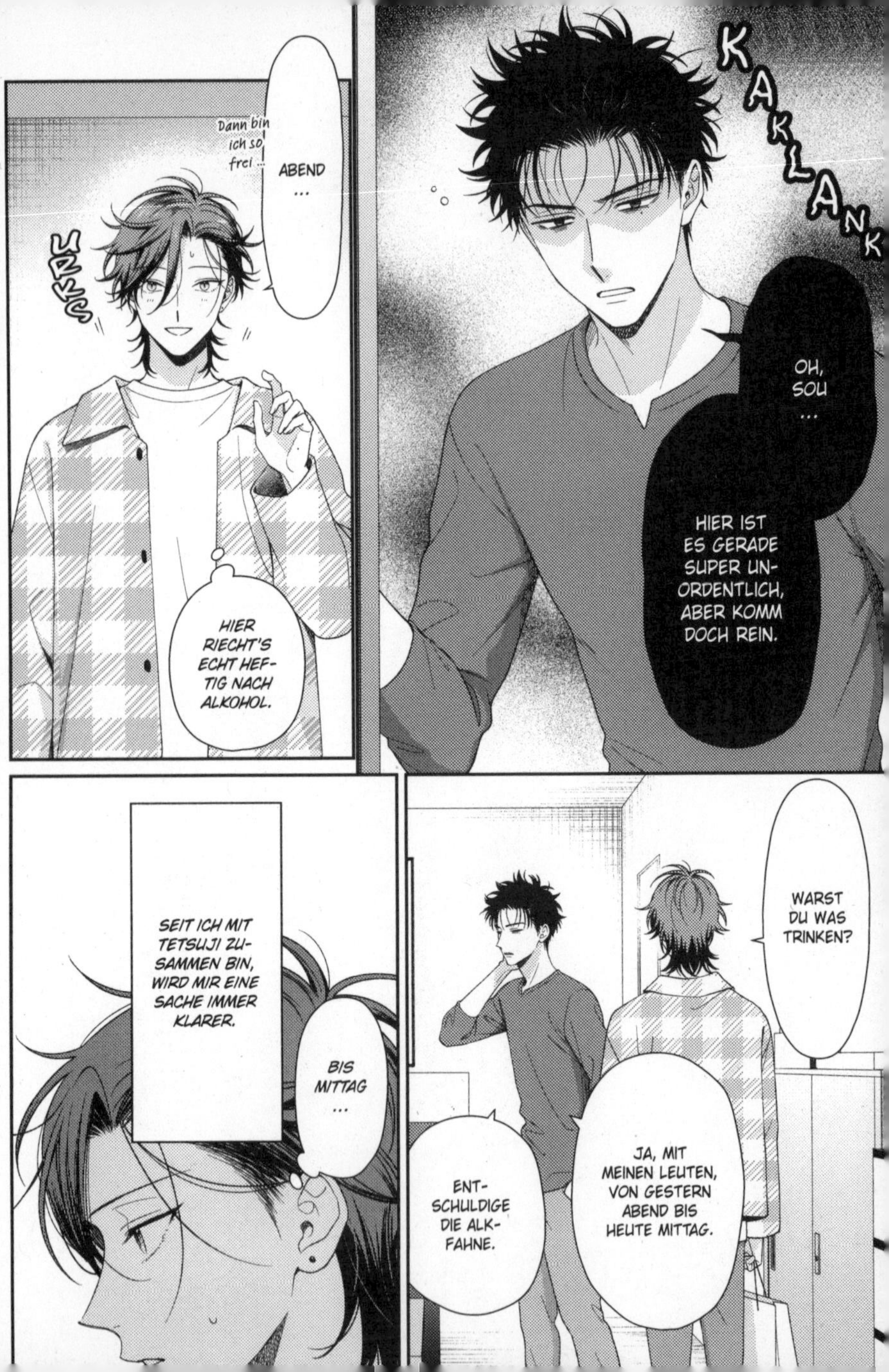

KAKLANK

OH, SOU ...

HIER IST ES GERADE SUPER UNORDENTLICH, ABER KOMM DOCH REIN.

ABEND ...

Dann bin ich so frei ...

URKS

HIER RIECHT'S ECHT HEFTIG NACH ALKOHOL.

WARST DU WAS TRINKEN?

JA, MIT MEINEN LEUTEN, VON GESTERN ABEND BIS HEUTE MITTAG.

ENTSCHULDIGE DIE ALKFAHNE.

BIS MITTAG ...

SEIT ICH MIT TETSUJI ZUSAMMEN BIN, WIRD MIR EINE SACHE IMMER KLARER.

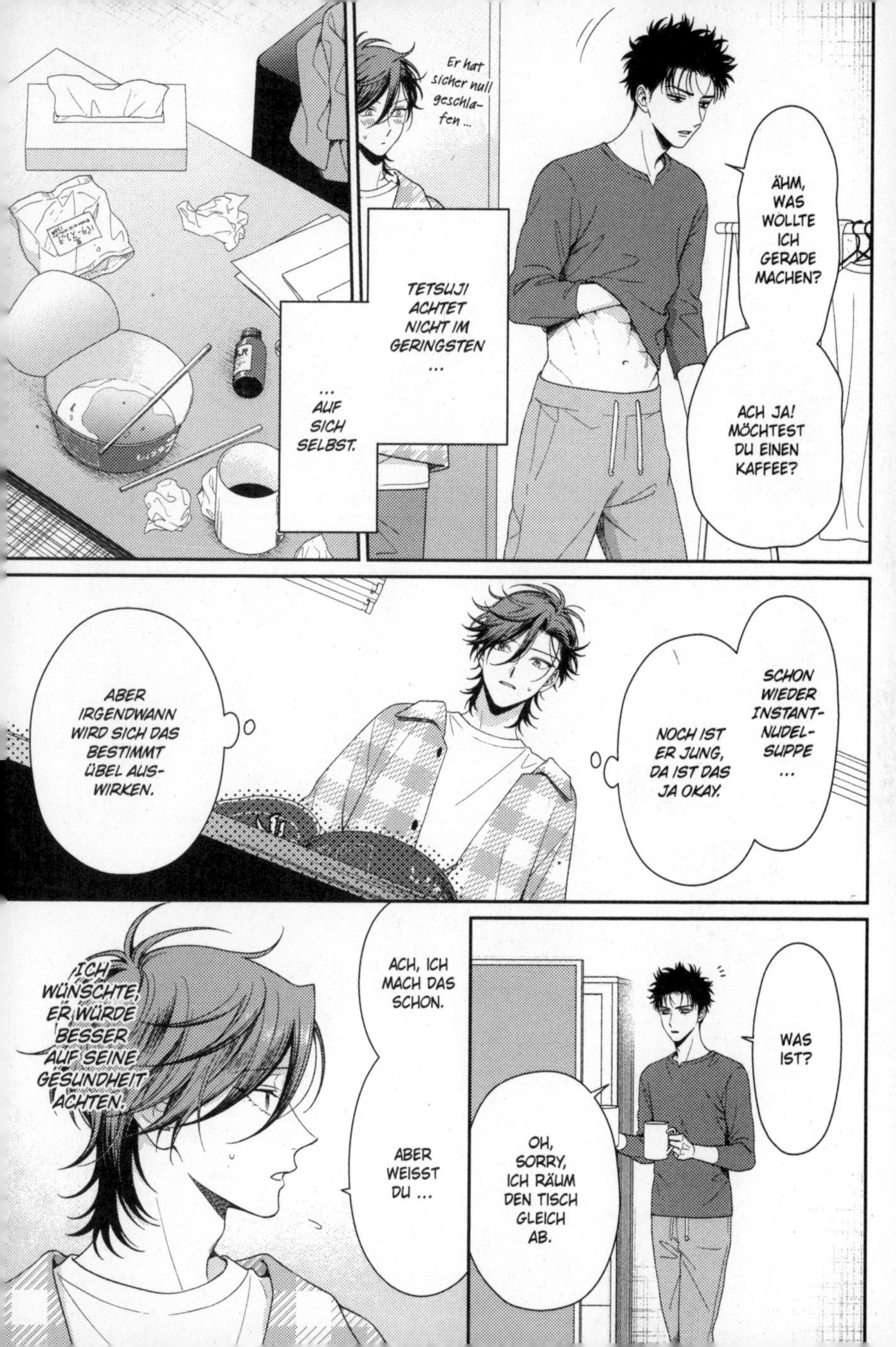
ÄHM, WAS WOLLTE ICH GERADE MACHEN?
ACH JA! MÖCHTEST DU EINEN KAFFEE?
Er hat sicher null geschlafen ...
TETSUJI ACHTET NICHT IM GERINGSTEN ...
... AUF SICH SELBST.
SCHON WIEDER INSTANT-NUDEL-SUPPE ...
NOCH IST ER JUNG, DA IST DAS JA OKAY.
ABER IRGENDWANN WIRD SICH DAS BESTIMMT ÜBEL AUS-WIRKEN.
WAS IST?
OH, SORRY, ICH RÄUM DEN TISCH GLEICH AB.
ACH, ICH MACH DAS SCHON.
ABER WEISST DU ...
ICH WÜNSCHTE, ER WÜRDE BESSER AUF SEINE GESUNDHEIT ACHTEN.

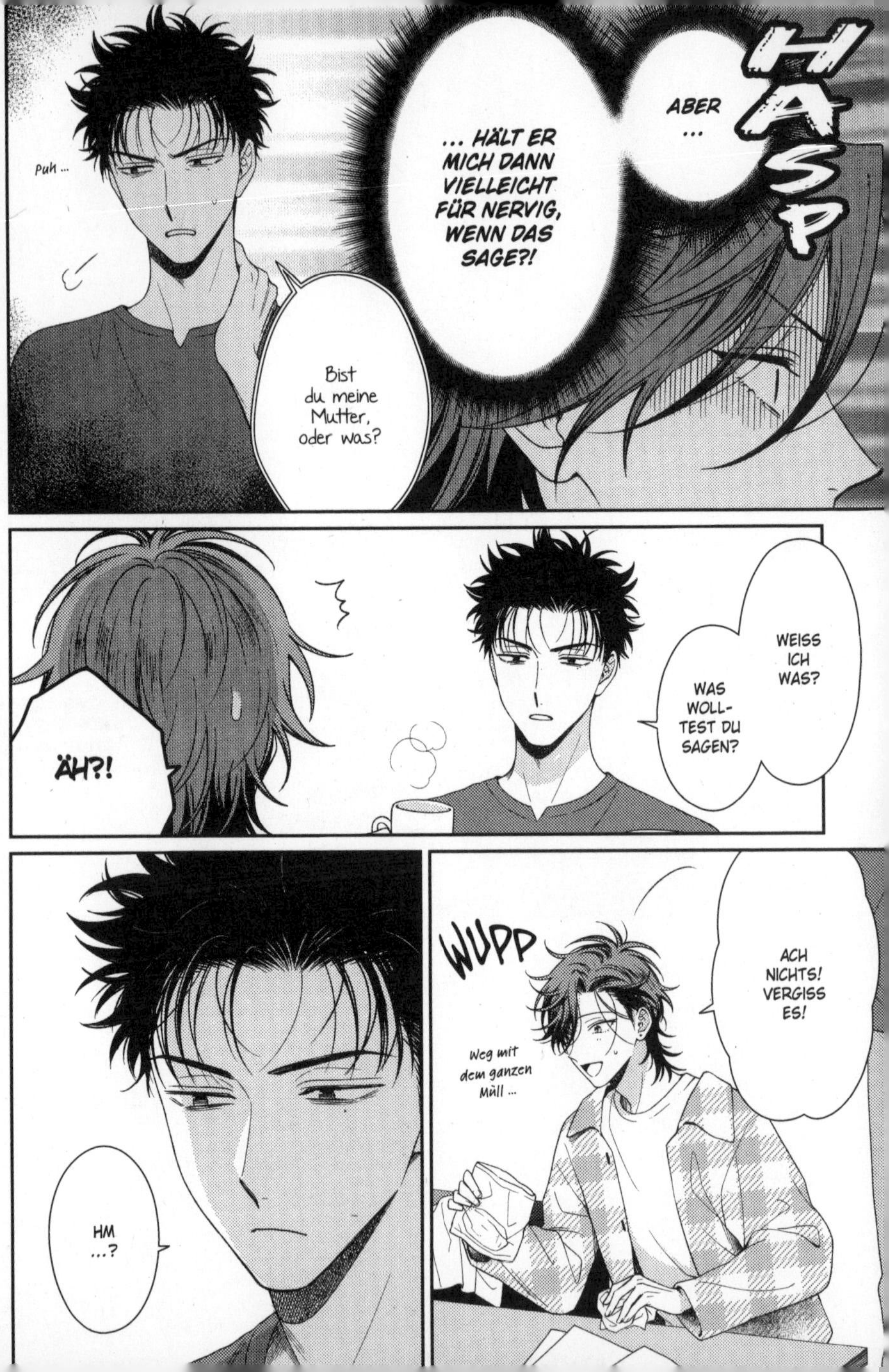

HASP
ABER ...
... HÄLT ER MICH DANN VIELLEICHT FÜR NERVIG, WENN DAS SAGE?!
Bist du meine Mutter, oder was?
Puh ...

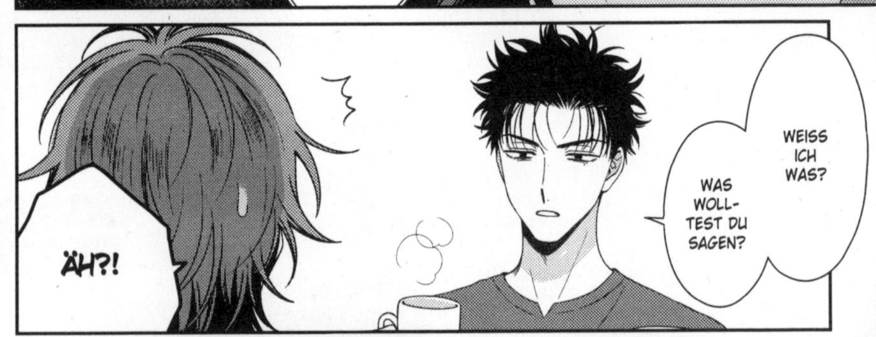

ACH NICHTS! VERGISS ES!
WUPP
Weg mit dem ganzen Müll ...
HM ...?

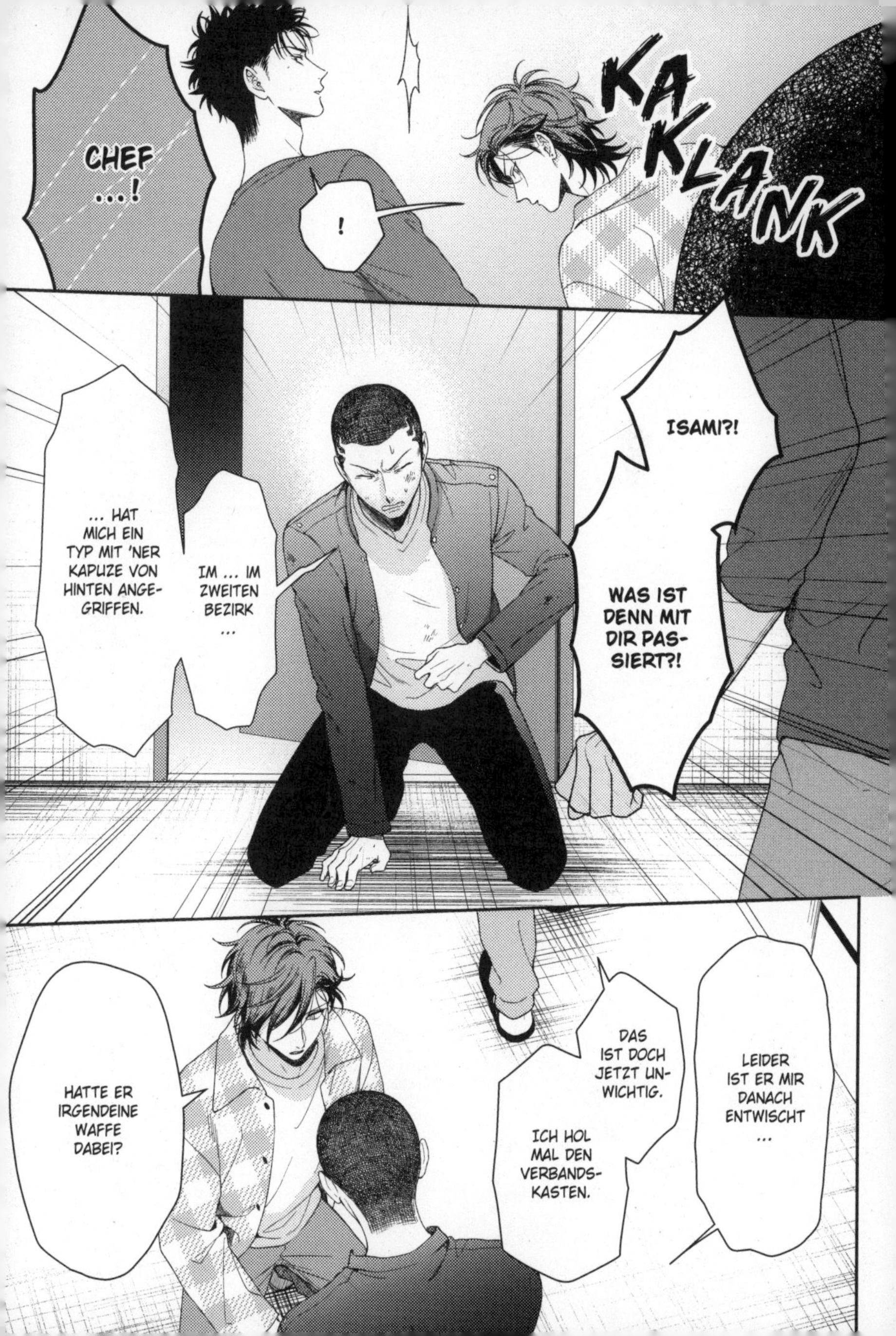
KAKLANK
!
CHEF ...!
ISAMI?!
WAS IST DENN MIT DIR PASSIERT?!
IM ... IM ZWEITEN BEZIRK ...
... HAT MICH EIN TYP MIT 'NER KAPUZE VON HINTEN ANGEGRIFFEN.
LEIDER IST ER MIR DANACH ENTWISCHT ...
DAS IST DOCH JETZT UNWICHTIG.
ICH HOL MAL DEN VERBANDSKASTEN.
HATTE ER IRGENDEINE WAFFE DABEI?

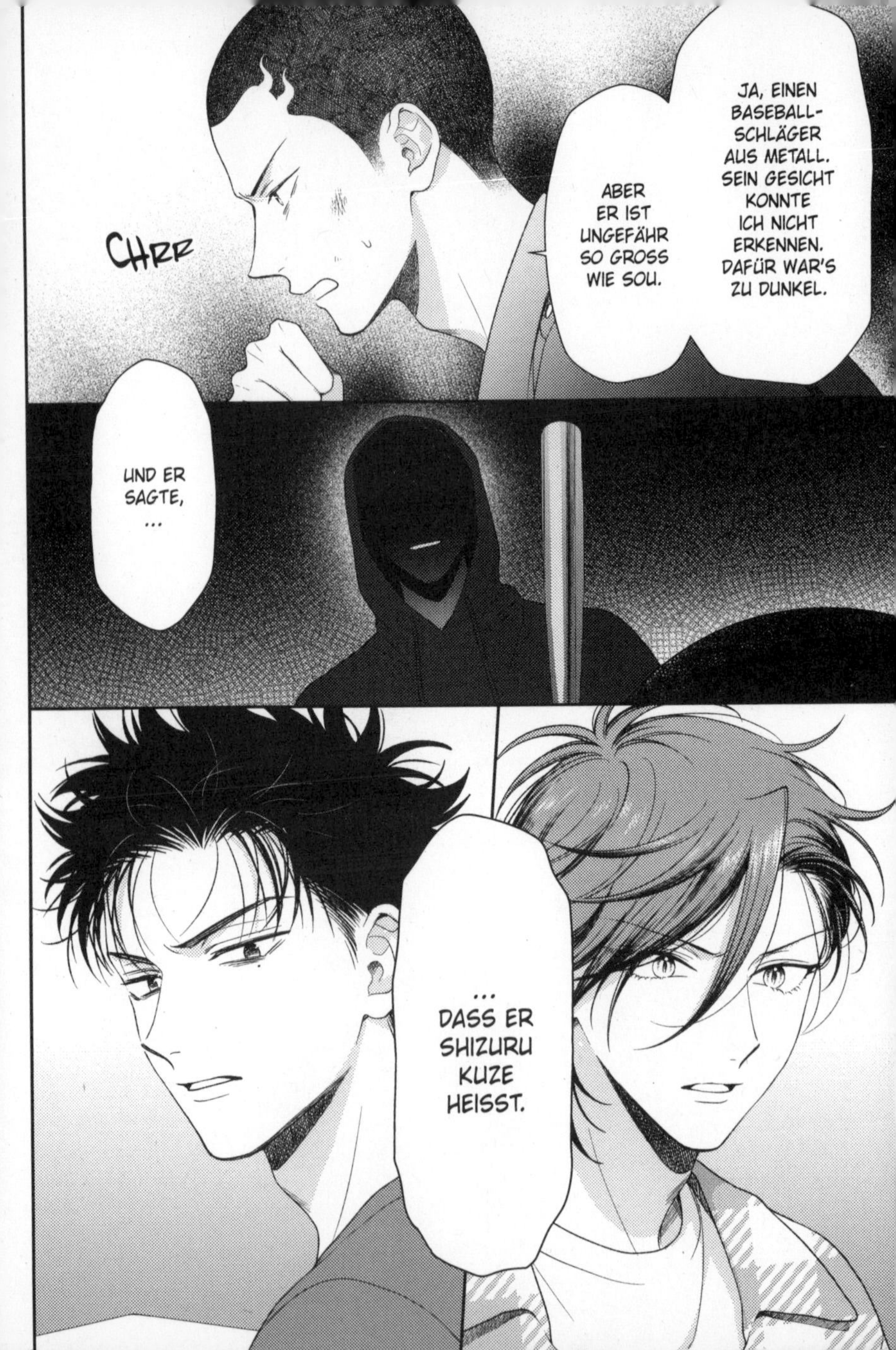
JA, EINEN BASEBALL-SCHLÄGER AUS METALL. SEIN GESICHT KONNTE ICH NICHT ERKENNEN. DAFÜR WAR'S ZU DUNKEL.
ABER ER IST UNGEFÄHR SO GROSS WIE SOU.
CHRR
UND ER SAGTE, …
… DASS ER SHIZURU KUZE HEISST.

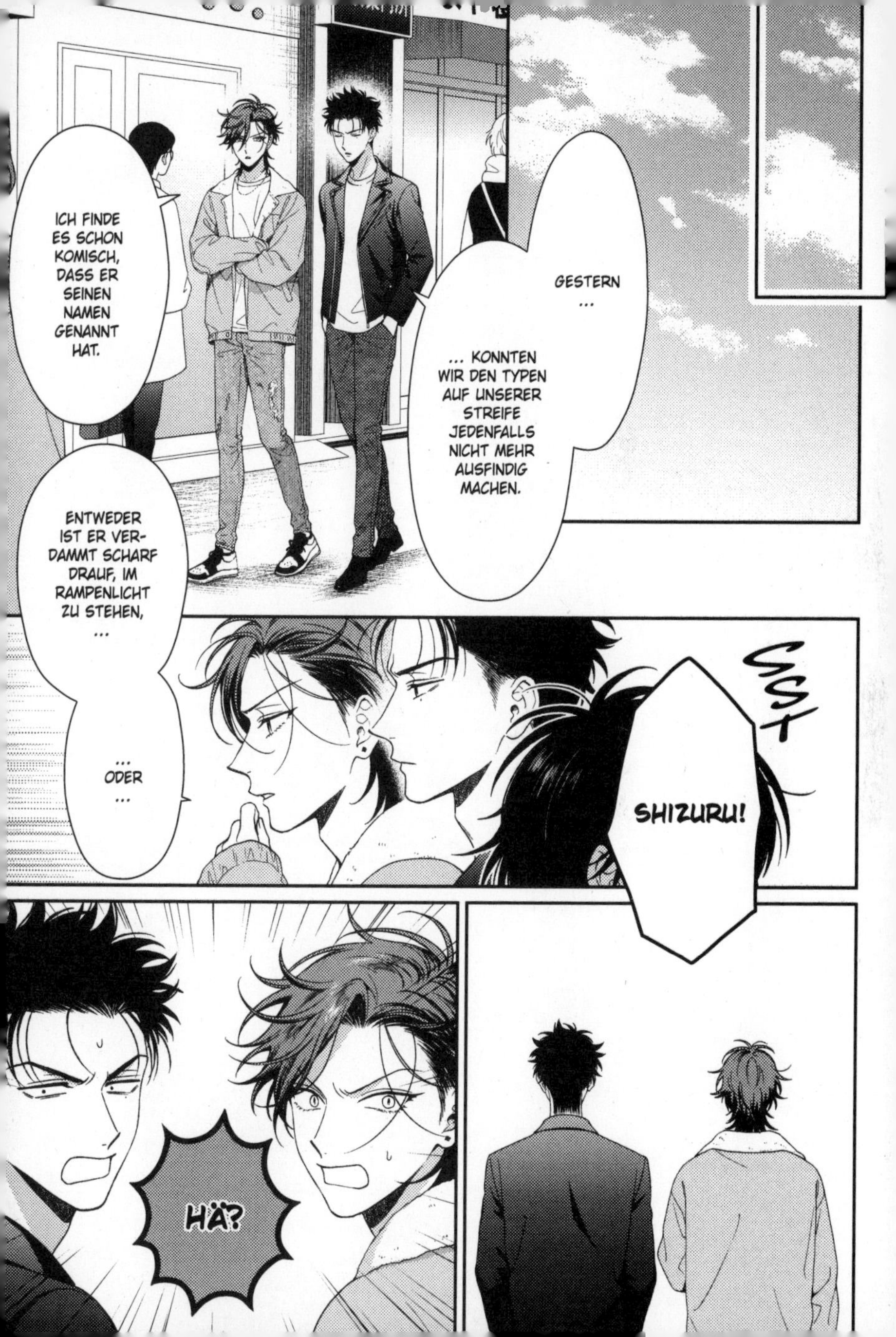
GESTERN …
… KONNTEN WIR DEN TYPEN AUF UNSERER STREIFE JEDENFALLS NICHT MEHR AUSFINDIG MACHEN.
ICH FINDE ES SCHON KOMISCH, DASS ER SEINEN NAMEN GENANNT HAT.
ENTWEDER IST ER VERDAMMT SCHARF DRAUF, IM RAMPENLICHT ZU STEHEN, …
… ODER …
GST
SHIZURU!
HÄ?

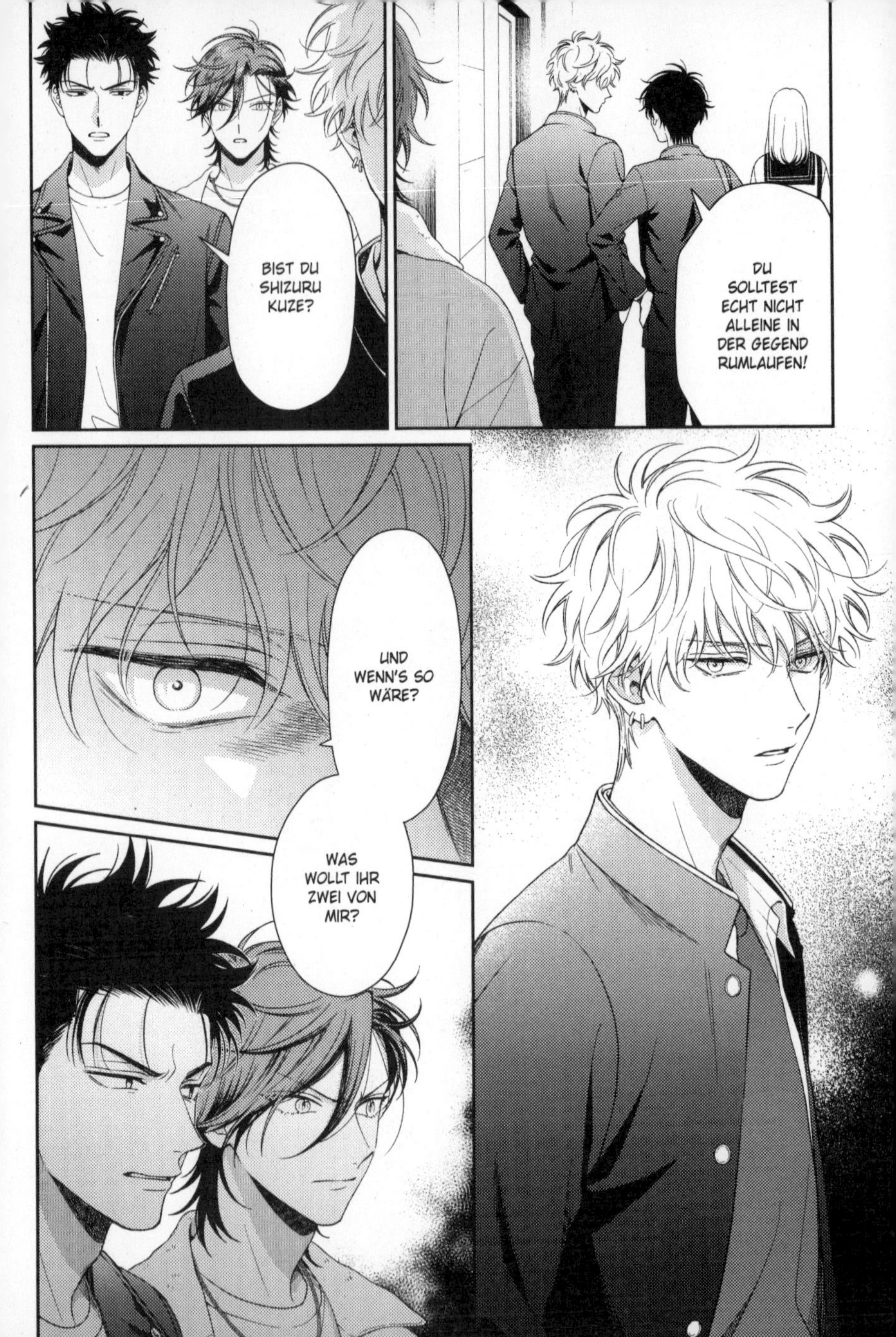
DU SOLLTEST ECHT NICHT ALLEINE IN DER GEGEND RUMLAUFEN!
BIST DU SHIZURU KUZE?
UND WENN'S SO WÄRE?
WAS WOLLT IHR ZWEI VON MIR?

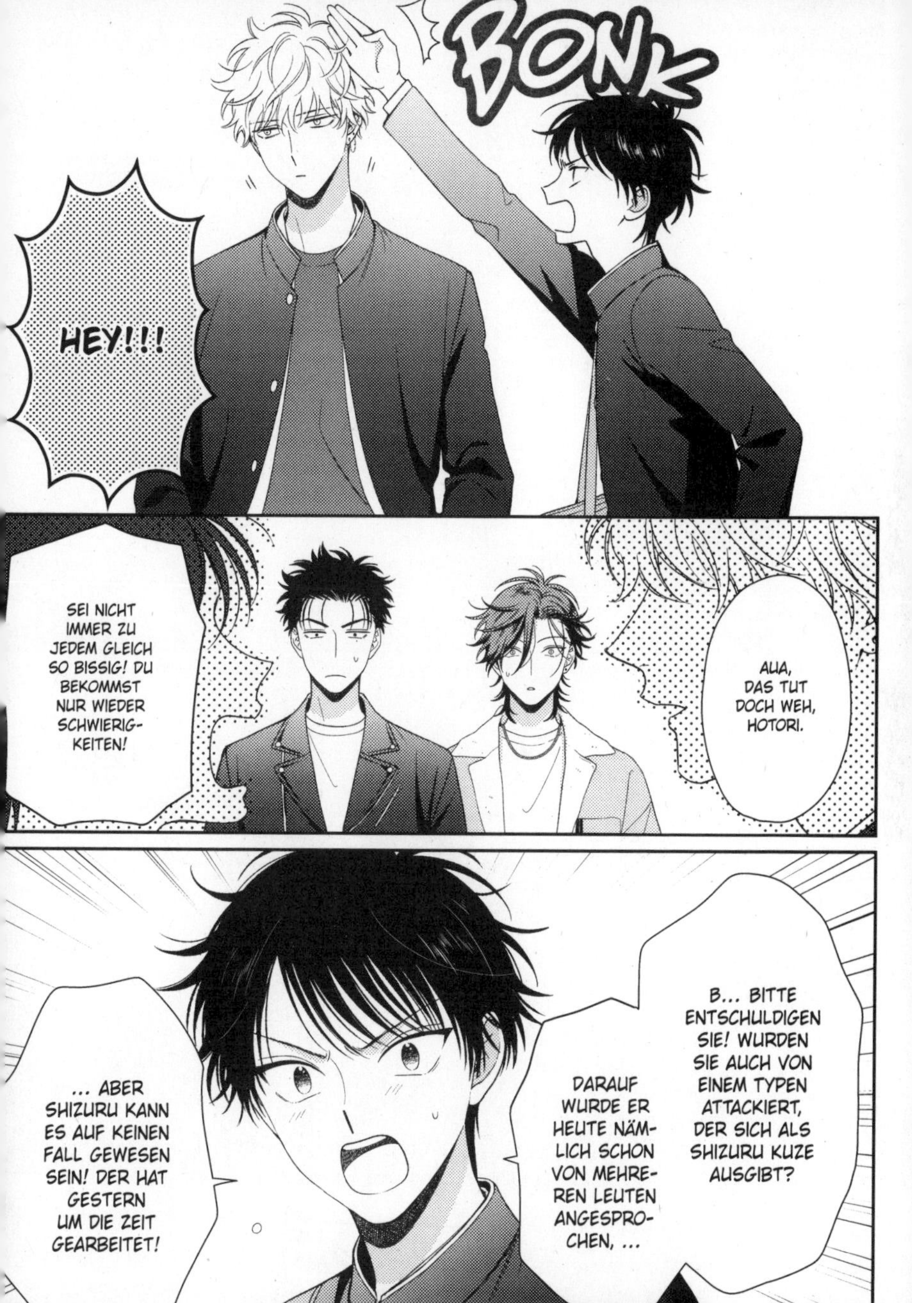
BONK
HEY!!!
AUA, DAS TUT DOCH WEH, HOTORI.
SEI NICHT IMMER ZU JEDEM GLEICH SO BISSIG! DU BEKOMMST NUR WIEDER SCHWIERIG-KEITEN!
B… BITTE ENTSCHULDIGEN SIE! WURDEN SIE AUCH VON EINEM TYPEN ATTACKIERT, DER SICH ALS SHIZURU KUZE AUSGIBT?
DARAUF WURDE ER HEUTE NÄM-LICH SCHON VON MEHRE-REN LEUTEN ANGESPRO-CHEN, …
… ABER SHIZURU KANN ES AUF KEINEN FALL GEWESEN SEIN! DER HAT GESTERN UM DIE ZEIT GEARBEITET!

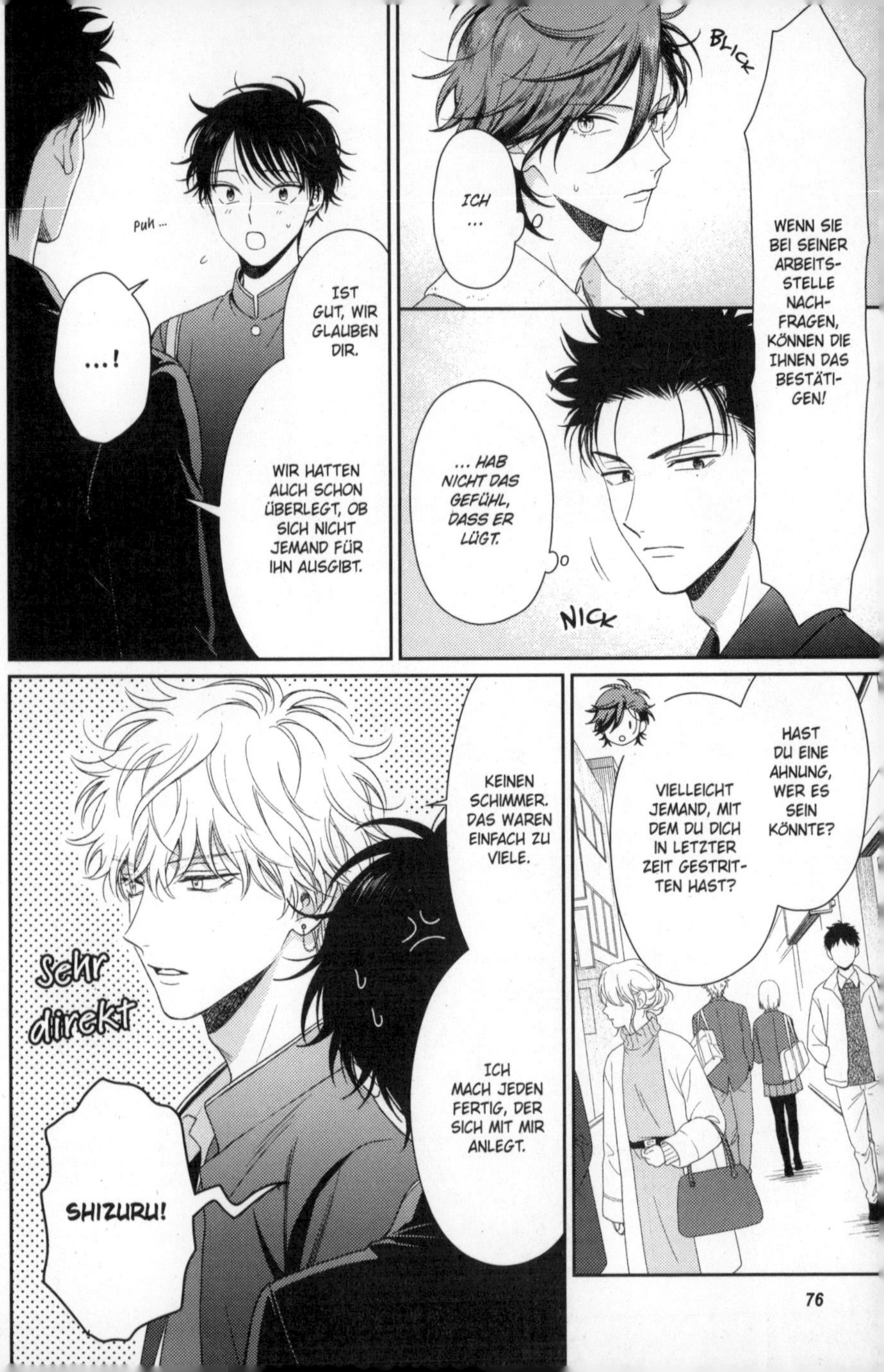

BLICK

WENN SIE BEI SEINER ARBEITSSTELLE NACHFRAGEN, KÖNNEN DIE IHNEN DAS BESTÄTIGEN!

ICH ...

... HAB NICHT DAS GEFÜHL, DASS ER LÜGT.

NICK

IST GUT, WIR GLAUBEN DIR.

WIR HATTEN AUCH SCHON ÜBERLEGT, OB SICH NICHT JEMAND FÜR IHN AUSGIBT.

Puh ...

...!

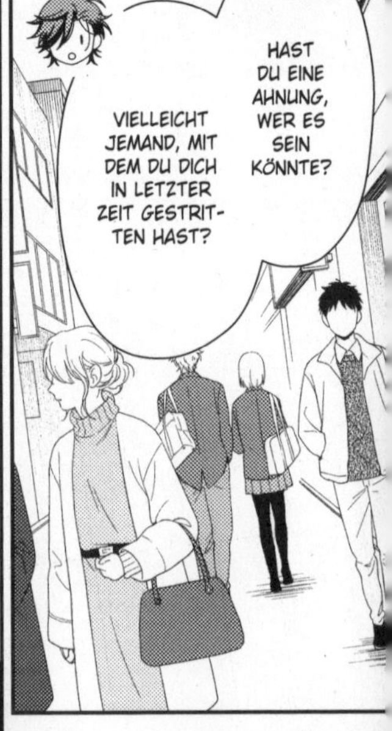

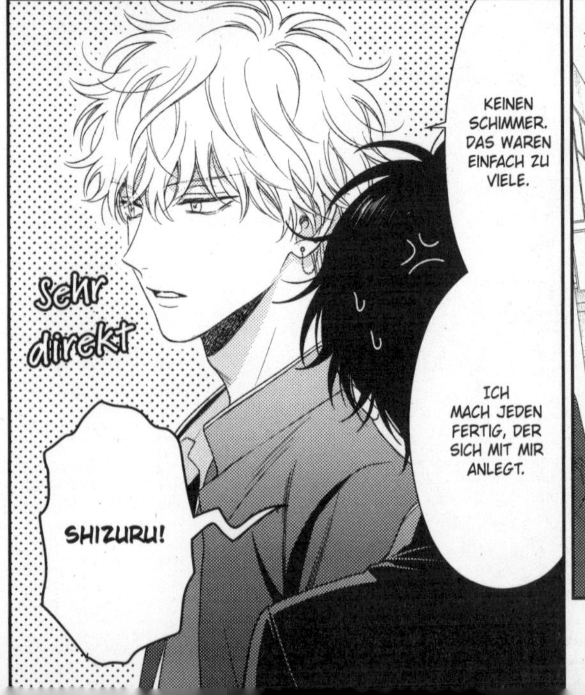

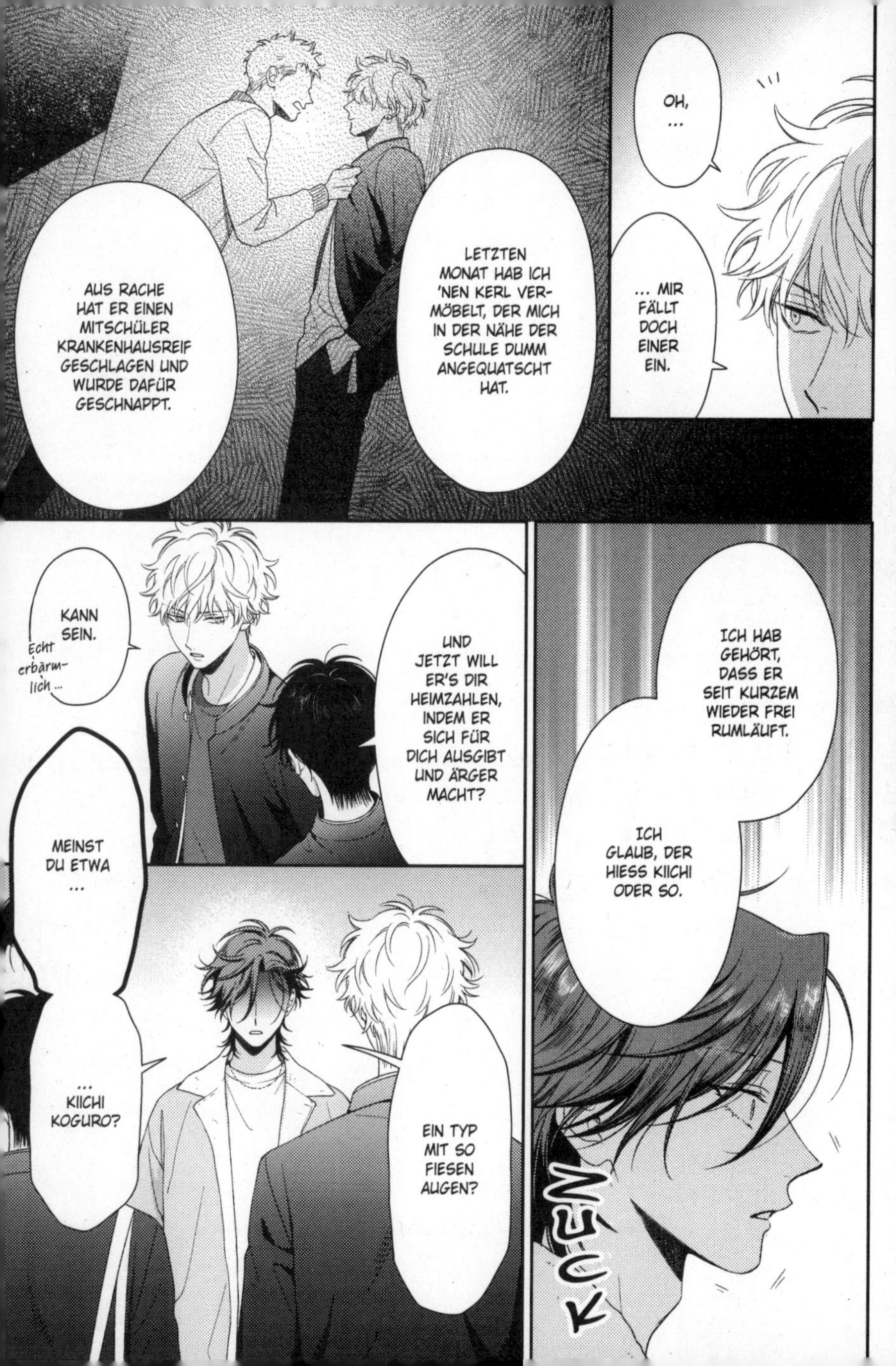
OH, …
… MIR FÄLLT DOCH EINER EIN.
LETZTEN MONAT HAB ICH 'NEN KERL VERMÖBELT, DER MICH IN DER NÄHE DER SCHULE DUMM ANGEQUATSCHT HAT.
AUS RACHE HAT ER EINEN MITSCHÜLER KRANKENHAUSREIF GESCHLAGEN UND WURDE DAFÜR GESCHNAPPT.
ICH HAB GEHÖRT, DASS ER SEIT KURZEM WIEDER FREI RUMLÄUFT.
ICH GLAUB, DER HIESS KIICHI ODER SO.
UND JETZT WILL ER'S DIR HEIMZAHLEN, INDEM ER SICH FÜR DICH AUSGIBT UND ÄRGER MACHT?
KANN SEIN.
Echt erbärmlich …
MEINST DU ETWA …
ZUCK
EIN TYP MIT SO FIESEN AUGEN?
… KIICHI KOGURO?

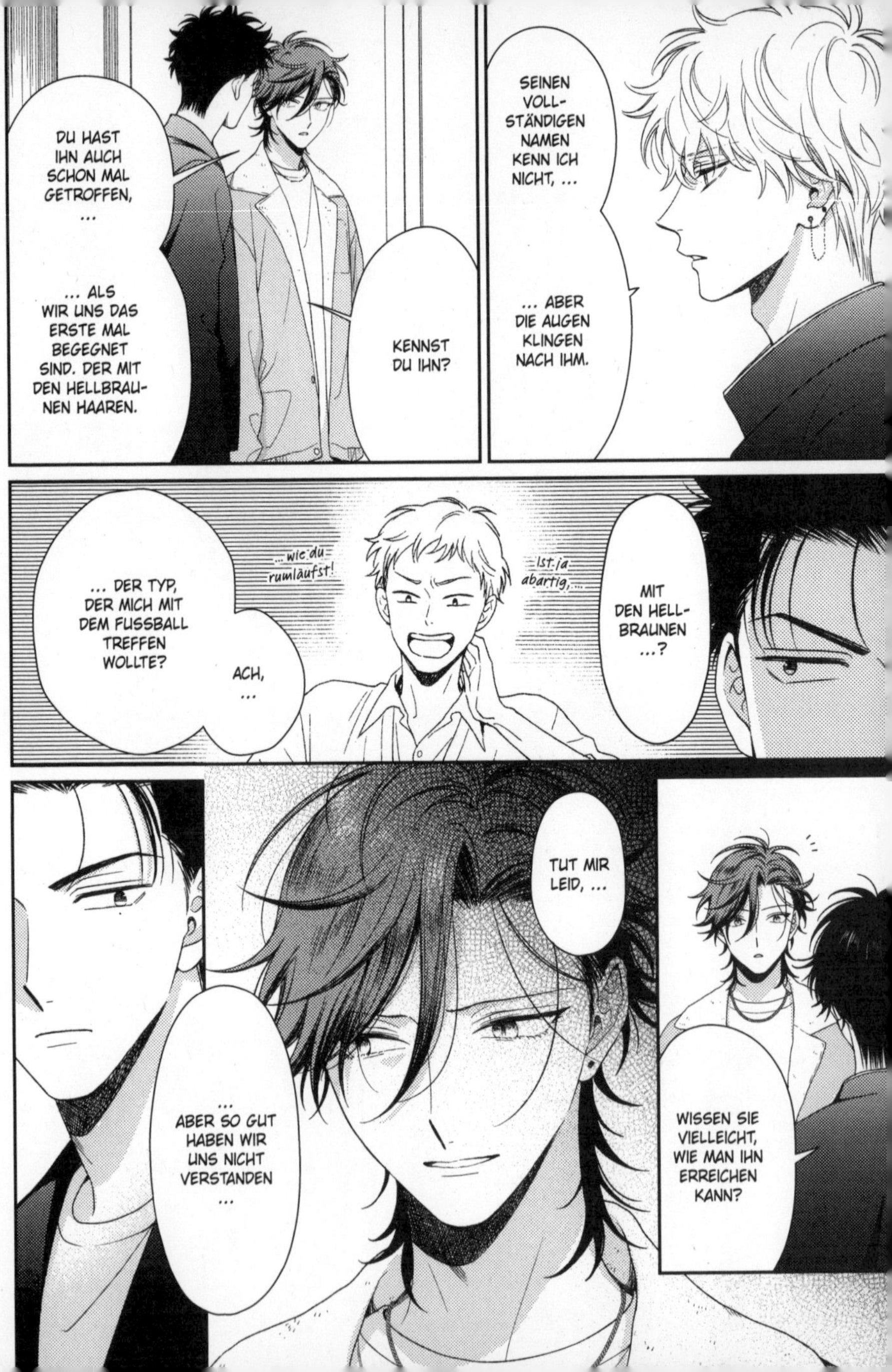

SEINEN VOLLSTÄNDIGEN NAMEN KENN ICH NICHT, ...

... ABER DIE AUGEN KLINGEN NACH IHM.

KENNST DU IHN?

DU HAST IHN AUCH SCHON MAL GETROFFEN, ...

... ALS WIR UNS DAS ERSTE MAL BEGEGNET SIND. DER MIT DEN HELLBRAUNEN HAAREN.

MIT DEN HELLBRAUNEN ...?

Ist ja abartig, ...

... wie du rumläufst!

ACH, ...

... DER TYP, DER MICH MIT DEM FUSSBALL TREFFEN WOLLTE?

WISSEN SIE VIELLEICHT, WIE MAN IHN ERREICHEN KANN?

TUT MIR LEID, ...

... ABER SO GUT HABEN WIR UNS NICHT VERSTANDEN ...

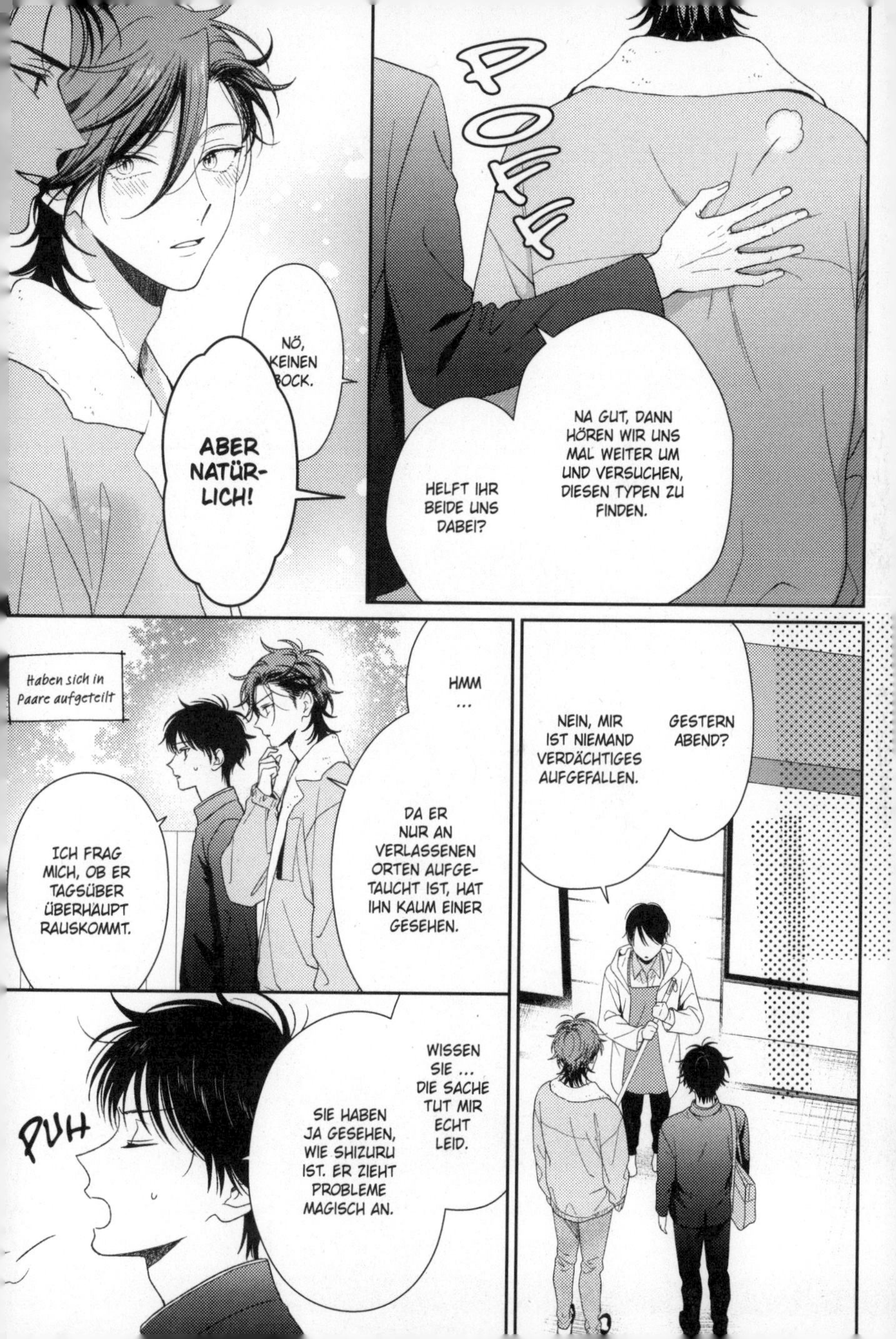
POFF
NA GUT, DANN HÖREN WIR UNS MAL WEITER UM UND VERSUCHEN, DIESEN TYPEN ZU FINDEN.
HELFT IHR BEIDE UNS DABEI?
NÖ, KEINEN BOCK.
ABER NATÜRLICH!
GESTERN ABEND?
NEIN, MIR IST NIEMAND VERDÄCHTIGES AUFGEFALLEN.
Haben sich in Paare aufgeteilt
HMM ...
DA ER NUR AN VERLASSENEN ORTEN AUFGETAUCHT IST, HAT IHN KAUM EINER GESEHEN.
ICH FRAG MICH, OB ER TAGSÜBER ÜBERHAUPT RAUSKOMMT.
WISSEN SIE ... DIE SACHE TUT MIR ECHT LEID.
SIE HABEN JA GESEHEN, WIE SHIZURU IST. ER ZIEHT PROBLEME MAGISCH AN.
PUH

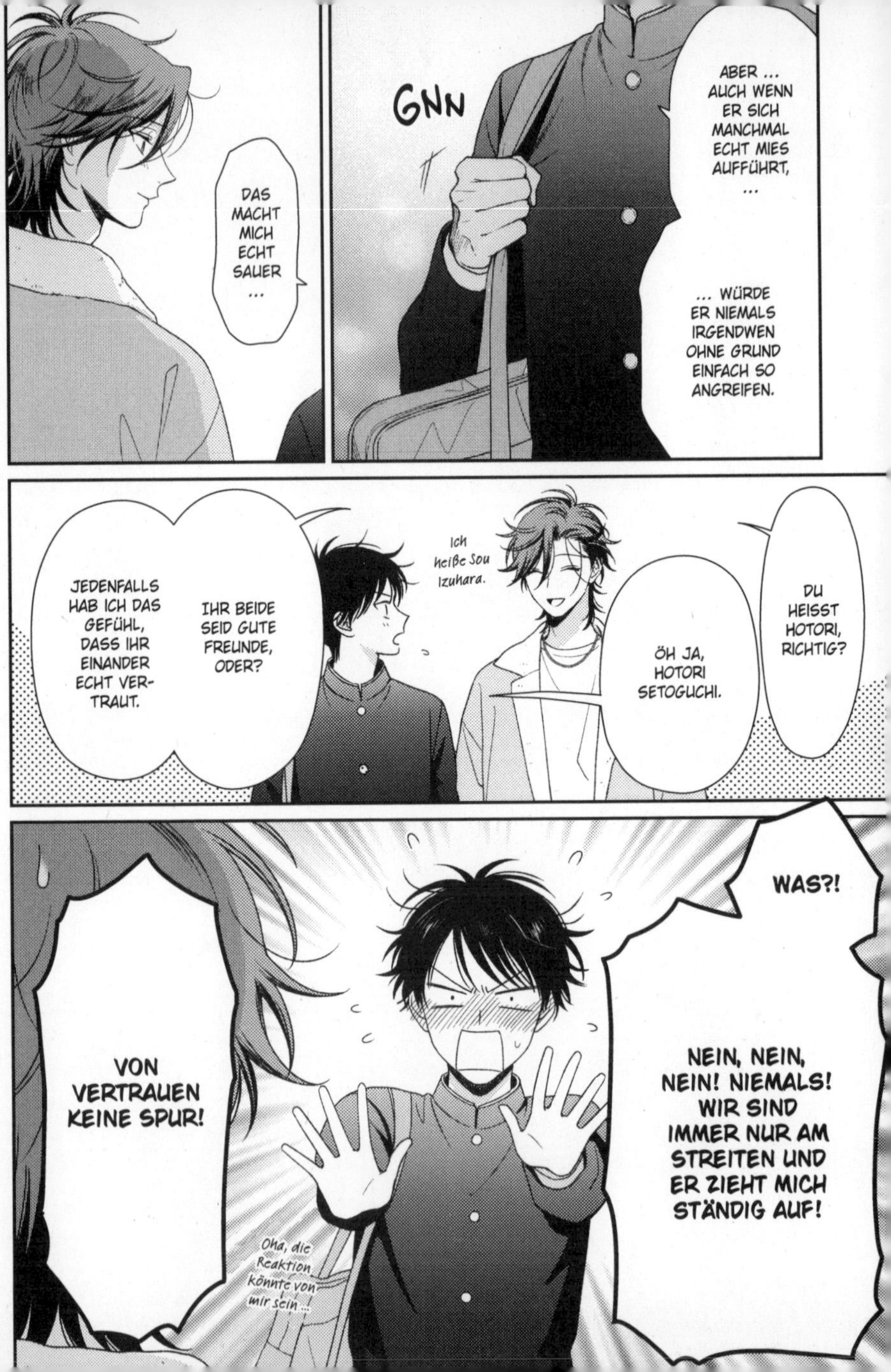

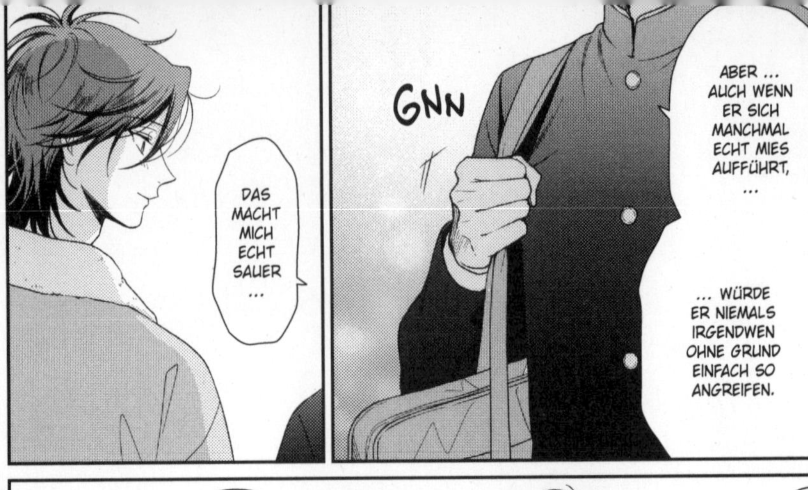

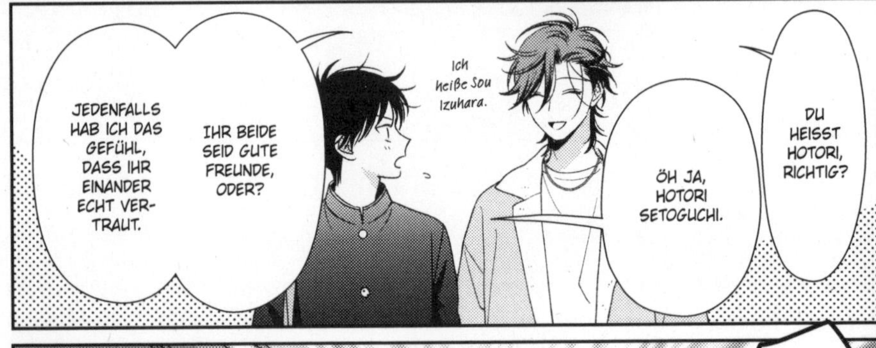

WAS?!
NEIN, NEIN, NEIN! NIEMALS! WIR SIND IMMER NUR AM STREITEN UND ER ZIEHT MICH STÄNDIG AUF!
VON VERTRAUEN KEINE SPUR!
Oha, die Reaktion könnte von mir sein ...

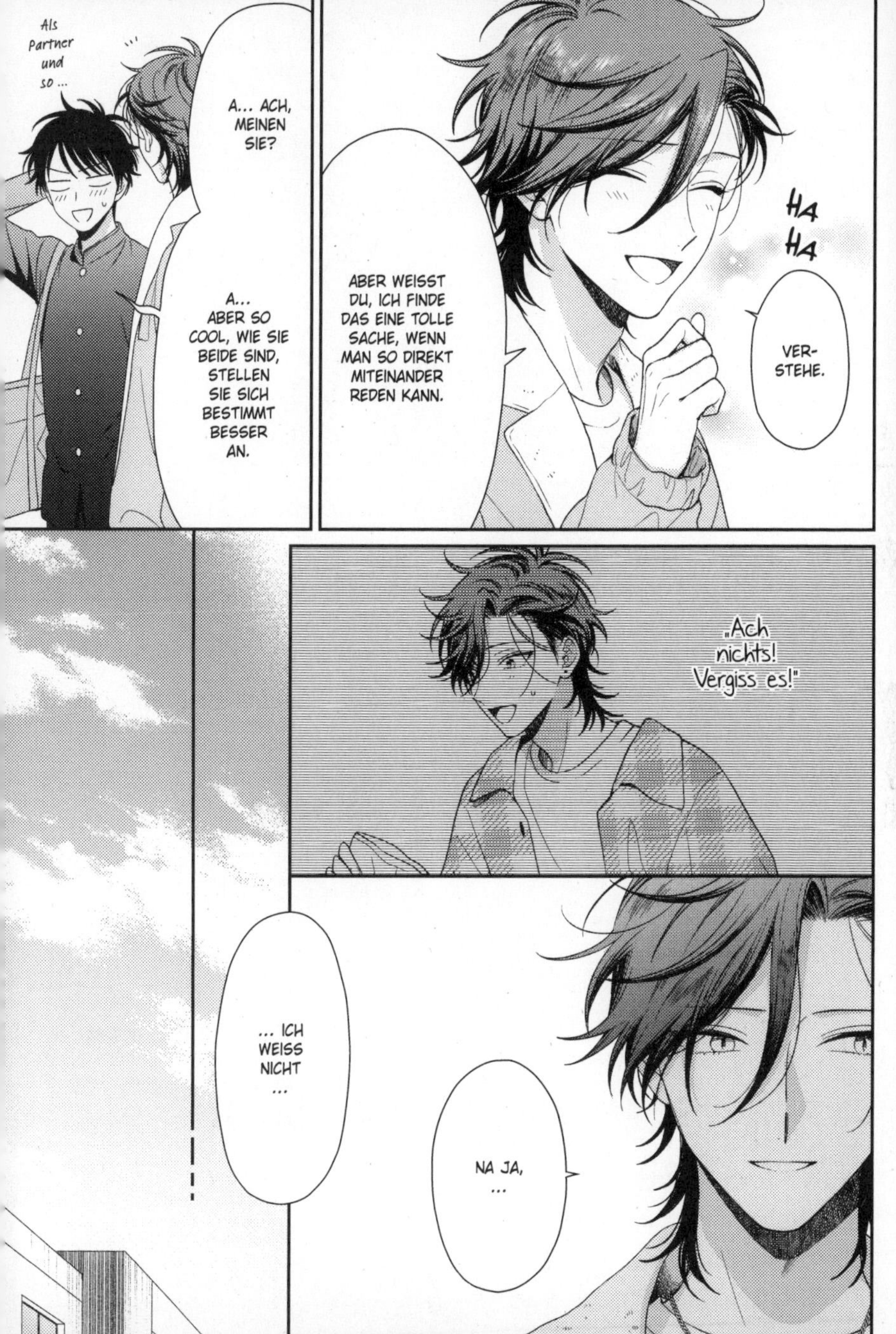
HA HA
VER-STEHE.
ABER WEISST DU, ICH FINDE DAS EINE TOLLE SACHE, WENN MAN SO DIREKT MITEINANDER REDEN KANN.
A... ACH, MEINEN SIE?
A... ABER SO COOL, WIE SIE BEIDE SIND, STELLEN SIE SICH BESTIMMT BESSER AN.
Als Partner und so ...
„Ach nichts! Vergiss es!"
NA JA, ...
... ICH WEISS NICHT ...

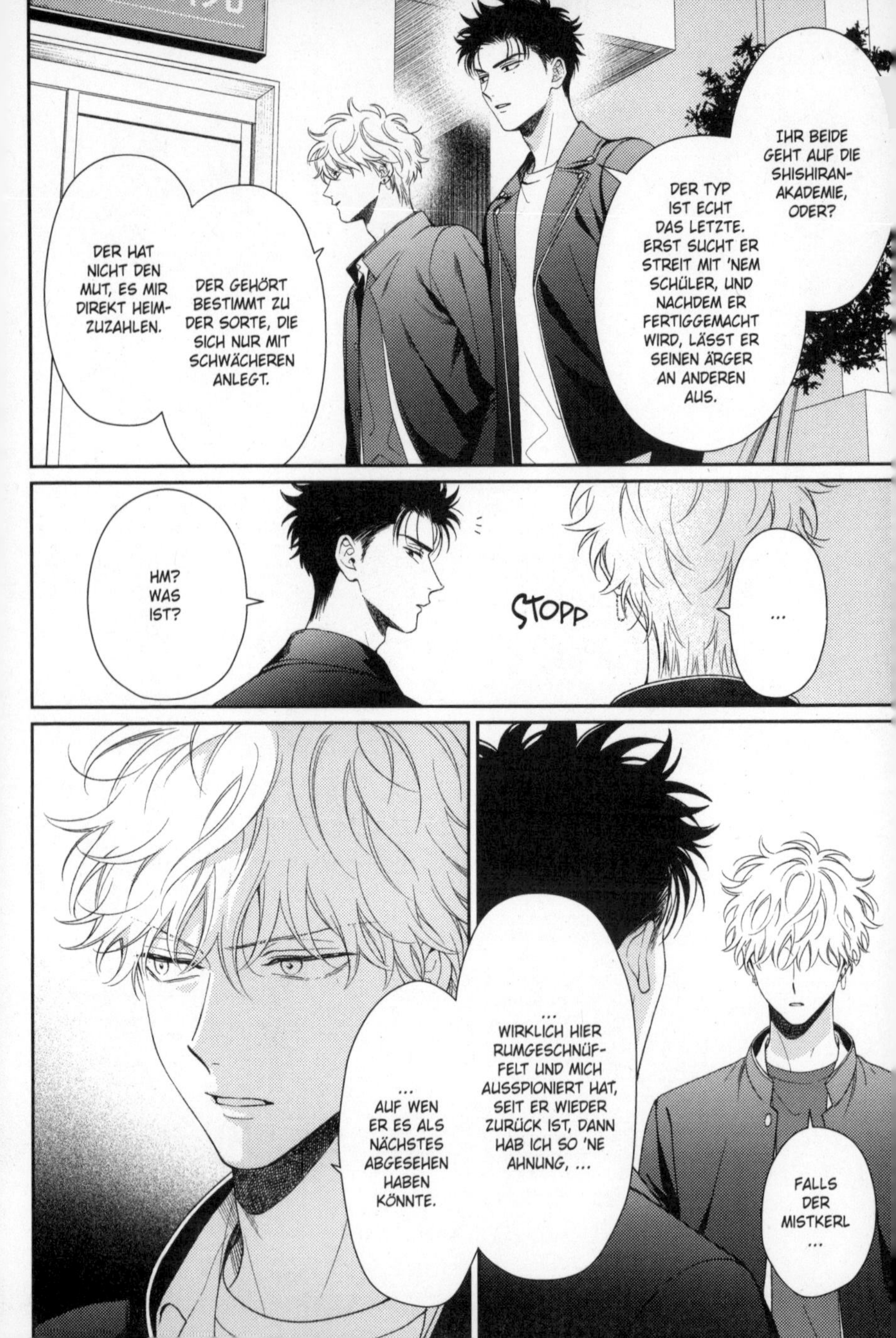
IHR BEIDE GEHT AUF DIE SHISHIRAN-AKADEMIE, ODER?
DER TYP IST ECHT DAS LETZTE. ERST SUCHT ER STREIT MIT 'NEM SCHÜLER, UND NACHDEM ER FERTIGGEMACHT WIRD, LÄSST ER SEINEN ÄRGER AN ANDEREN AUS.
DER GEHÖRT BESTIMMT ZU DER SORTE, DIE SICH NUR MIT SCHWÄCHEREN ANLEGT.
DER HAT NICHT DEN MUT, ES MIR DIREKT HEIM-ZUZAHLEN.
…
STOPP
HM? WAS IST?
FALLS DER MISTKERL …
… WIRKLICH HIER RUMGESCHNÜF-FELT UND MICH AUSSPIONIERT HAT, SEIT ER WIEDER ZURÜCK IST, DANN HAB ICH SO 'NE AHNUNG, …
… AUF WEN ER ES ALS NÄCHSTES ABGESEHEN HABEN KÖNNTE.

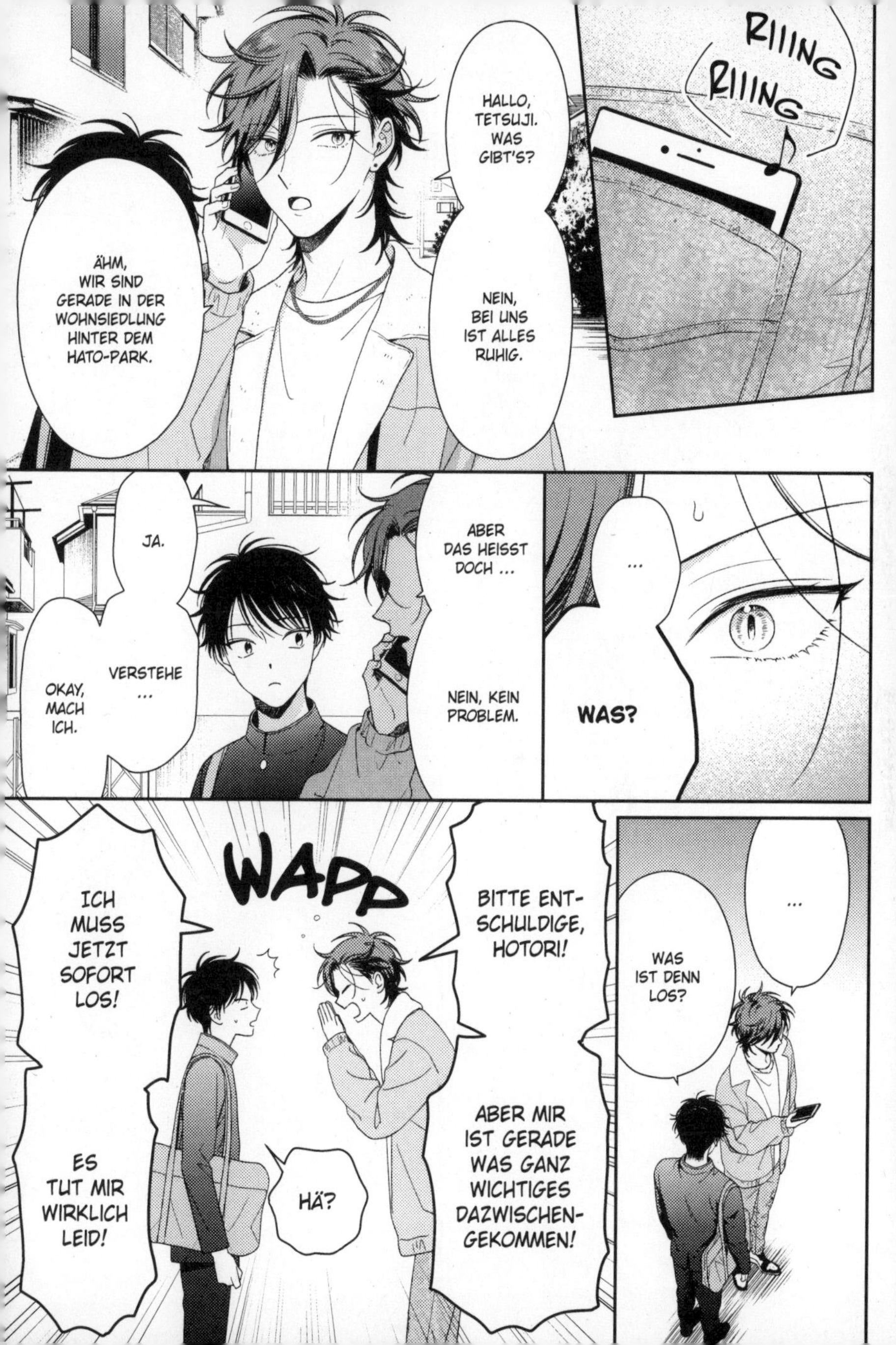
RIIING
RIIING
HALLO, TETSUJI. WAS GIBT'S?
NEIN, BEI UNS IST ALLES RUHIG.
ÄHM, WIR SIND GERADE IN DER WOHNSIEDLUNG HINTER DEM HATO-PARK.
...
WAS?
ABER DAS HEISST DOCH ...
NEIN, KEIN PROBLEM.
JA.
VERSTEHE ...
OKAY, MACH ICH.
...
WAS IST DENN LOS?
BITTE ENT-SCHULDIGE, HOTORI!
ABER MIR IST GERADE WAS GANZ WICHTIGES DAZWISCHEN-GEKOMMEN!
WAPP
ICH MUSS JETZT SOFORT LOS!
ES TUT MIR WIRKLICH LEID!
HÄ?

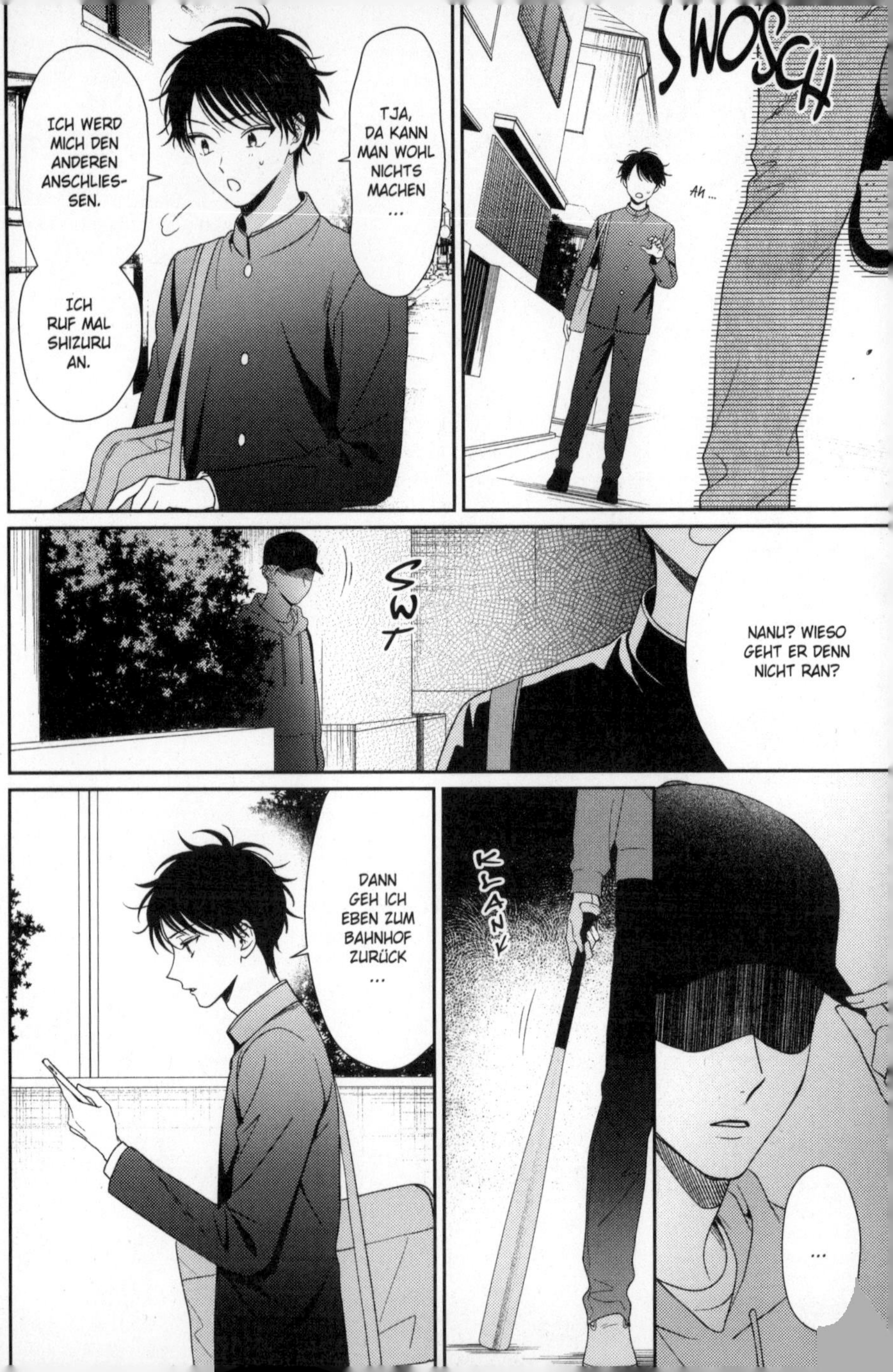

SWOSCH
Ah ...
TJA, DA KANN MAN WOHL NICHTS MACHEN ...
ICH WERD MICH DEN ANDEREN ANSCHLIES-SEN.
ICH RUF MAL SHIZURU AN.

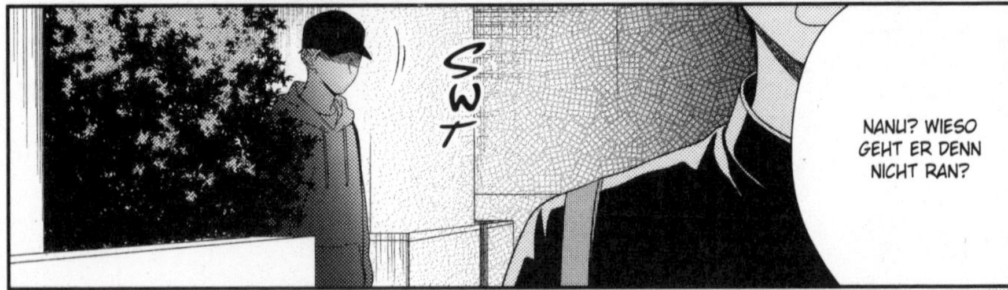

KLANK
...
DANN GEH ICH EBEN ZUM BAHNHOF ZURÜCK ...

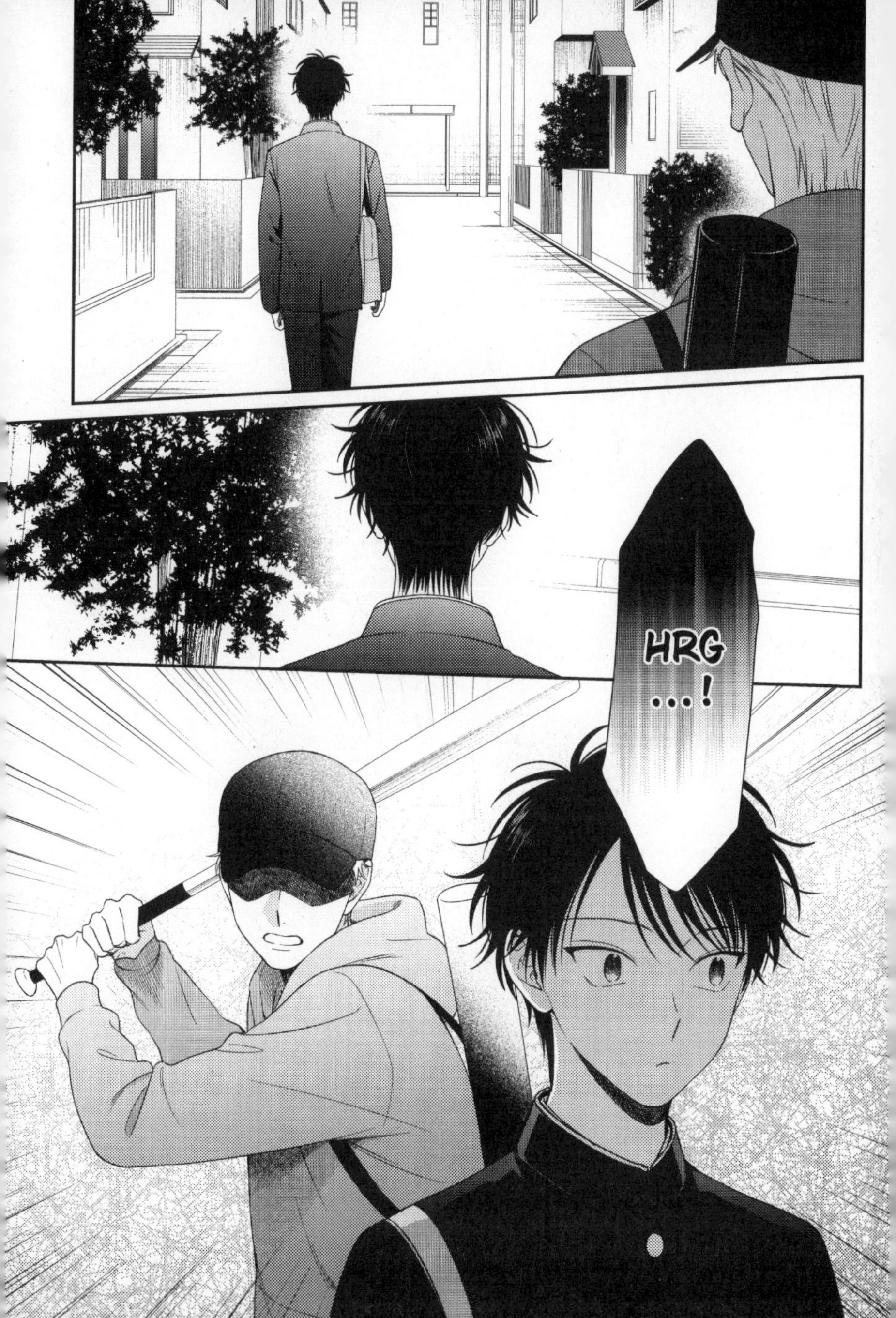
HRG
...!

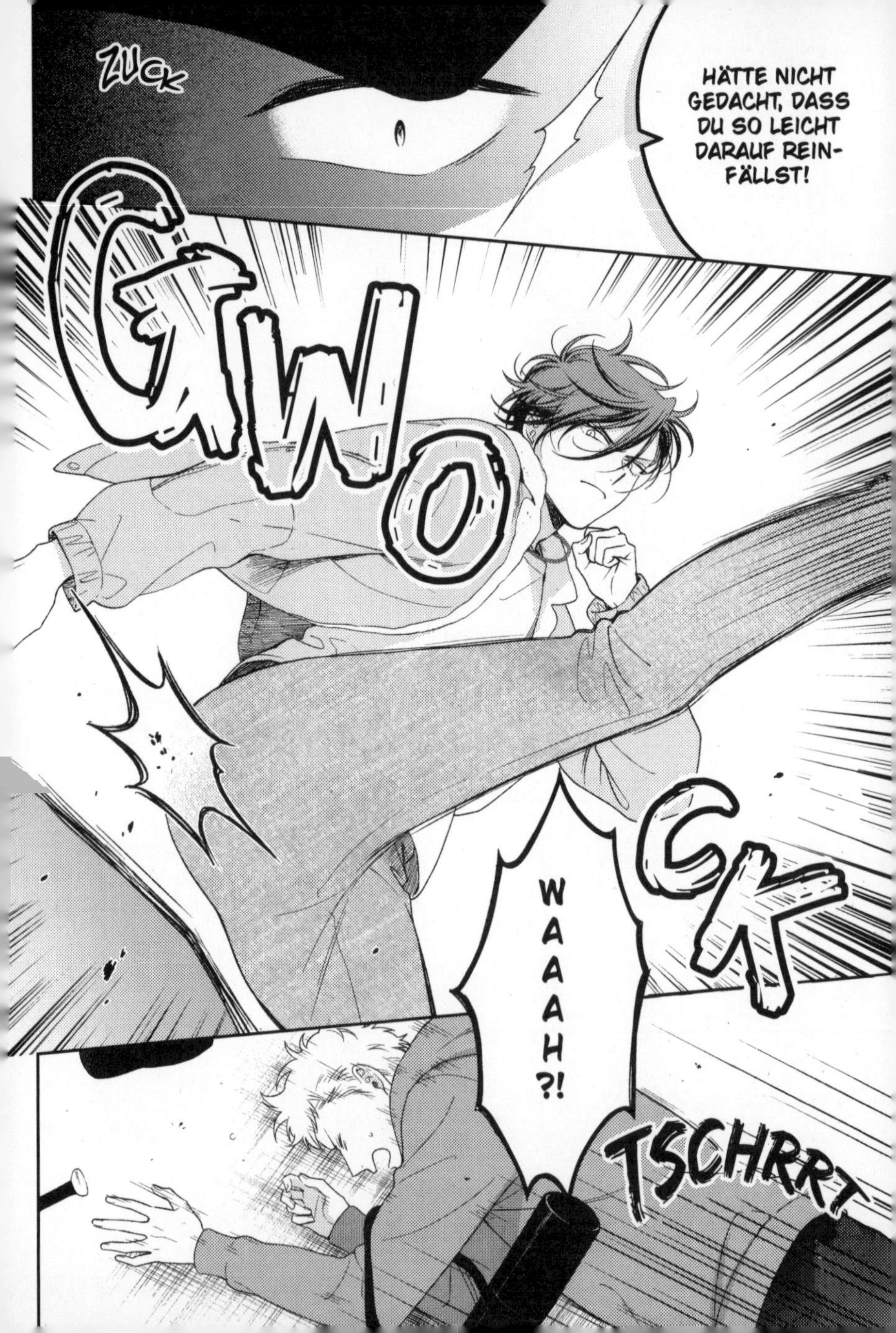
ZUCK
HÄTTE NICHT GEDACHT, DASS DU SO LEICHT DARAUF REIN-FÄLLST!
GWOCK
WAAAAH?!
TSCHRRT

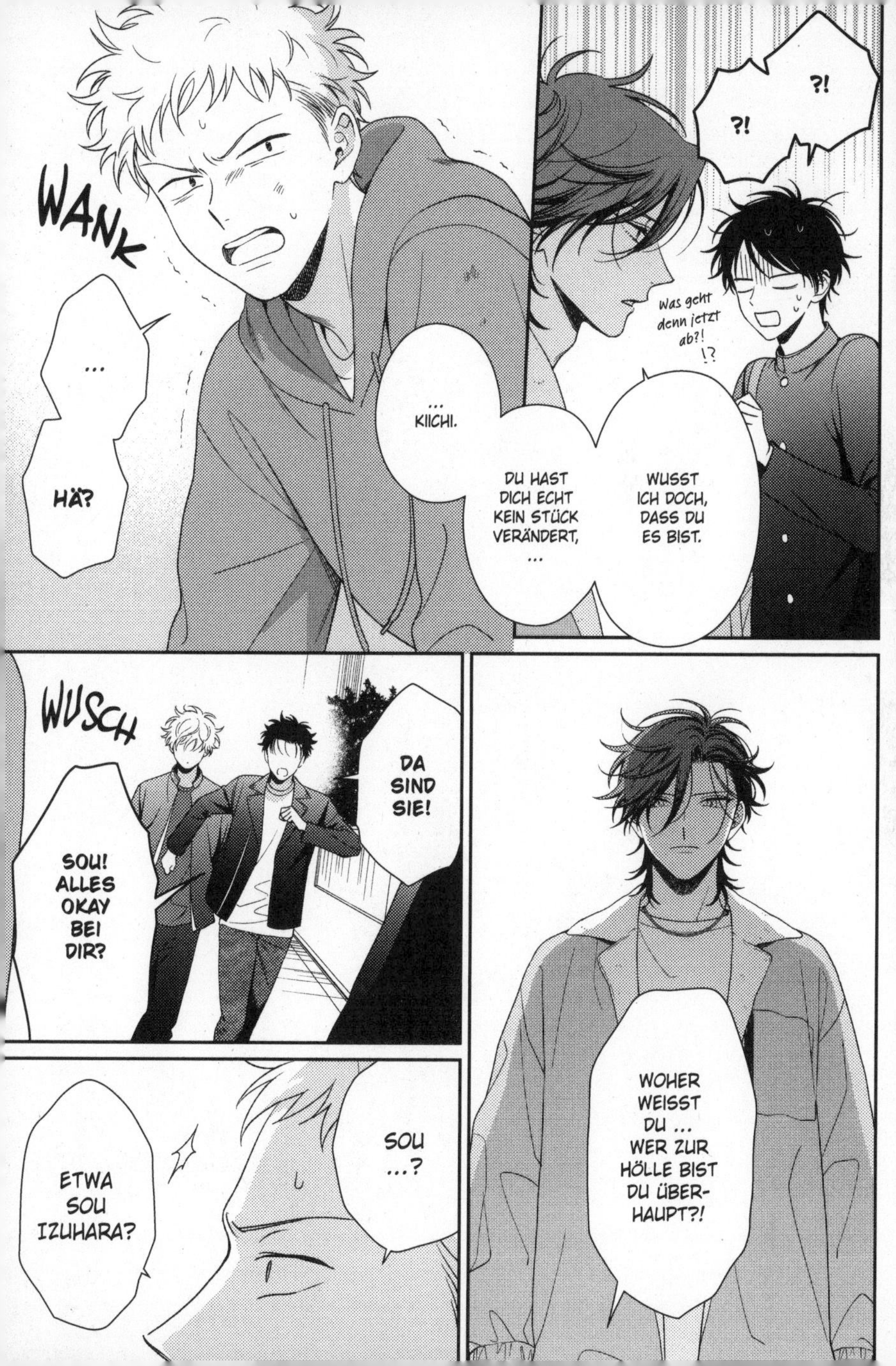
?!
?!
Was geht denn jetzt ab?!
!?
WUSST ICH DOCH, DASS DU ES BIST.
DU HAST DICH ECHT KEIN STÜCK VERÄNDERT, …
… KIICHI.
WANK
…
HÄ?
WOHER WEISST DU … WER ZUR HÖLLE BIST DU ÜBERHAUPT?!
WUSCH
DA SIND SIE!
SOU! ALLES OKAY BEI DIR?
SOU …?
ETWA SOU IZUHARA?

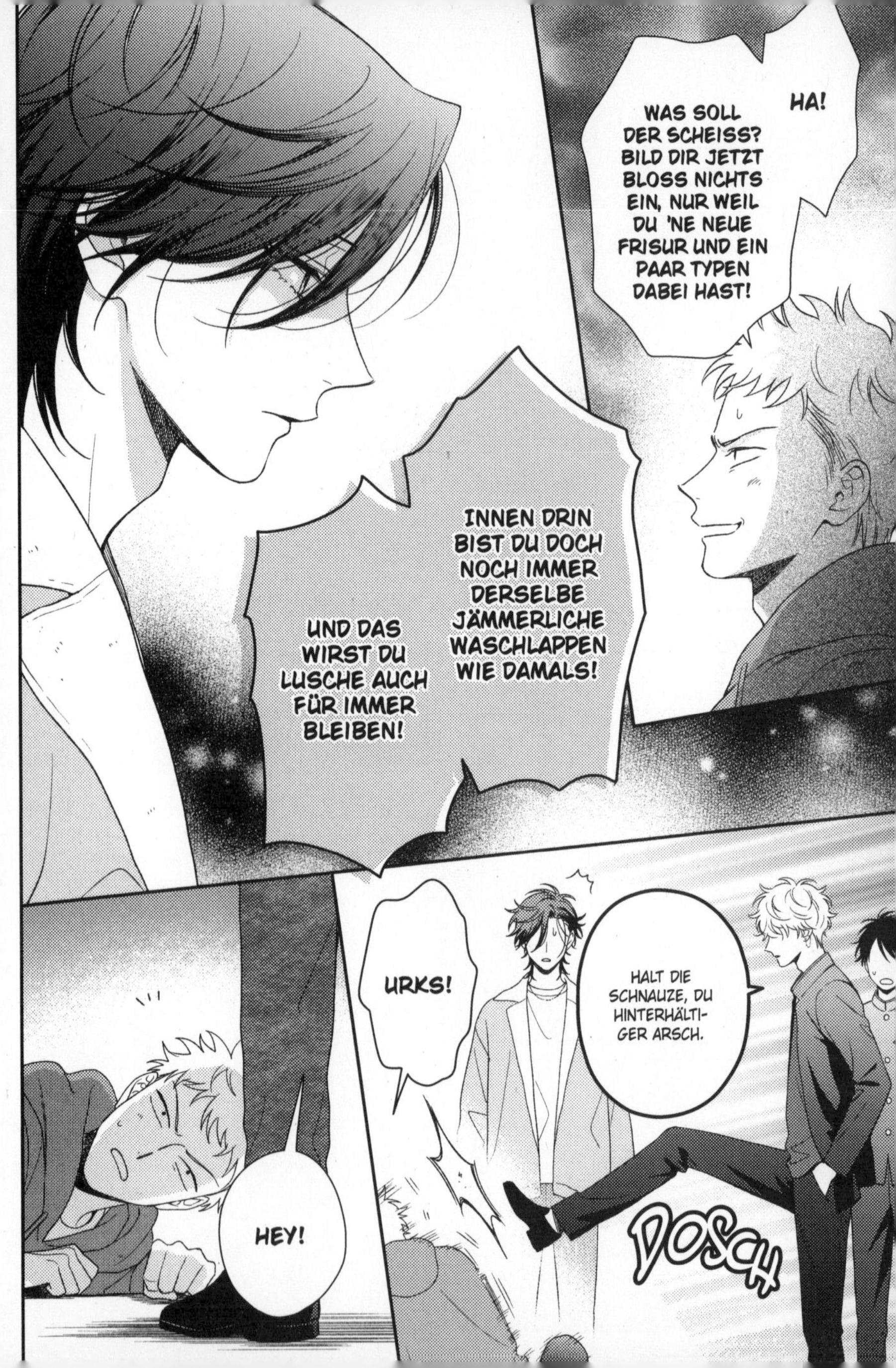
HA!
WAS SOLL DER SCHEISS? BILD DIR JETZT BLOSS NICHTS EIN, NUR WEIL DU 'NE NEUE FRISUR UND EIN PAAR TYPEN DABEI HAST!
INNEN DRIN BIST DU DOCH NOCH IMMER DERSELBE JÄMMERLICHE WASCHLAPPEN WIE DAMALS!
UND DAS WIRST DU LUSCHE AUCH FÜR IMMER BLEIBEN!
HALT DIE SCHNAUZE, DU HINTERHÄLTIGER ARSCH.
URKS!
DOSCH
HEY!

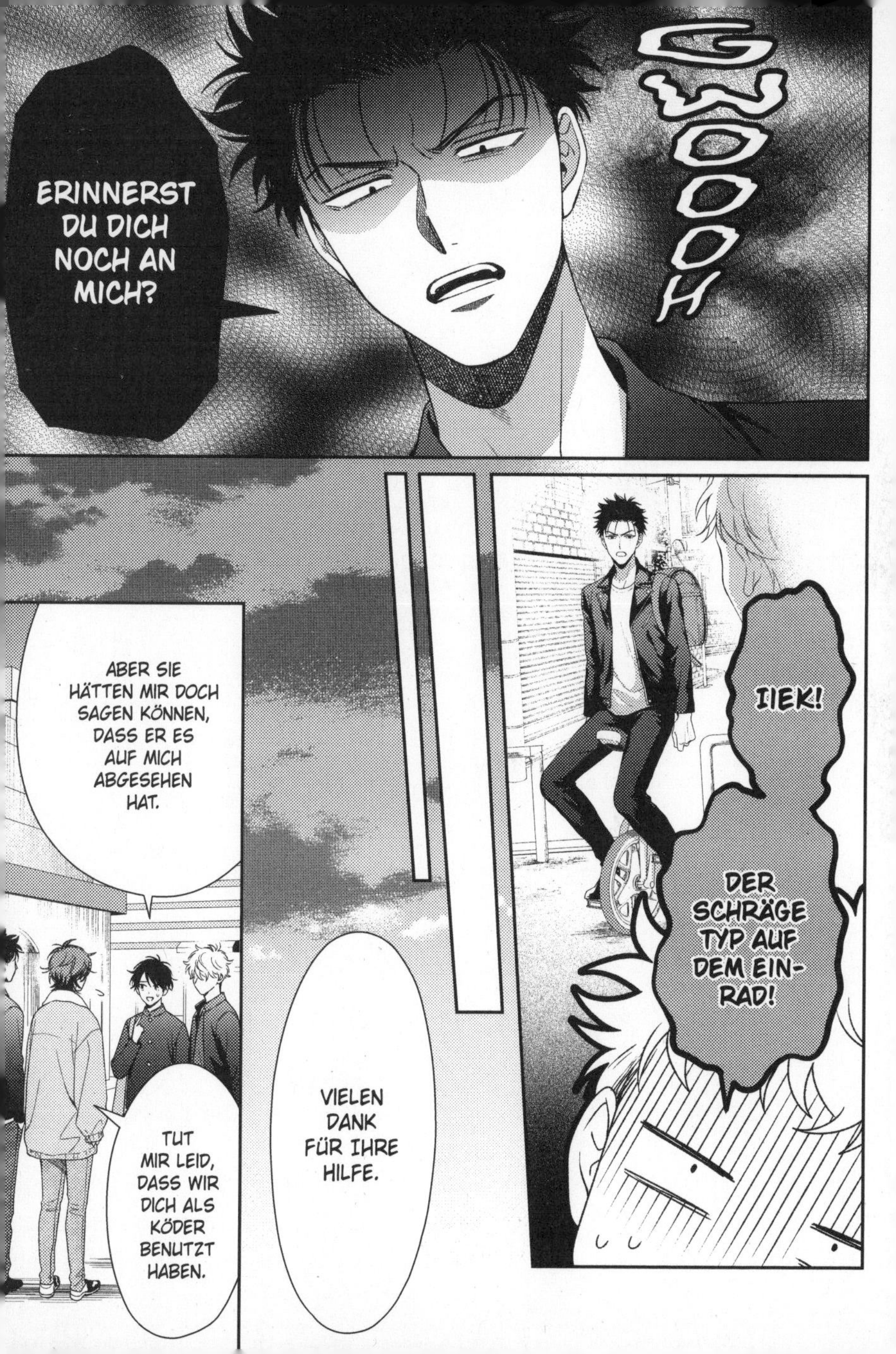

GWOOOOH

ERINNERST DU DICH NOCH AN MICH?

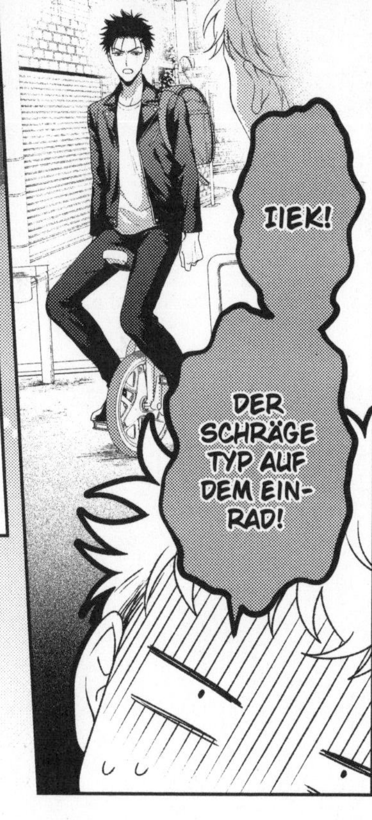

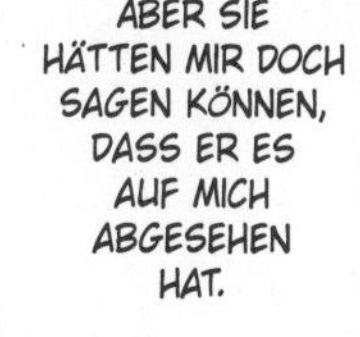

VIELEN DANK FÜR IHRE HILFE.

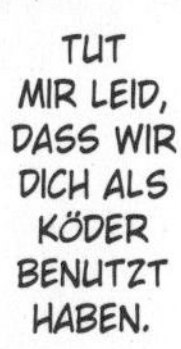

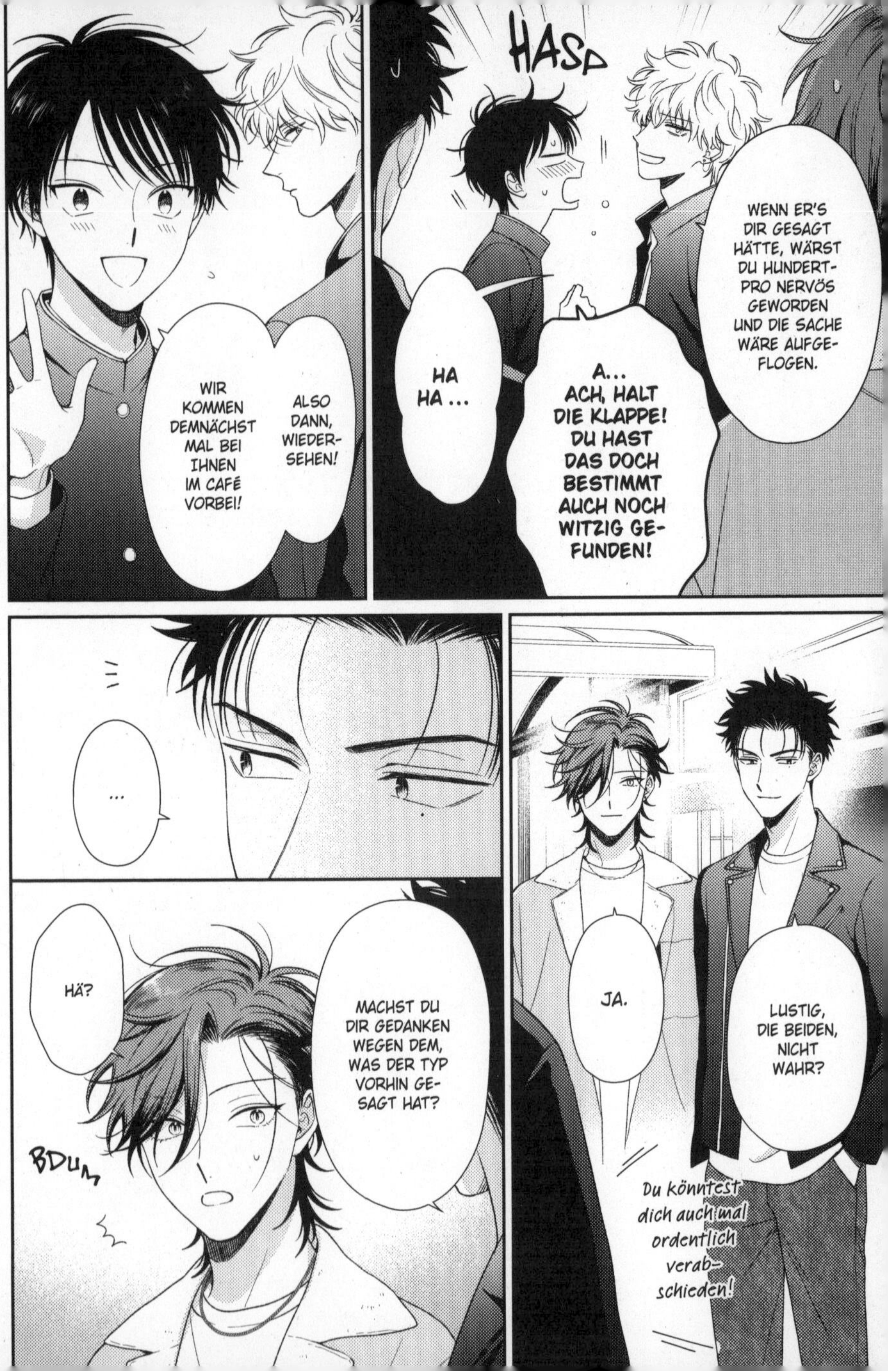

HASP

WENN ER'S DIR GESAGT HÄTTE, WÄRST DU HUNDERTPRO NERVÖS GEWORDEN UND DIE SACHE WÄRE AUFGEFLOGEN.

A... ACH, HALT DIE KLAPPE! DU HAST DAS DOCH BESTIMMT AUCH NOCH WITZIG GEFUNDEN!

HA HA ...

ALSO DANN, WIEDERSEHEN!

WIR KOMMEN DEMNÄCHST MAL BEI IHNEN IM CAFÉ VORBEI!

LUSTIG, DIE BEIDEN, NICHT WAHR?

JA.

Du könntest dich auch mal ordentlich verabschieden!

...

MACHST DU DIR GEDANKEN WEGEN DEM, WAS DER TYP VORHIN GESAGT HAT?

HÄ?

BDUM

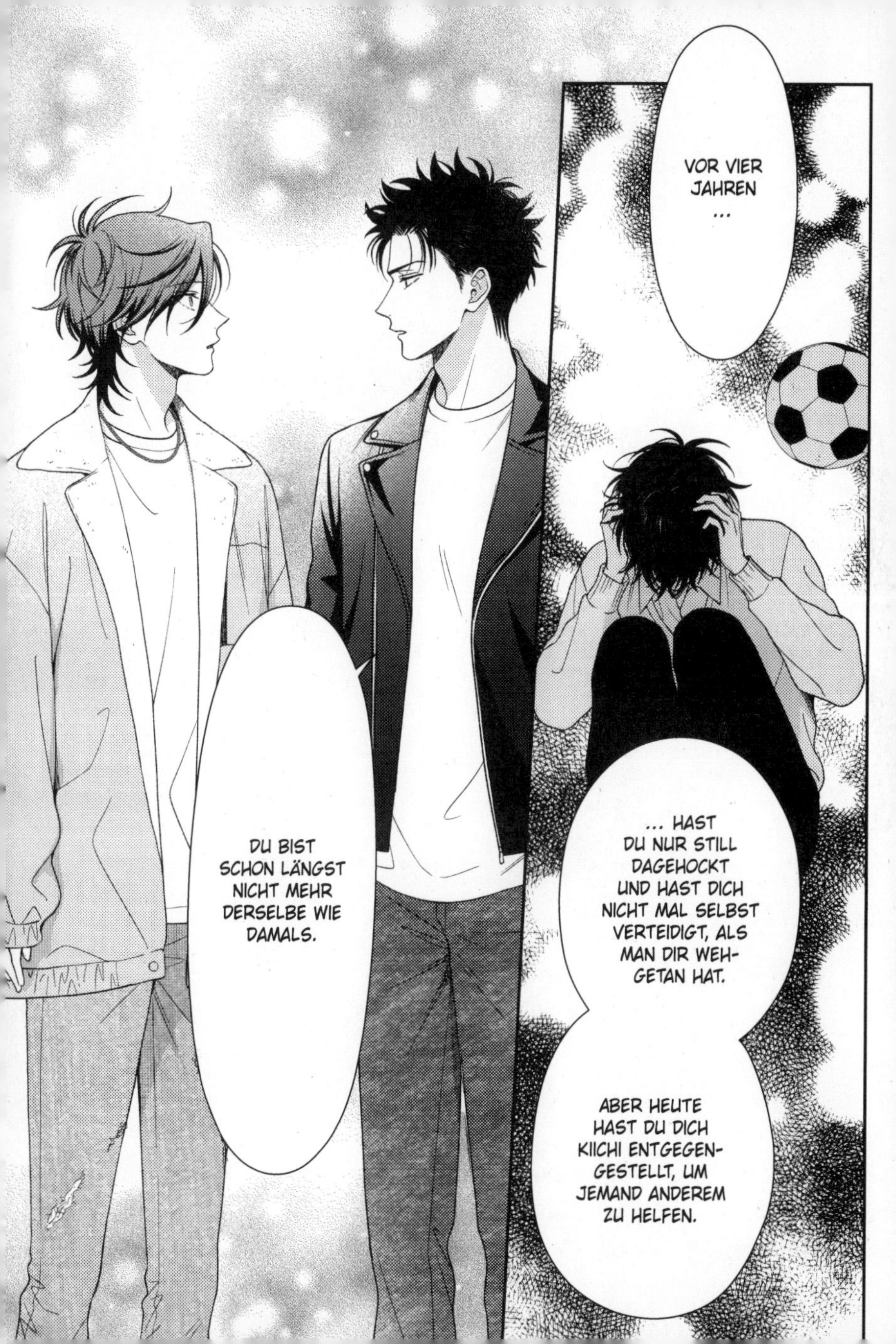
VOR VIER JAHREN …
… HAST DU NUR STILL DAGEHOCKT UND HAST DICH NICHT MAL SELBST VERTEIDIGT, ALS MAN DIR WEH-GETAN HAT.
ABER HEUTE HAST DU DICH KIICHI ENTGEGEN-GESTELLT, UM JEMAND ANDEREM ZU HELFEN.
DU BIST SCHON LÄNGST NICHT MEHR DERSELBE WIE DAMALS.

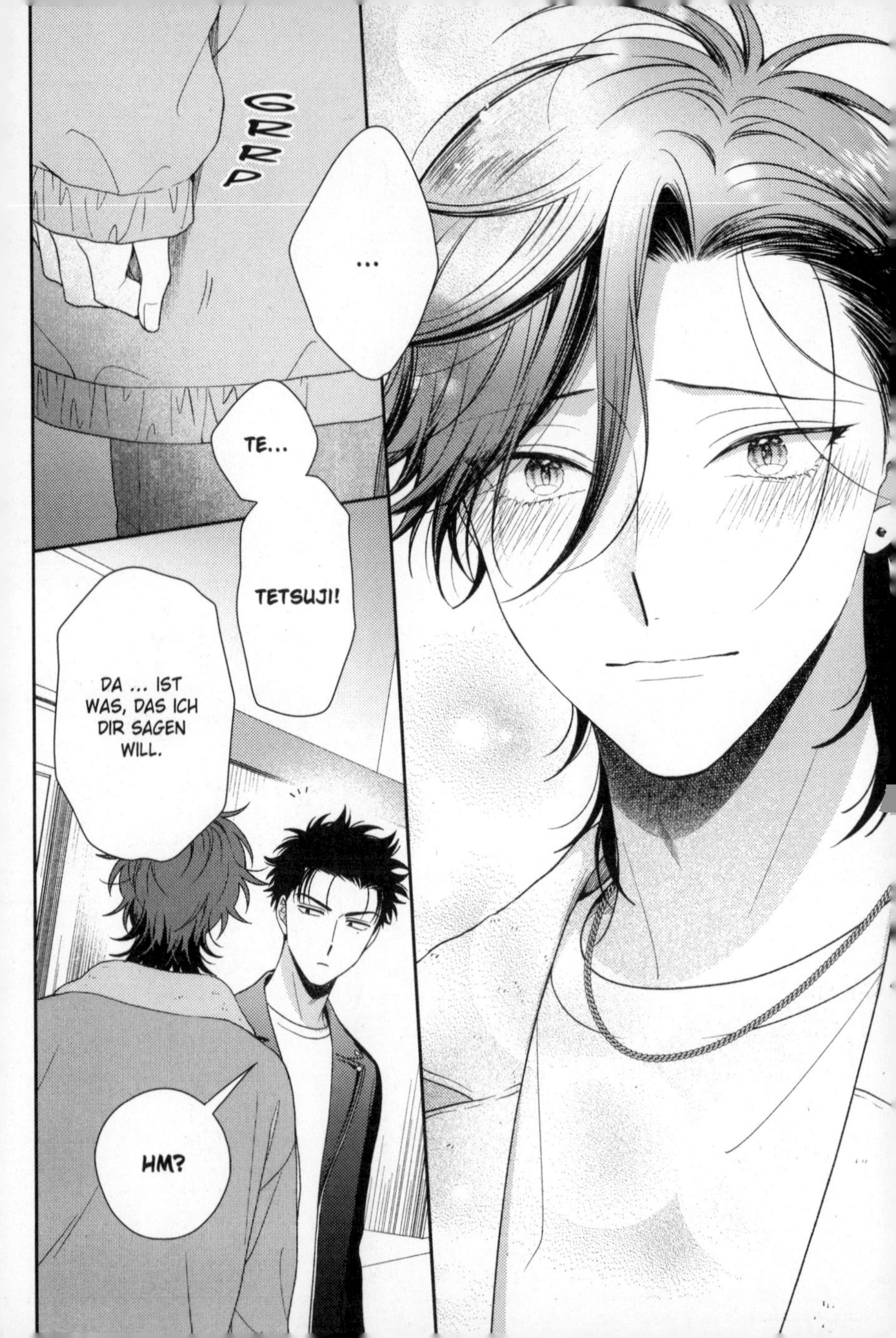
GRRP
...
TE...
TETSUJI!
DA ... IST WAS, DAS ICH DIR SAGEN WILL.
HM?

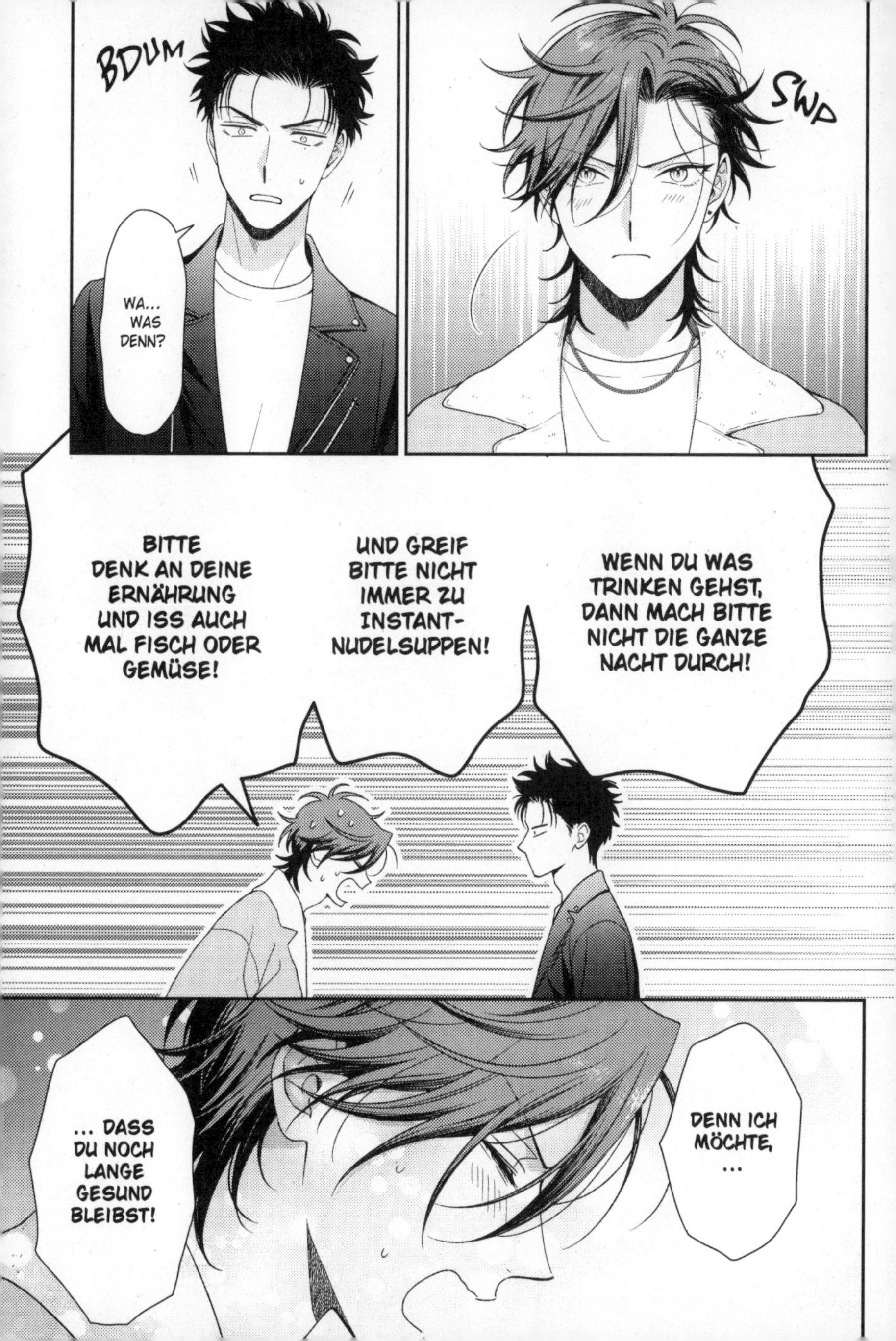
SWP
BDUM
WA… WAS DENN?
WENN DU WAS TRINKEN GEHST, DANN MACH BITTE NICHT DIE GANZE NACHT DURCH!
UND GREIF BITTE NICHT IMMER ZU INSTANT-NUDELSUPPEN!
BITTE DENK AN DEINE ERNÄHRUNG UND ISS AUCH MAL FISCH ODER GEMÜSE!
DENN ICH MÖCHTE, …
… DASS DU NOCH LANGE GESUND BLEIBST!

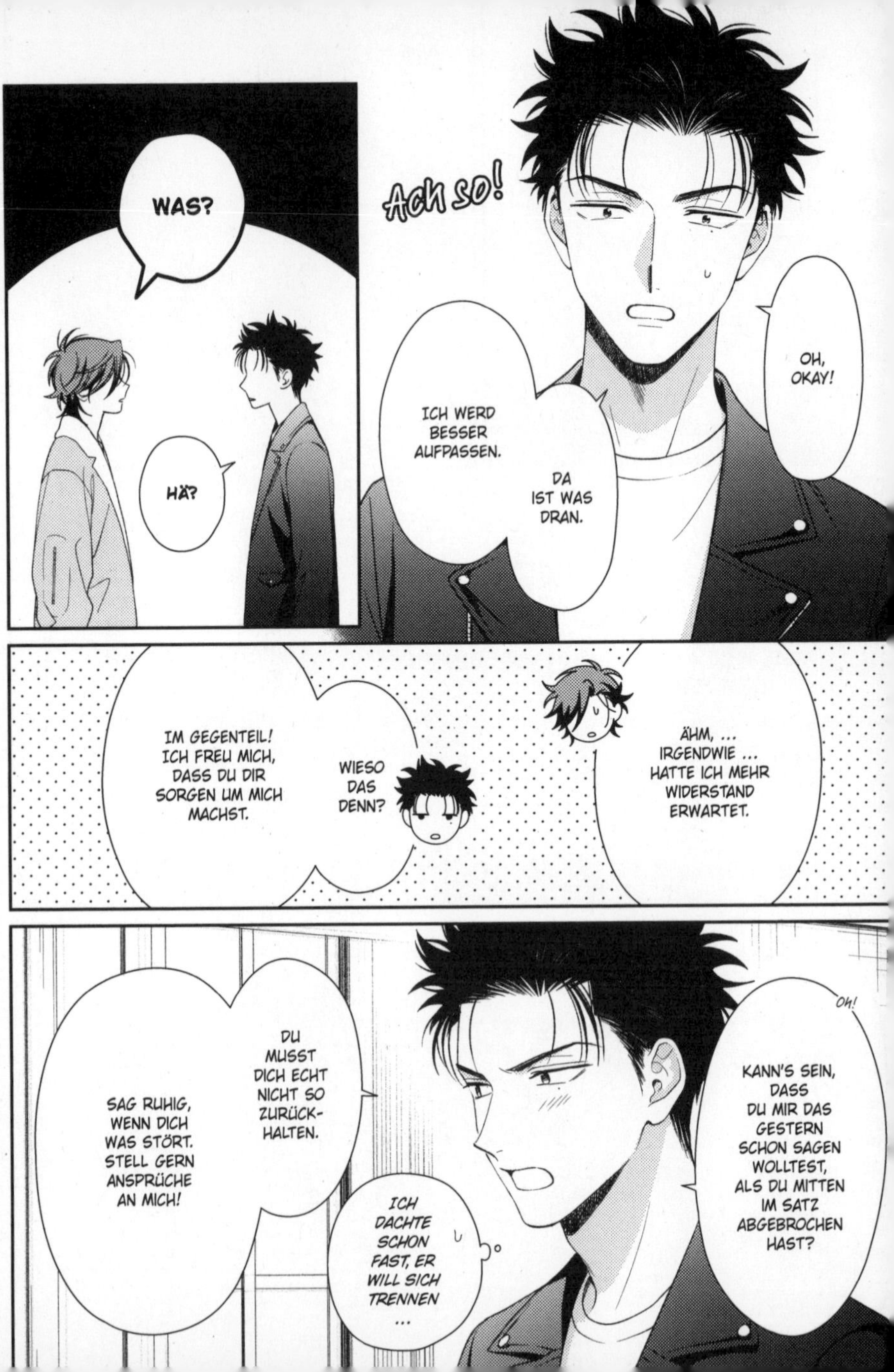

Ach so!

Oh, okay!

Da ist was dran.

Ich werd besser aufpassen.

Was?

Hä?

Ähm, ... irgendwie ... hatte ich mehr Widerstand erwartet.

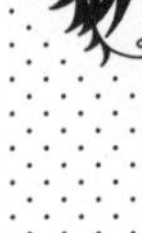

Wieso das denn?

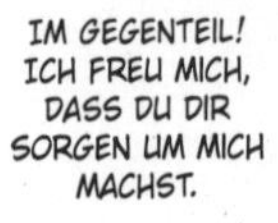

Im Gegenteil! Ich freu mich, dass du dir Sorgen um mich machst.

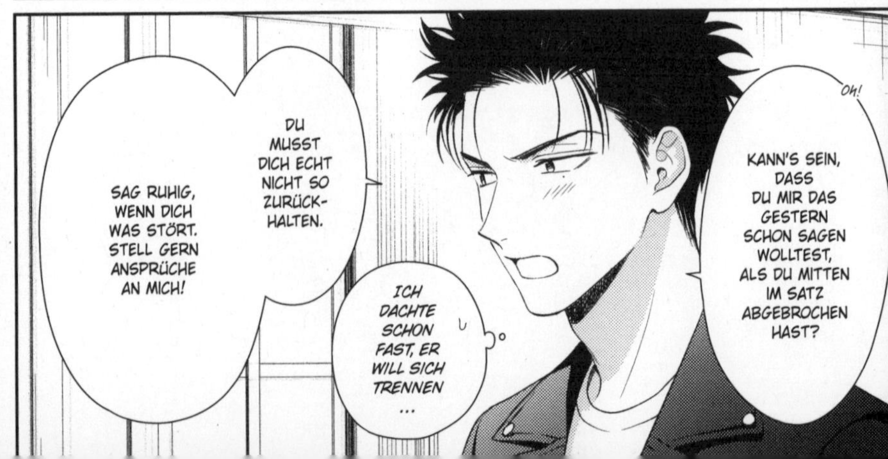

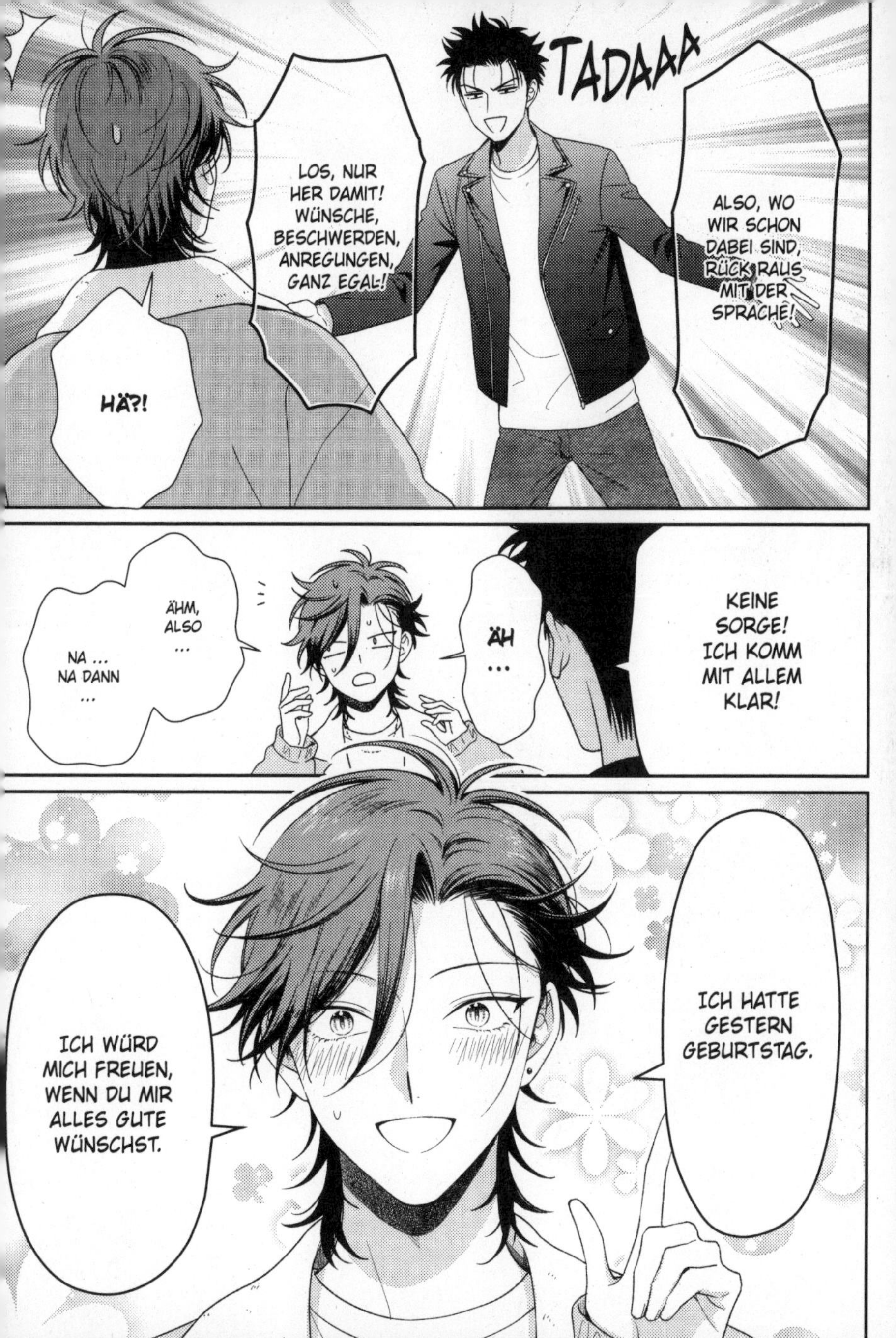
TADAAA
ALSO, WO WIR SCHON DABEI SIND, RÜCK RAUS MIT DER SPRACHE!
LOS, NUR HER DAMIT! WÜNSCHE, BESCHWERDEN, ANREGUNGEN, GANZ EGAL!
HÄ?!
KEINE SORGE! ICH KOMM MIT ALLEM KLAR!
ÄH …
ÄHM, ALSO …
NA … NA DANN …
ICH HATTE GESTERN GEBURTSTAG.
ICH WÜRD MICH FREUEN, WENN DU MIR ALLES GUTE WÜNSCHST.

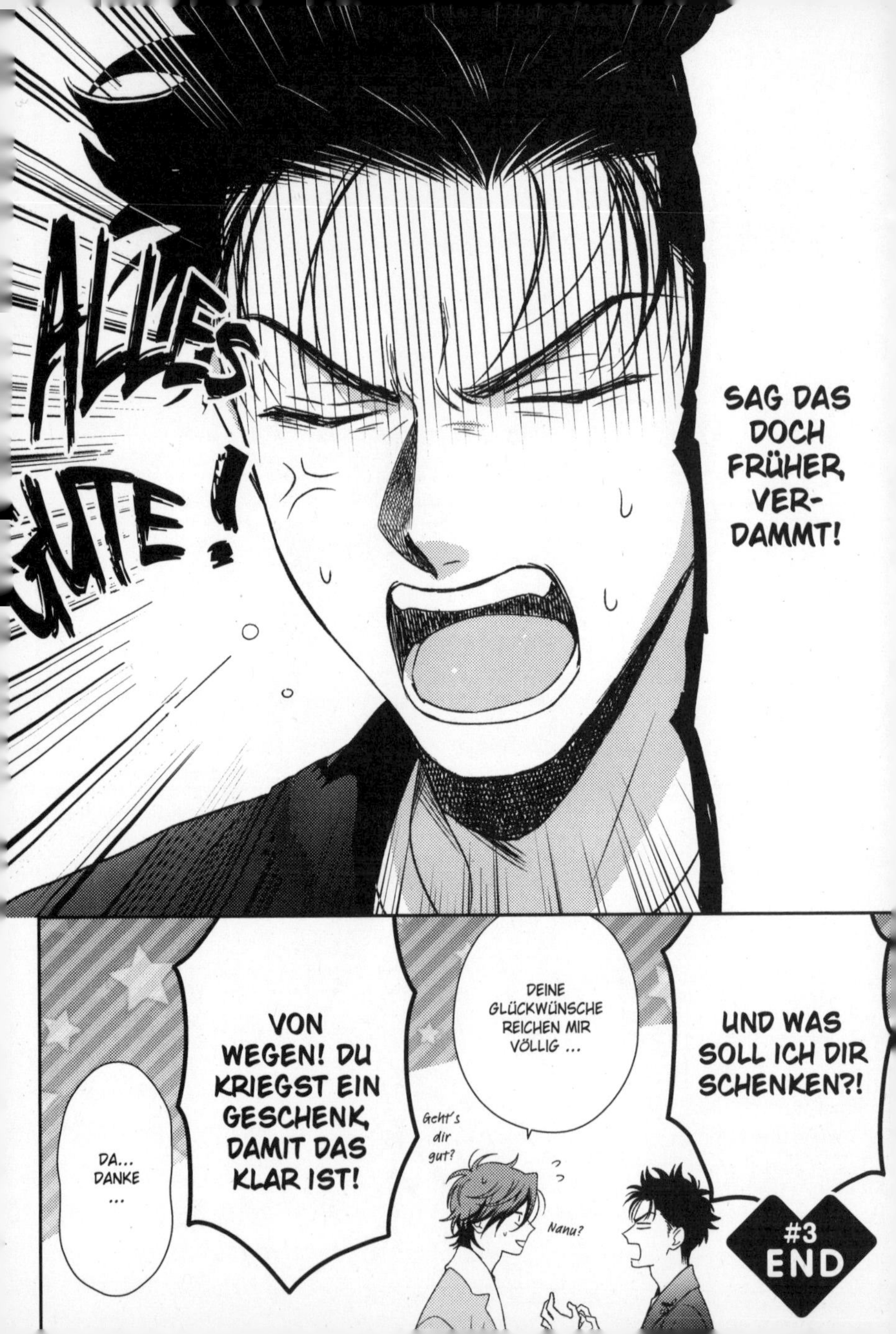
ALLES GUTE!
SAG DAS DOCH FRÜHER, VER-DAMMT!
UND WAS SOLL ICH DIR SCHENKEN?!
DEINE GLÜCKWÜNSCHE REICHEN MIR VÖLLIG …
Geht's dir gut?
Nanu?
VON WEGEN! DU KRIEGST EIN GESCHENK, DAMIT DAS KLAR IST!
DA… DANKE …
#3 END

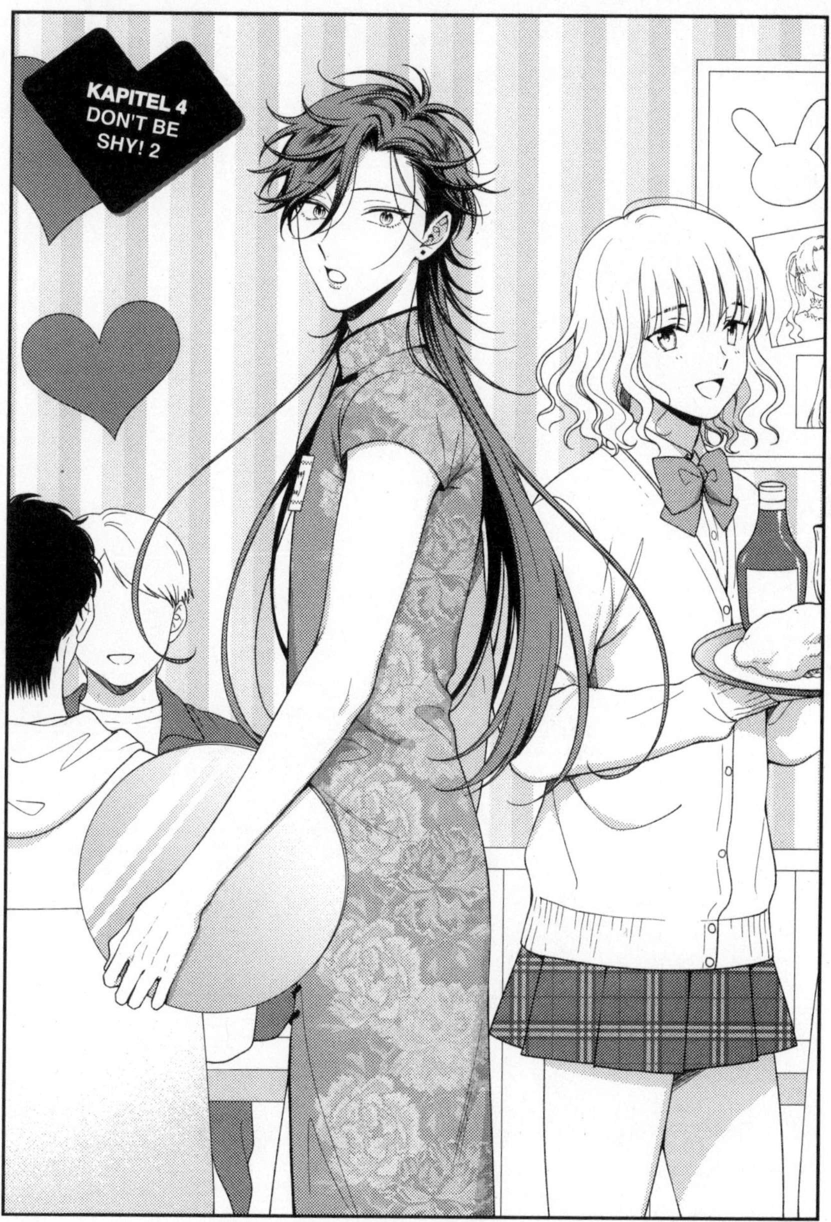
KAPITEL 4
DON'T BE SHY! 2

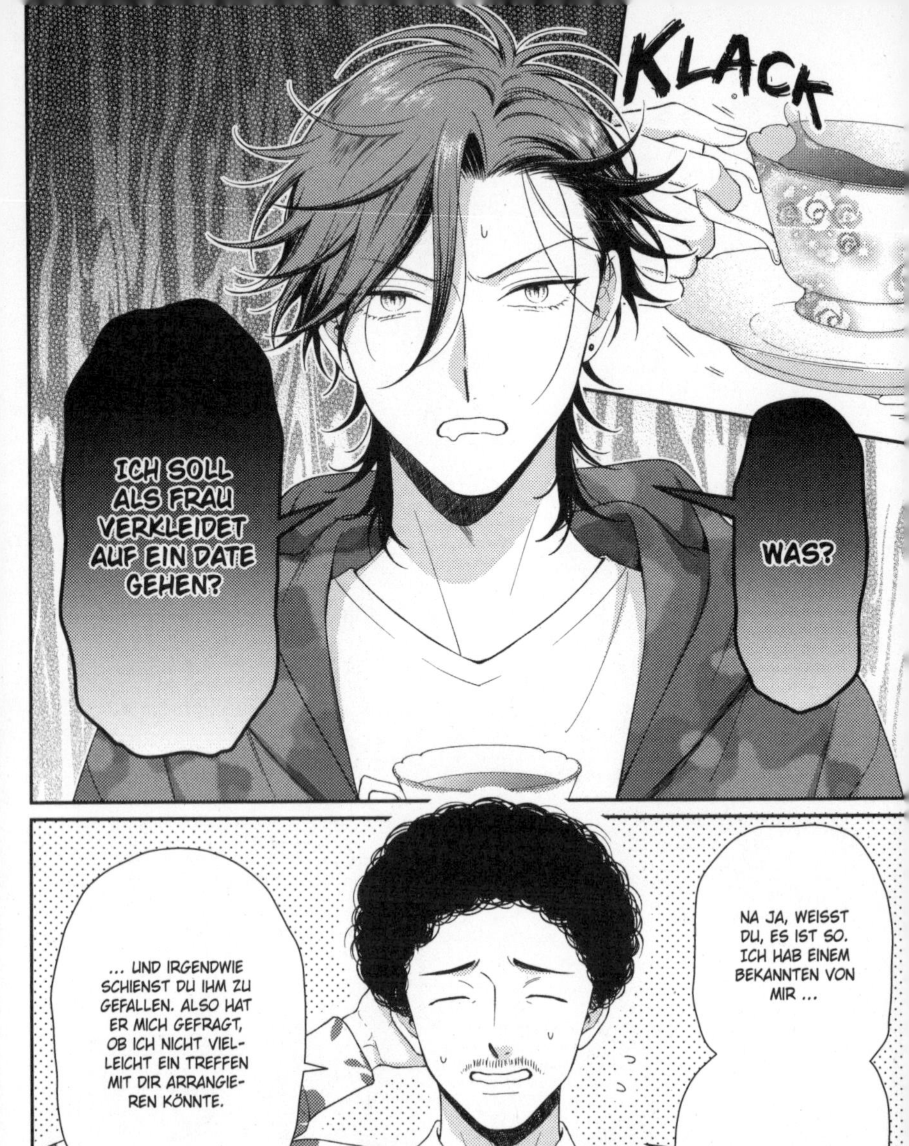
KLACK
WAS?
ICH SOLL ALS FRAU VERKLEIDET AUF EIN DATE GEHEN?
NA JA, WEISST DU, ES IST SO. ICH HAB EINEM BEKANNTEN VON MIR …
… ZUFÄLLIG EIN FOTO VON DIR AUS DEM CROSSDRESSING-CAFÉ GEZEIGT …
… UND IRGENDWIE SCHIENST DU IHM ZU GEFALLEN. ALSO HAT ER MICH GEFRAGT, OB ICH NICHT VIELLEICHT EIN TREFFEN MIT DIR ARRANGIEREN KÖNNTE.
Natsume Kamino (Fotograf)
Ein Freund von Sous Tante Midori

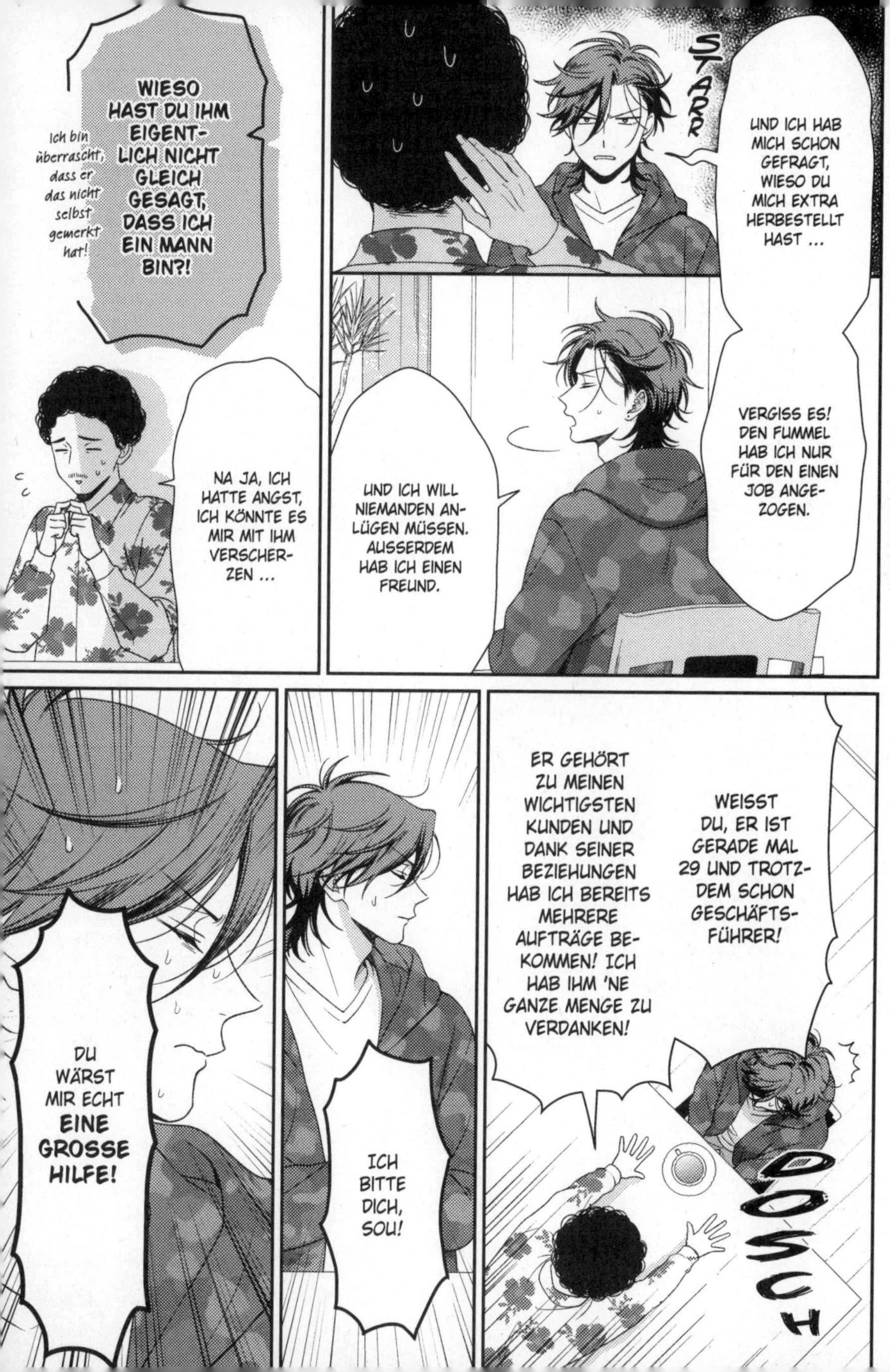

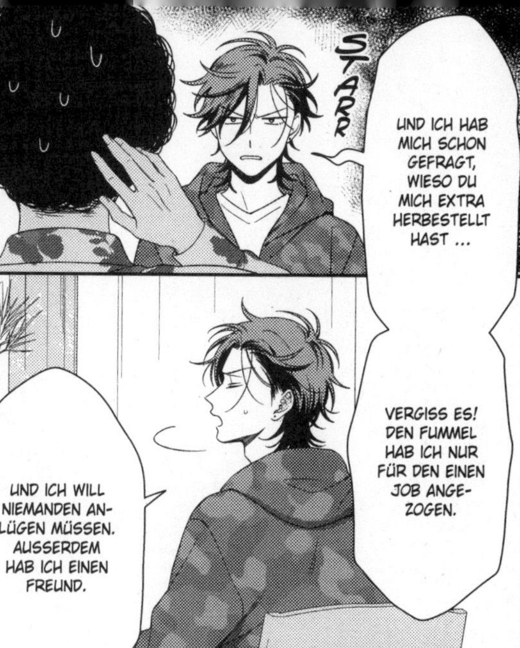
STARR
UND ICH HAB MICH SCHON GEFRAGT, WIESO DU MICH EXTRA HERBESTELLT HAST …

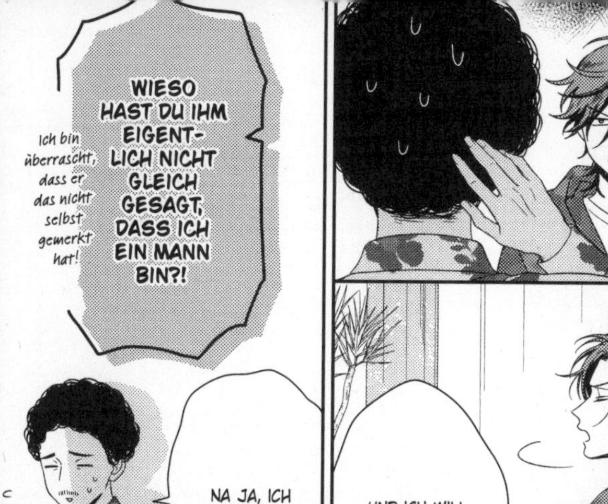
WIESO HAST DU IHM EIGENTLICH NICHT GLEICH GESAGT, DASS ICH EIN MANN BIN?!
Ich bin überrascht, dass er das nicht selbst gemerkt hat!
VERGISS ES! DEN FUMMEL HAB ICH NUR FÜR DEN EINEN JOB ANGEZOGEN.
UND ICH WILL NIEMANDEN ANLÜGEN MÜSSEN. AUSSERDEM HAB ICH EINEN FREUND.
NA JA, ICH HATTE ANGST, ICH KÖNNTE ES MIR MIT IHM VERSCHERZEN …
WEISST DU, ER IST GERADE MAL 29 UND TROTZDEM SCHON GESCHÄFTSFÜHRER!
ER GEHÖRT ZU MEINEN WICHTIGSTEN KUNDEN UND DANK SEINER BEZIEHUNGEN HAB ICH BEREITS MEHRERE AUFTRÄGE BEKOMMEN! ICH HAB IHM 'NE GANZE MENGE ZU VERDANKEN!
DOSCH
ICH BITTE DICH, SOU!
DU WÄRST MIR ECHT EINE GROSSE HILFE!

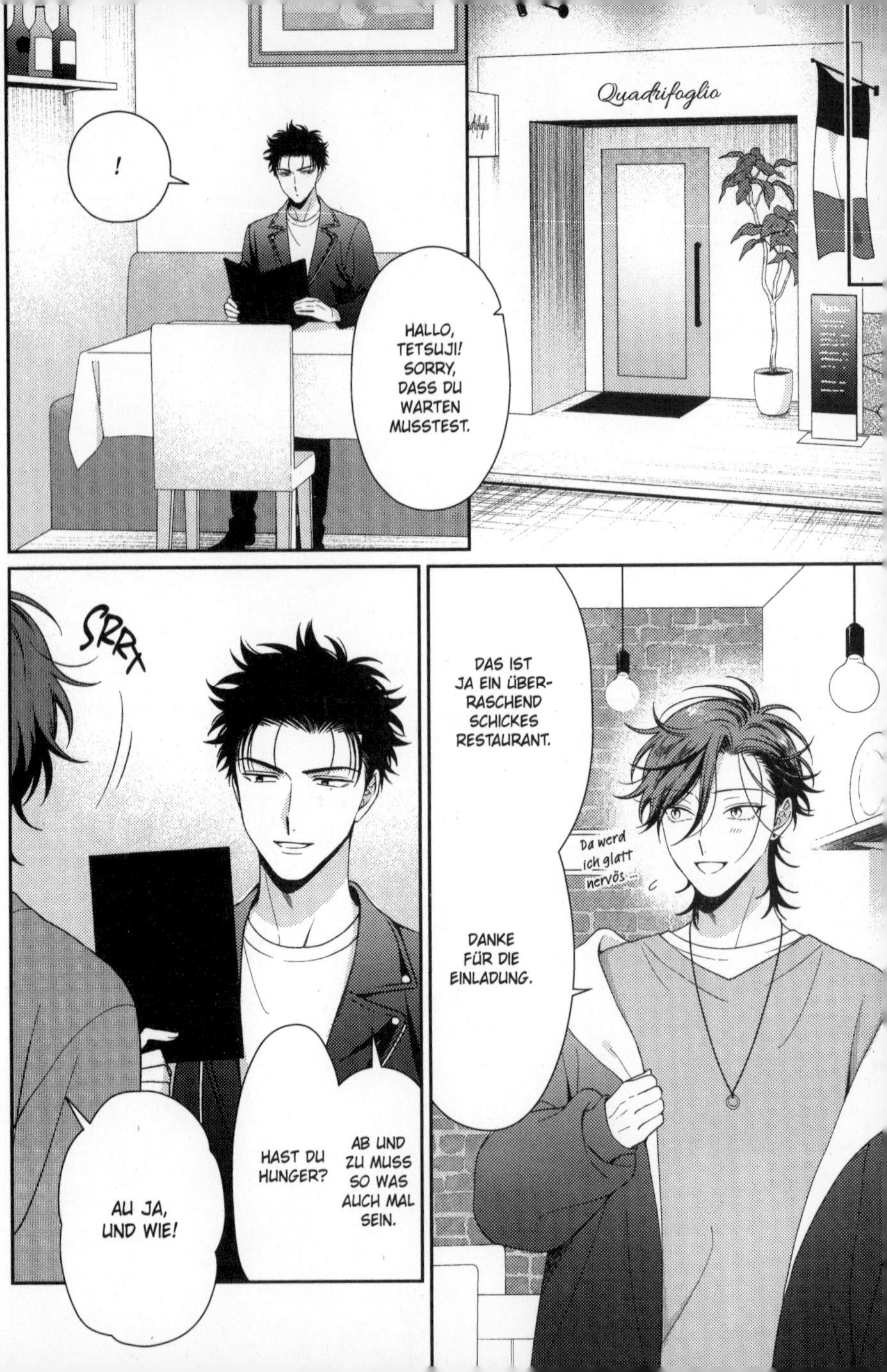

Quadrifoglio

HALLO, TETSUJI! SORRY, DASS DU WARTEN MUSSTEST.

!

DAS IST JA EIN ÜBERRASCHEND SCHICKES RESTAURANT.

Da werd ich glatt nervös ...

DANKE FÜR DIE EINLADUNG.

SRRT

AB UND ZU MUSS SO WAS AUCH MAL SEIN.

HAST DU HUNGER?

AU JA, UND WIE!

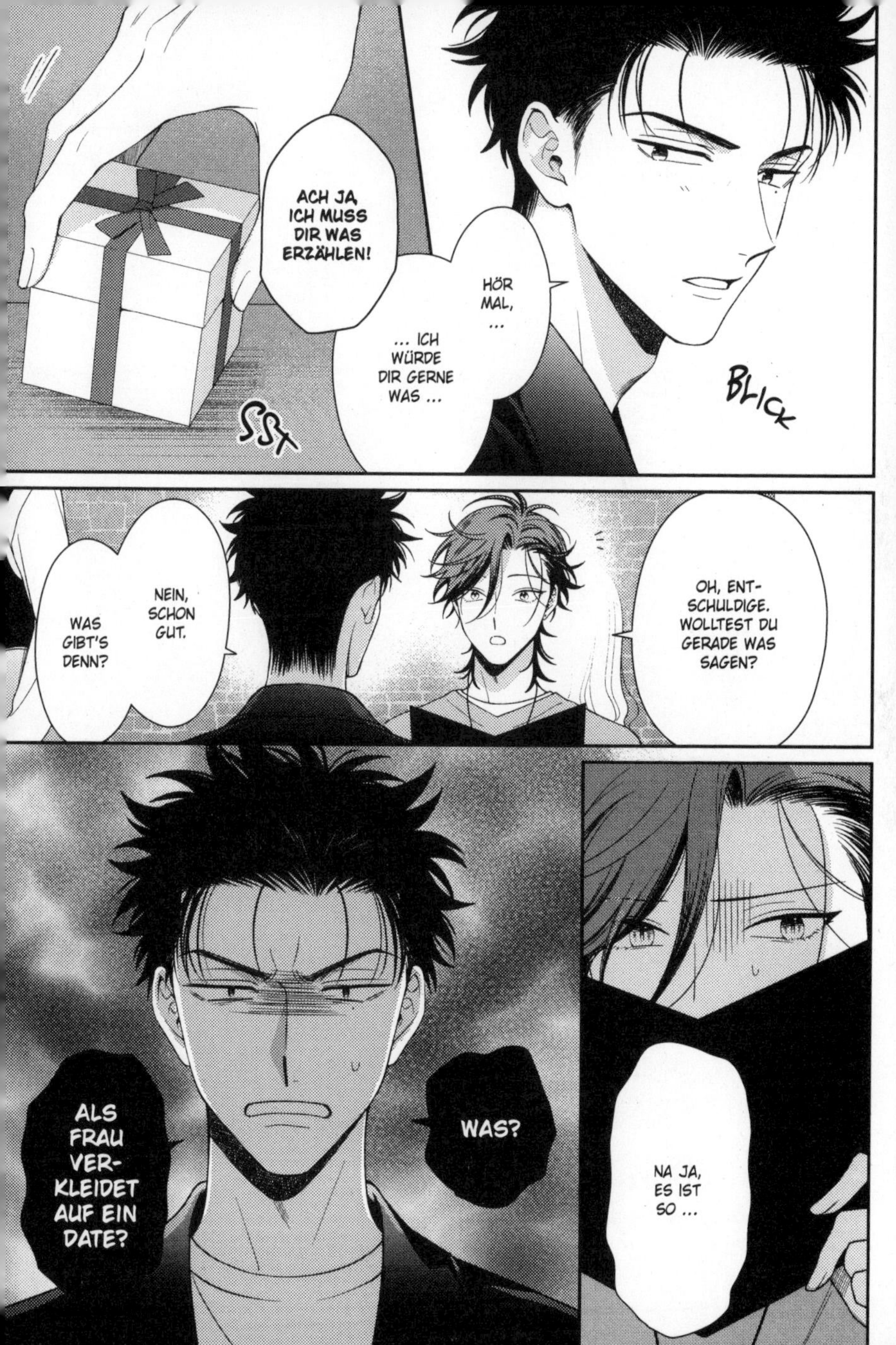
BLICK
HÖR MAL, …
… ICH WÜRDE DIR GERNE WAS …
ACH JA, ICH MUSS DIR WAS ERZÄHLEN!
SST
OH, ENT-SCHULDIGE. WOLLTEST DU GERADE WAS SAGEN?
NEIN, SCHON GUT.
WAS GIBT'S DENN?
NA JA, ES IST SO …
WAS?
ALS FRAU VER-KLEIDET AUF EIN DATE?

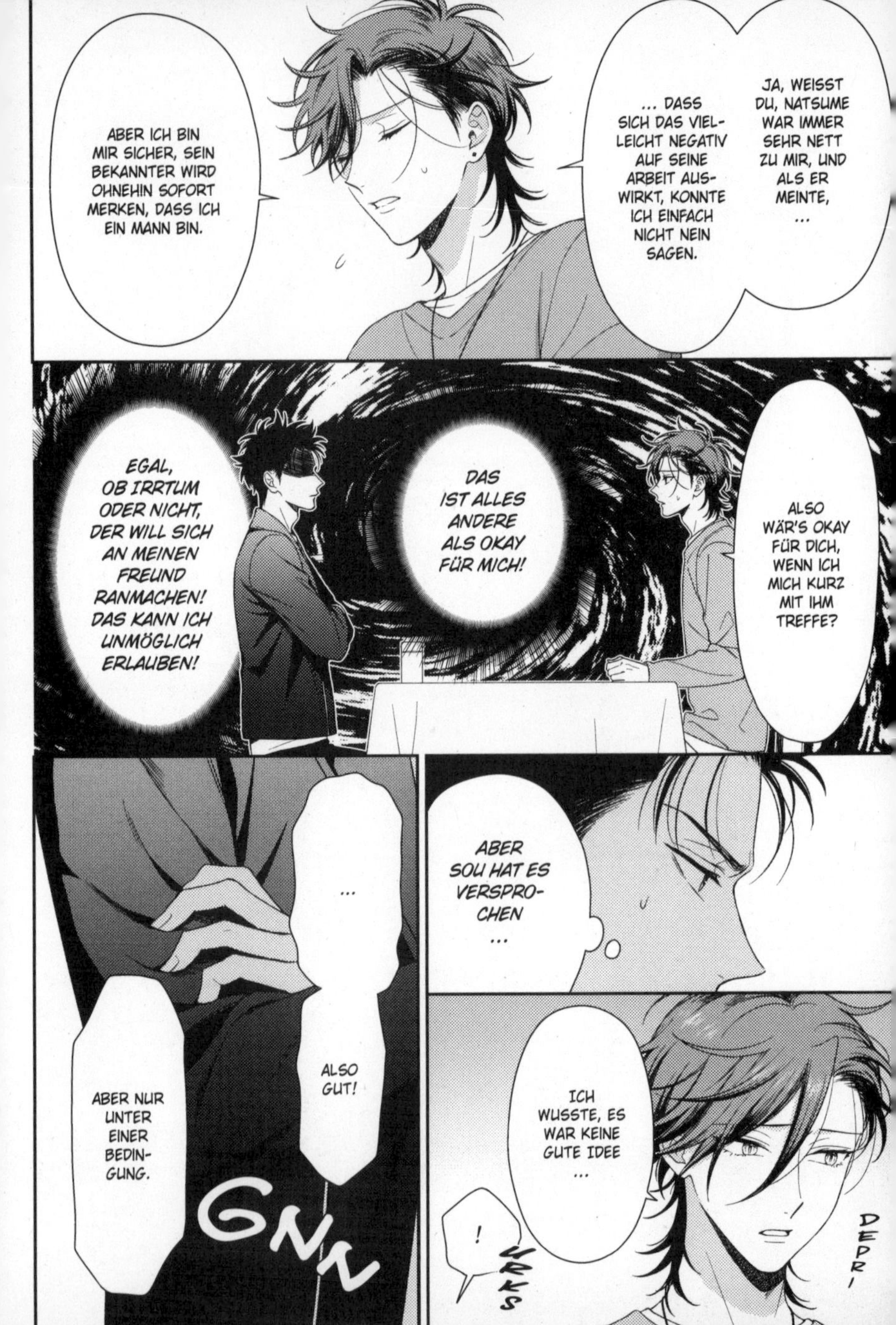
JA, WEISST DU, NATSUME WAR IMMER SEHR NETT ZU MIR, UND ALS ER MEINTE, …
… DASS SICH DAS VIELLEICHT NEGATIV AUF SEINE ARBEIT AUSWIRKT, KONNTE ICH EINFACH NICHT NEIN SAGEN.
ABER ICH BIN MIR SICHER, SEIN BEKANNTER WIRD OHNEHIN SOFORT MERKEN, DASS ICH EIN MANN BIN.
ALSO WÄR'S OKAY FÜR DICH, WENN ICH MICH KURZ MIT IHM TREFFE?
DAS IST ALLES ANDERE ALS OKAY FÜR MICH!
EGAL, OB IRRTUM ODER NICHT, DER WILL SICH AN MEINEN FREUND RANMACHEN! DAS KANN ICH UNMÖGLICH ERLAUBEN!
ABER SOU HAT ES VERSPROCHEN …
…
ICH WUSSTE, ES WAR KEINE GUTE IDEE …
DEPRI
URKS
!
ALSO GUT!
ABER NUR UNTER EINER BEDINGUNG.
GNN

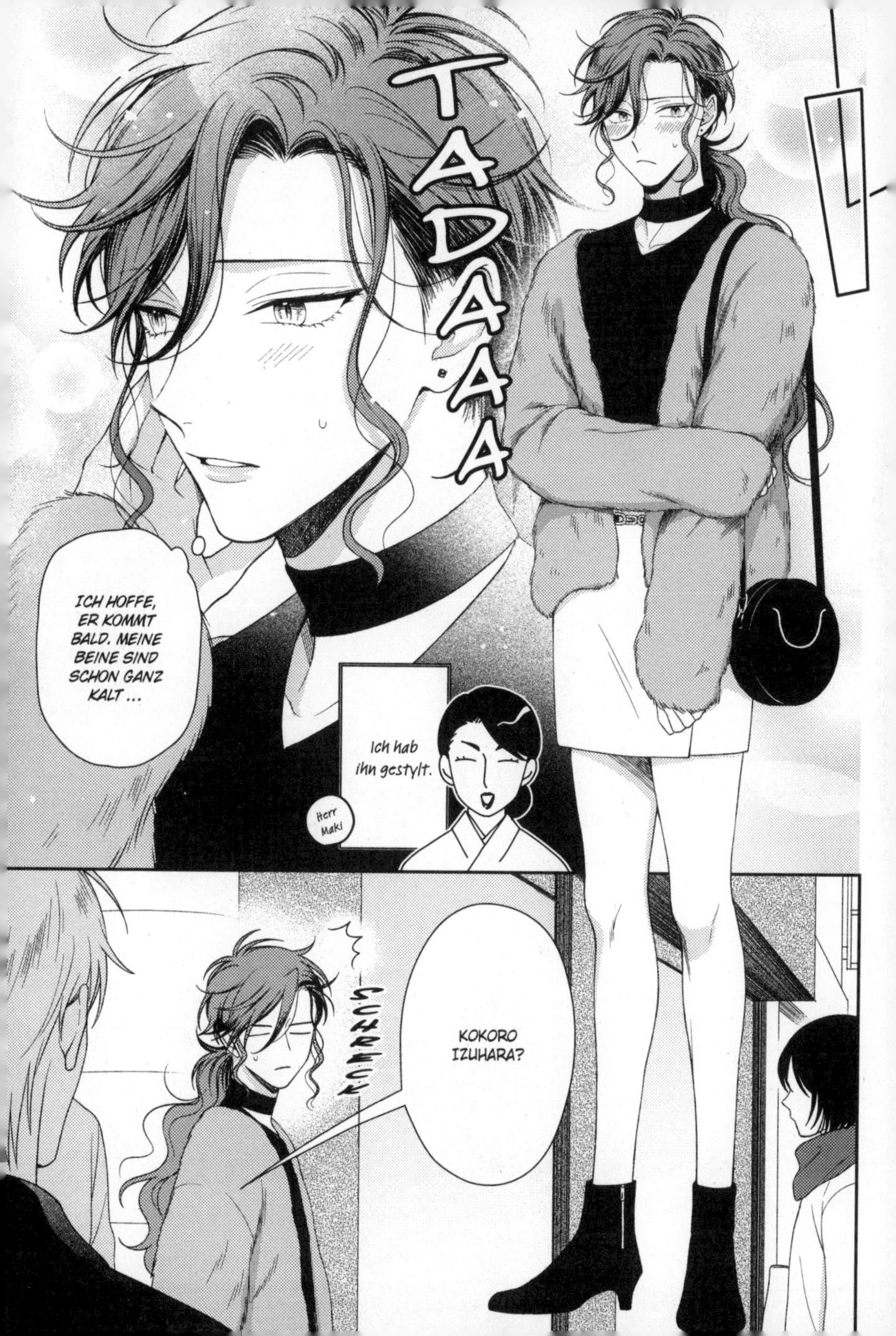
TADAAAA
ICH HOFFE, ER KOMMT BALD. MEINE BEINE SIND SCHON GANZ KALT …
Ich hab ihn gestylt.
Herr Maki
KOKORO IZUHARA?
SCHRECK

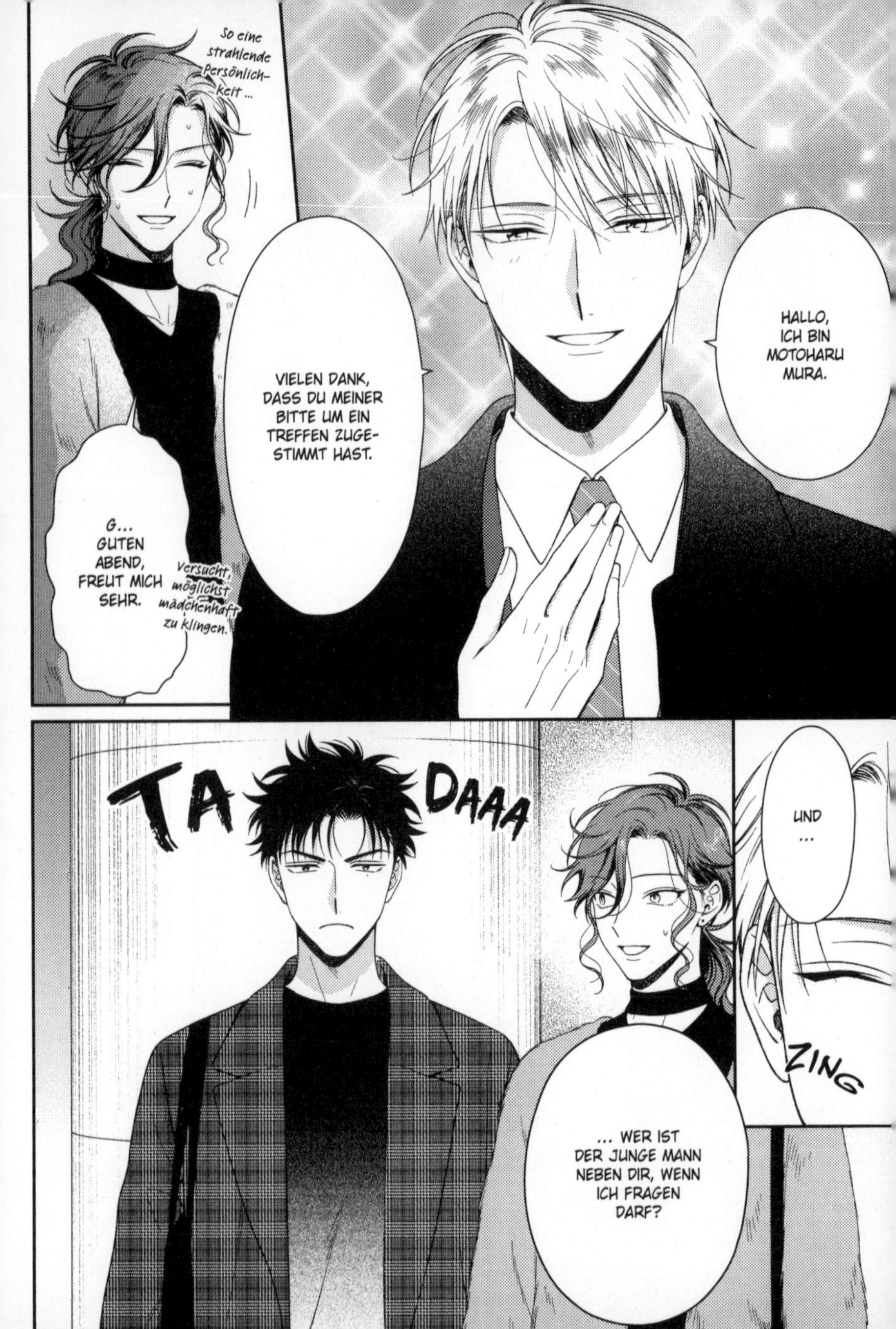
HALLO, ICH BIN MOTOHARU MURA.
VIELEN DANK, DASS DU MEINER BITTE UM EIN TREFFEN ZUGE-STIMMT HAST.
So eine strahlende Persönlich-keit ...
G... GUTEN ABEND, FREUT MICH SEHR.
Versucht, möglichst mädchenhaft zu klingen.
UND ...
ZING
... WER IST DER JUNGE MANN NEBEN DIR, WENN ICH FRAGEN DARF?
TA DAAA

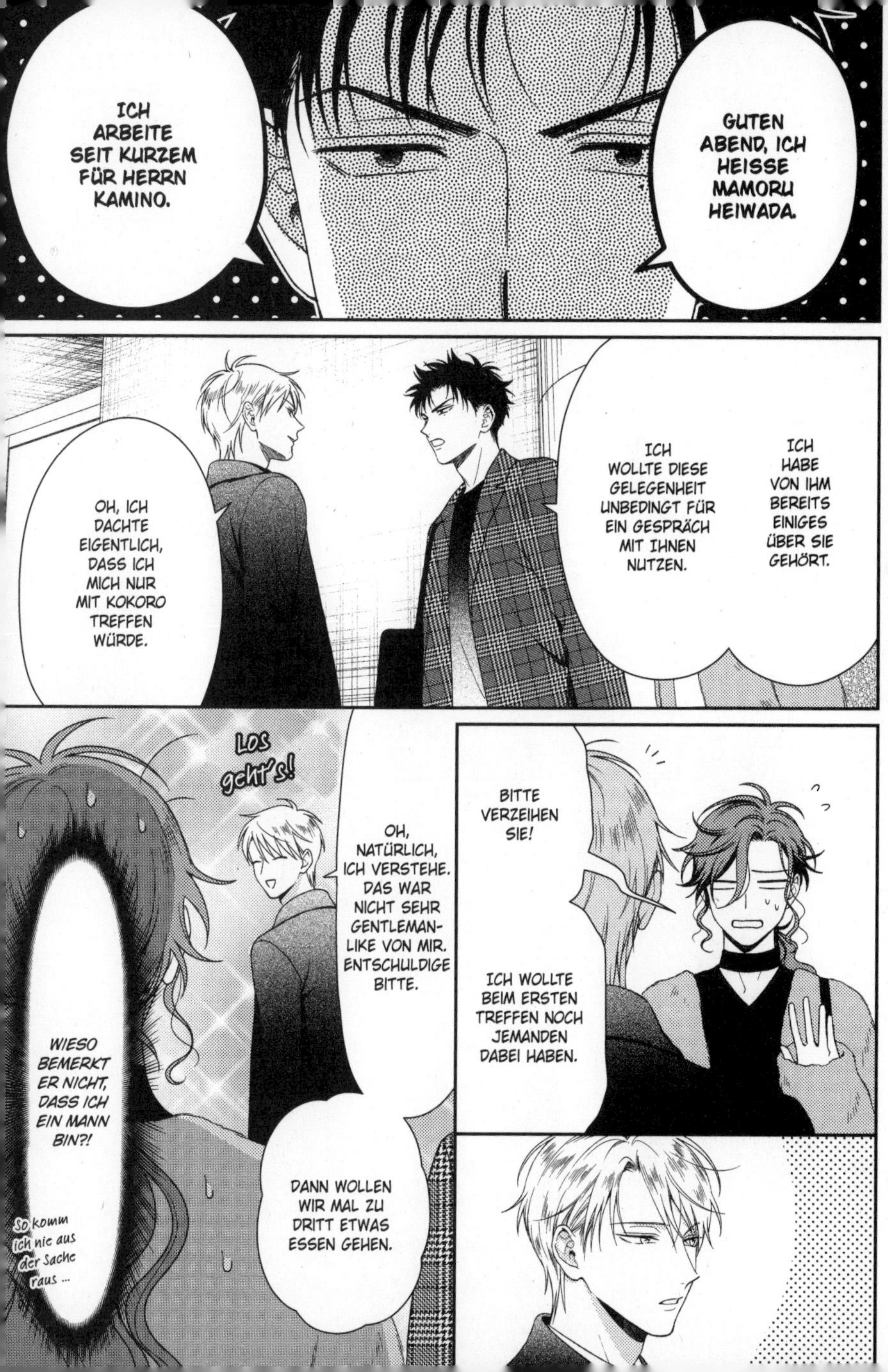

GUTEN ABEND, ICH HEISSE MAMORU HEIWADA.

ICH ARBEITE SEIT KURZEM FÜR HERRN KAMINO.

ICH HABE VON IHM BEREITS EINIGES ÜBER SIE GEHÖRT.

ICH WOLLTE DIESE GELEGENHEIT UNBEDINGT FÜR EIN GESPRÄCH MIT IHNEN NUTZEN.

OH, ICH DACHTE EIGENTLICH, DASS ICH MICH NUR MIT KOKORO TREFFEN WÜRDE.

BITTE VERZEIHEN SIE!

ICH WOLLTE BEIM ERSTEN TREFFEN NOCH JEMANDEN DABEI HABEN.

OH, NATÜRLICH, ICH VERSTEHE. DAS WAR NICHT SEHR GENTLEMAN-LIKE VON MIR. ENTSCHULDIGE BITTE.

Los geht's!

WIESO BEMERKT ER NICHT, DASS ICH EIN MANN BIN?!

DANN WOLLEN WIR MAL ZU DRITT ETWAS ESSEN GEHEN.

So komm ich nie aus der Sache raus ...

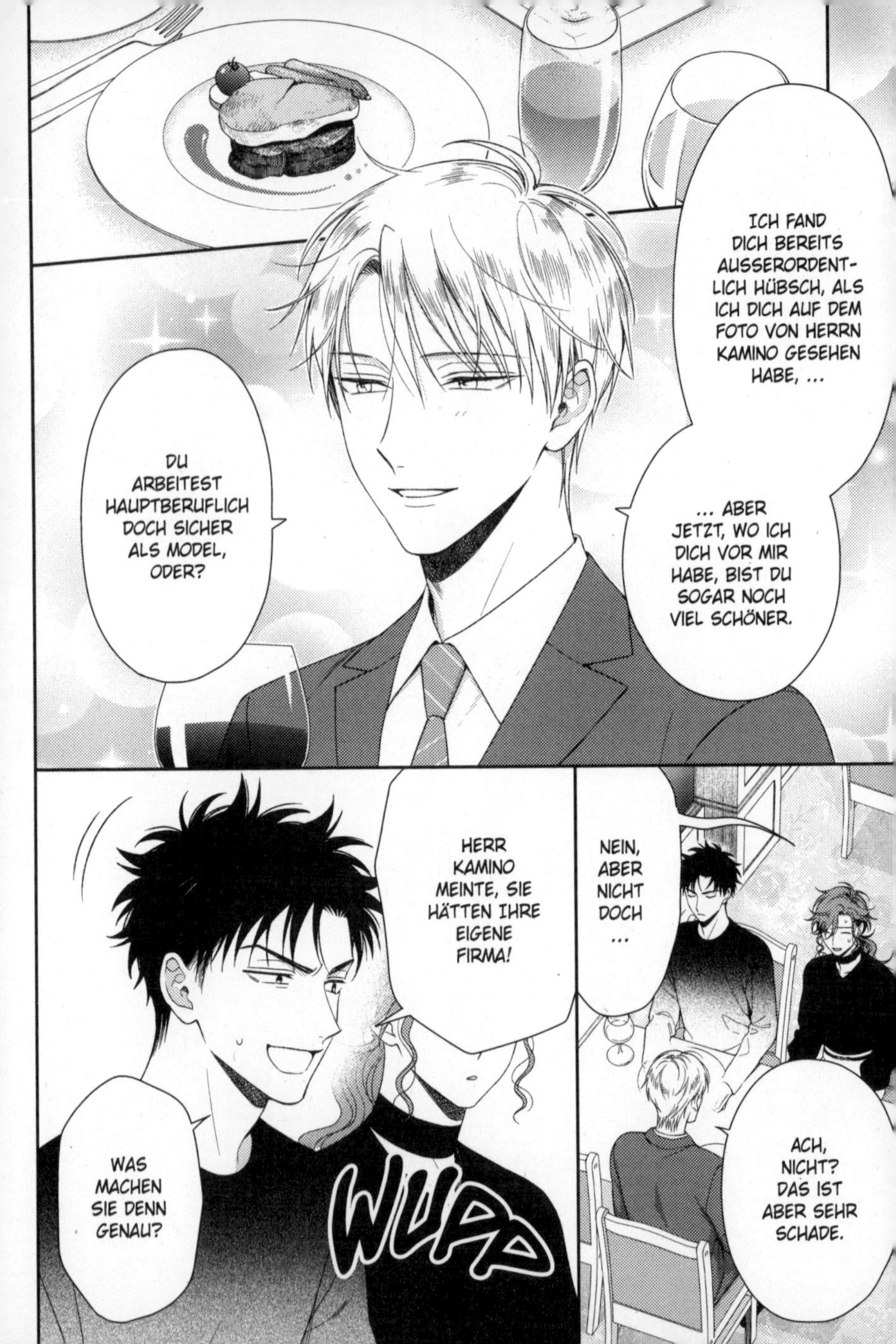
ICH FAND DICH BEREITS AUSSERORDENT-LICH HÜBSCH, ALS ICH DICH AUF DEM FOTO VON HERRN KAMINO GESEHEN HABE, ...
... ABER JETZT, WO ICH DICH VOR MIR HABE, BIST DU SOGAR NOCH VIEL SCHÖNER.
DU ARBEITEST HAUPTBERUFLICH DOCH SICHER ALS MODEL, ODER?
NEIN, ABER NICHT DOCH ...
ACH, NICHT? DAS IST ABER SEHR SCHADE.
HERR KAMINO MEINTE, SIE HÄTTEN IHRE EIGENE FIRMA!
WAS MACHEN SIE DENN GENAU?
WUPP

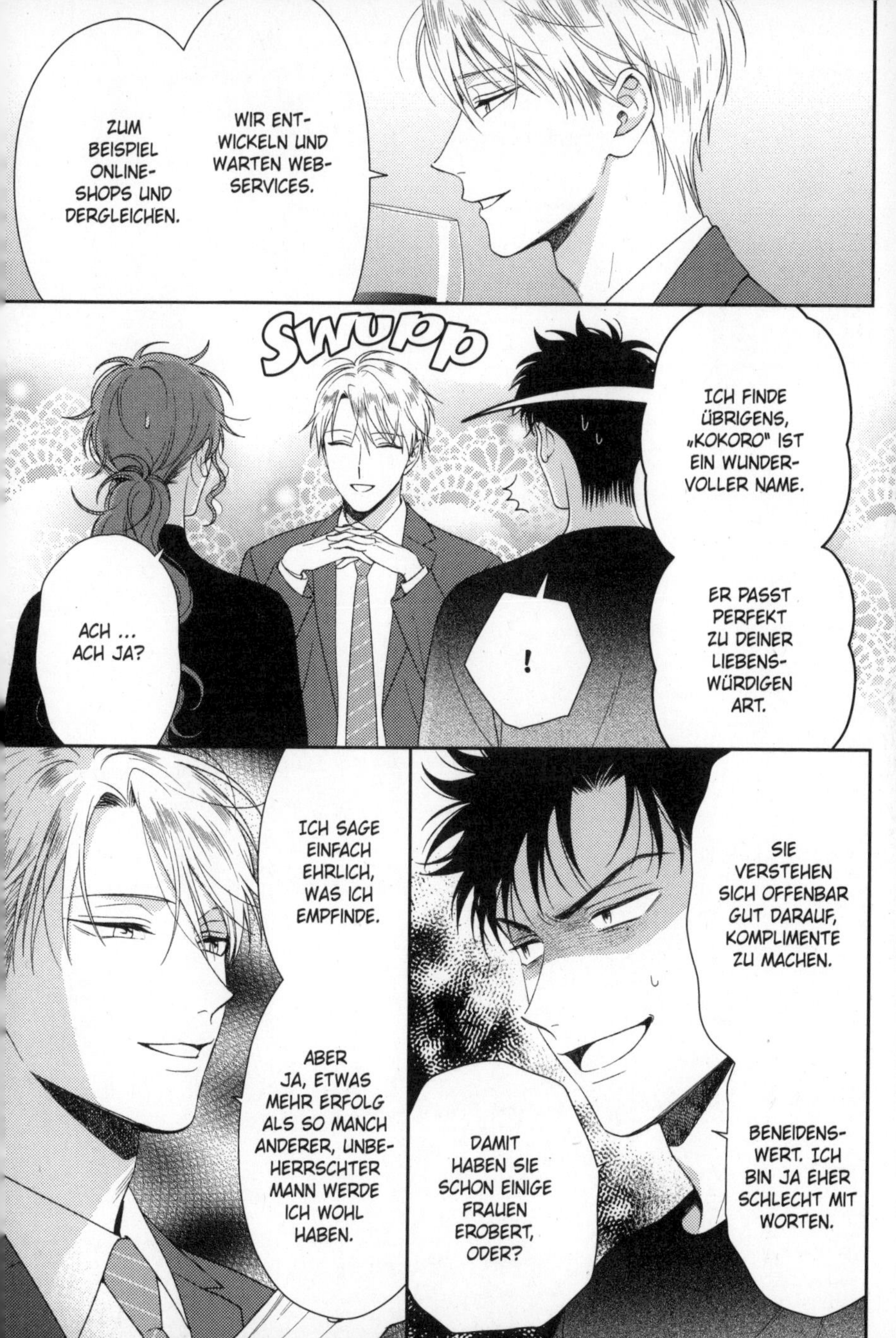
WIR ENTWICKELN UND WARTEN WEBSERVICES.
ZUM BEISPIEL ONLINE-SHOPS UND DERGLEICHEN.
SWUPP
ICH FINDE ÜBRIGENS, „KOKORO“ IST EIN WUNDERVOLLER NAME.
ER PASST PERFEKT ZU DEINER LIEBENSWÜRDIGEN ART.
!
ACH … ACH JA?
SIE VERSTEHEN SICH OFFENBAR GUT DARAUF, KOMPLIMENTE ZU MACHEN.
BENEIDENSWERT. ICH BIN JA EHER SCHLECHT MIT WORTEN.
DAMIT HABEN SIE SCHON EINIGE FRAUEN EROBERT, ODER?
ICH SAGE EINFACH EHRLICH, WAS ICH EMPFINDE.
ABER JA, ETWAS MEHR ERFOLG ALS SO MANCH ANDERER, UNBEHERRSCHTER MANN WERDE ICH WOHL HABEN.

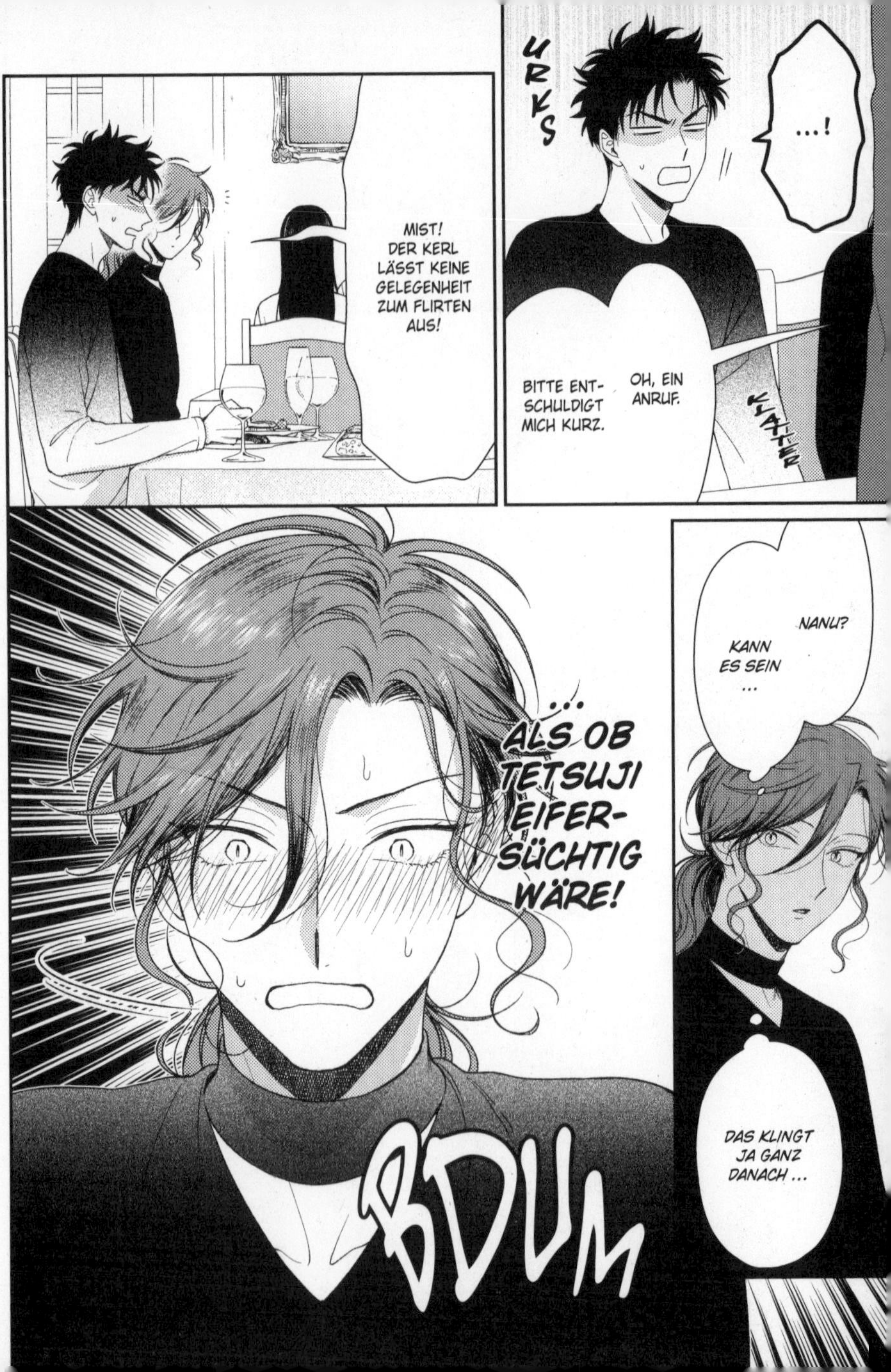

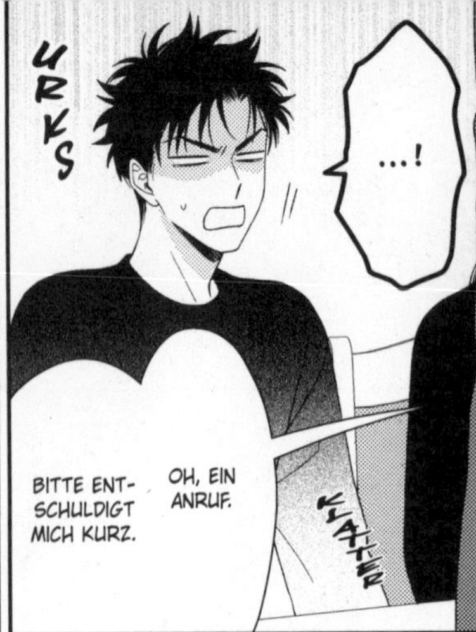

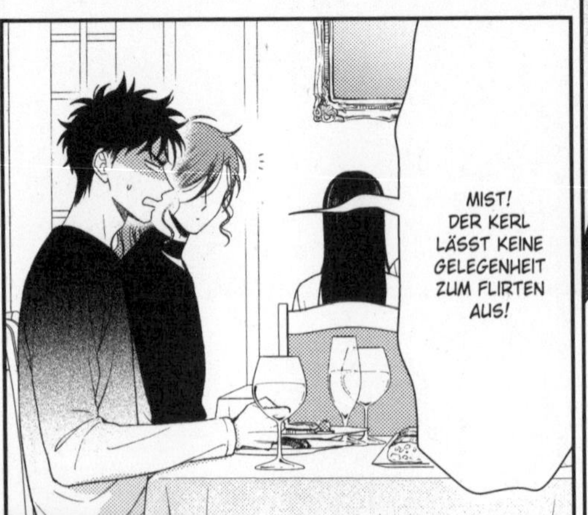

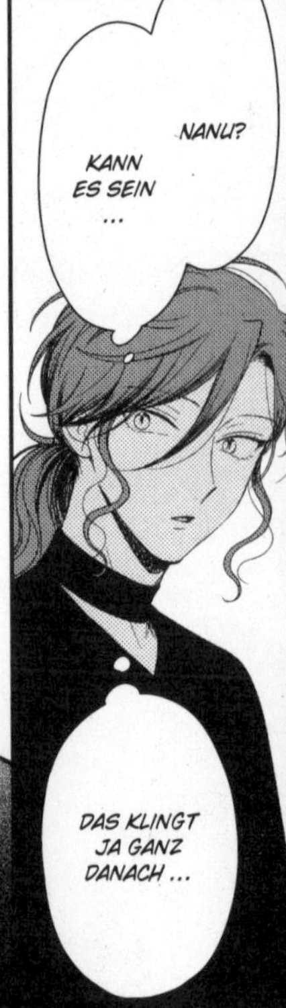

… ALS OB TETSUJI EIFER-SÜCHTIG WÄRE!

BDUM

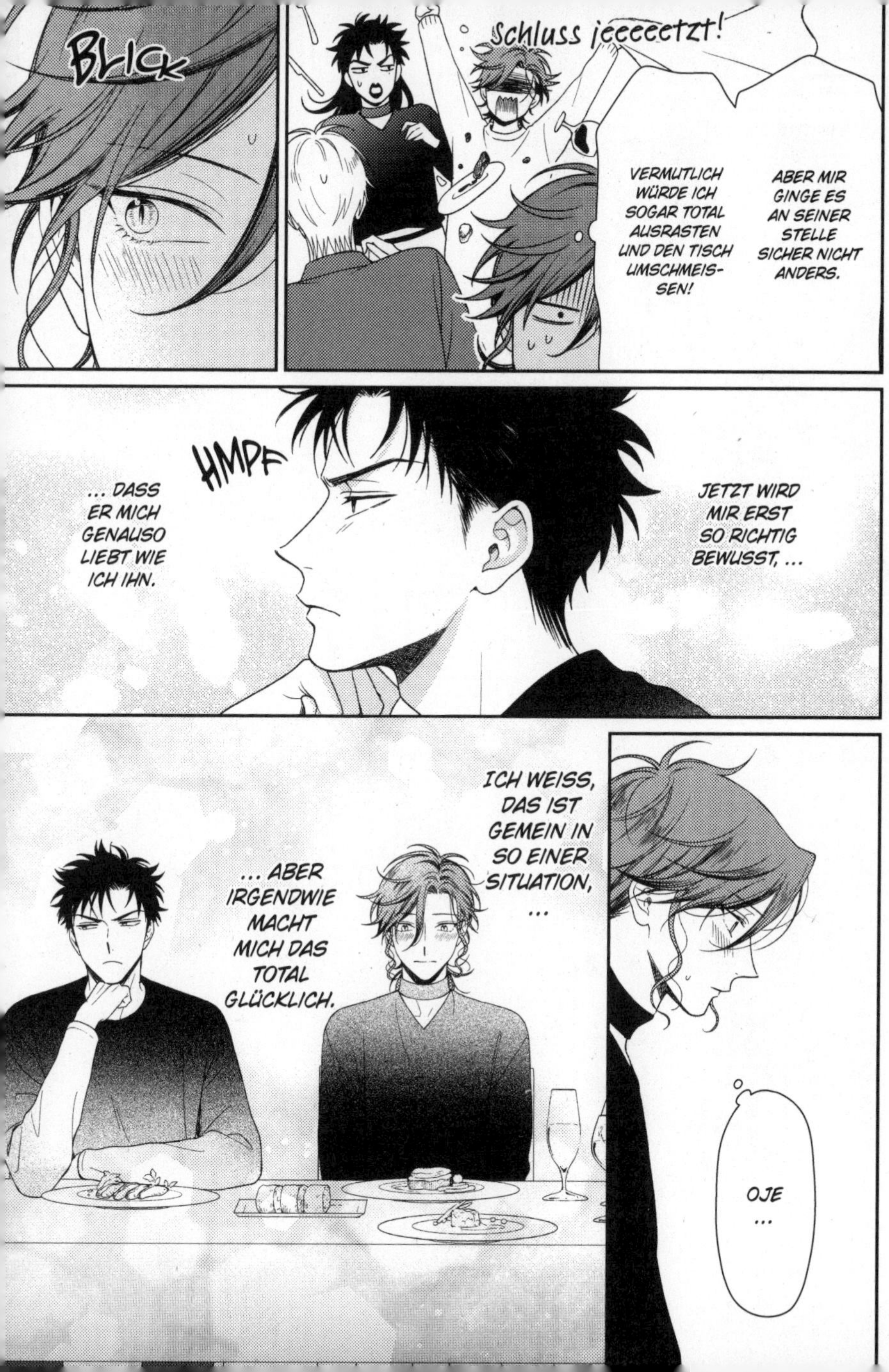

ABER MIR GINGE ES AN SEINER STELLE SICHER NICHT ANDERS.

VERMUTLICH WÜRDE ICH SOGAR TOTAL AUSRASTEN UND DEN TISCH UMSCHMEISSEN!

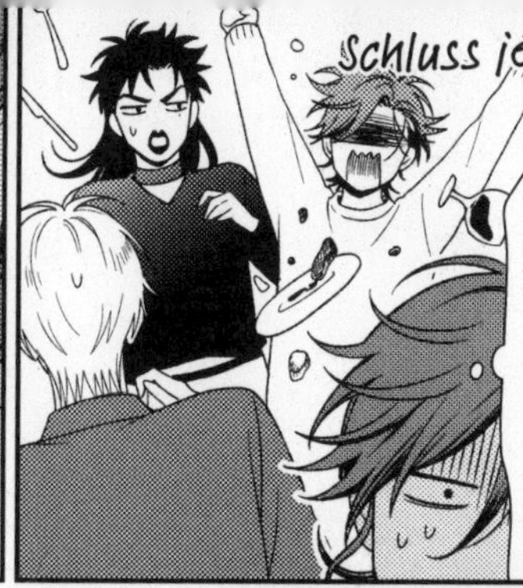

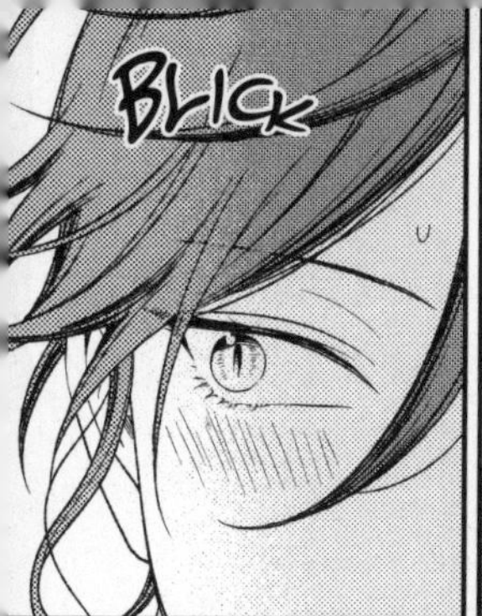

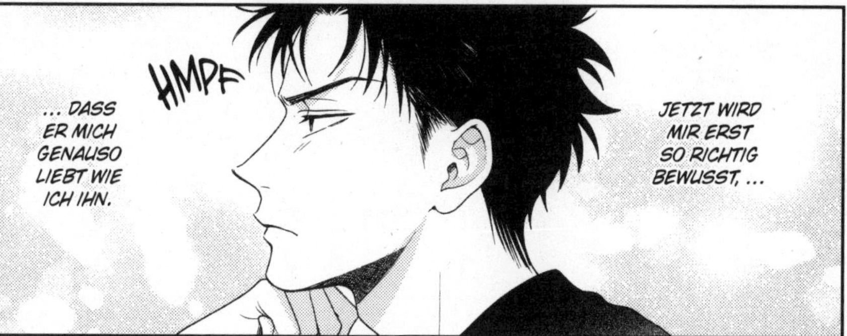

OJE …

ICH WEISS, DAS IST GEMEIN IN SO EINER SITUATION, …

… ABER IRGENDWIE MACHT MICH DAS TOTAL GLÜCKLICH.

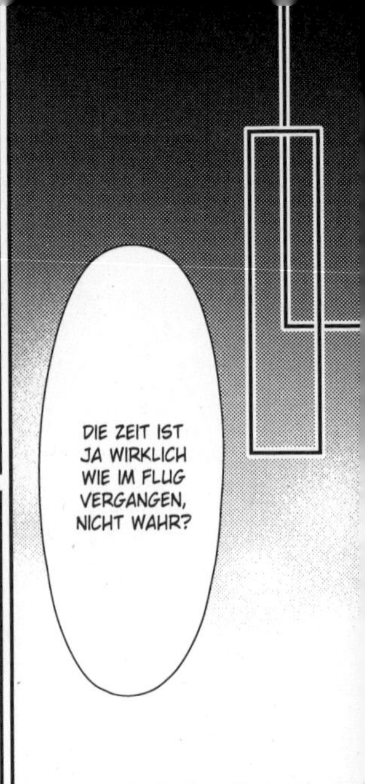
DIE ZEIT IST JA WIRKLICH WIE IM FLUG VERGANGEN, NICHT WAHR?

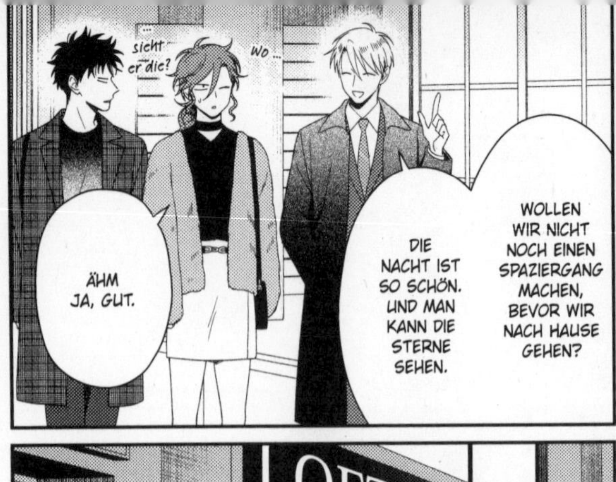
Wo ...
... sieht er die?
WOLLEN WIR NICHT NOCH EINEN SPAZIERGANG MACHEN, BEVOR WIR NACH HAUSE GEHEN?
DIE NACHT IST SO SCHÖN. UND MAN KANN DIE STERNE SEHEN.
ÄHM JA, GUT.

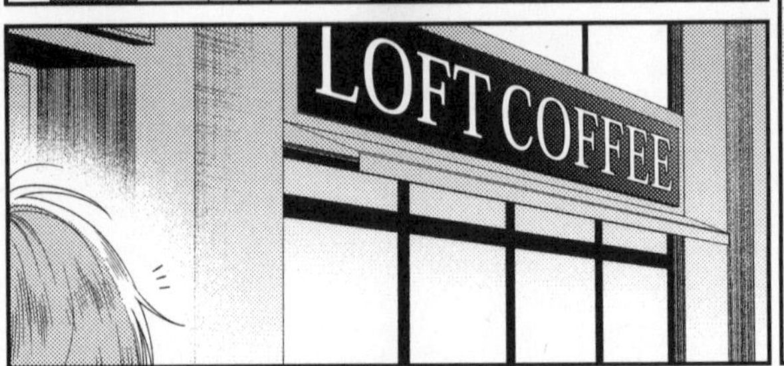
LOFT COFFEE

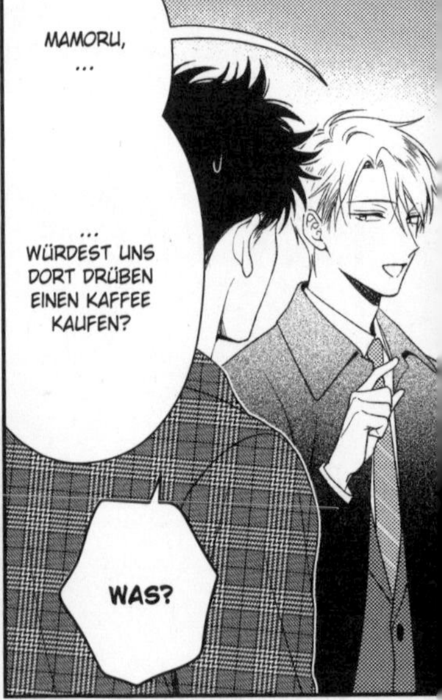
MAMORU, ...
... WÜRDEST UNS DORT DRÜBEN EINEN KAFFEE KAUFEN?
WAS?

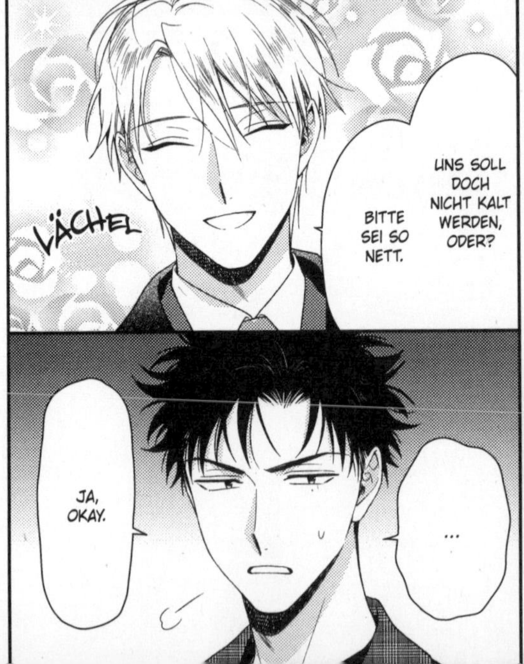
UNS SOLL DOCH NICHT KALT WERDEN, ODER?
BITTE SEI SO NETT.
LÄCHEL
...
JA, OKAY.

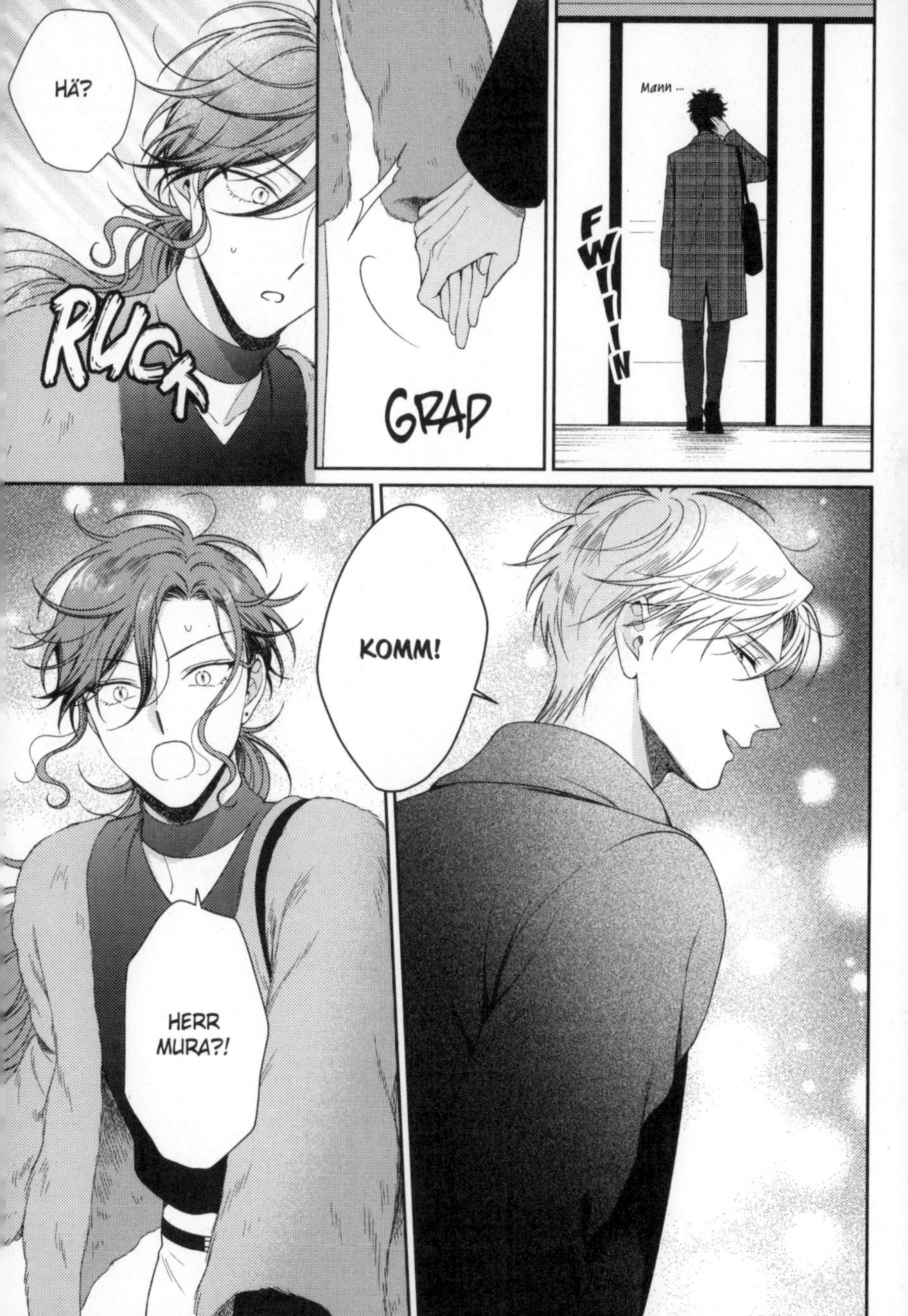
Mann ...
FWIIIN
GRAP
HÄ?
RUCK
KOMM!
HERR MURA?!

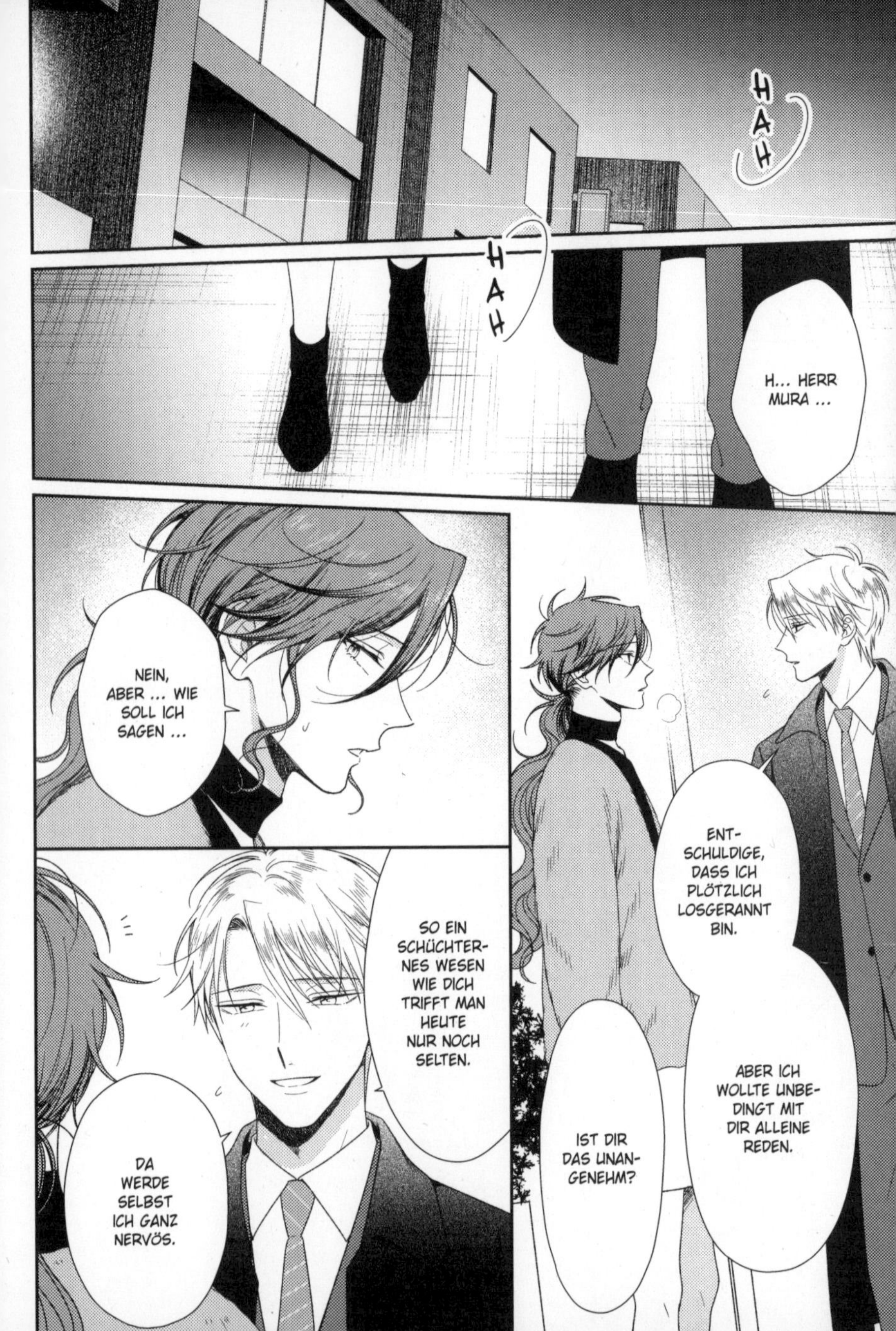
HAH
HAH
H… HERR MURA …
ENT-SCHULDIGE, DASS ICH PLÖTZLICH LOSGERANNT BIN.
NEIN, ABER … WIE SOLL ICH SAGEN …
ABER ICH WOLLTE UNBE-DINGT MIT DIR ALLEINE REDEN.
IST DIR DAS UNAN-GENEHM?
SO EIN SCHÜCHTER-NES WESEN WIE DICH TRIFFT MAN HEUTE NUR NOCH SELTEN.
DA WERDE SELBST ICH GANZ NERVÖS.

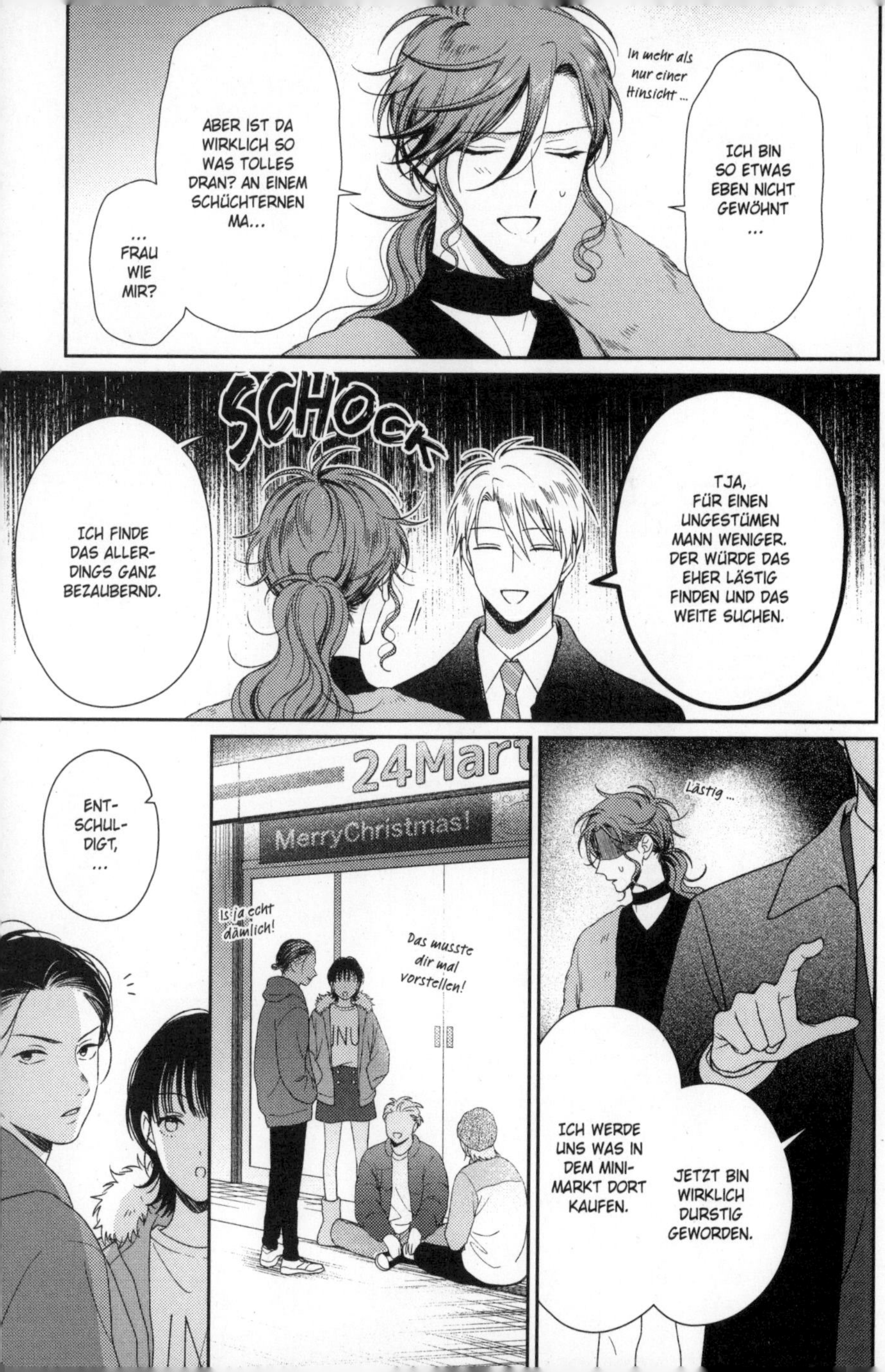

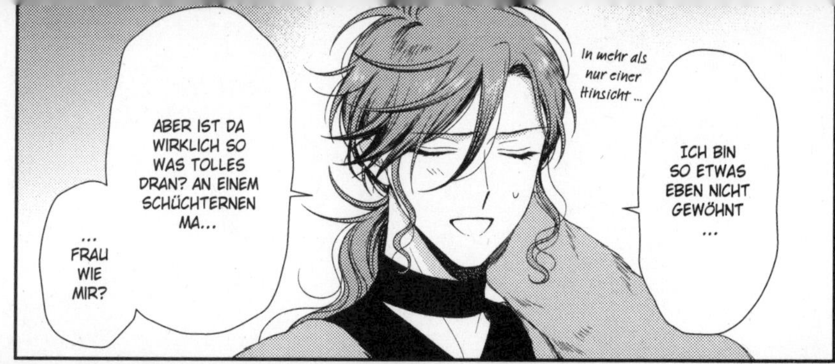

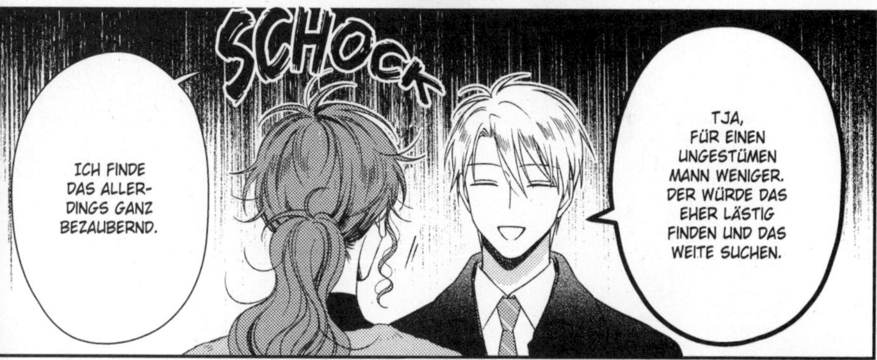

Lästig ...

JETZT BIN WIRKLICH DURSTIG GEWORDEN.

ICH WERDE UNS WAS IN DEM MINI-MARKT DORT KAUFEN.

24Mart

MerryChristmas!

Das musste dir mal vorstellen!

Is ja echt dämlich!

ENT-SCHUL-DIGT, ...

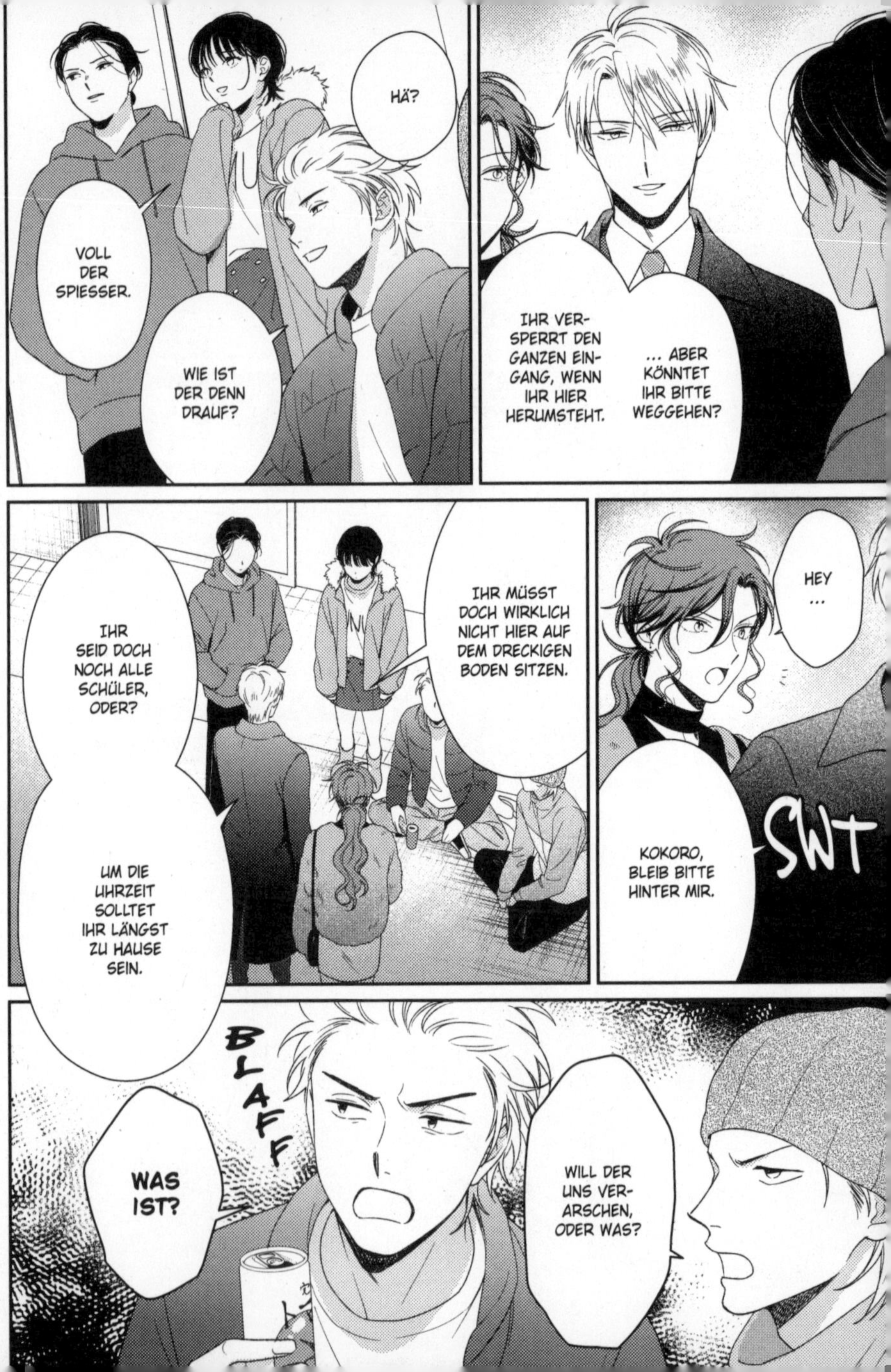

... ABER KÖNNTET IHR BITTE WEGGEHEN?

IHR VERSPERRT DEN GANZEN EINGANG, WENN IHR HIER HERUMSTEHT.

HÄ?

WIE IST DER DENN DRAUF?

VOLL DER SPIESSER.

HEY ...

KOKORO, BLEIB BITTE HINTER MIR.

SWT

IHR MÜSST DOCH WIRKLICH NICHT HIER AUF DEM DRECKIGEN BODEN SITZEN.

IHR SEID DOCH NOCH ALLE SCHÜLER, ODER?

UM DIE UHRZEIT SOLLTET IHR LÄNGST ZU HAUSE SEIN.

WILL DER UNS VERARSCHEN, ODER WAS?

BLAFF

WAS IST?

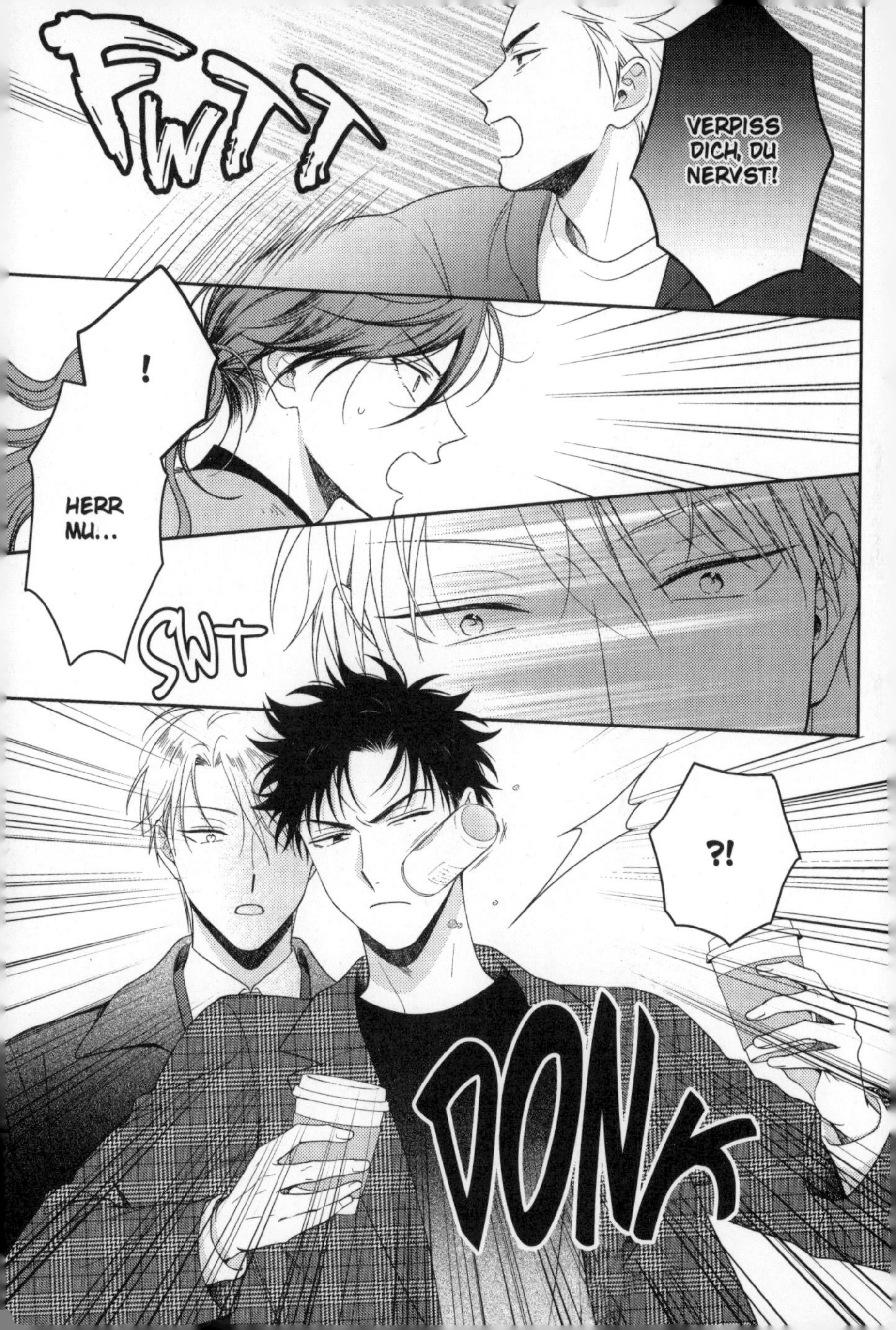
VERPISS DICH, DU NERVST!
FWTT
!
HERR MU...
SWT
?!
DONK

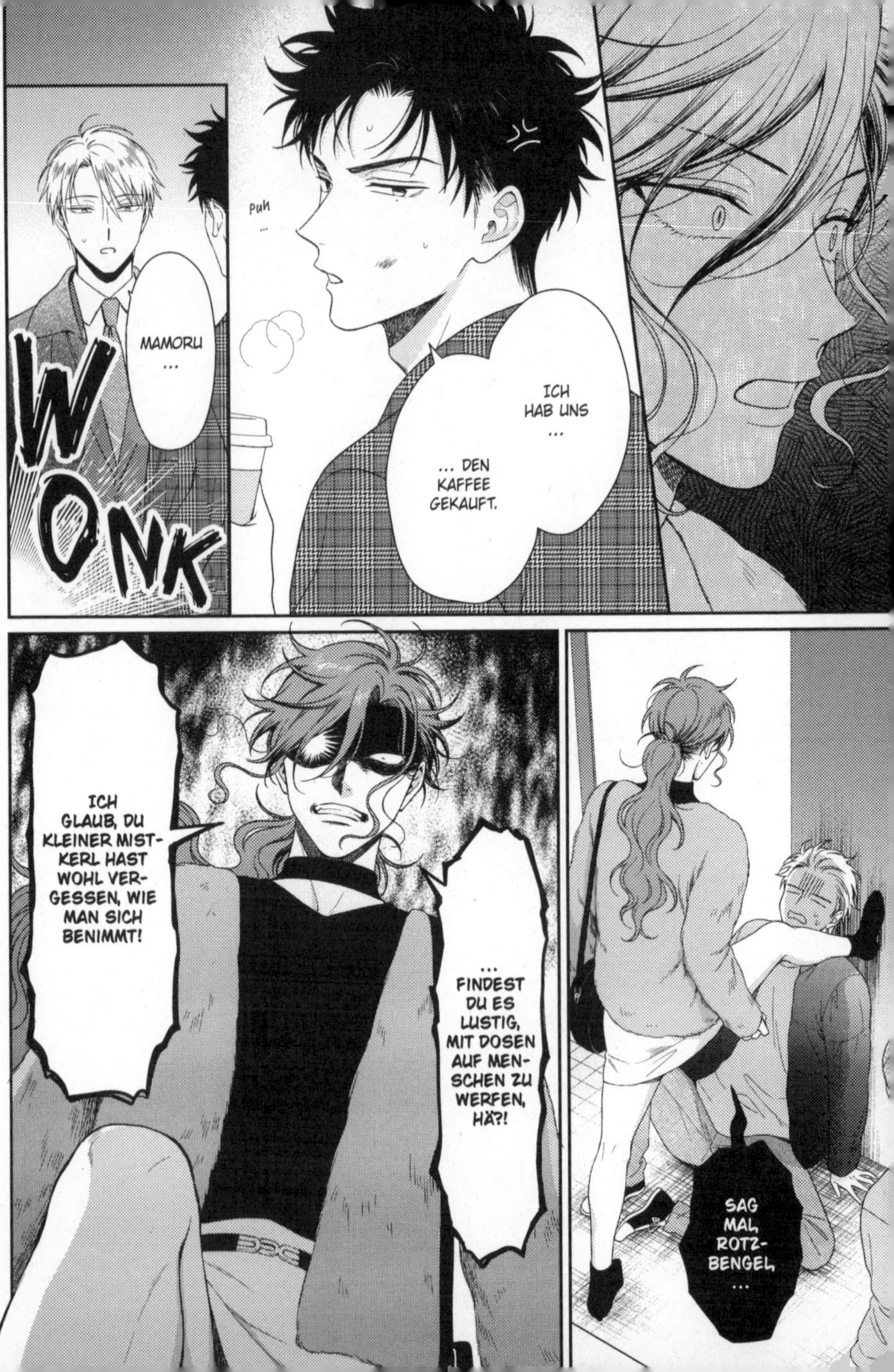

Puh ...

ICH HAB UNS ...

... DEN KAFFEE GEKAUFT.

WONK

MAMORU ...

SAG MAL, ROTZ-BENGEL ...

... FINDEST DU ES LUSTIG, MIT DOSEN AUF MEN-SCHEN ZU WERFEN, HÄ?!

ICH GLAUB, DU KLEINER MIST-KERL HAST WOHL VER-GESSEN, WIE MAN SICH BENIMMT!

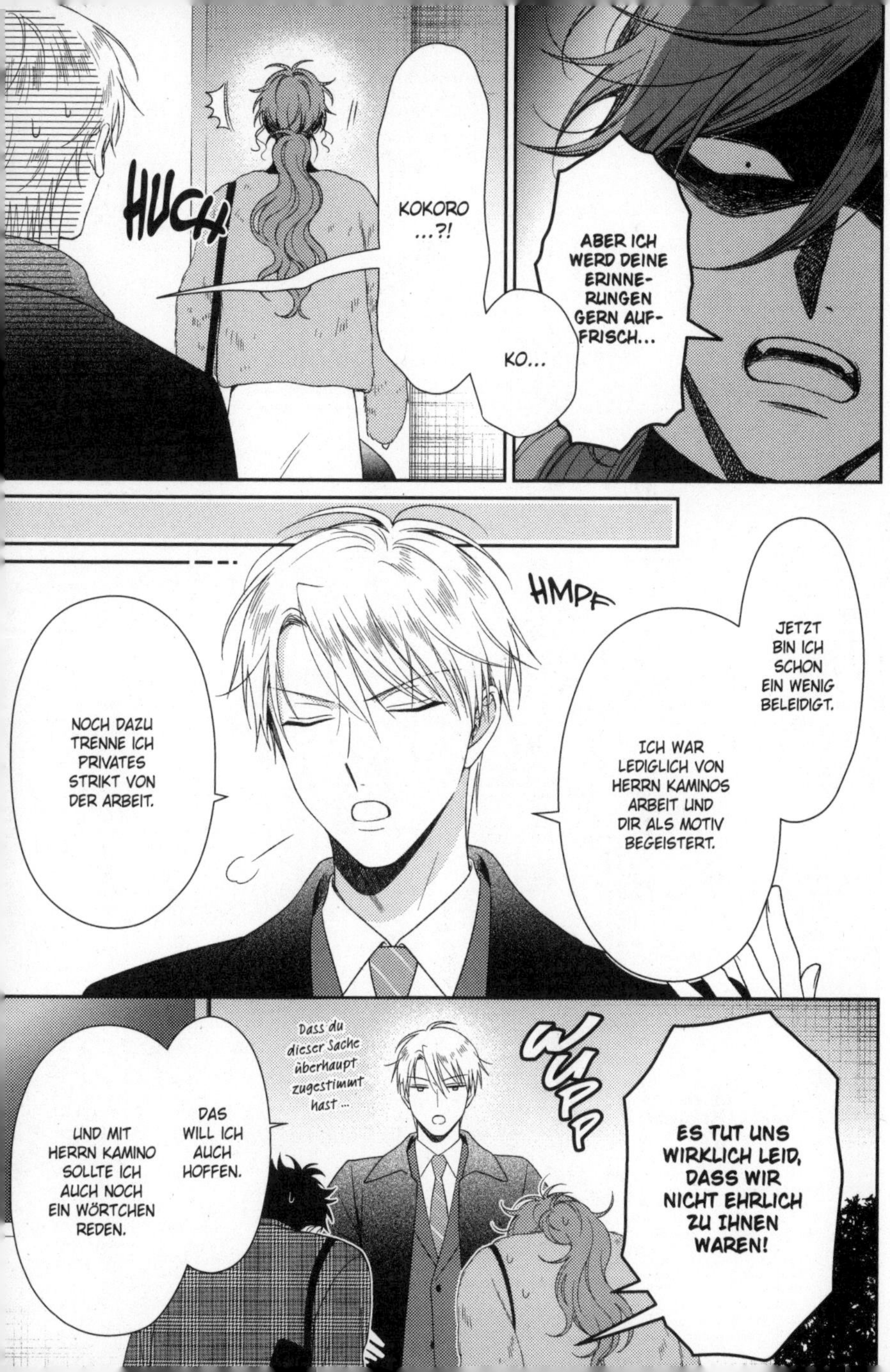

ABER ICH WERD DEINE ERINNERUNGEN GERN AUFFRISCH...

KO...

KOKORO ...?!

HUCH

HMPF

JETZT BIN ICH SCHON EIN WENIG BELEIDIGT.

ICH WAR LEDIGLICH VON HERRN KAMINOS ARBEIT UND DIR ALS MOTIV BEGEISTERT.

NOCH DAZU TRENNE ICH PRIVATES STRIKT VON DER ARBEIT.

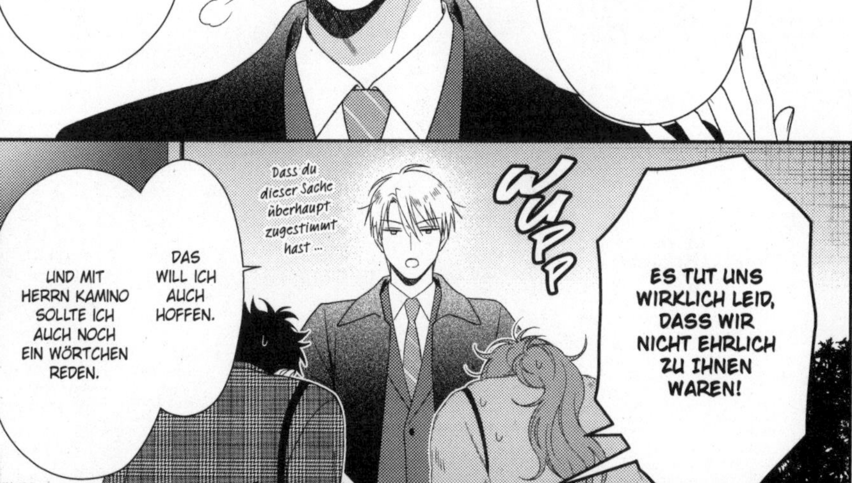

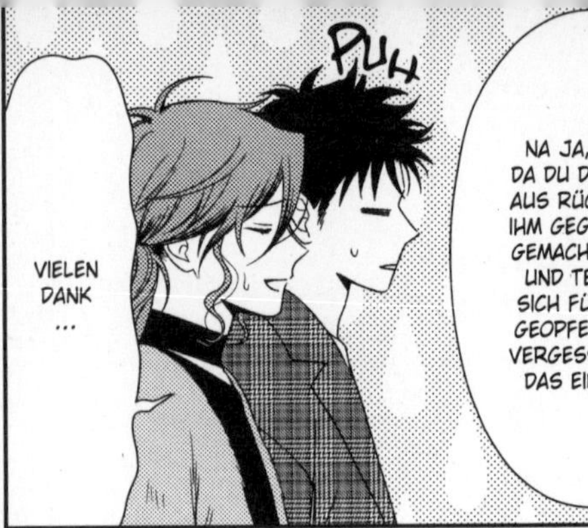
PUH
NA JA, ABER DA DU DAS NUR AUS RÜCKSICHT IHM GEGENÜBER GEMACHT HAST, UND TETSUJI SICH FÜR MICH GEOPFERT HAT, VERGESSEN WIR DAS EINFACH.
VIELEN DANK …

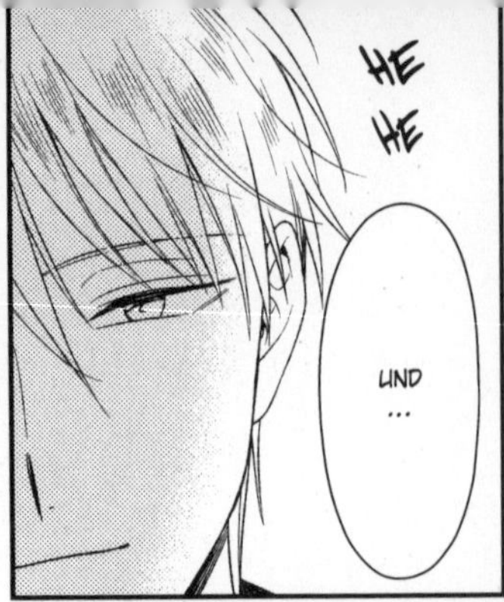
HE HE
UND …

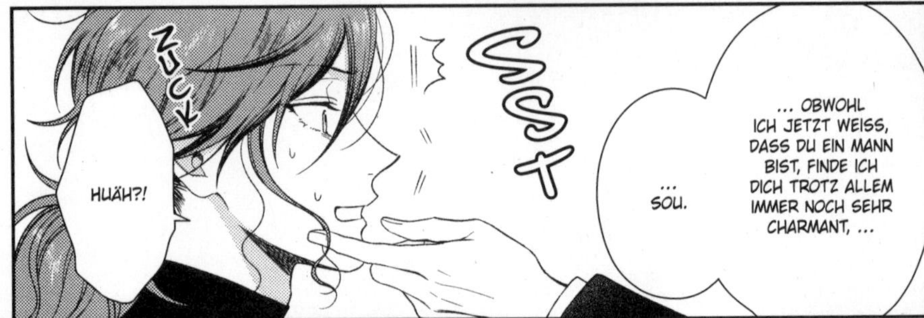
… OBWOHL ICH JETZT WEISS, DASS DU EIN MANN BIST, FINDE ICH DICH TROTZ ALLEM IMMER NOCH SEHR CHARMANT, …
… SOU.
GSST
ZUCK
HUÄH?!

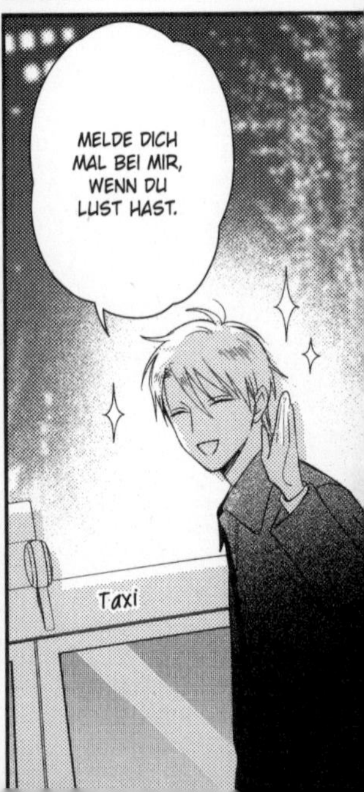
MELDE DICH MAL BEI MIR, WENN DU LUST HAST.
Taxi

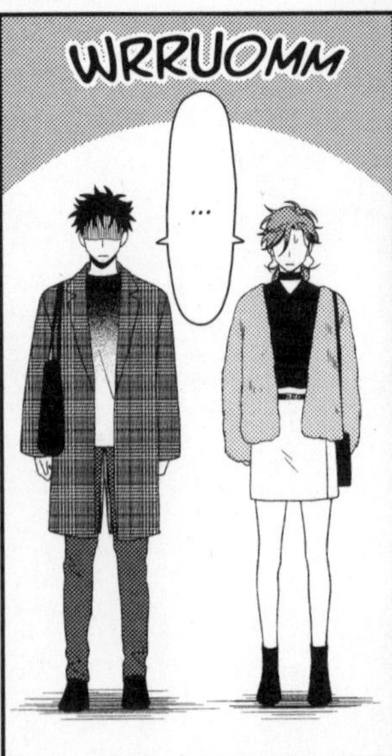
WRRUOMM
…

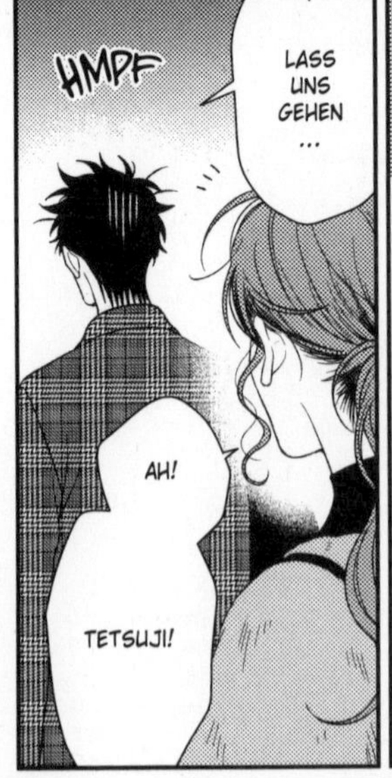
LASS UNS GEHEN …
HMPF
AH!
TETSUJI!

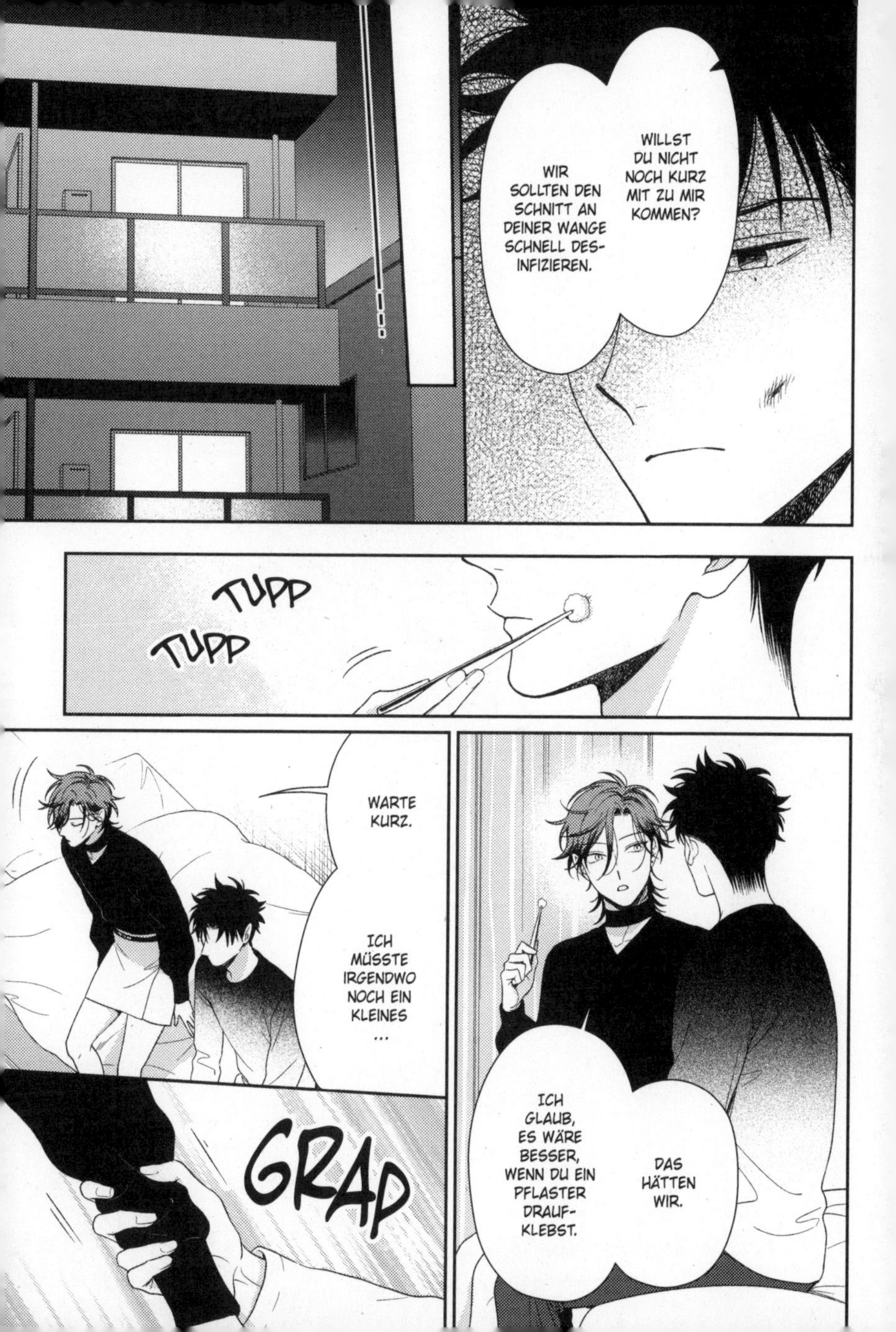

WILLST DU NICHT NOCH KURZ MIT ZU MIR KOMMEN?

WIR SOLLTEN DEN SCHNITT AN DEINER WANGE SCHNELL DES-INFIZIEREN.

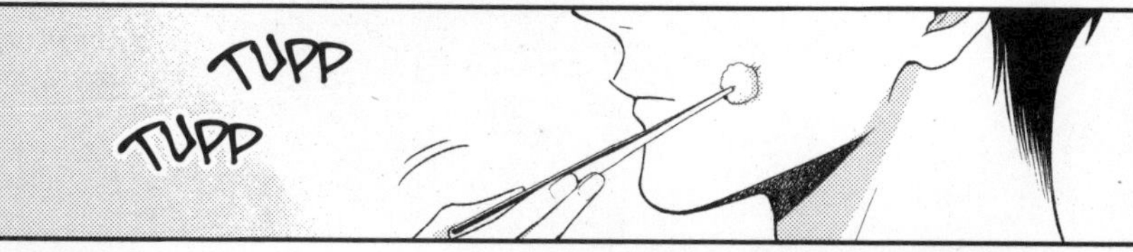

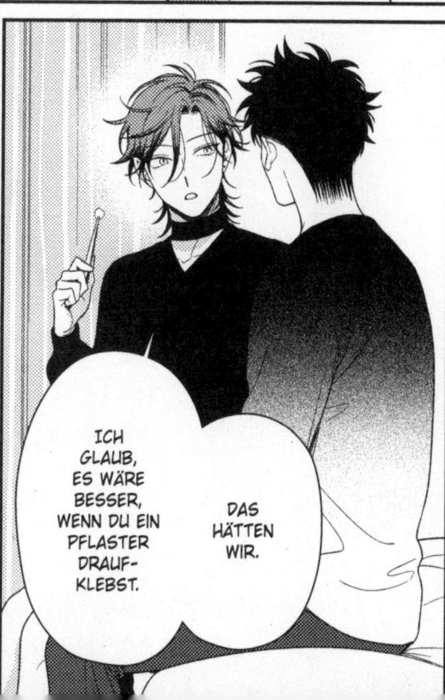

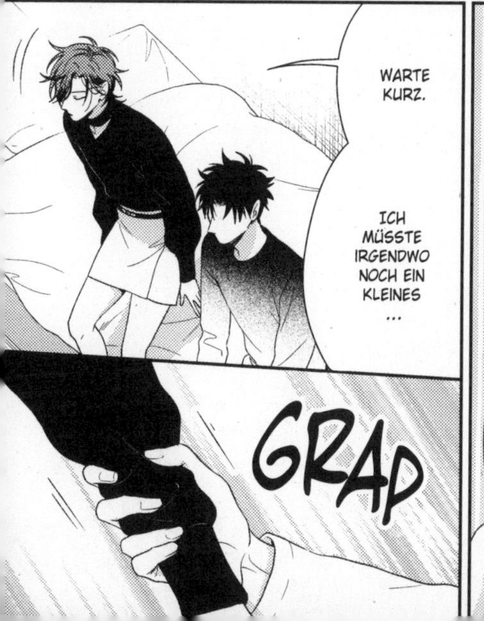

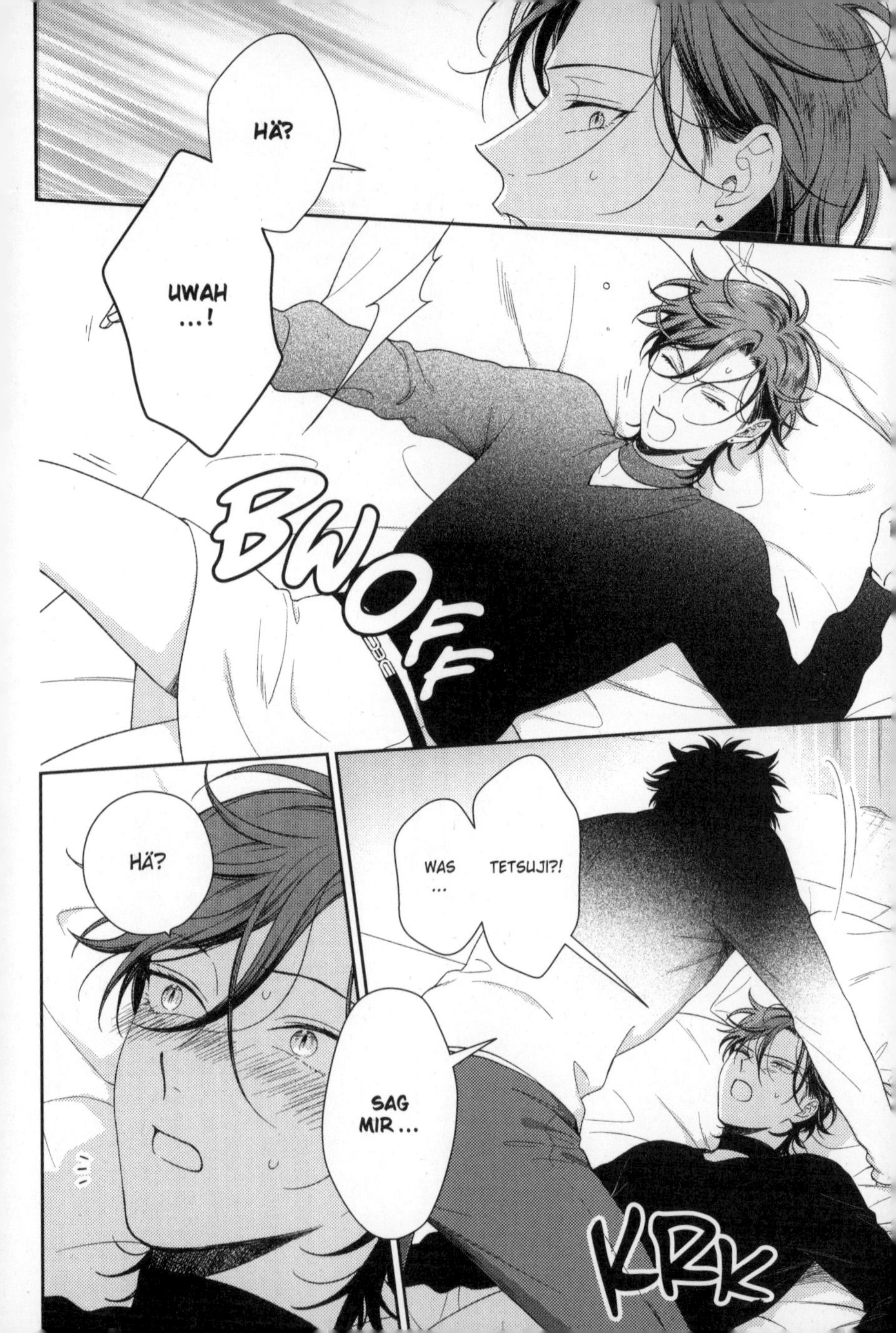
HÄ?
UWAH ...!
BWOFF
HÄ?
WAS ...
TETSUJI?!
SAG MIR ...
KRK

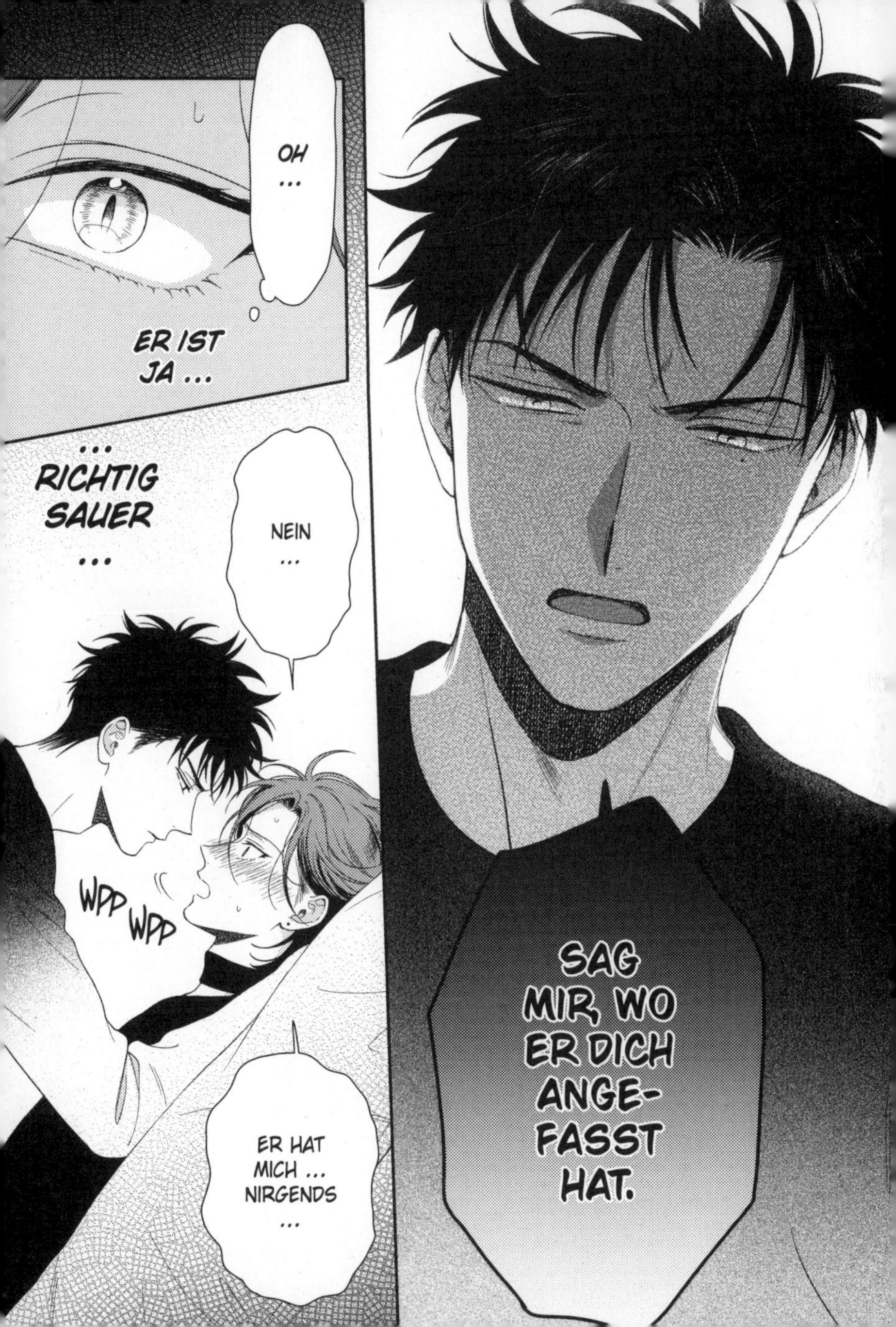
SAG MIR, WO ER DICH ANGE-FASST HAT.
OH …
ER IST JA …
… RICHTIG SAUER …
NEIN …
WPP WPP
ER HAT MICH … NIRGENDS …

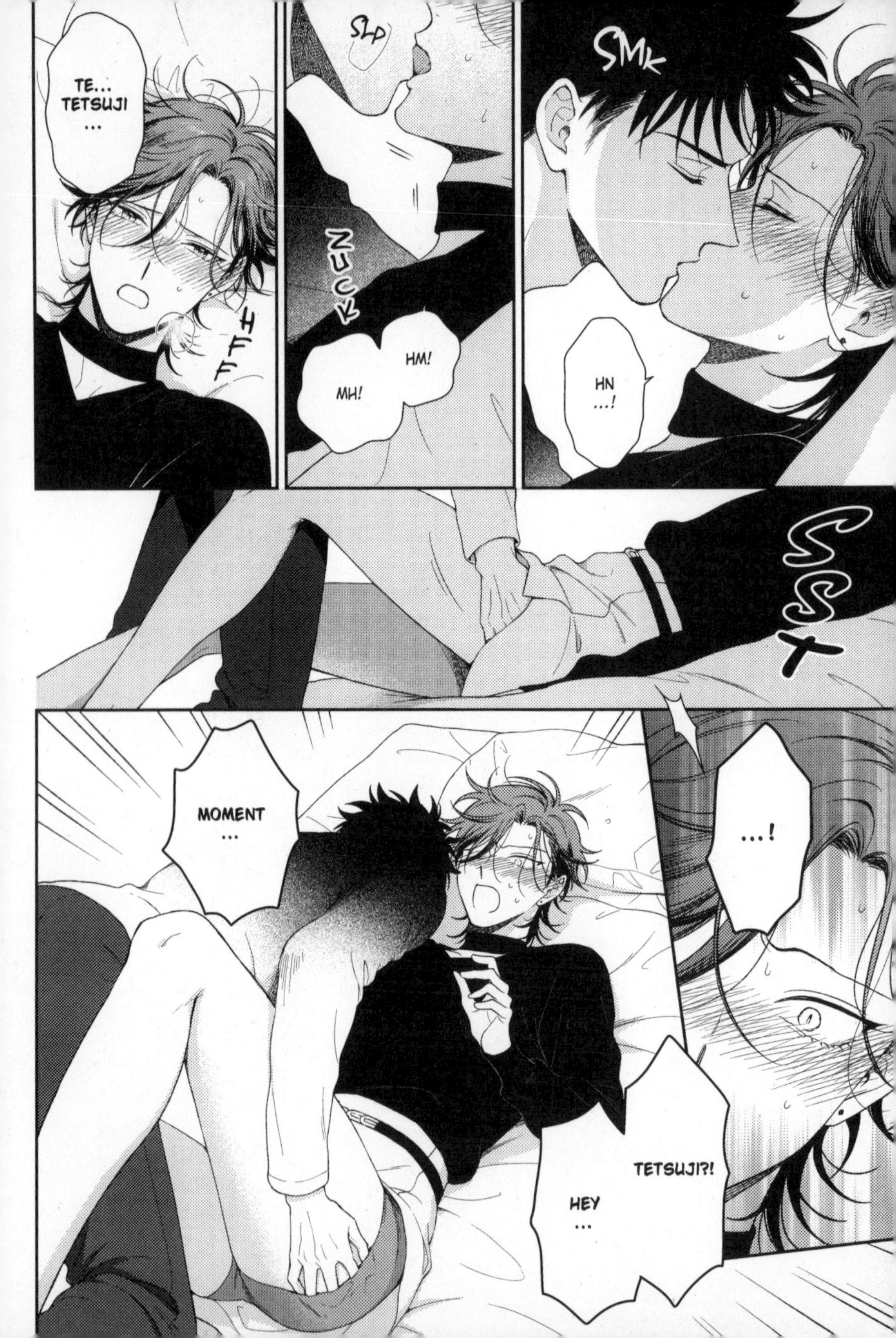
SMK
HN
...!
SLP
ZUCK
HM!
MH!
TE... TETSUJI
...
HFF
CSST
...!
MOMENT
...
TETSUJI?!
HEY
...

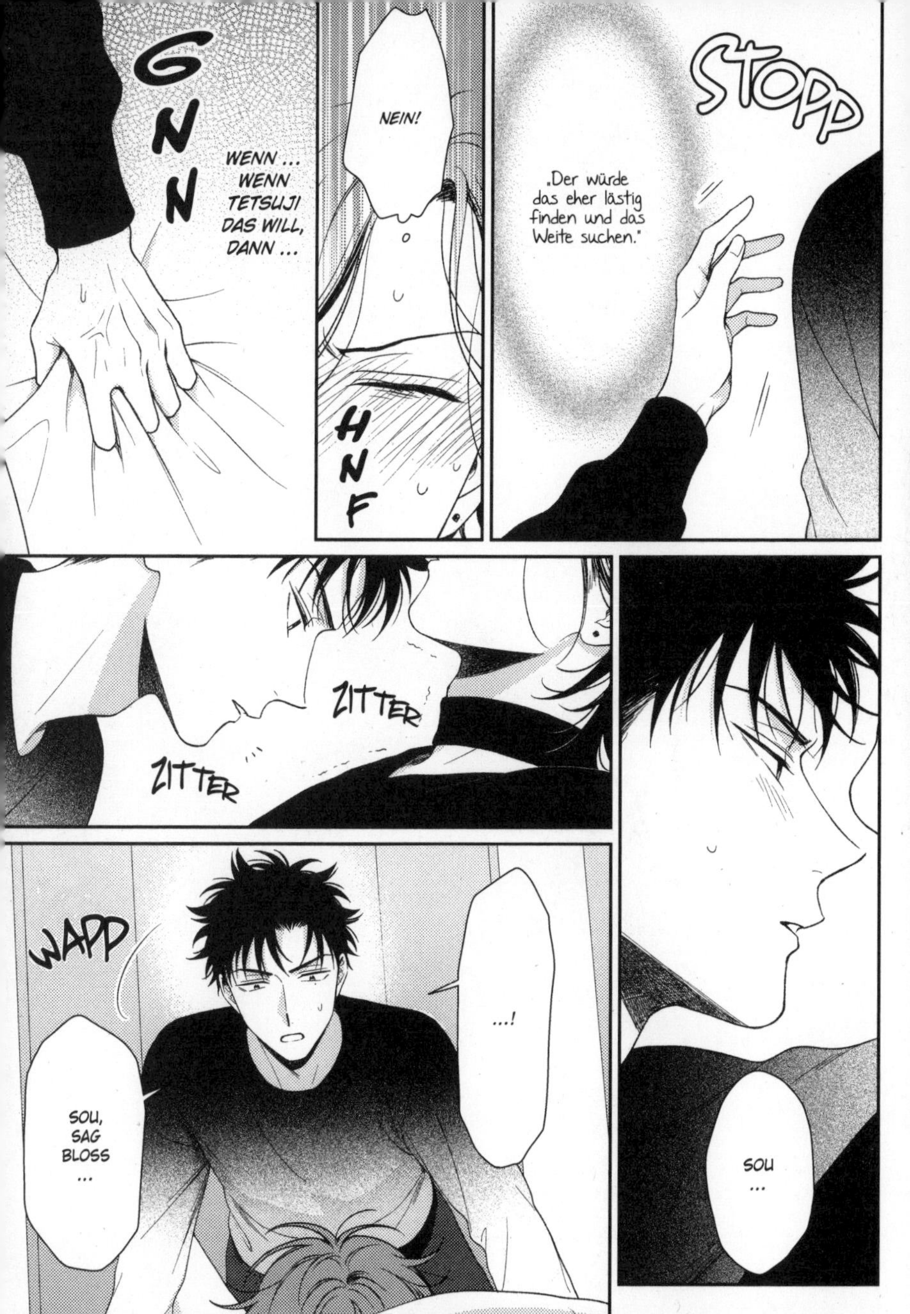
STOPP
„Der würde das eher lästig finden und das Weite suchen."
NEIN!
HNF
WENN … WENN TETSUJI DAS WILL, DANN …
GNN
SOU …
ZITTER
ZITTER
…!
WAPP
SOU, SAG BLOSS …

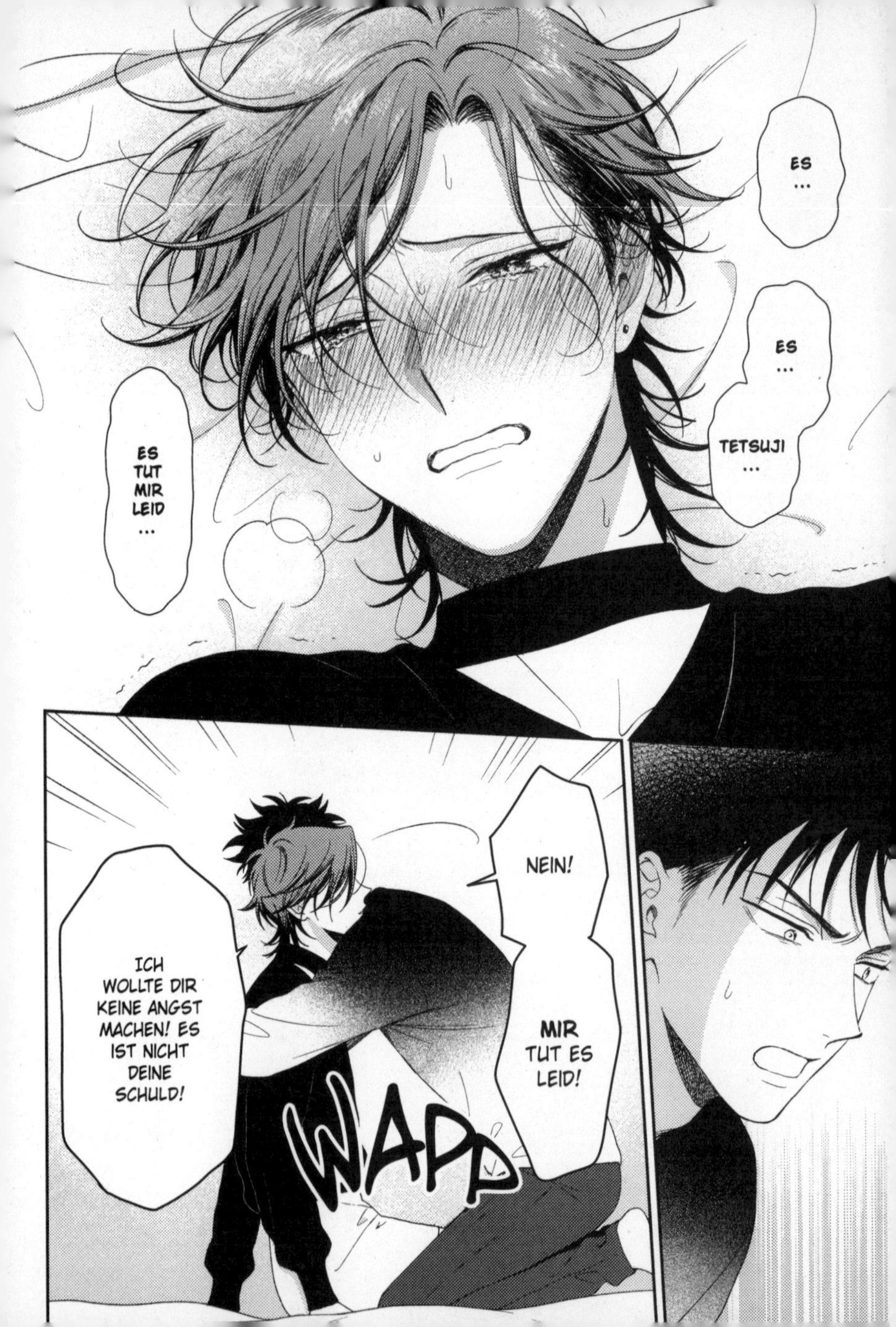
ES ...
ES ... TETSUJI ...
ES TUT MIR LEID ...
NEIN!
MIR TUT ES LEID!
ICH WOLLTE DIR KEINE ANGST MACHEN! ES IST NICHT DEINE SCHULD!
WAPP

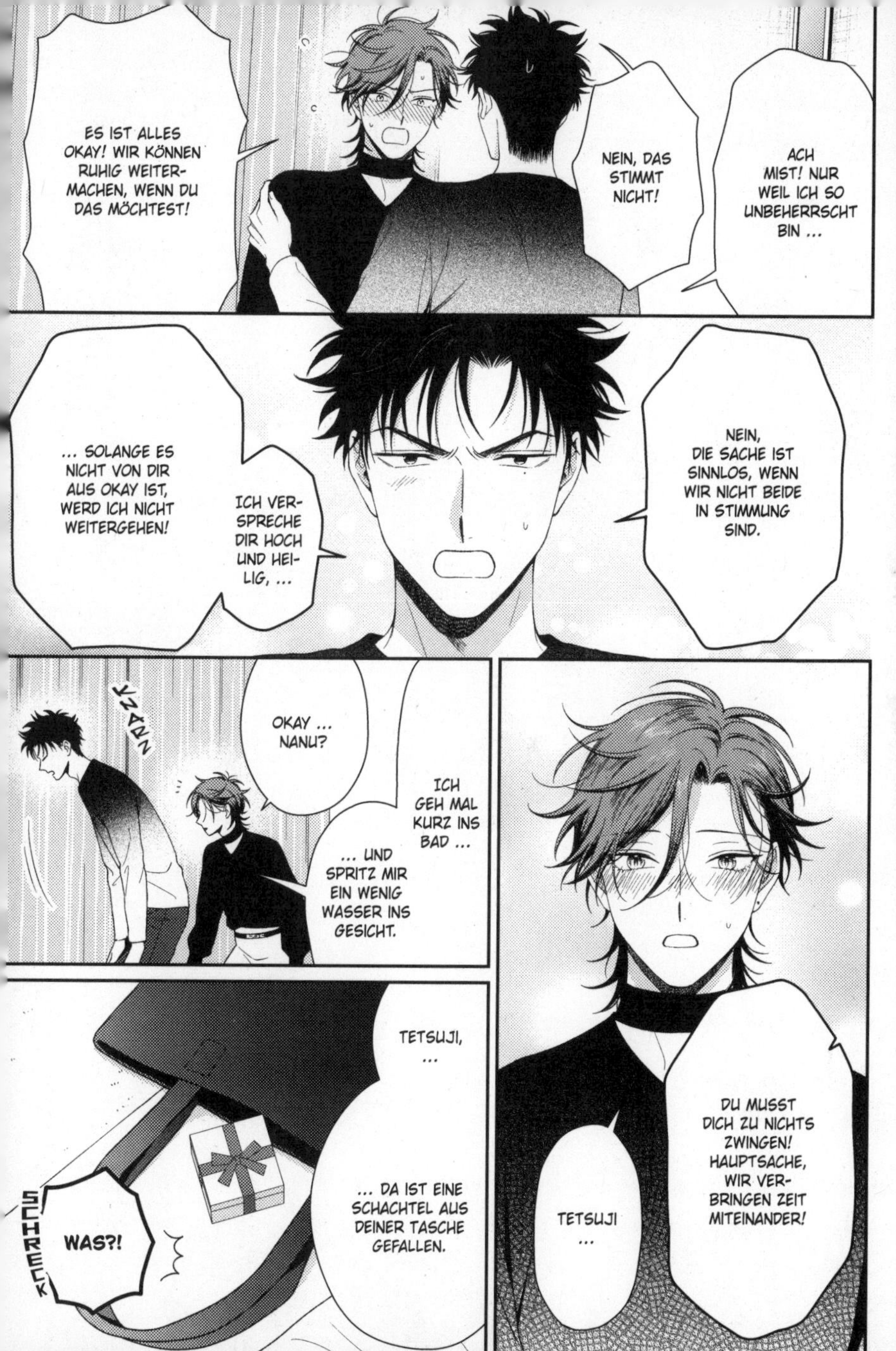
ACH MIST! NUR WEIL ICH SO UNBEHERRSCHT BIN ...
NEIN, DAS STIMMT NICHT!
ES IST ALLES OKAY! WIR KÖNNEN RUHIG WEITERMACHEN, WENN DU DAS MÖCHTEST!
NEIN, DIE SACHE IST SINNLOS, WENN WIR NICHT BEIDE IN STIMMUNG SIND.
ICH VERSPRECHE DIR HOCH UND HEILIG, ...
... SOLANGE ES NICHT VON DIR AUS OKAY IST, WERD ICH NICHT WEITERGEHEN!
DU MUSST DICH ZU NICHTS ZWINGEN! HAUPTSACHE, WIR VERBRINGEN ZEIT MITEINANDER!
TETSUJI ...
ICH GEH MAL KURZ INS BAD ...
... UND SPRITZ MIR EIN WENIG WASSER INS GESICHT.
OKAY ... NANU?
KNARR
TETSUJI, ...
... DA IST EINE SCHACHTEL AUS DEINER TASCHE GEFALLEN.
WAS?!
SCHRECK

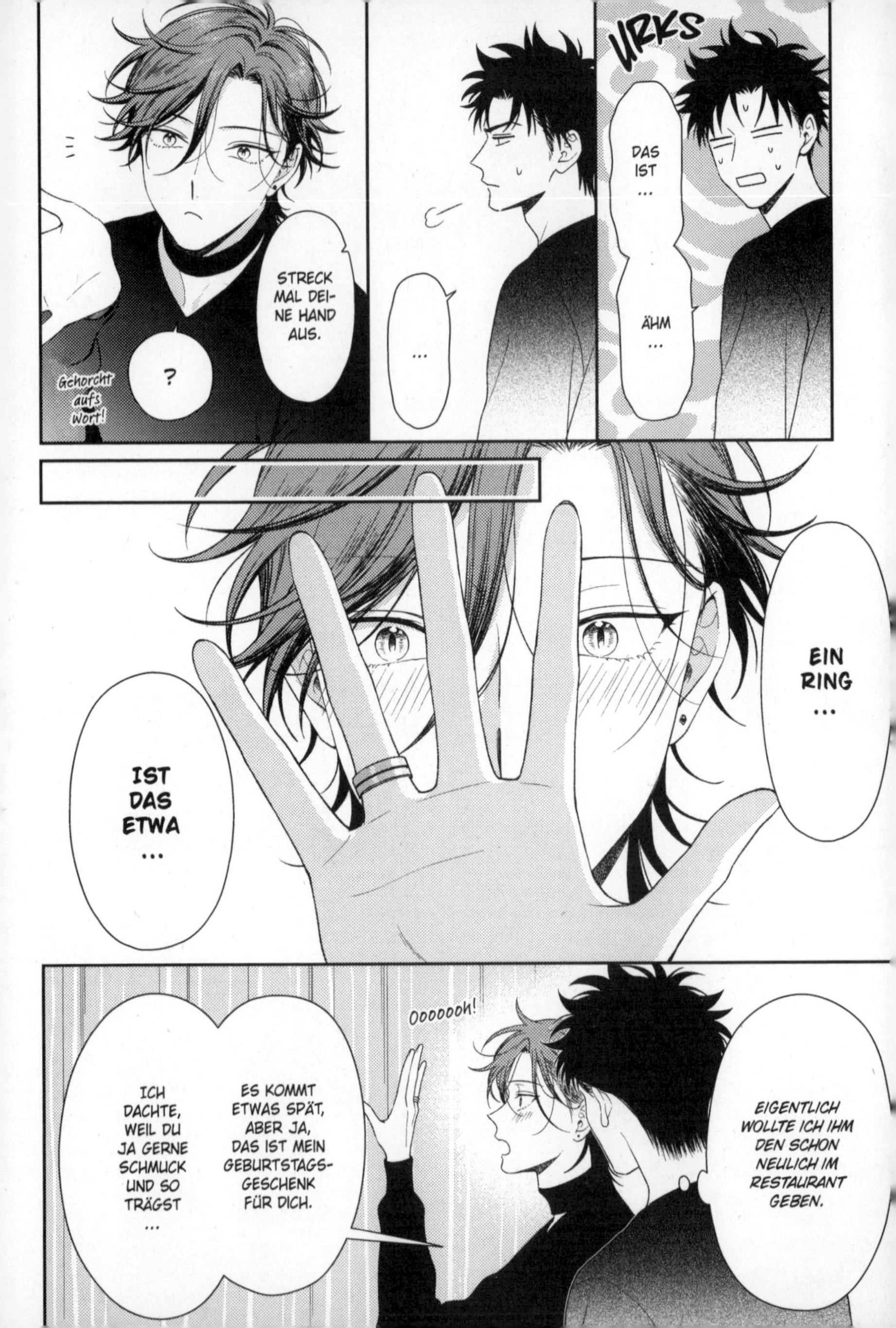
URKS
DAS IST ...
ÄHM ...
...
STRECK MAL DEINE HAND AUS.
?
Gehorcht aufs Wort!
EIN RING ...
IST DAS ETWA ...
EIGENTLICH WOLLTE ICH IHM DEN SCHON NEULICH IM RESTAURANT GEBEN.
Ooooooh!
ES KOMMT ETWAS SPÄT, ABER JA, DAS IST MEIN GEBURTSTAGS-GESCHENK FÜR DICH.
ICH DACHTE, WEIL DU JA GERNE SCHMUCK UND SO TRÄGST ...

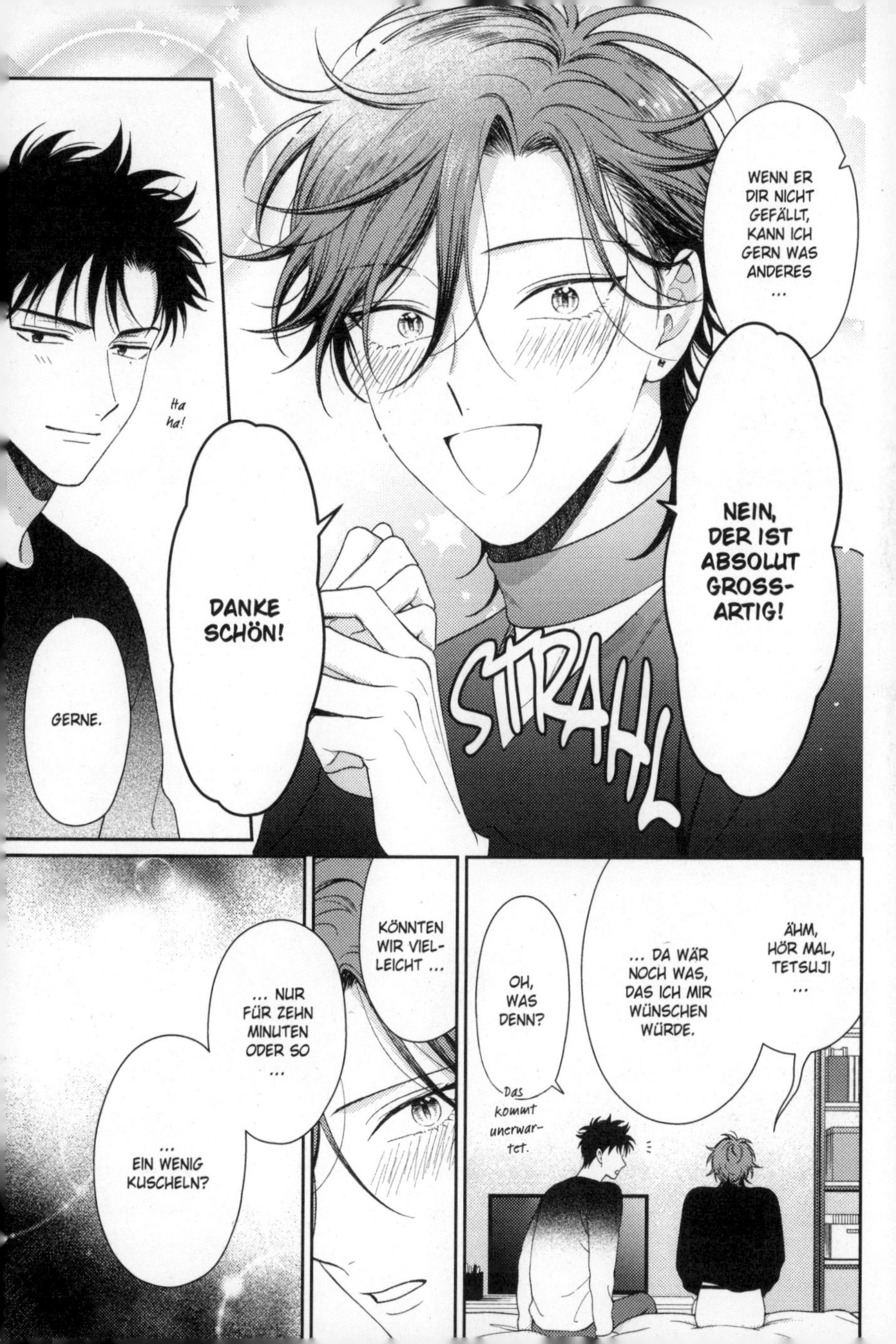
WENN ER DIR NICHT GEFÄLLT, KANN ICH GERN WAS ANDERES …
NEIN, DER IST ABSOLUT GROSS-ARTIG!
STRAHL
DANKE SCHÖN!
Ha ha!
GERNE.
ÄHM, HÖR MAL, TETSUJI …
… DA WÄR NOCH WAS, DAS ICH MIR WÜNSCHEN WÜRDE.
OH, WAS DENN?
Das kommt unerwar-tet.
KÖNNTEN WIR VIEL-LEICHT …
… NUR FÜR ZEHN MINUTEN ODER SO …
… EIN WENIG KUSCHELN?

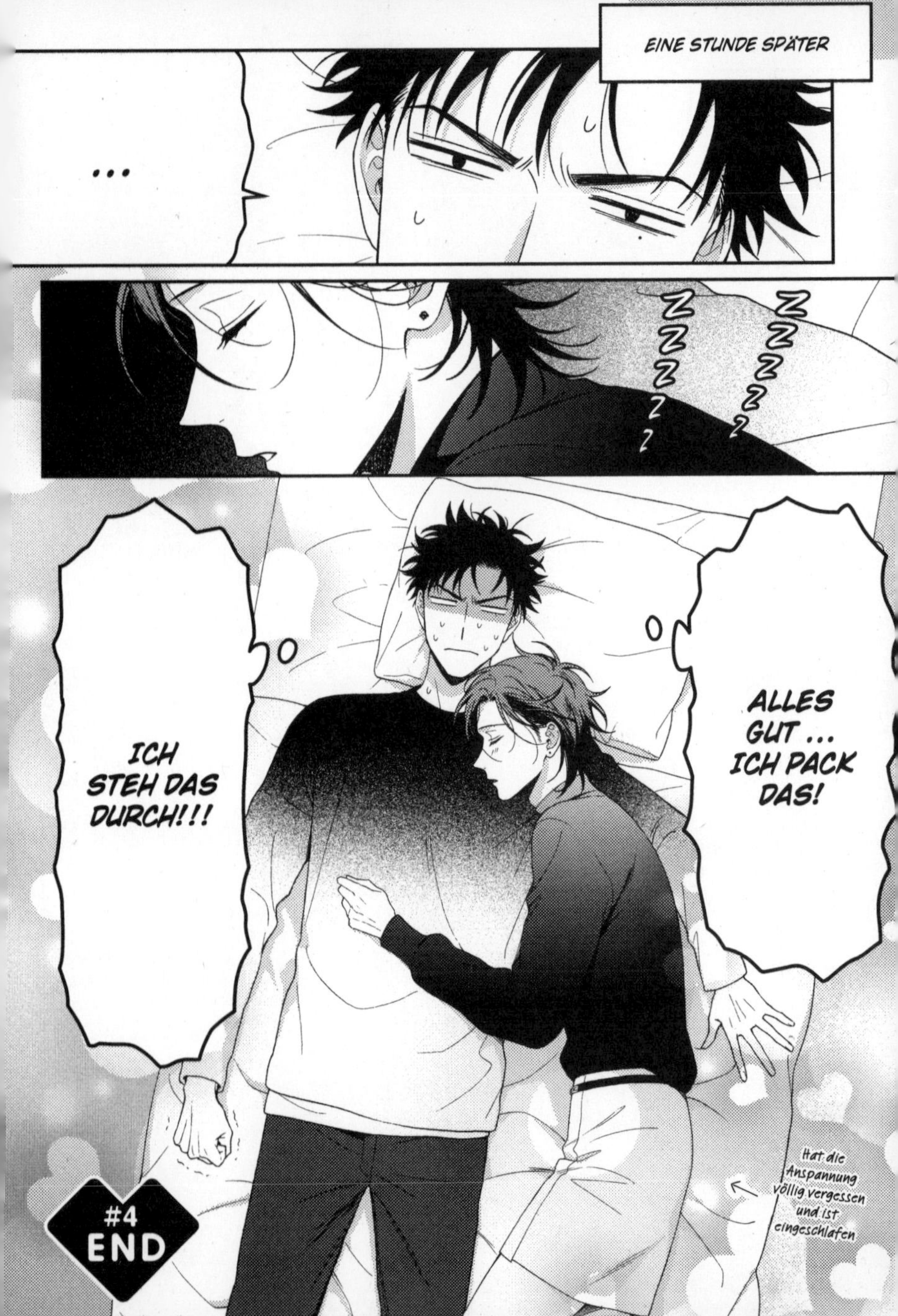
EINE STUNDE SPÄTER
...
ZZZZZ
ZZZZZ
ALLES GUT ... ICH PACK DAS!
ICH STEH DAS DURCH!!!
Hat die Anspannung völlig vergessen und ist eingeschlafen
#4 END

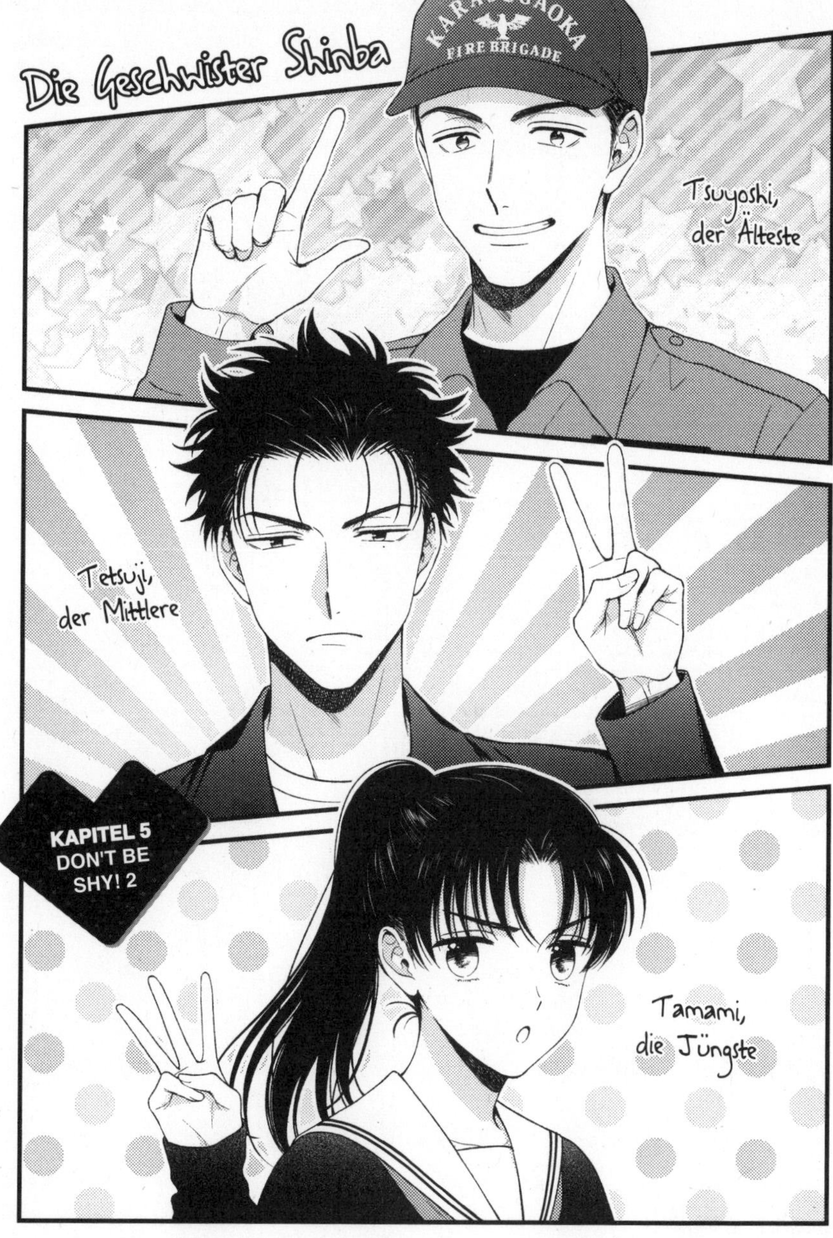
Die Geschwister Shinba
KARASUGAOKA
FIRE BRIGADE
Tsuyoshi,
der Älteste
Tetsuji,
der Mittlere
KAPITEL 5
DON'T BE
SHY! 2
Tamami,
die Jüngste

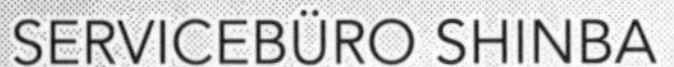
SERVICEBÜRO SHINBA

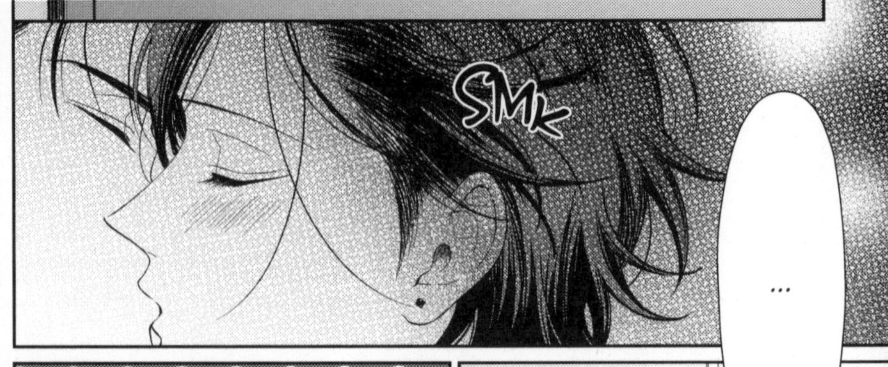
SMK
...

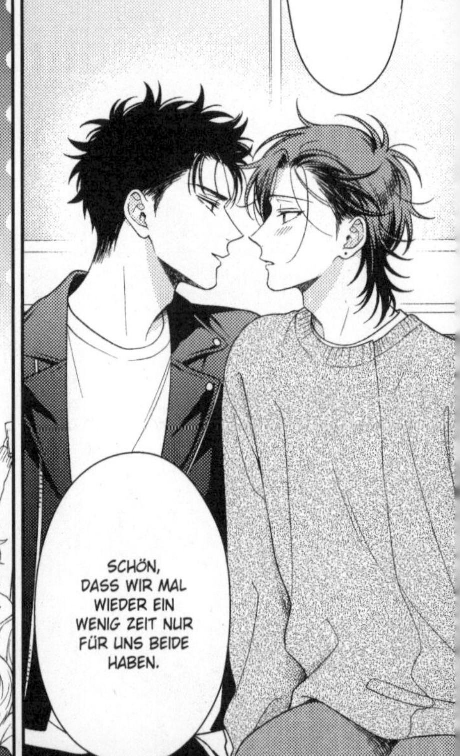
SCHÖN, DASS WIR MAL WIEDER EIN WENIG ZEIT NUR FÜR UNS BEIDE HABEN.

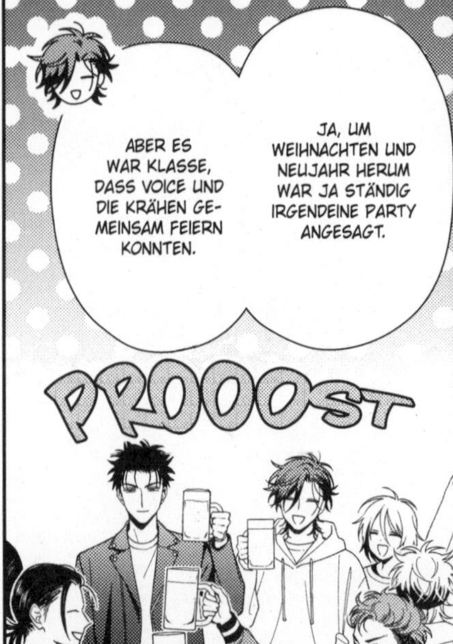
JA, UM WEIHNACHTEN UND NEUJAHR HERUM WAR JA STÄNDIG IRGENDEINE PARTY ANGESAGT.
ABER ES WAR KLASSE, DASS VOICE UND DIE KRÄHEN GE-MEINSAM FEIERN KONNTEN.
PROOOST

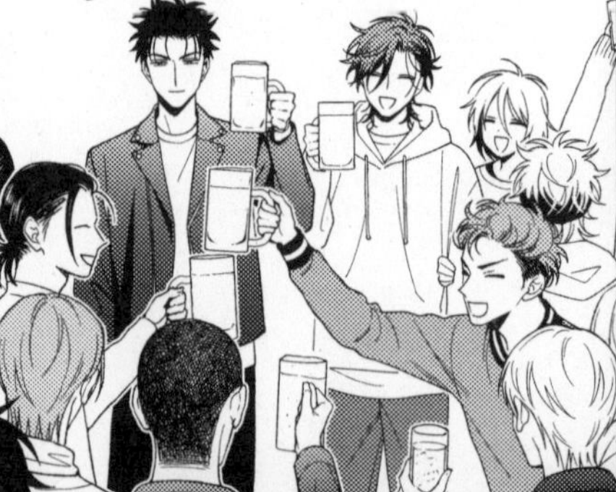

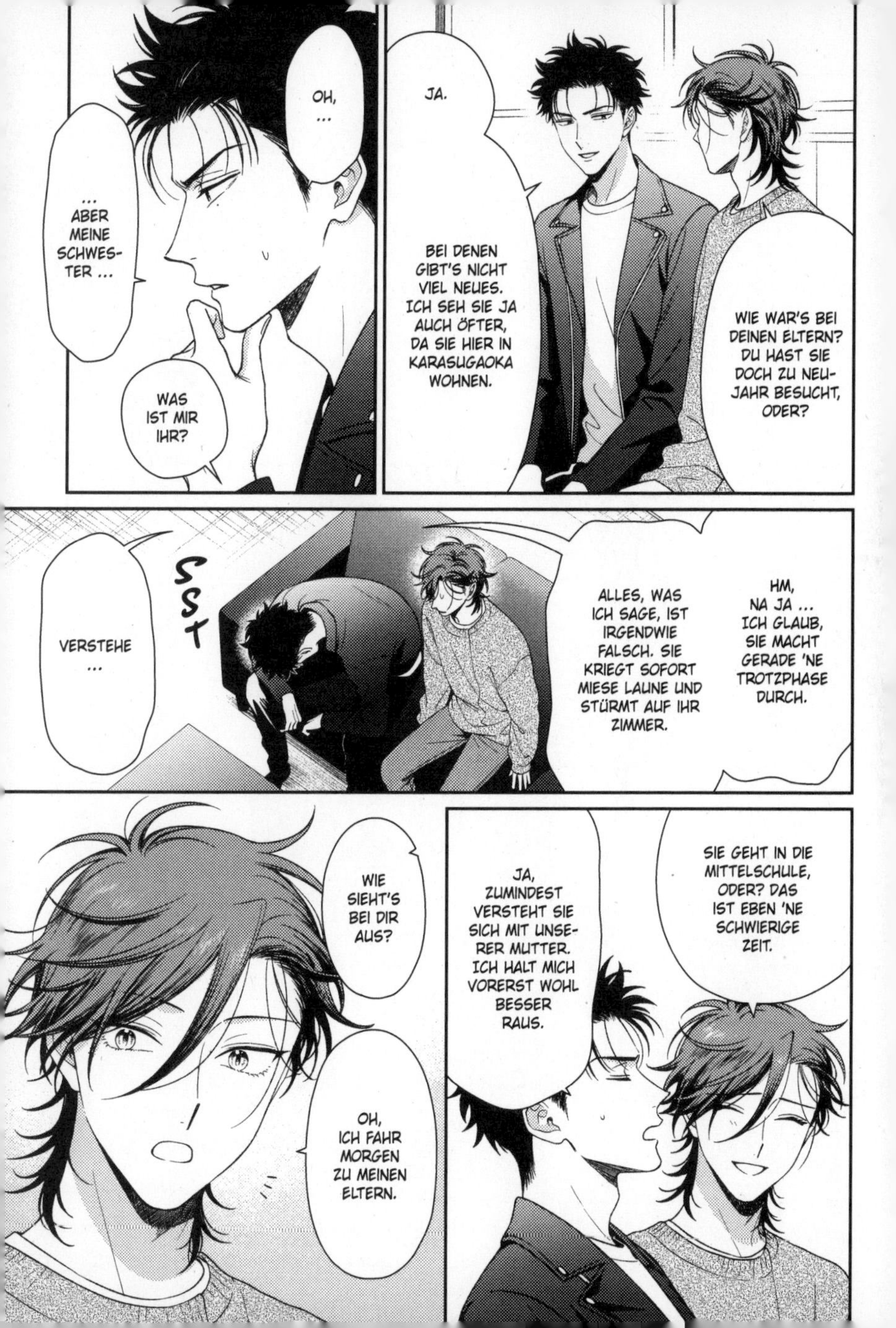

WIE WAR'S BEI DEINEN ELTERN? DU HAST SIE DOCH ZU NEU-JAHR BESUCHT, ODER?

JA.

BEI DENEN GIBT'S NICHT VIEL NEUES. ICH SEH SIE JA AUCH ÖFTER, DA SIE HIER IN KARASUGAOKA WOHNEN.

OH, …

… ABER MEINE SCHWES-TER …

WAS IST MIR IHR?

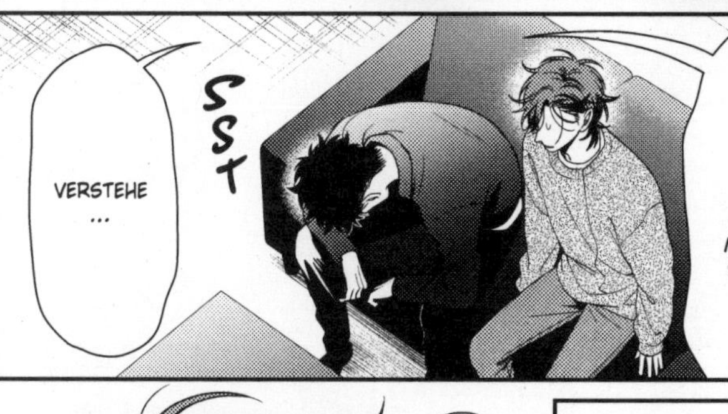

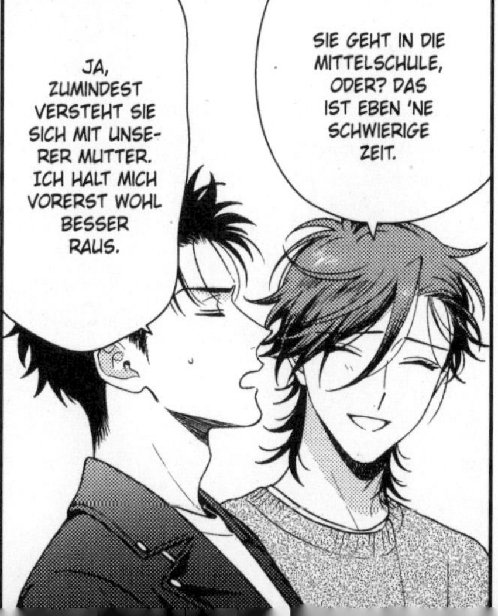

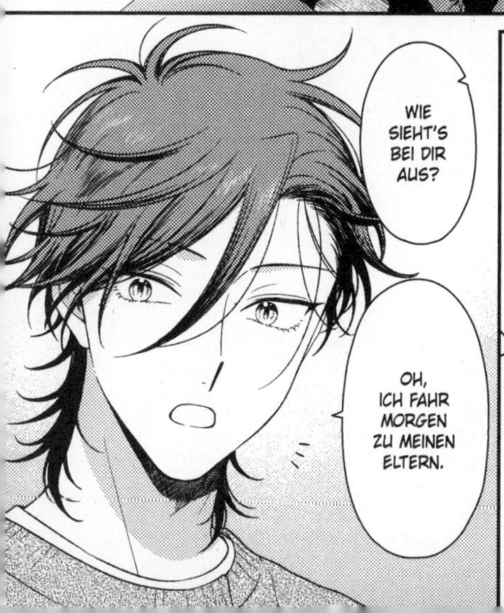

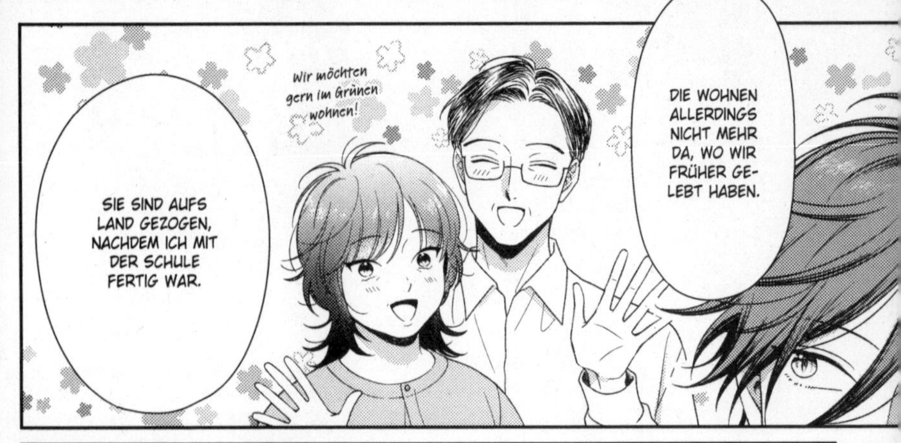
DIE WOHNEN ALLERDINGS NICHT MEHR DA, WO WIR FRÜHER GELEBT HABEN.
Wir möchten gern im Grünen wohnen!
SIE SIND AUFS LAND GEZOGEN, NACHDEM ICH MIT DER SCHULE FERTIG WAR.

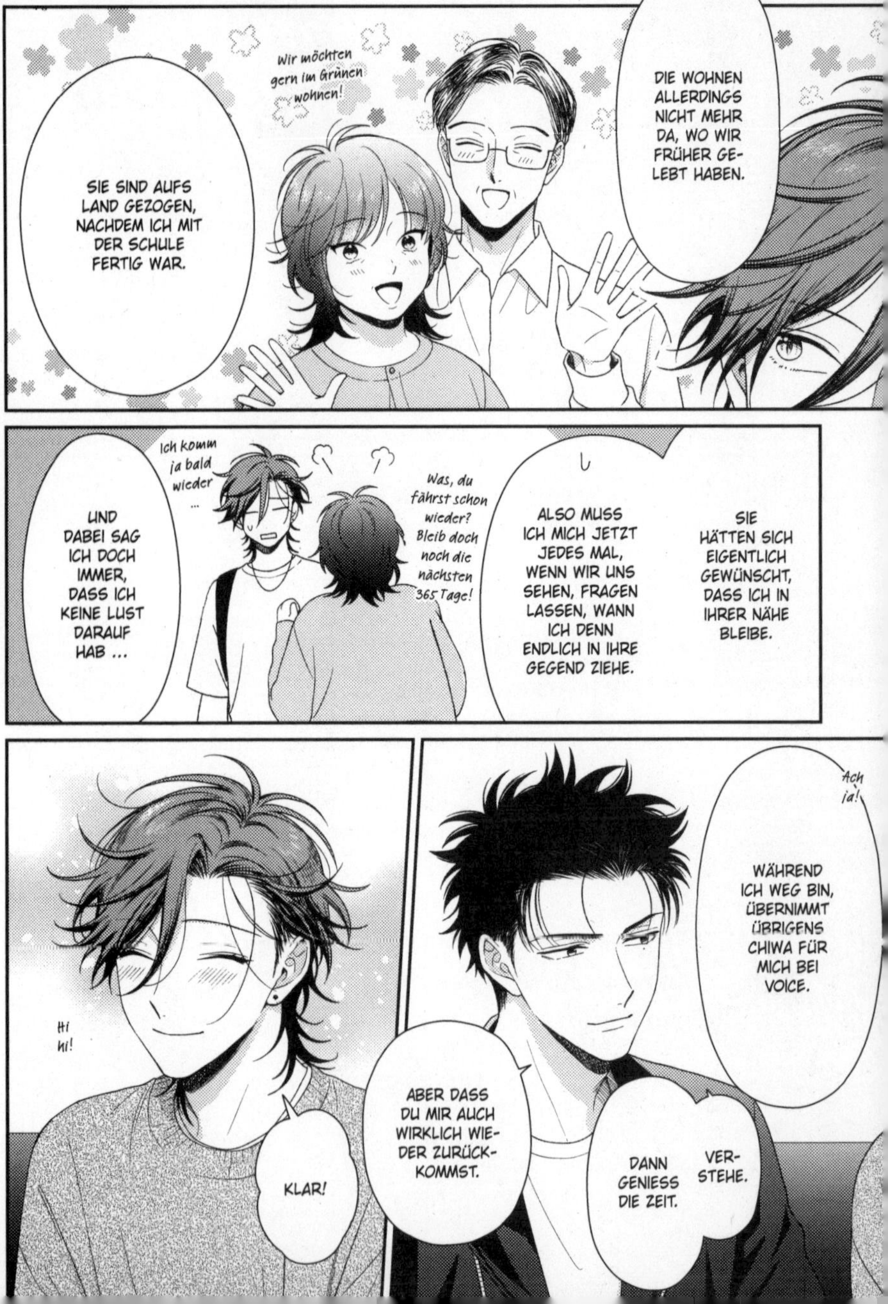

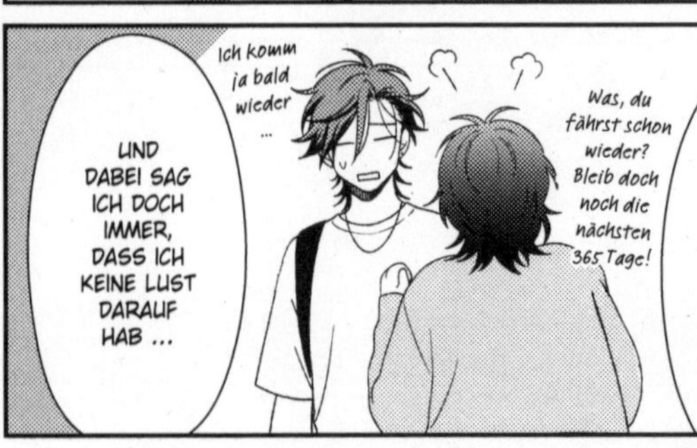
SIE HÄTTEN SICH EIGENTLICH GEWÜNSCHT, DASS ICH IN IHRER NÄHE BLEIBE.
ALSO MUSS ICH MICH JETZT JEDES MAL, WENN WIR UNS SEHEN, FRAGEN LASSEN, WANN ICH DENN ENDLICH IN IHRE GEGEND ZIEHE.
Was, du fährst schon wieder? Bleib doch noch die nächsten 365 Tage!
Ich komm ja bald wieder ...
UND DABEI SAG ICH DOCH IMMER, DASS ICH KEINE LUST DARAUF HAB ...

Ach ja!
WÄHREND ICH WEG BIN, ÜBERNIMMT ÜBRIGENS CHIWA FÜR MICH BEI VOICE.
VERSTEHE.
DANN GENIESS DIE ZEIT.
ABER DASS DU MIR AUCH WIRKLICH WIEDER ZURÜCKKOMMST.
Hi hi!
KLAR!

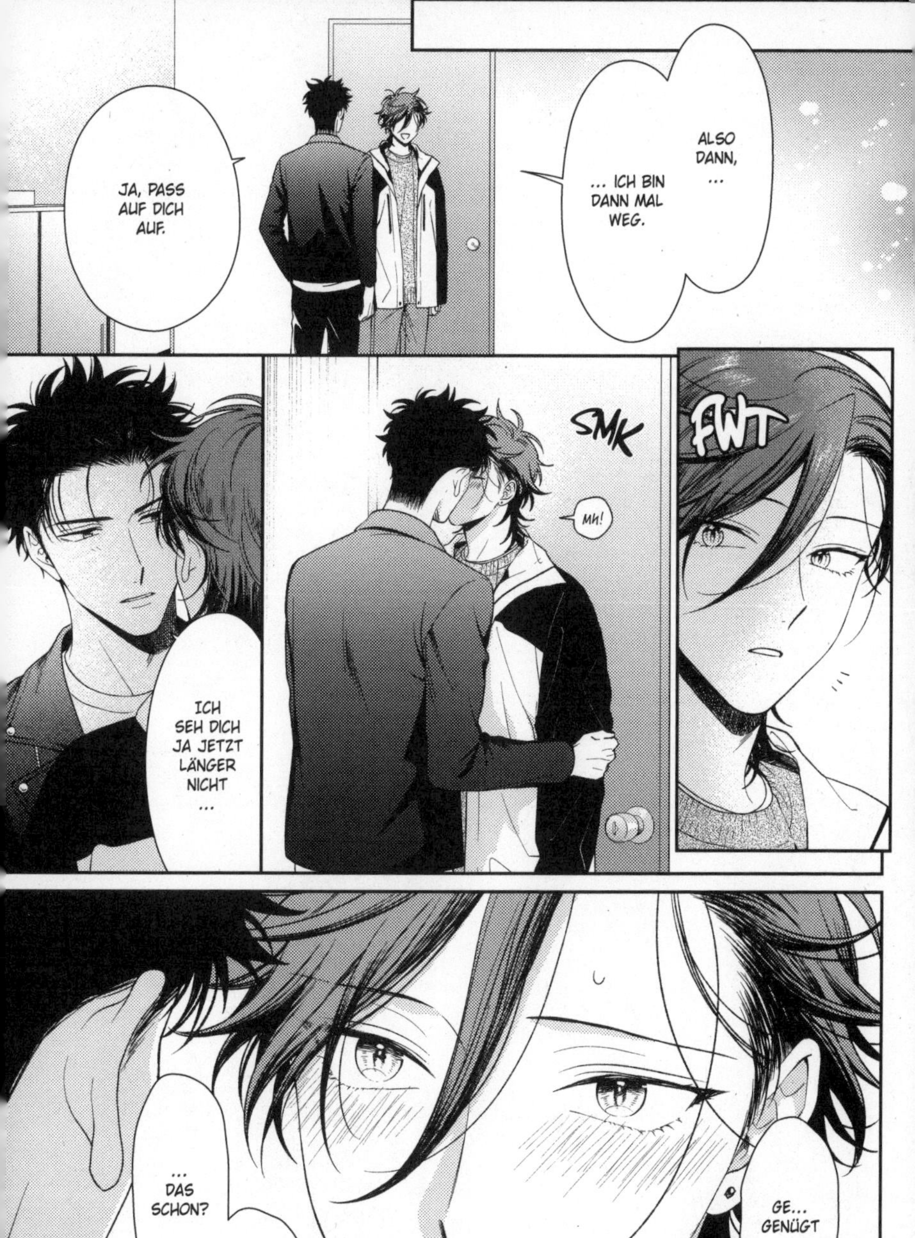
ALSO DANN, …
… ICH BIN DANN MAL WEG.
JA, PASS AUF DICH AUF.
FWT
SMK
Mh!
ICH SEH DICH JA JETZT LÄNGER NICHT …
GE… GENÜGT …
… DIR …
… DAS SCHON?

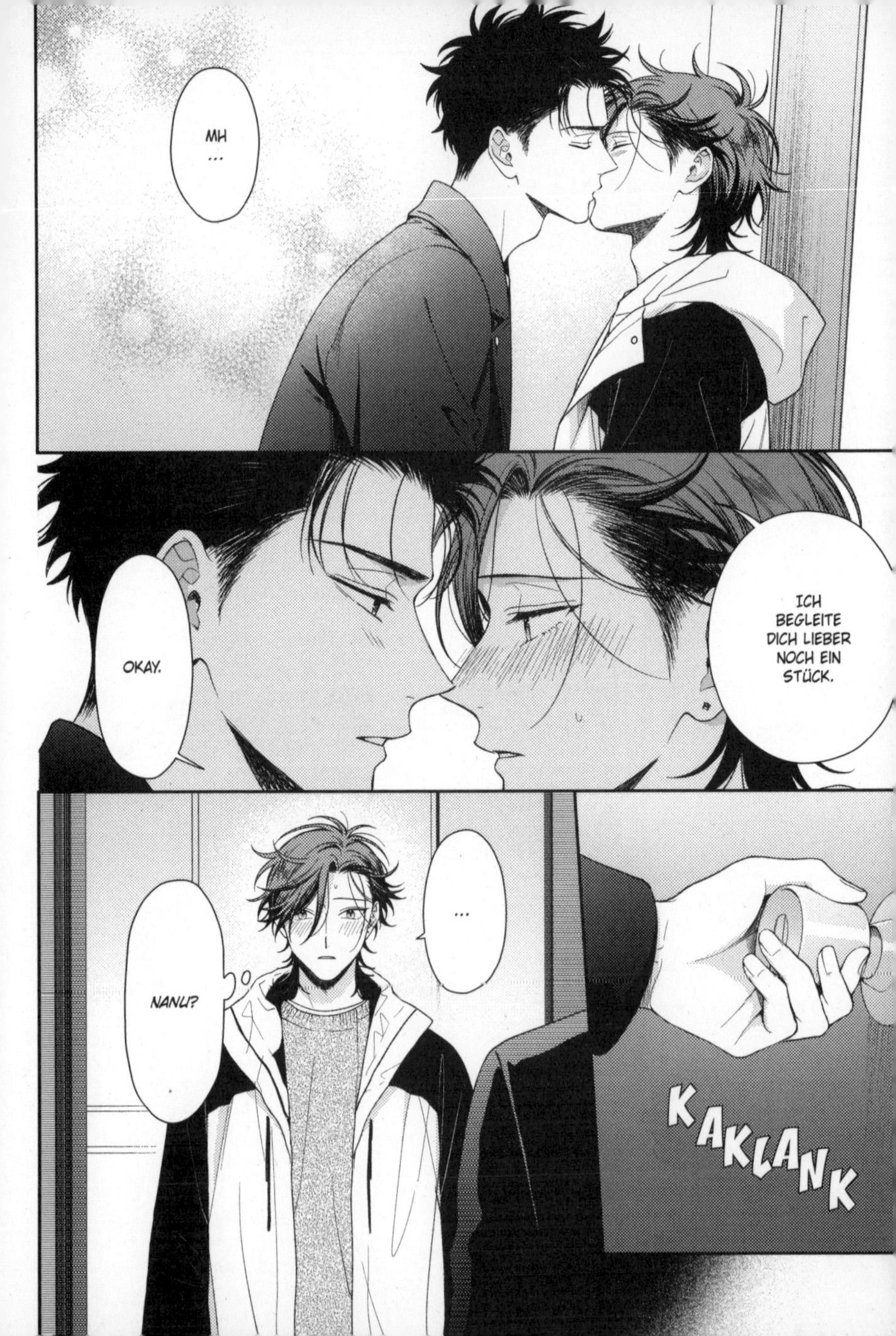
MH
...
ICH BEGLEITE DICH LIEBER NOCH EIN STÜCK.
OKAY.
KAKLANK
...
NANU?

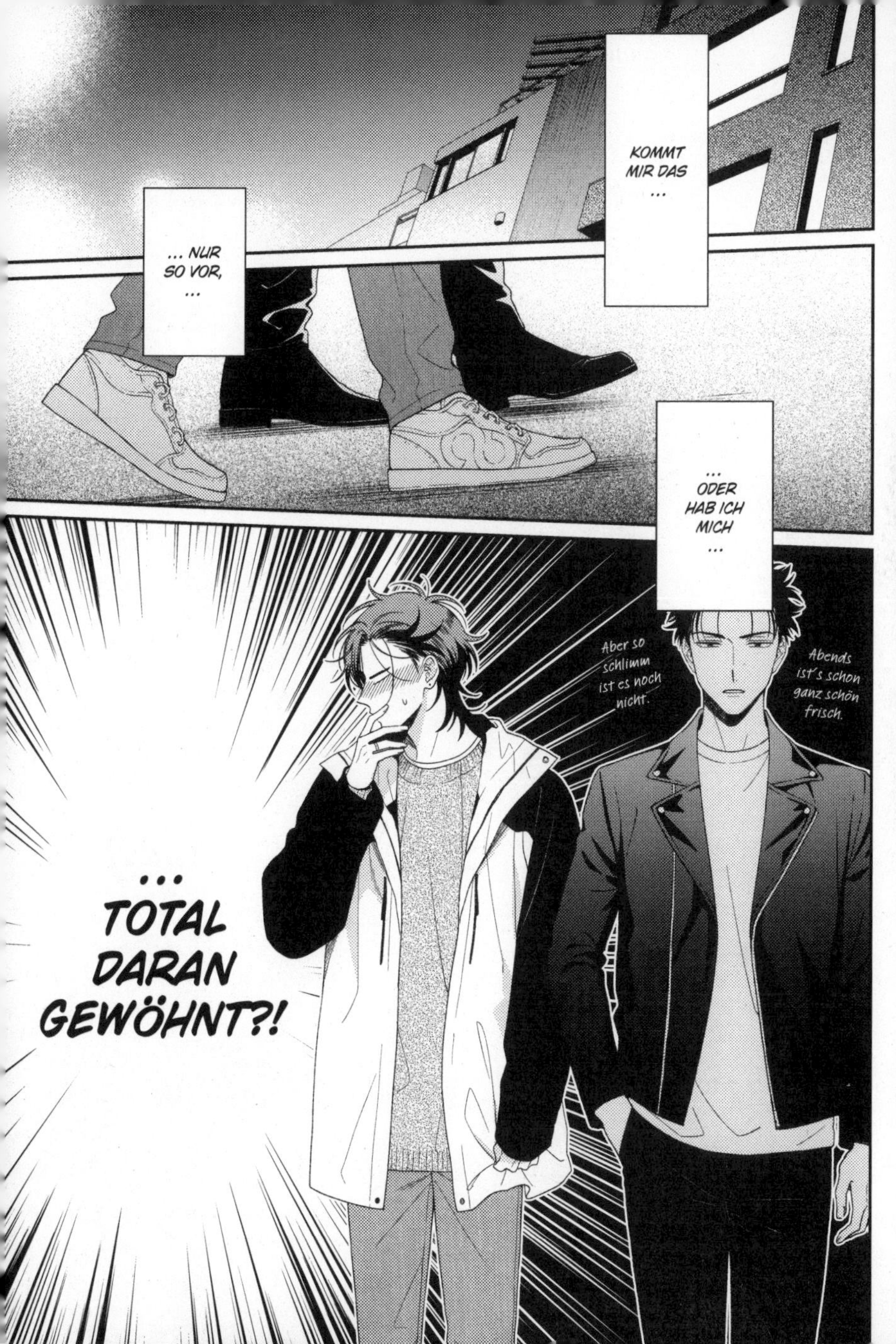
KOMMT MIR DAS …
… NUR SO VOR, …
… ODER HAB ICH MICH …
Abends ist's schon ganz schön frisch.
Aber so schlimm ist es noch nicht.
… TOTAL DARAN GEWÖHNT?!

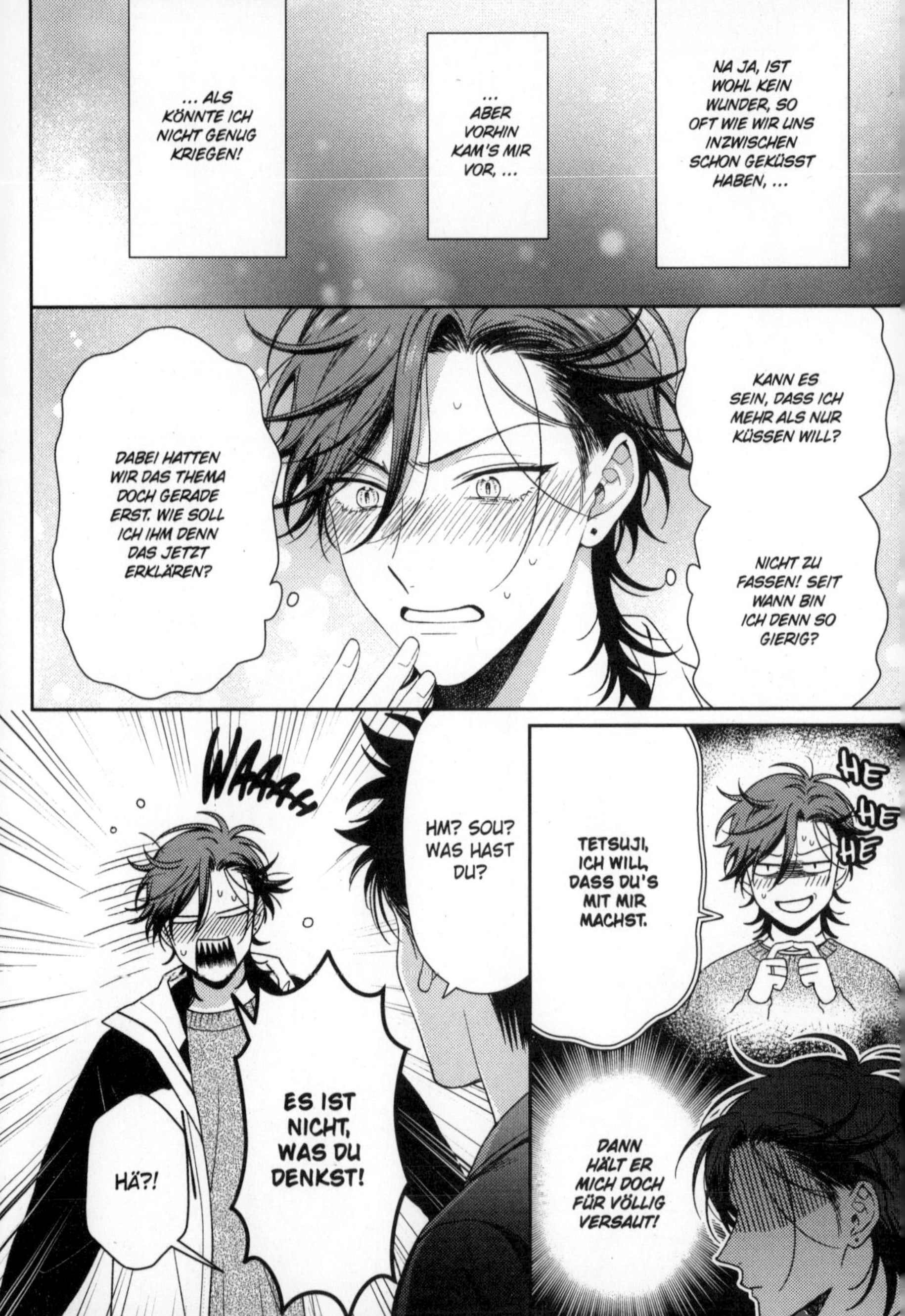
NA JA, IST WOHL KEIN WUNDER, SO OFT WIE WIR UNS INZWISCHEN SCHON GEKÜSST HABEN, ...
... ABER VORHIN KAM'S MIR VOR, ...
... ALS KÖNNTE ICH NICHT GENUG KRIEGEN!
KANN ES SEIN, DASS ICH MEHR ALS NUR KÜSSEN WILL?
NICHT ZU FASSEN! SEIT WANN BIN ICH DENN SO GIERIG?
DABEI HATTEN WIR DAS THEMA DOCH GERADE ERST. WIE SOLL ICH IHM DENN DAS JETZT ERKLÄREN?
HE HE HE
TETSUJI, ICH WILL, DASS DU'S MIT MIR MACHST.
DANN HÄLT ER MICH DOCH FÜR VÖLLIG VERSAUT!
HM? SOU? WAS HAST DU?
WAAAAH
ES IST NICHT, WAS DU DENKST!
HÄ?!

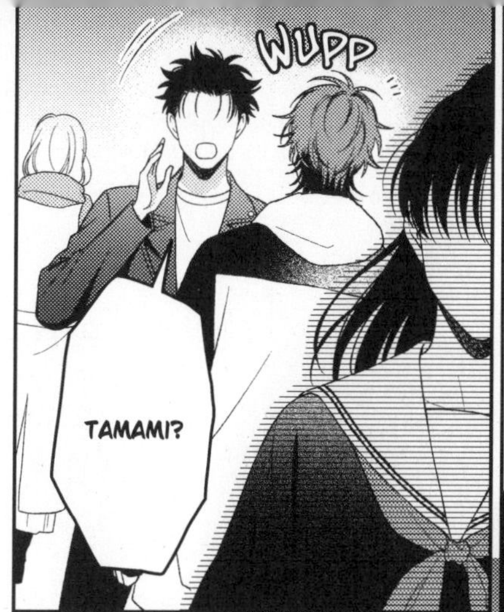
WUPP
TAMAMI?
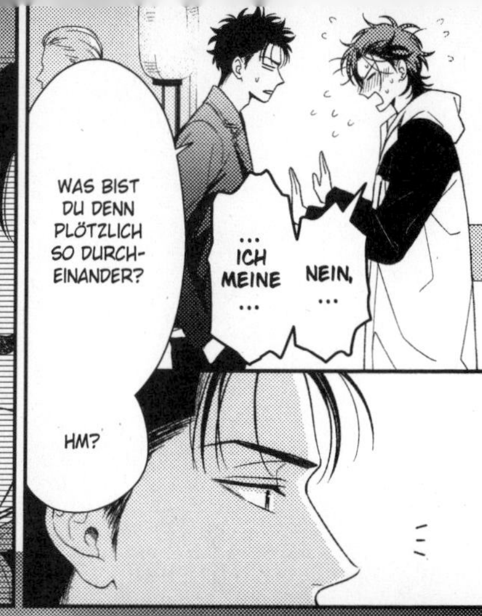
WAS BIST DU DENN PLÖTZLICH SO DURCH-EINANDER?
NEIN, ...
... ICH MEINE ...
HM?
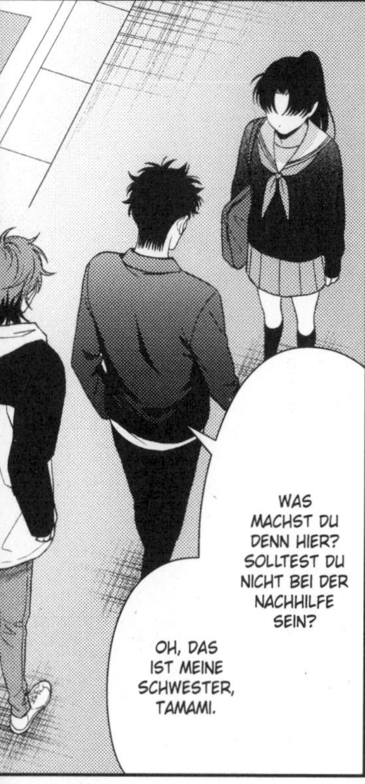
WAS MACHST DU DENN HIER? SOLLTEST DU NICHT BEI DER NACHHILFE SEIN?
OH, DAS IST MEINE SCHWESTER, TAMAMI.
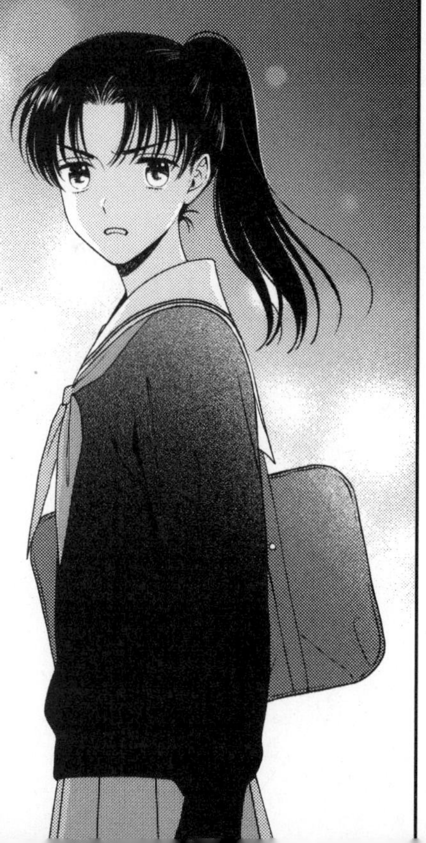

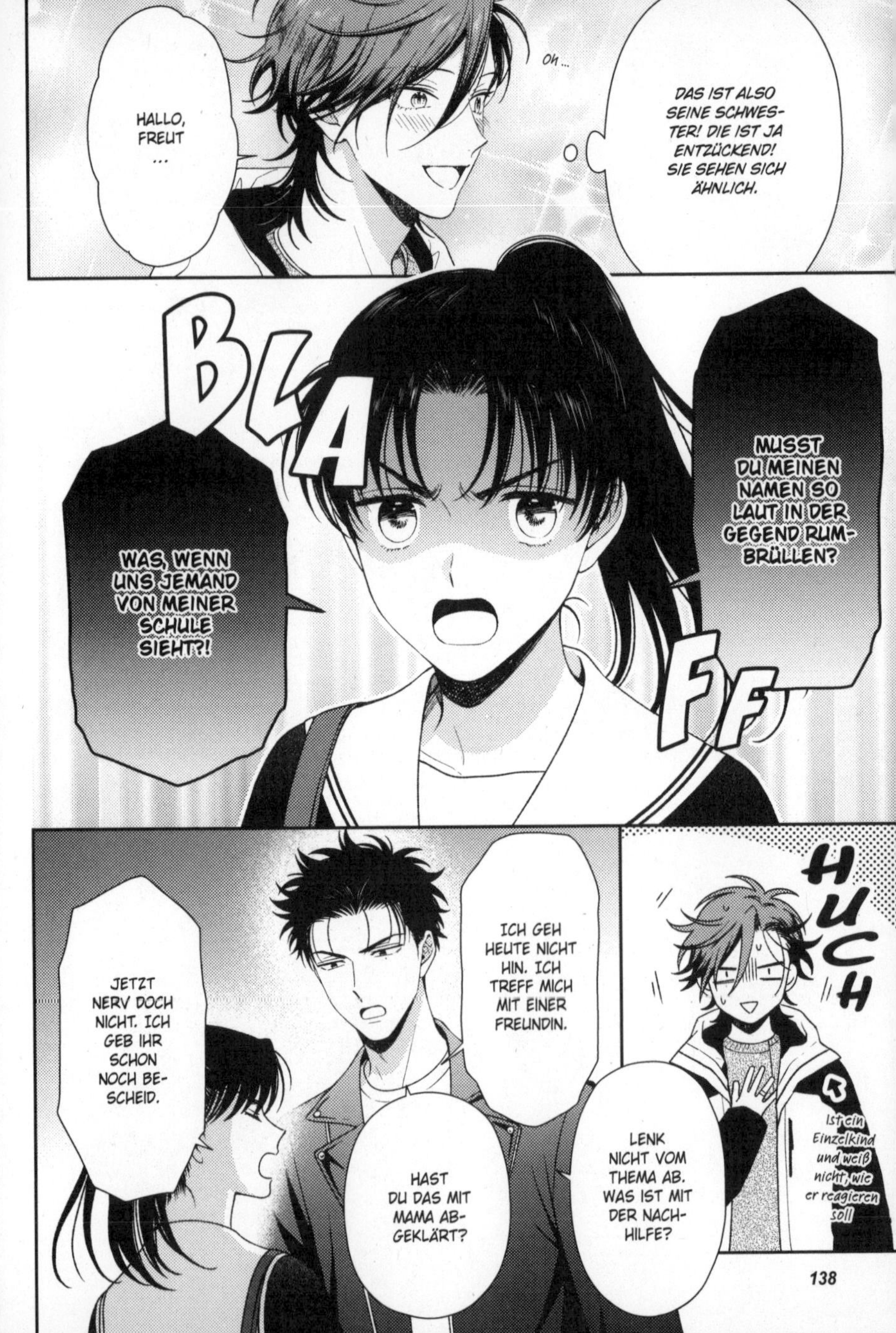
Oh ...
DAS IST ALSO SEINE SCHWESTER! DIE IST JA ENTZÜCKEND! SIE SEHEN SICH ÄHNLICH.
HALLO, FREUT ...
MUSST DU MEINEN NAMEN SO LAUT IN DER GEGEND RUMBRÜLLEN?
BLAFF
WAS, WENN UNS JEMAND VON MEINER SCHULE SIEHT?!
HUCH
Ist ein Einzelkind und weiß nicht, wie er reagieren soll
LENK NICHT VOM THEMA AB. WAS IST MIT DER NACHHILFE?
ICH GEH HEUTE NICHT HIN. ICH TREFF MICH MIT EINER FREUNDIN.
HAST DU DAS MIT MAMA ABGEKLÄRT?
JETZT NERV DOCH NICHT. ICH GEB IHR SCHON NOCH BESCHEID.

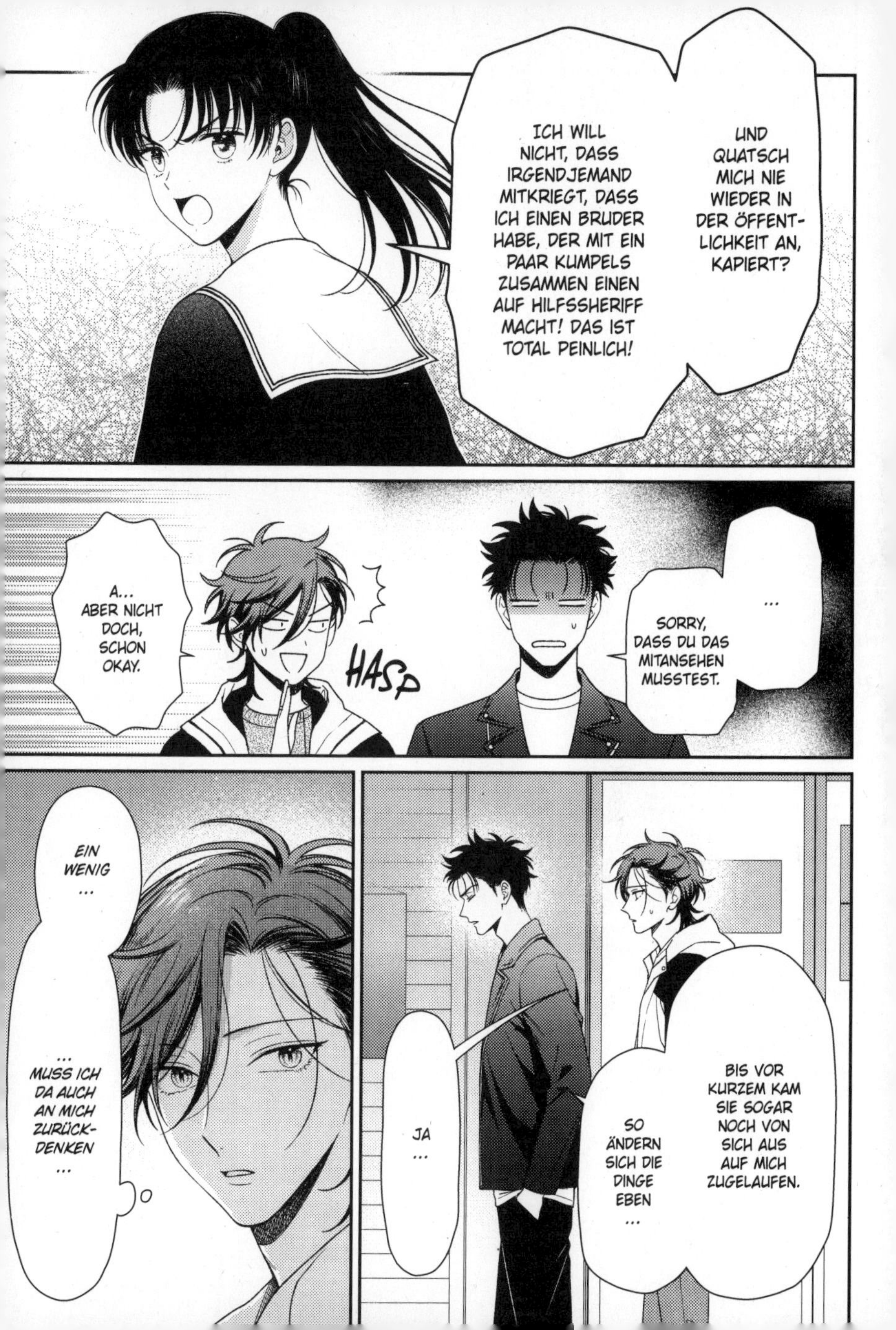

ICH WILL NICHT, DASS IRGENDJEMAND MITKRIEGT, DASS ICH EINEN BRUDER HABE, DER MIT EIN PAAR KUMPELS ZUSAMMEN EINEN AUF HILFSSHERIFF MACHT! DAS IST TOTAL PEINLICH!
UND QUATSCH MICH NIE WIEDER IN DER ÖFFENT-LICHKEIT AN, KAPIERT?

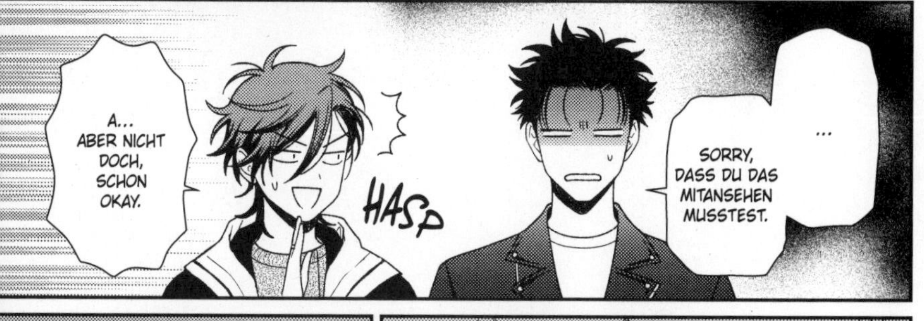
...
SORRY, DASS DU DAS MITANSEHEN MUSSTEST.
HASP
A... ABER NICHT DOCH, SCHON OKAY.

BIS VOR KURZEM KAM SIE SOGAR NOCH VON SICH AUS AUF MICH ZUGELAUFEN.
SO ÄNDERN SICH DIE DINGE EBEN ...
JA ...
EIN WENIG ...
... MUSS ICH DA AUCH AN MICH ZURÜCK-DENKEN ...

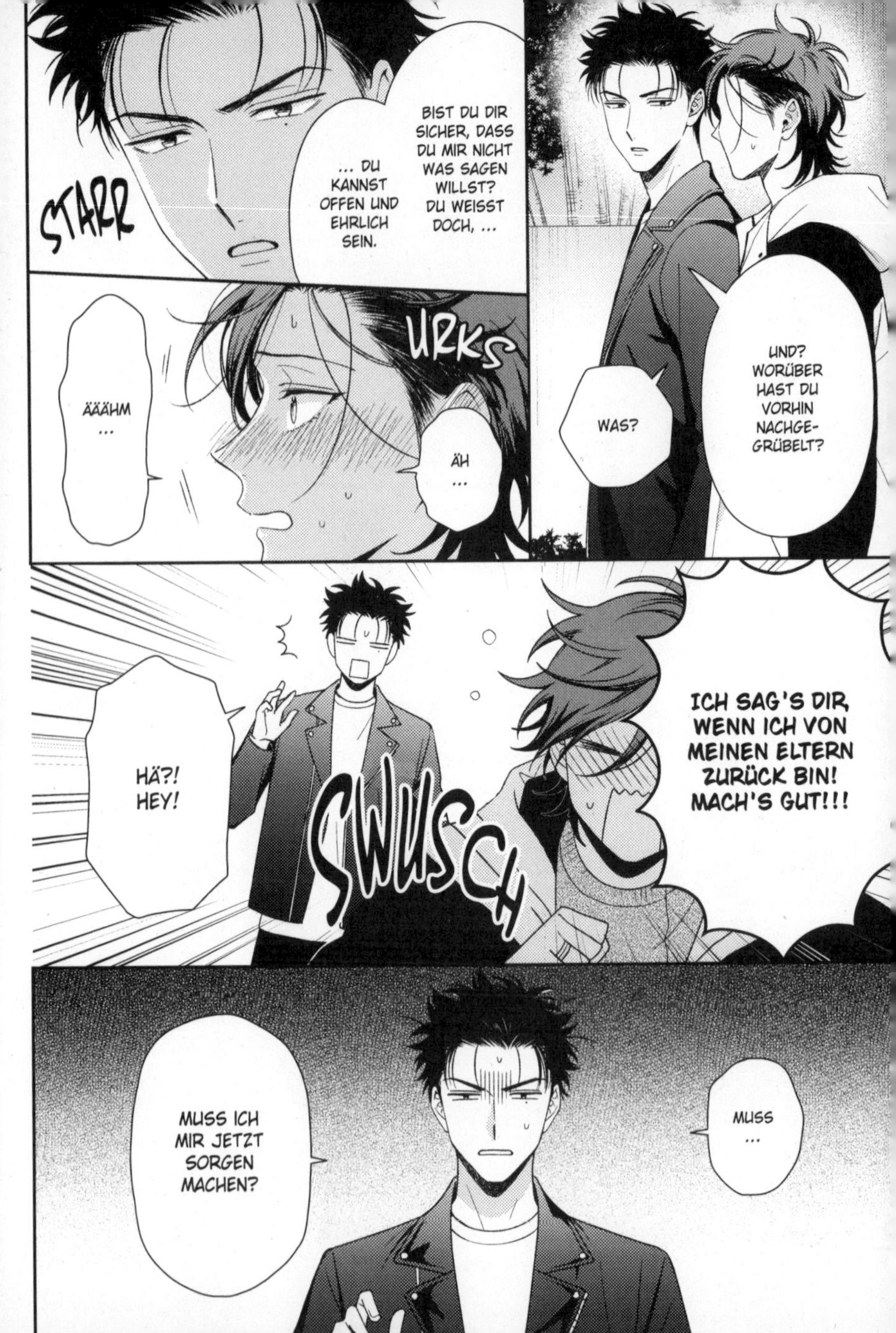
UND? WORÜBER HAST DU VORHIN NACHGE-GRÜBELT?
WAS?
BIST DU DIR SICHER, DASS DU MIR NICHT WAS SAGEN WILLST? DU WEISST DOCH, ...
... DU KANNST OFFEN UND EHRLICH SEIN.
STARR
URKS
ÄH ...
ÄÄÄHM ...
ICH SAG'S DIR, WENN ICH VON MEINEN ELTERN ZURÜCK BIN! MACH'S GUT!!!
SWUSCH
HÄ?! HEY!
MUSS ...
MUSS ICH MIR JETZT SORGEN MACHEN?

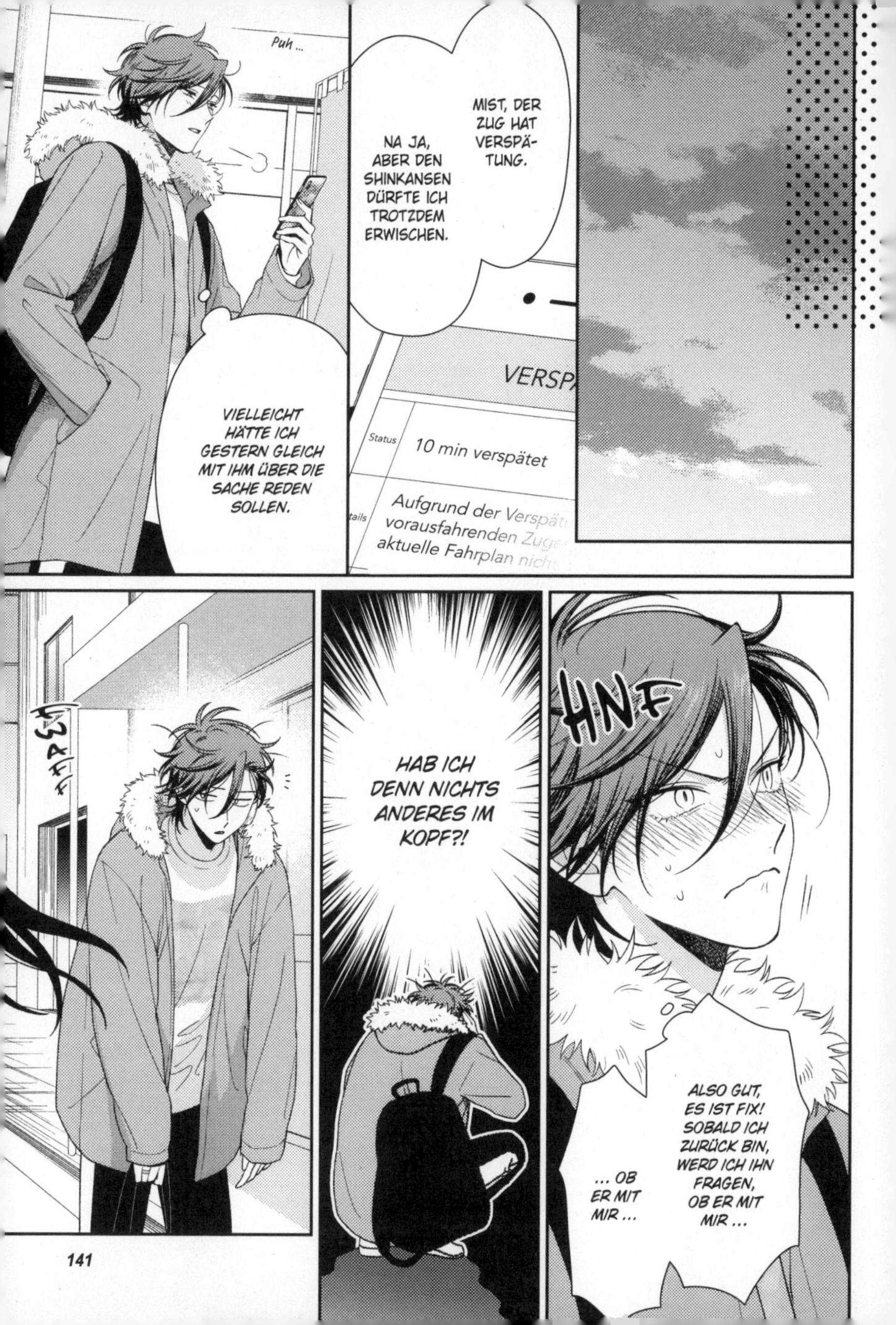

MIST, DER ZUG HAT VERSPÄTUNG.

NA JA, ABER DEN SHINKANSEN DÜRFTE ICH TROTZDEM ERWISCHEN.

Status

10 min verspätet

Puh ...

VIELLEICHT HÄTTE ICH GESTERN GLEICH MIT IHM ÜBER DIE SACHE REDEN SOLLEN.

HNF

ALSO GUT, ES IST FIX! SOBALD ICH ZURÜCK BIN, WERD ICH IHN FRAGEN, OB ER MIT MIR ...

... OB ER MIT MIR ...

HAB ICH DENN NICHTS ANDERES IM KOPF?!

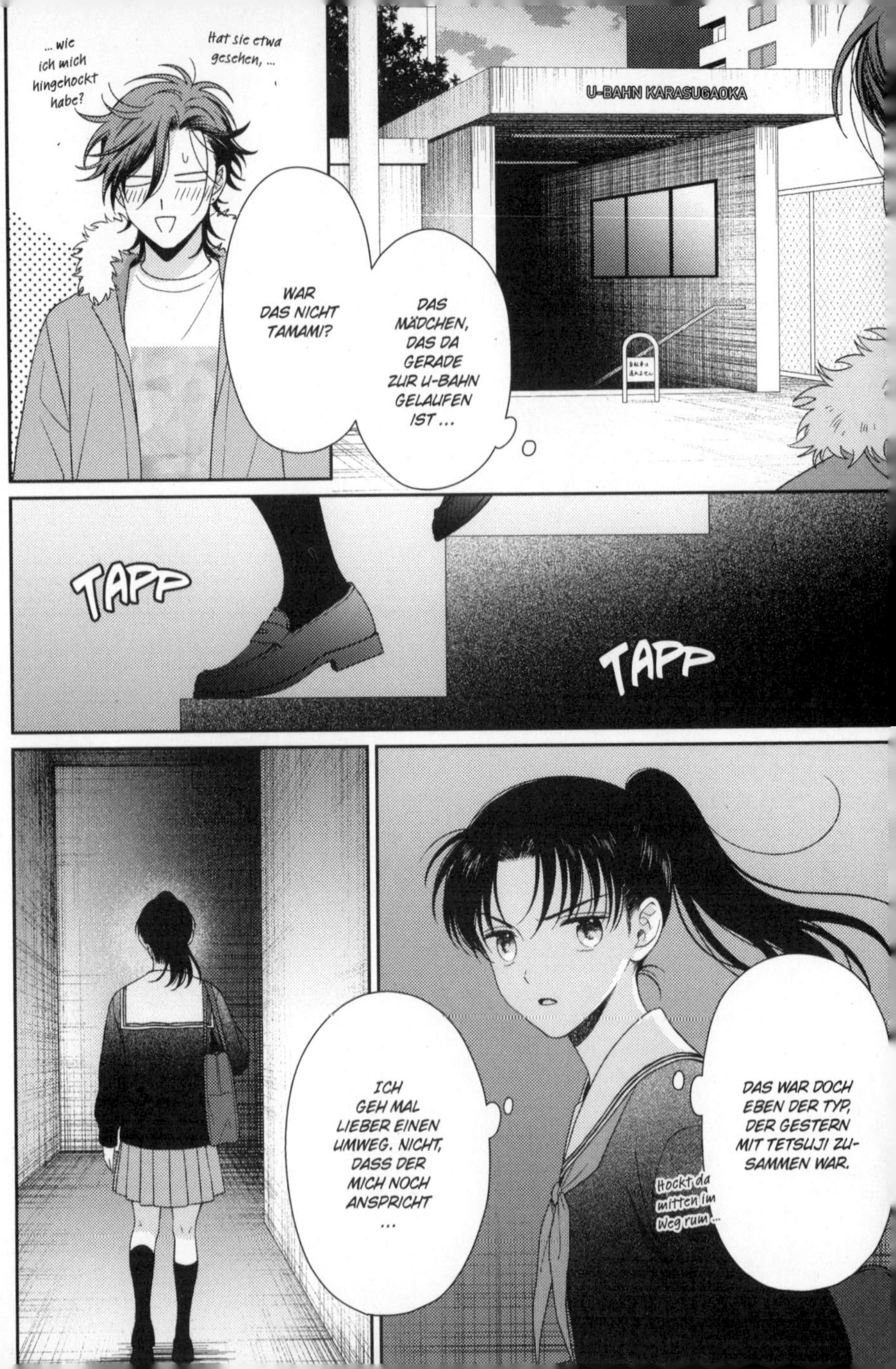

Hat sie etwa gesehen, ...
... wie ich mich hingehockt habe?
U-BAHN KARASUGAOKA
DAS MÄDCHEN, DAS DA GERADE ZUR U-BAHN GELAUFEN IST ...
WAR DAS NICHT TAMAMI?
TAPP
TAPP
DAS WAR DOCH EBEN DER TYP, DER GESTERN MIT TETSUJI ZUSAMMEN WAR.
Hockt da mitten im Weg rum ...
ICH GEH MAL LIEBER EINEN UMWEG. NICHT, DASS DER MICH NOCH ANSPRICHT ...

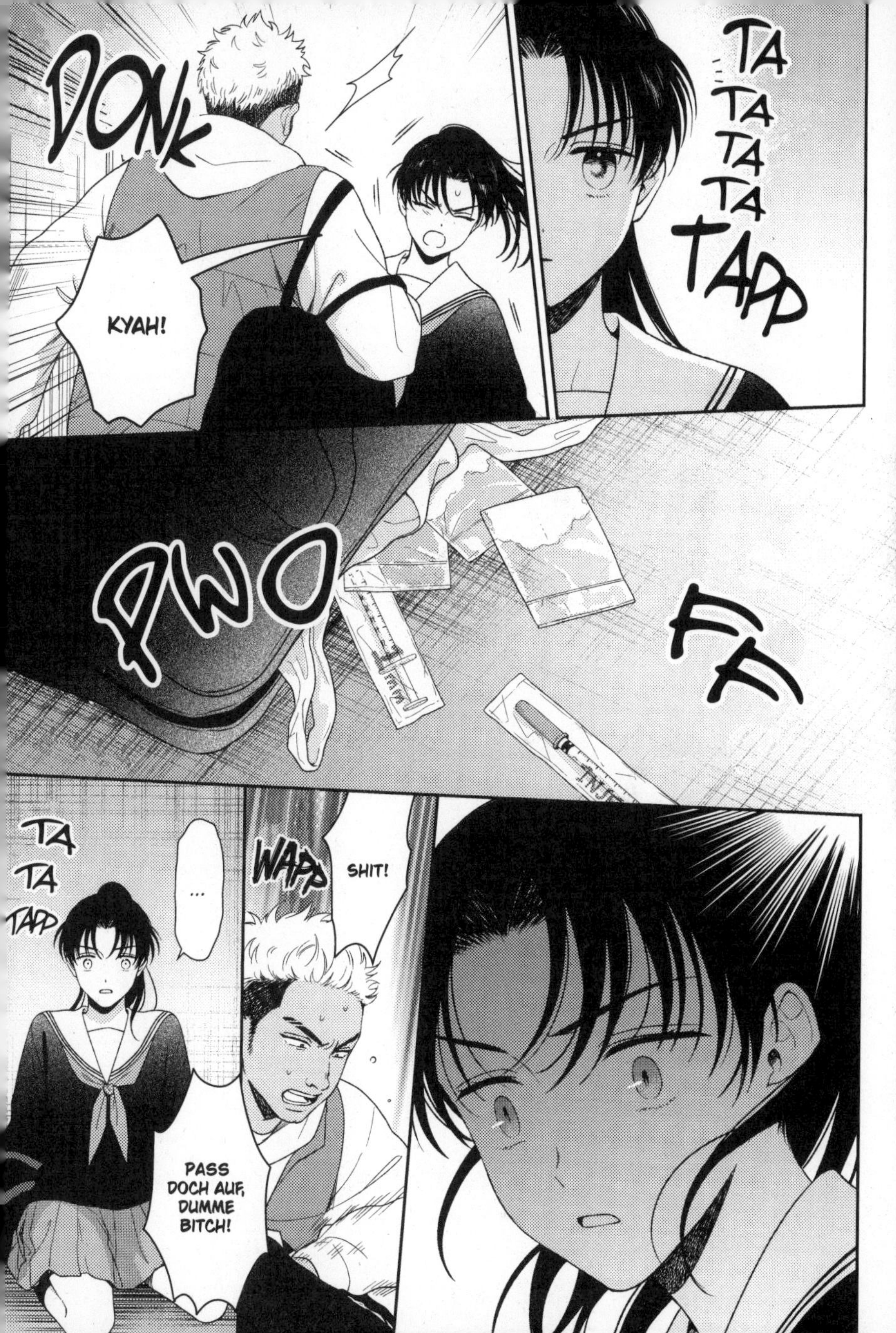

TA TA TA TA TAPP
DONK
KYAH!
PWOFF
TA TA TAPP
...
WAPP
SHIT!
PASS DOCH AUF, DUMME BITCH!

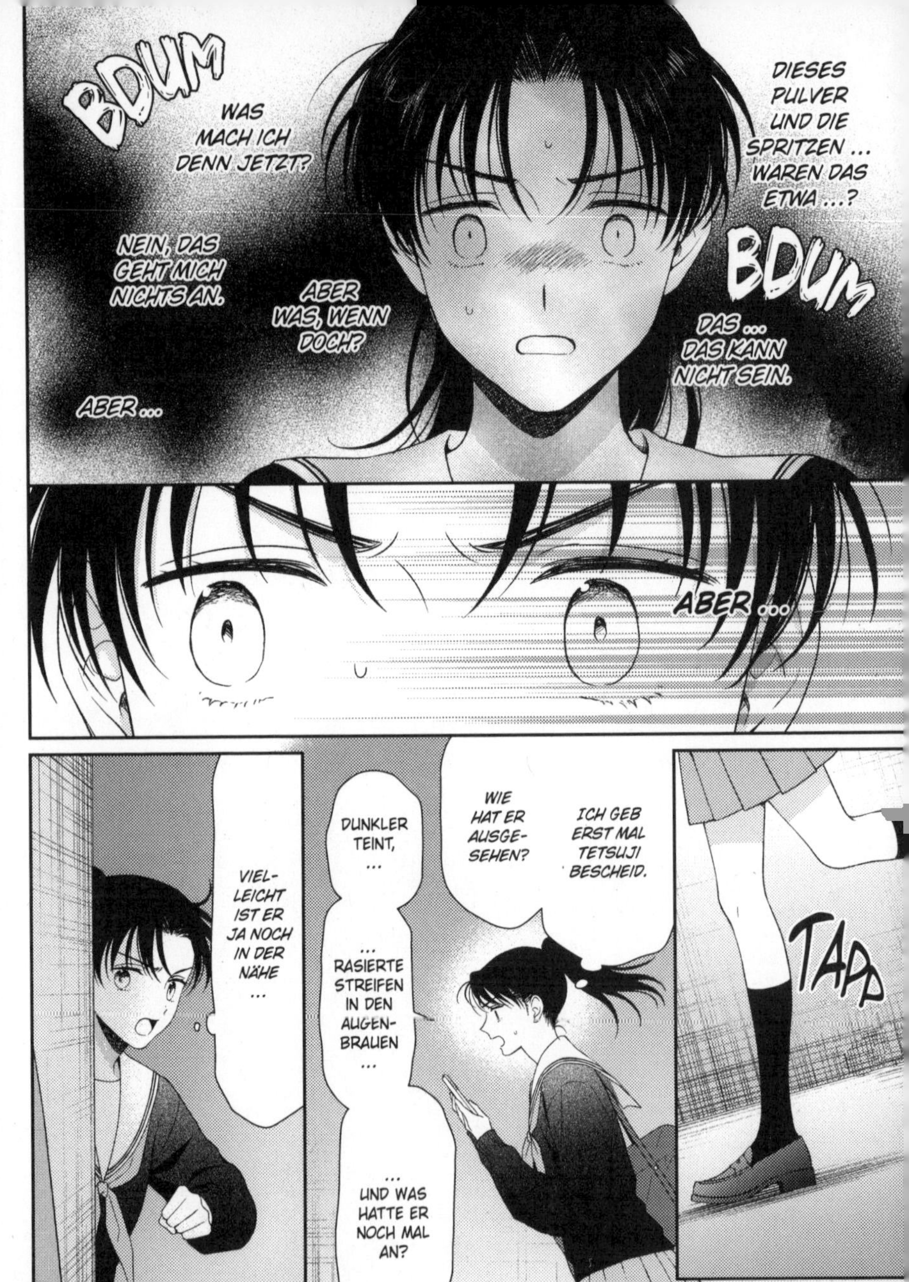
DIESES PULVER UND DIE SPRITZEN ... WAREN DAS ETWA ...?
BDUM
WAS MACH ICH DENN JETZT?
BDUM
DAS ... DAS KANN NICHT SEIN.
ABER WAS, WENN DOCH?
NEIN, DAS GEHT MICH NICHTS AN.
ABER ...
ABER ...
TAPP
ICH GEB ERST MAL TETSUJI BESCHEID.
WIE HAT ER AUSGE-SEHEN?
DUNKLER TEINT, ...
... RASIERTE STREIFEN IN DEN AUGEN-BRAUEN ...
... UND WAS HATTE ER NOCH MAL AN?
VIEL-LEICHT IST ER JA NOCH IN DER NÄHE ...

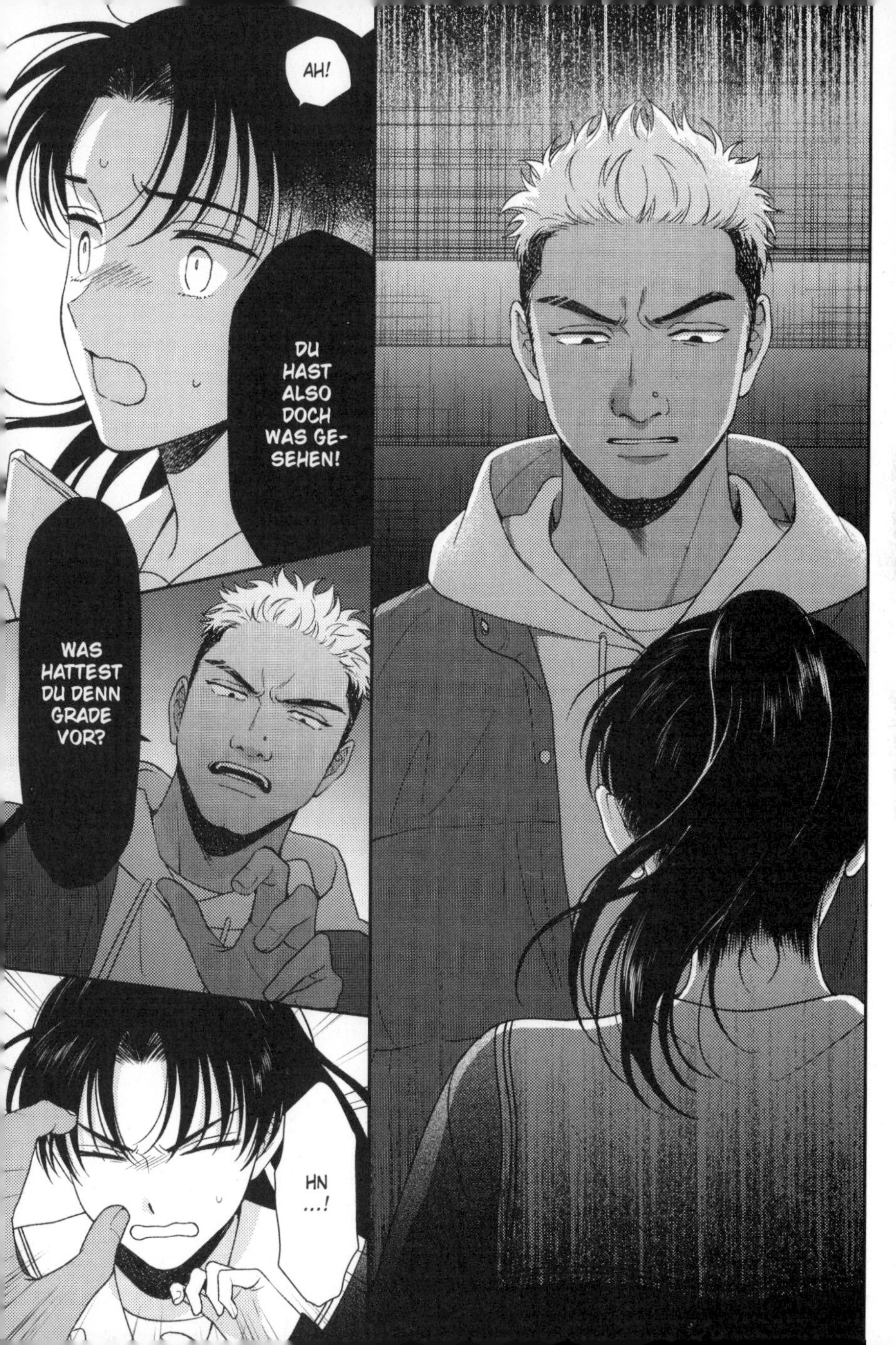
AH!
DU HAST ALSO DOCH WAS GE-SEHEN!
WAS HATTEST DU DENN GRADE VOR?
HN ...!

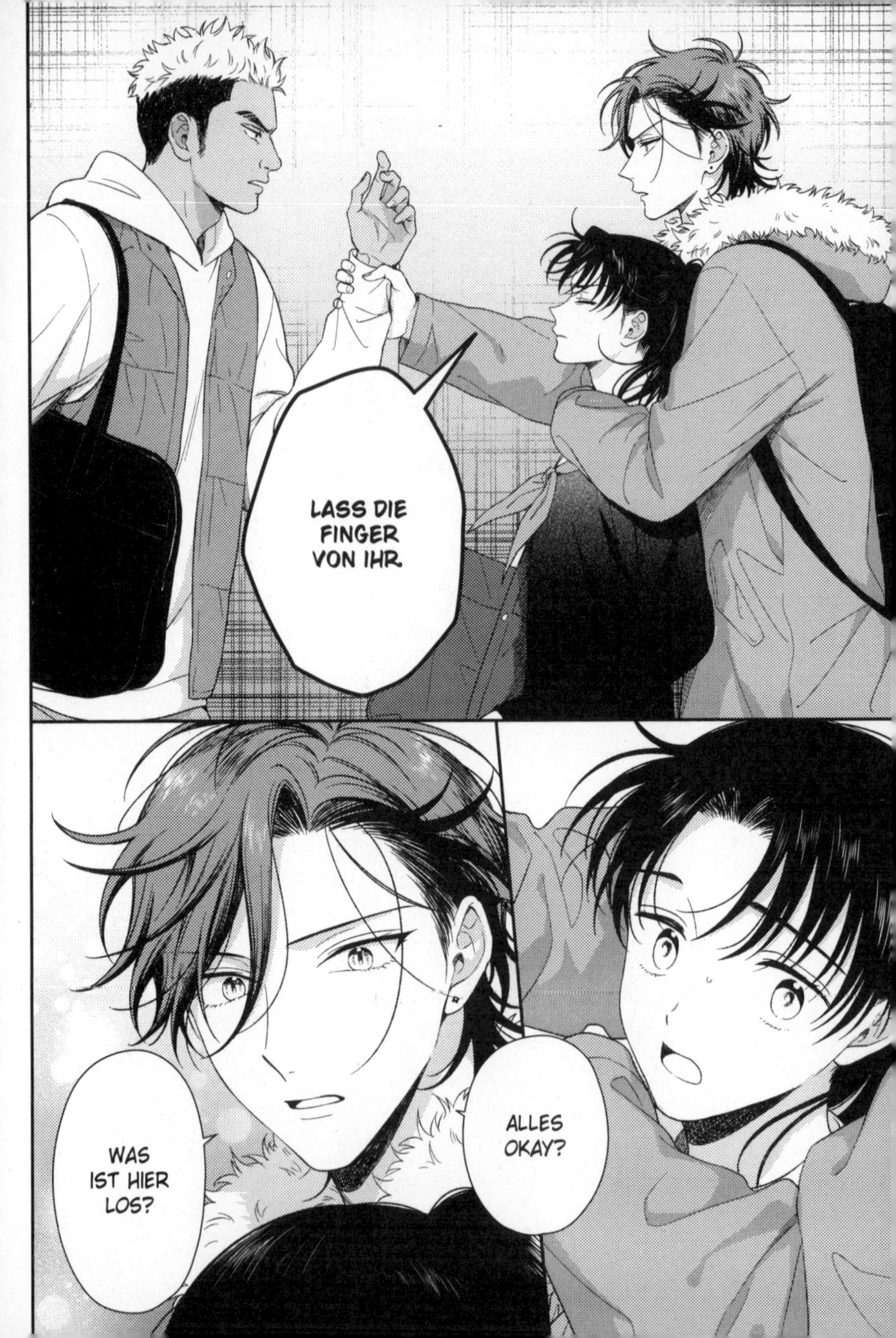
LASS DIE FINGER VON IHR.
ALLES OKAY?
WAS IST HIER LOS?

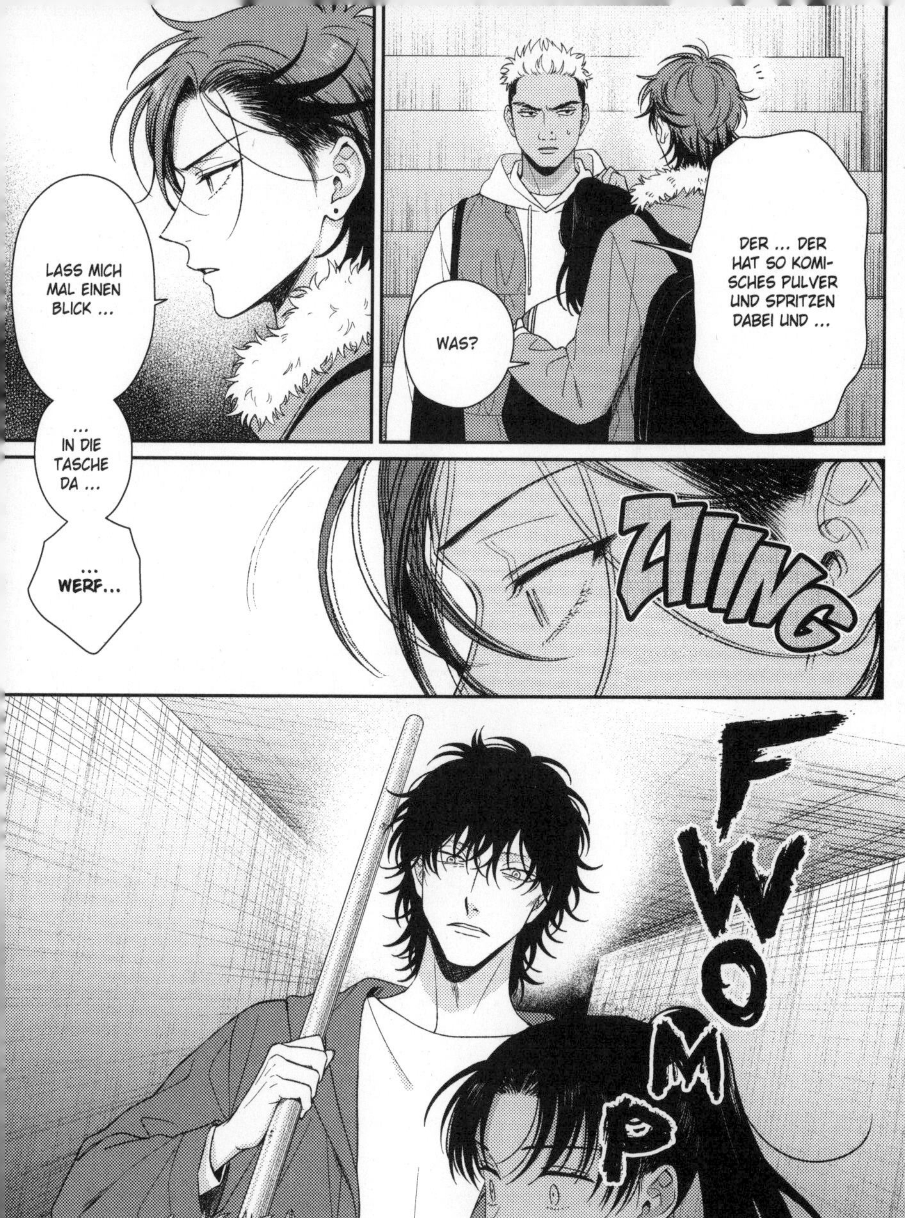
DER … DER HAT SO KOMISCHES PULVER UND SPRITZEN DABEI UND …
WAS?
LASS MICH MAL EINEN BLICK …
… IN DIE TASCHE DA …
… WERF…
ZIING
FWOMP

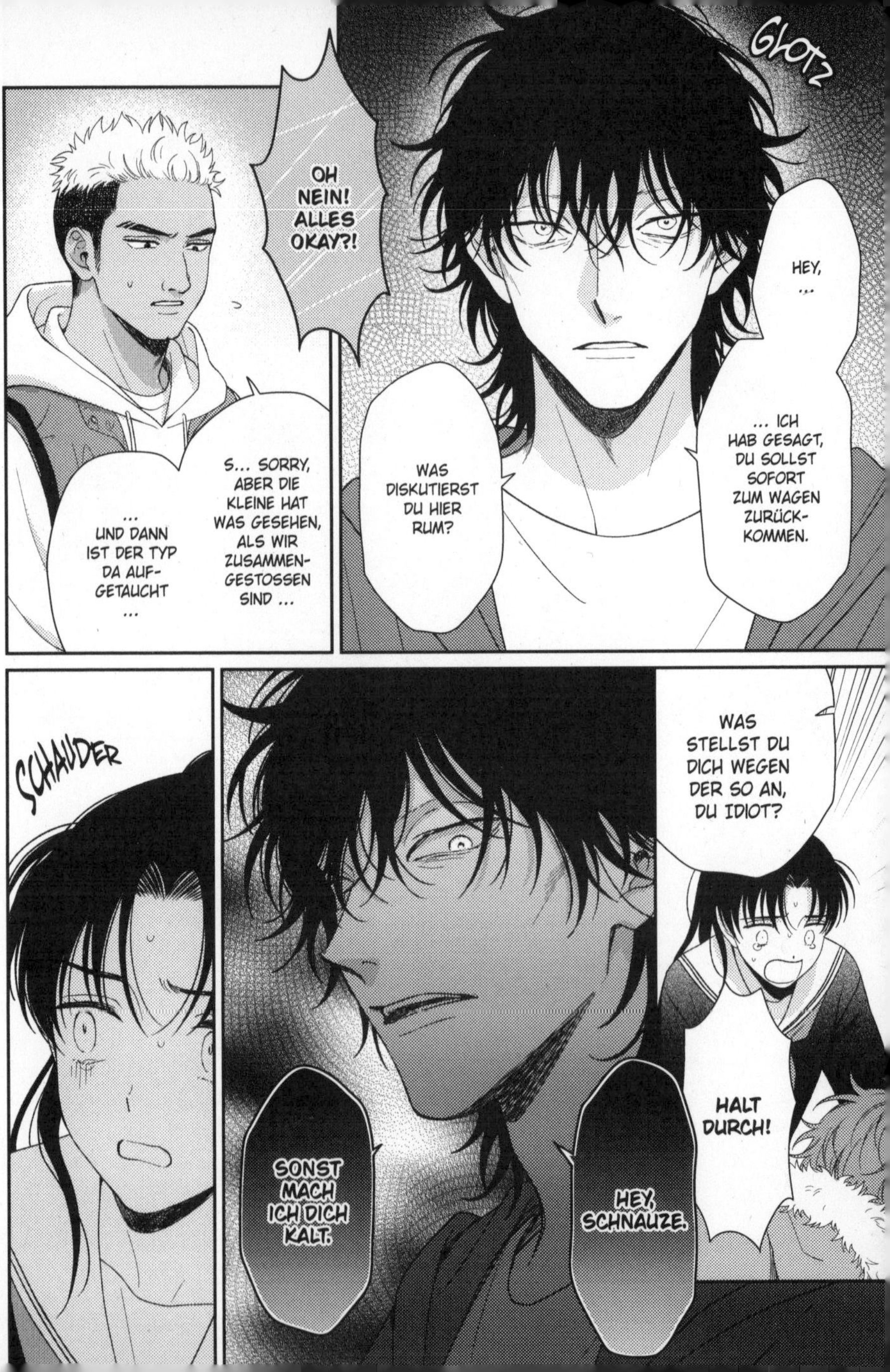

GLOTZ
HEY, ...
... ICH HAB GESAGT, DU SOLLST SOFORT ZUM WAGEN ZURÜCK-KOMMEN.
WAS DISKUTIERST DU HIER RUM?
OH NEIN! ALLES OKAY?!
S... SORRY, ABER DIE KLEINE HAT WAS GESEHEN, ALS WIR ZUSAMMEN-GESTOSSEN SIND ...
... UND DANN IST DER TYP DA AUF-GETAUCHT ...
WAS STELLST DU DICH WEGEN DER SO AN, DU IDIOT?
HALT DURCH!
HEY, SCHNAUZE.
SONST MACH ICH DICH KALT.
SCHAUDER

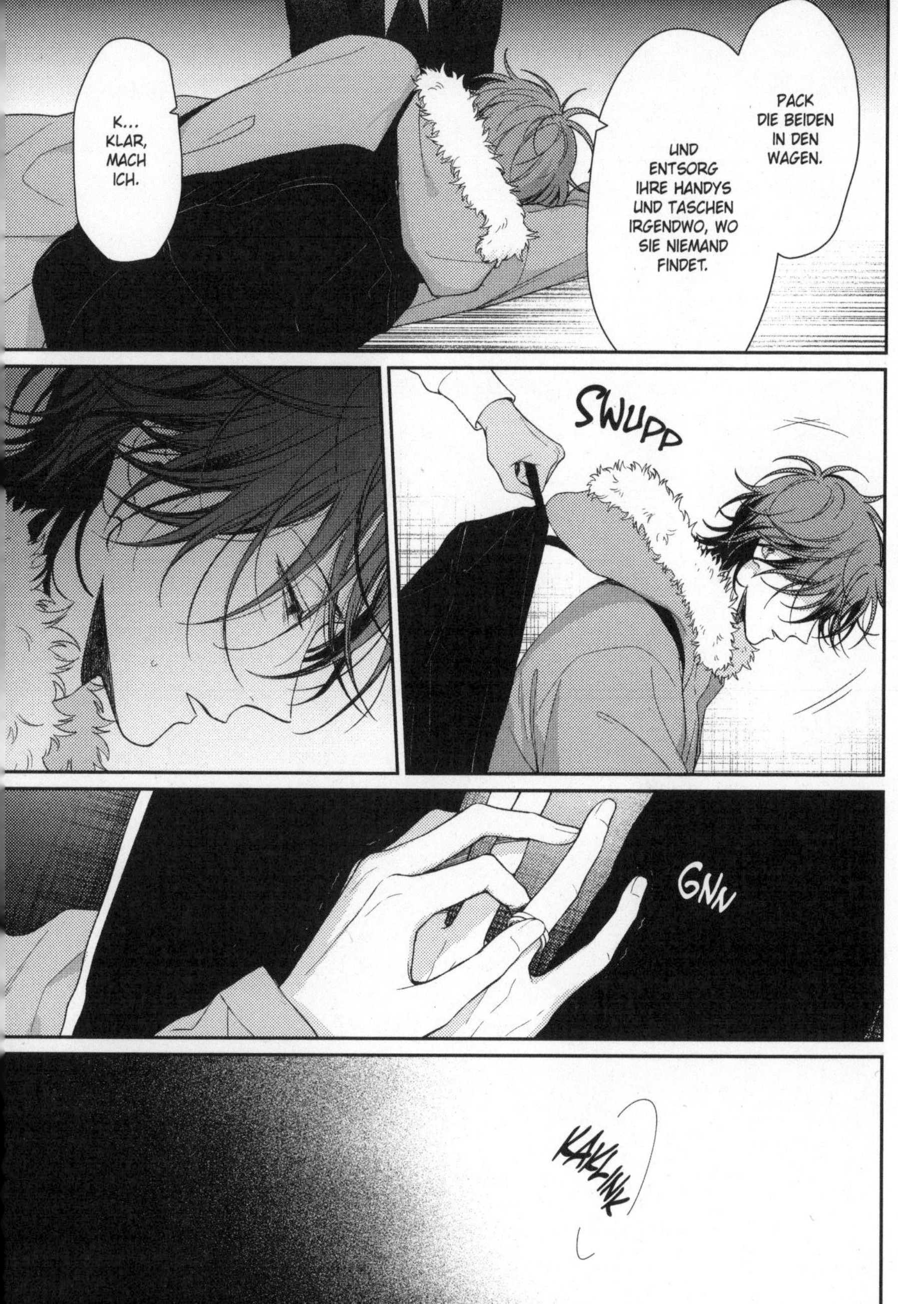
PACK DIE BEIDEN IN DEN WAGEN.
UND ENTSORG IHRE HANDYS UND TASCHEN IRGENDWO, WO SIE NIEMAND FINDET.
K... KLAR, MACH ICH.
SWUPP
GNN
KAKLINK

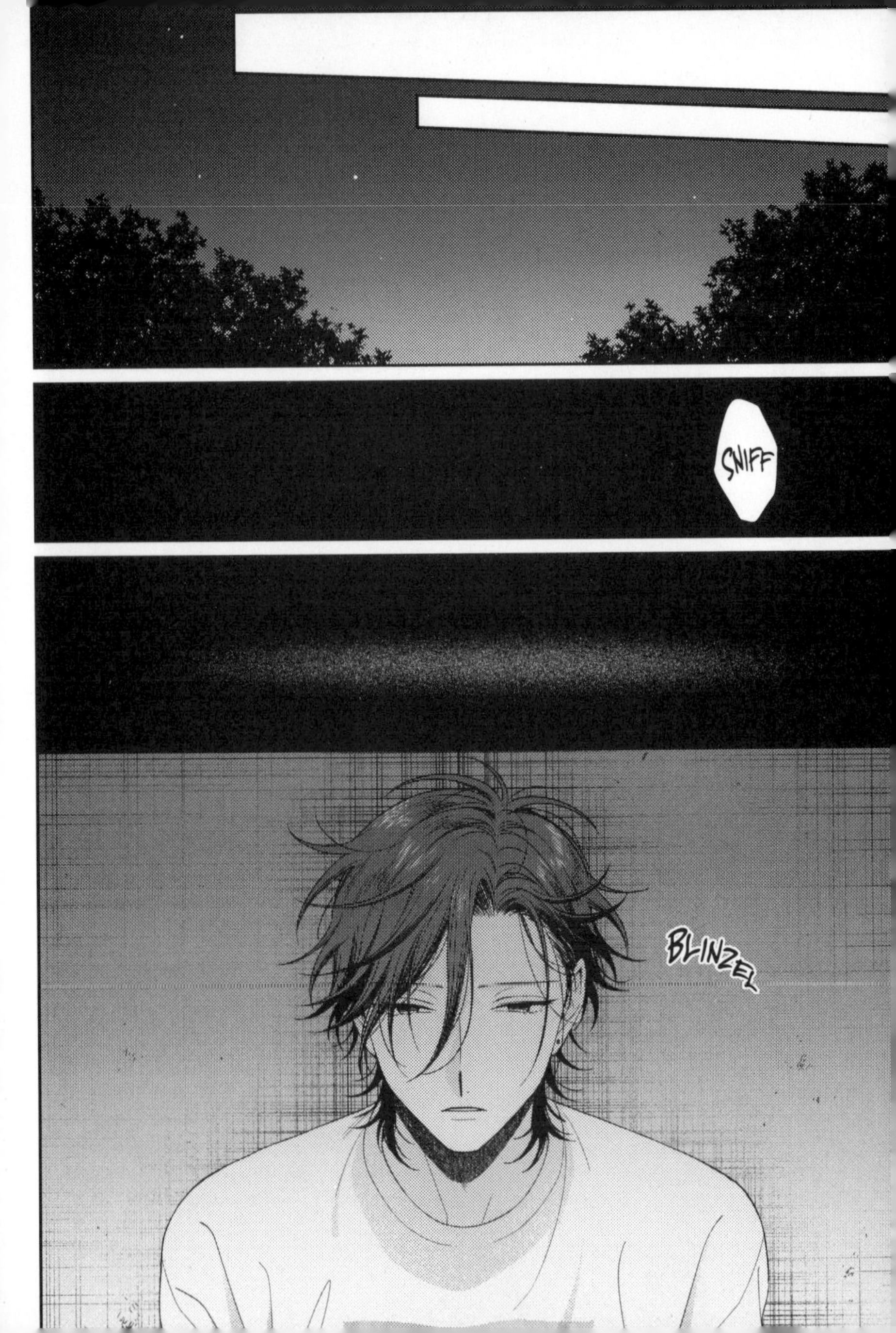
SNIFF
BLINZEL

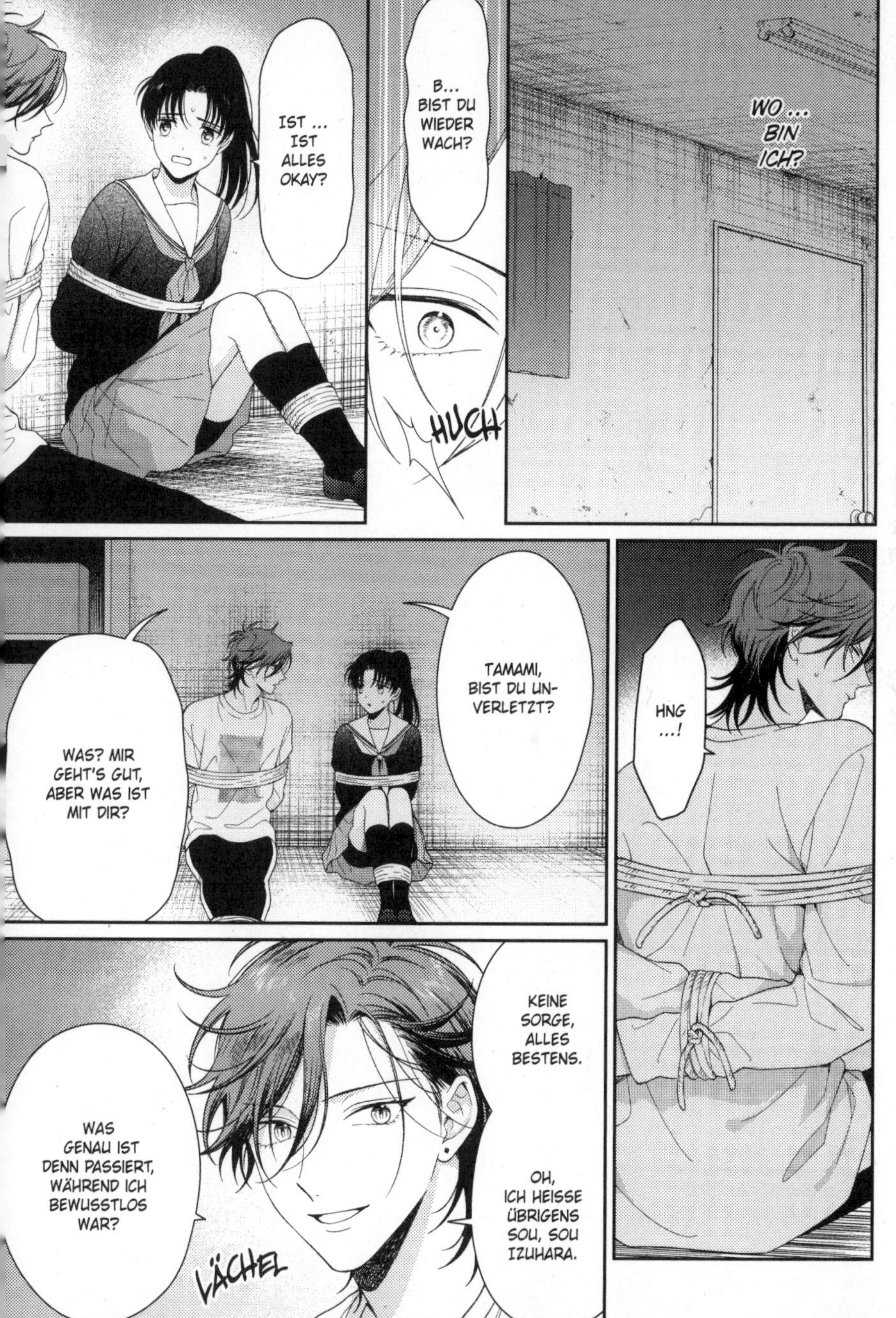
WO ... BIN ICH?
B... BIST DU WIEDER WACH?
HUCH
IST ... IST ALLES OKAY?
HNG ...!
TAMAMI, BIST DU UN-VERLETZT?
WAS? MIR GEHT'S GUT, ABER WAS IST MIT DIR?
KEINE SORGE, ALLES BESTENS.
OH, ICH HEISSE ÜBRIGENS SOU, SOU IZUHARA.
WAS GENAU IST DENN PASSIERT, WÄHREND ICH BEWUSSTLOS WAR?
LÄCHEL

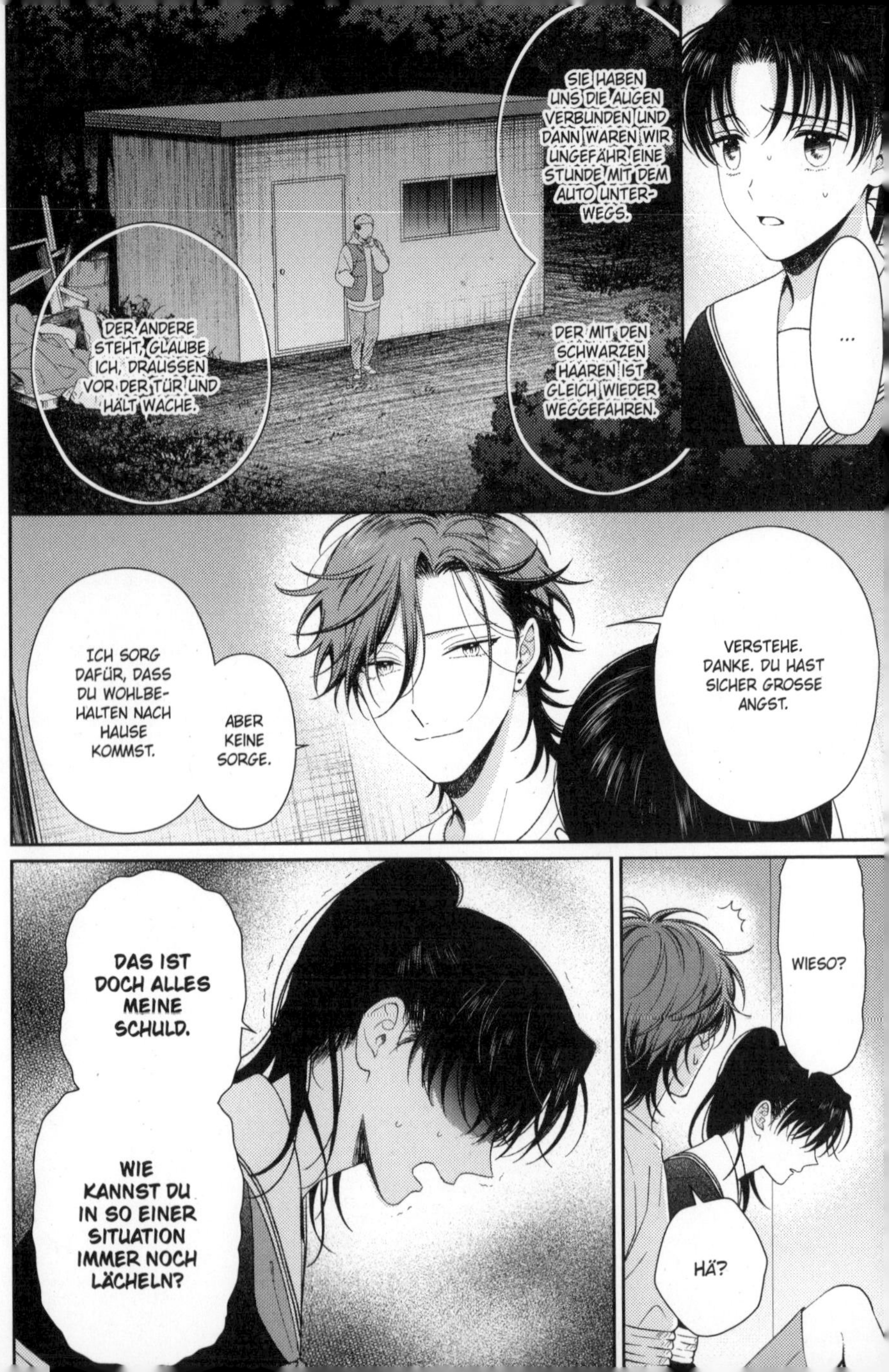

SIE HABEN UNS DIE AUGEN VERBUNDEN UND DANN WAREN WIR UNGEFÄHR EINE STUNDE MIT DEM AUTO UNTER-WEGS.

DER MIT DEN SCHWARZEN HAAREN IST GLEICH WIEDER WEGGEFAHREN.

DER ANDERE STEHT, GLAUBE ICH, DRAUSSEN VOR DER TÜR UND HÄLT WACHE.

...

VERSTEHE. DANKE. DU HAST SICHER GROSSE ANGST.

ABER KEINE SORGE.

ICH SORG DAFÜR, DASS DU WOHLBE-HALTEN NACH HAUSE KOMMST.

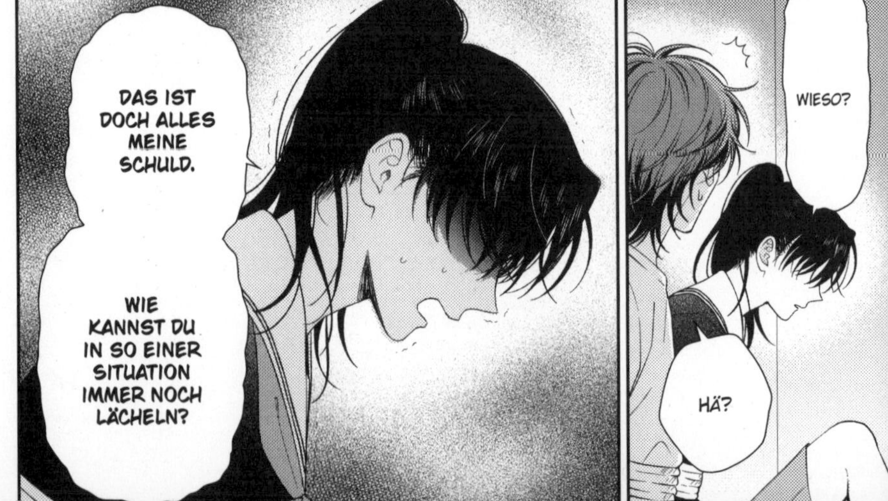

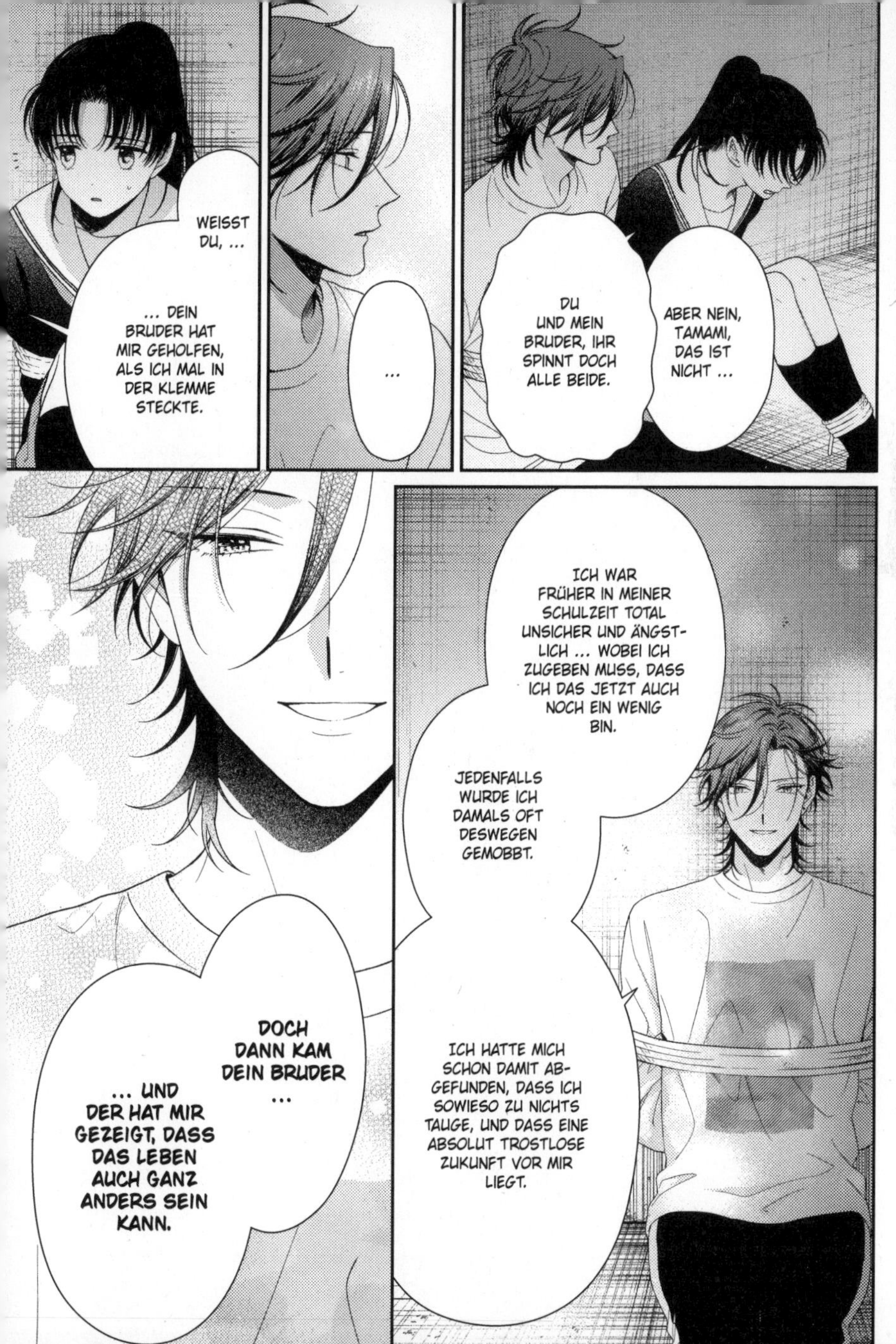
WEISST DU, …
… DEIN BRUDER HAT MIR GEHOLFEN, ALS ICH MAL IN DER KLEMME STECKTE.
…
ABER NEIN, TAMAMI, DAS IST NICHT …
DU UND MEIN BRUDER, IHR SPINNT DOCH ALLE BEIDE.
ICH WAR FRÜHER IN MEINER SCHULZEIT TOTAL UNSICHER UND ÄNGST-LICH … WOBEI ICH ZUGEBEN MUSS, DASS ICH DAS JETZT AUCH NOCH EIN WENIG BIN.
JEDENFALLS WURDE ICH DAMALS OFT DESWEGEN GEMOBBT.
ICH HATTE MICH SCHON DAMIT AB-GEFUNDEN, DASS ICH SOWIESO ZU NICHTS TAUGE, UND DASS EINE ABSOLUT TROSTLOSE ZUKUNFT VOR MIR LIEGT.
DOCH DANN KAM DEIN BRUDER …
… UND DER HAT MIR GEZEIGT, DASS DAS LEBEN AUCH GANZ ANDERS SEIN KANN.

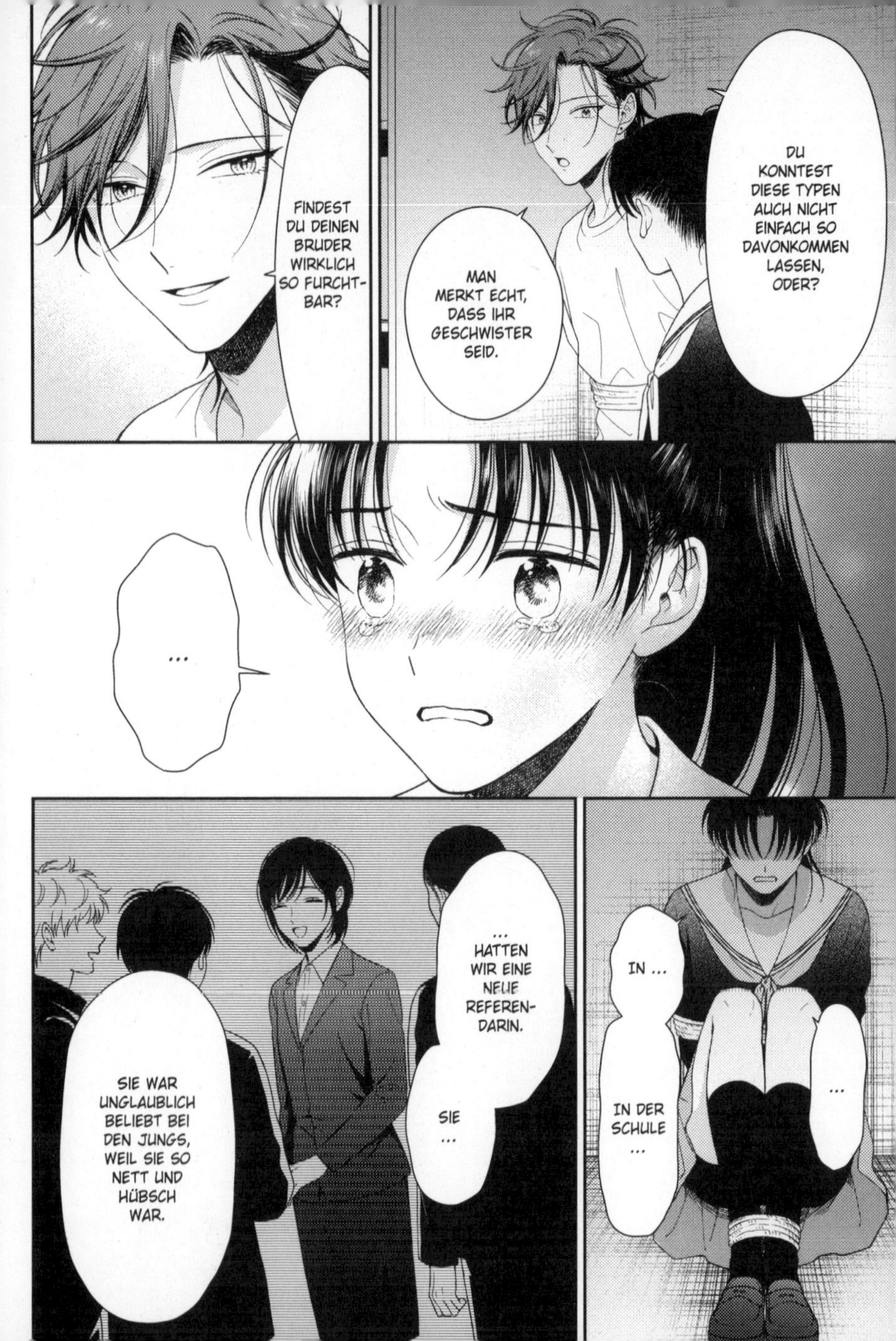
DU KONNTEST DIESE TYPEN AUCH NICHT EINFACH SO DAVONKOMMEN LASSEN, ODER?
MAN MERKT ECHT, DASS IHR GESCHWISTER SEID.
FINDEST DU DEINEN BRUDER WIRKLICH SO FURCHT-BAR?
...
IN ...
IN DER SCHULE ...
...
... HATTEN WIR EINE NEUE REFEREN-DARIN.
SIE ...
SIE WAR UNGLAUBLICH BELIEBT BEI DEN JUNGS, WEIL SIE SO NETT UND HÜBSCH WAR.

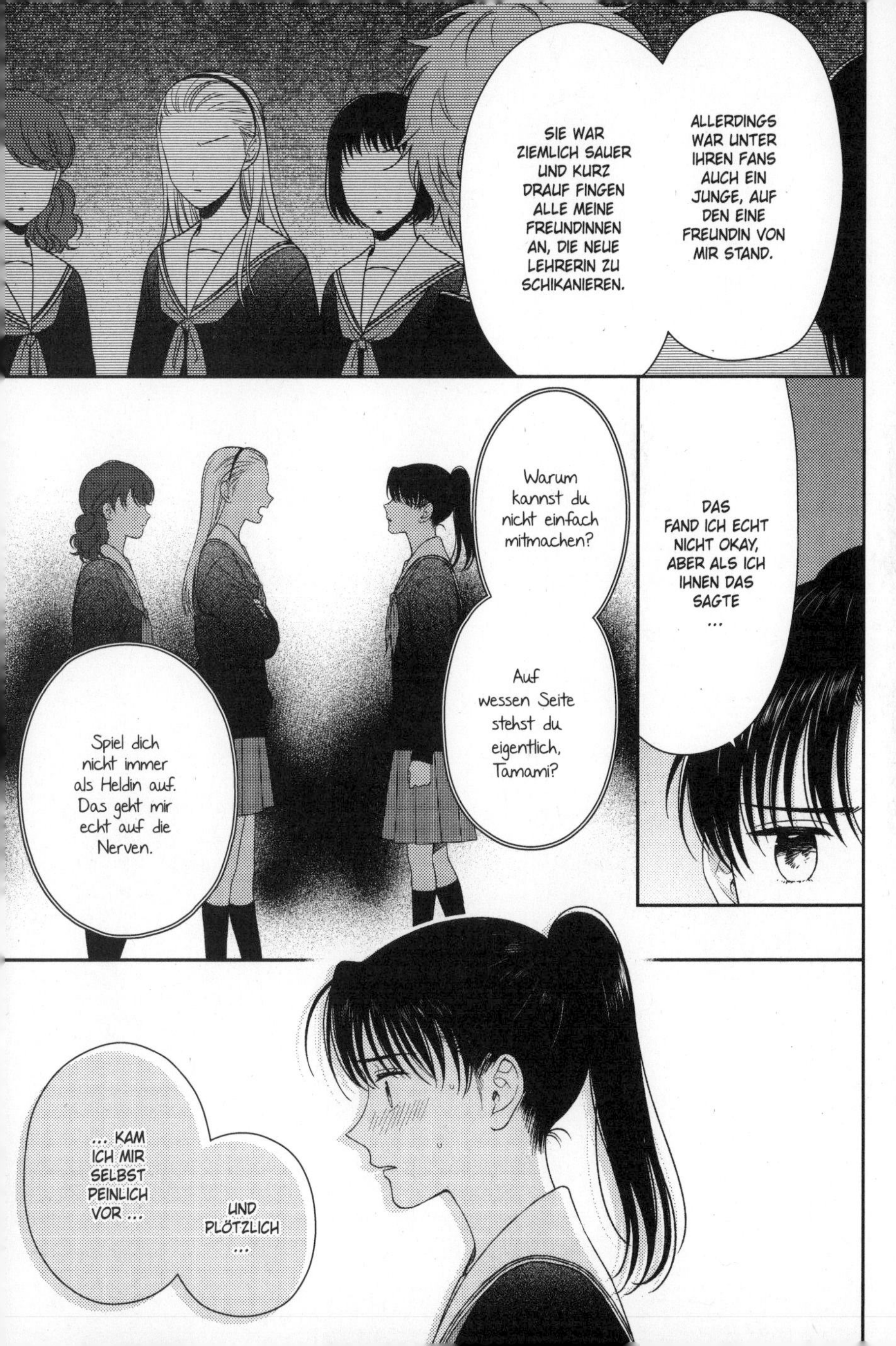
ALLERDINGS WAR UNTER IHREN FANS AUCH EIN JUNGE, AUF DEN EINE FREUNDIN VON MIR STAND.
SIE WAR ZIEMLICH SAUER UND KURZ DRAUF FINGEN ALLE MEINE FREUNDINNEN AN, DIE NEUE LEHRERIN ZU SCHIKANIEREN.
DAS FAND ICH ECHT NICHT OKAY, ABER ALS ICH IHNEN DAS SAGTE ...
Warum kannst du nicht einfach mitmachen?
Auf wessen Seite stehst du eigentlich, Tamami?
Spiel dich nicht immer als Heldin auf. Das geht mir echt auf die Nerven.
... KAM ICH MIR SELBST PEINLICH VOR ...
UND PLÖTZLICH ...

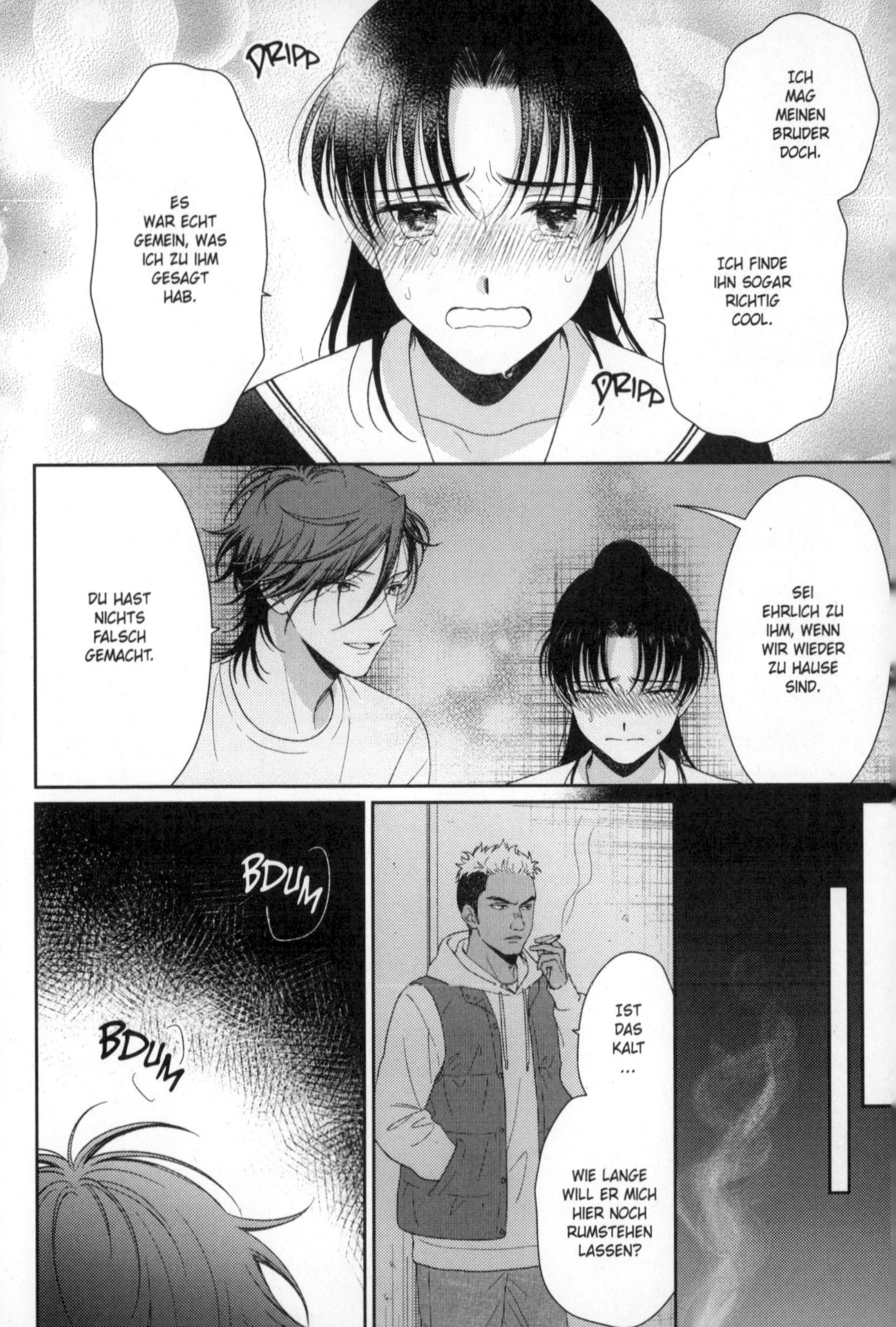
DRIPP
ICH MAG MEINEN BRUDER DOCH.
ICH FINDE IHN SOGAR RICHTIG COOL.
ES WAR ECHT GEMEIN, WAS ICH ZU IHM GESAGT HAB.
DRIPP
SEI EHRLICH ZU IHM, WENN WIR WIEDER ZU HAUSE SIND.
DU HAST NICHTS FALSCH GEMACHT.
IST DAS KALT …
WIE LANGE WILL ER MICH HIER NOCH RUMSTEHEN LASSEN?
BDUM
BDUM

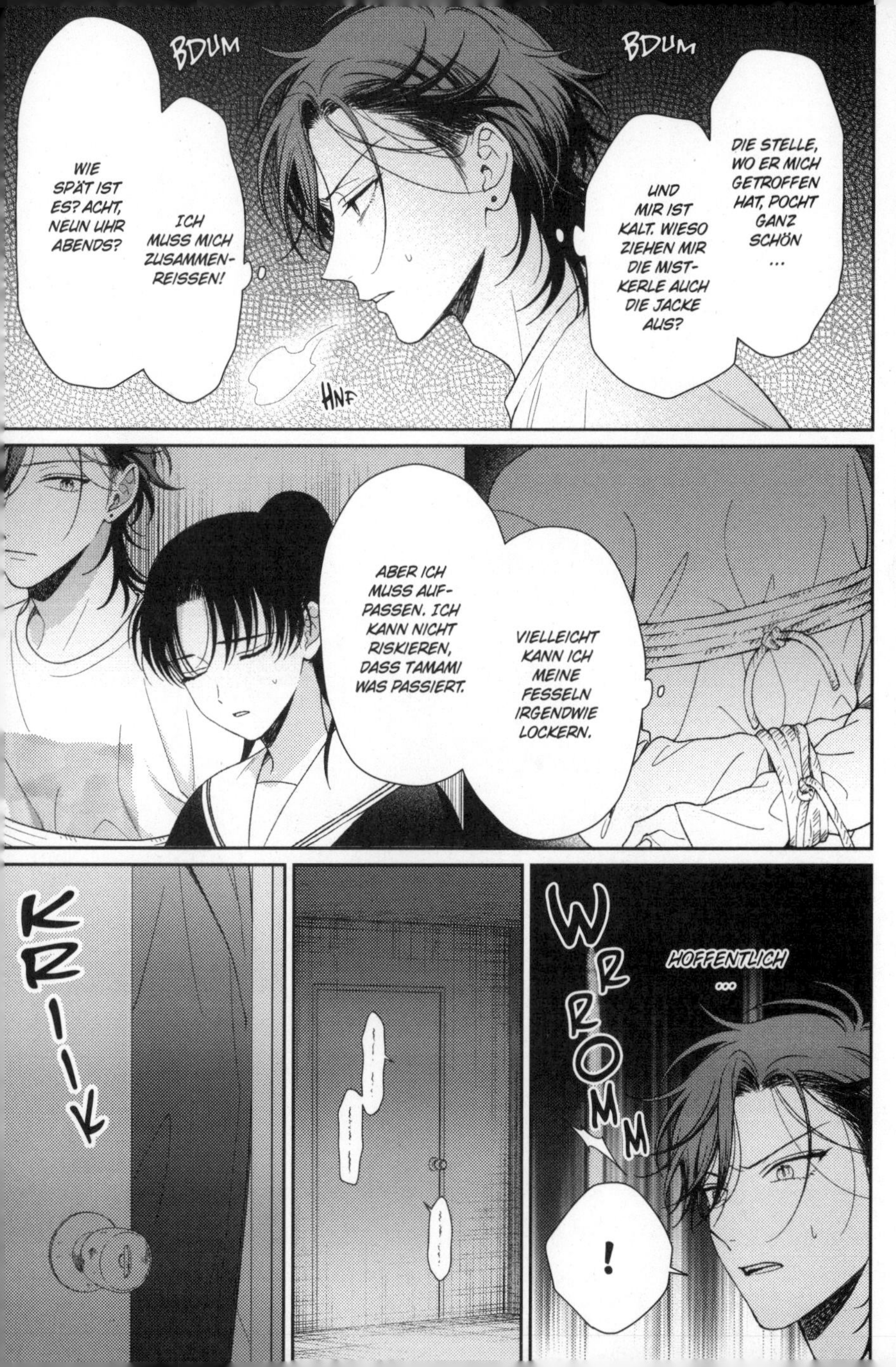

BDUM
DIE STELLE, WO ER MICH GETROFFEN HAT, POCHT GANZ SCHÖN ...
UND MIR IST KALT. WIESO ZIEHEN MIR DIE MIST-KERLE AUCH DIE JACKE AUS?
BDUM
ICH MUSS MICH ZUSAMMEN-REISSEN!
WIE SPÄT IST ES? ACHT, NEUN UHR ABENDS?
HNF

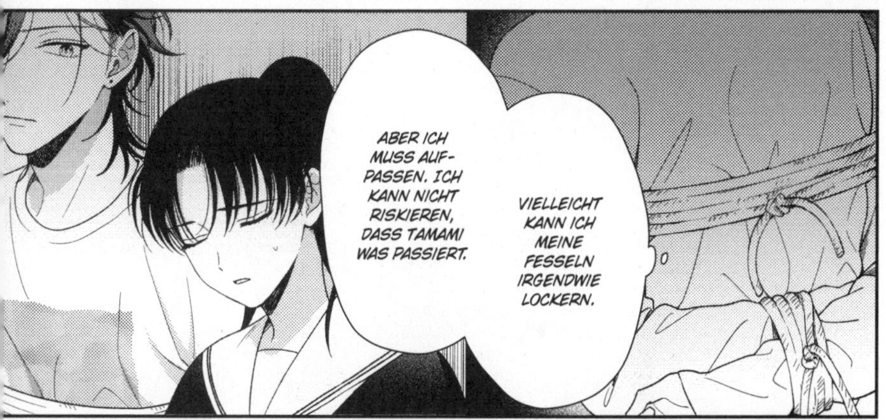

HOFFENTLICH ...
WRROMM
!
KRIIK

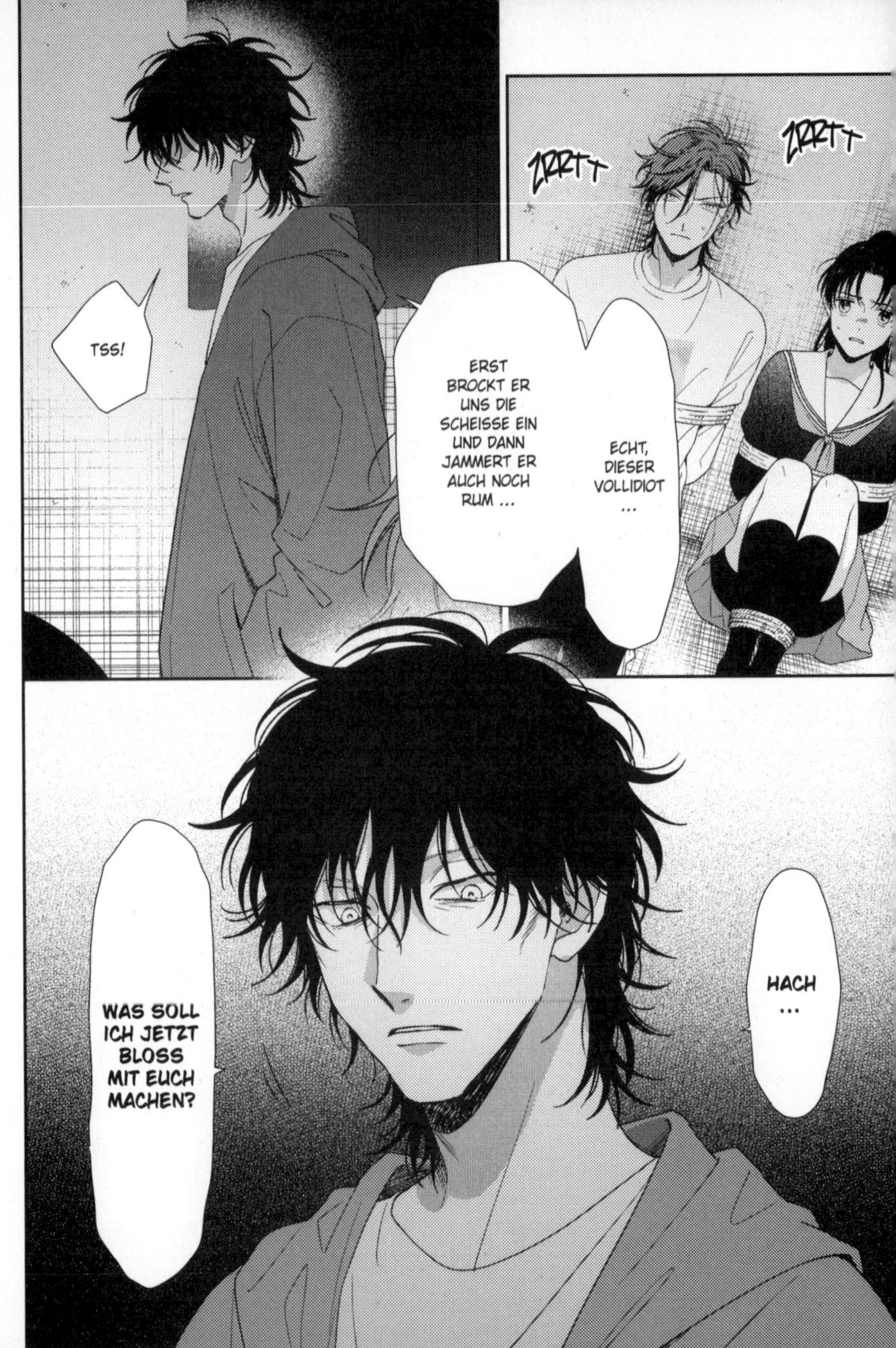
ZRRTT
ZRRTT
ECHT, DIESER VOLLIDIOT …
ERST BROCKT ER UNS DIE SCHEISSE EIN UND DANN JAMMERT ER AUCH NOCH RUM …
TSS!
HACH …
WAS SOLL ICH JETZT BLOSS MIT EUCH MACHEN?

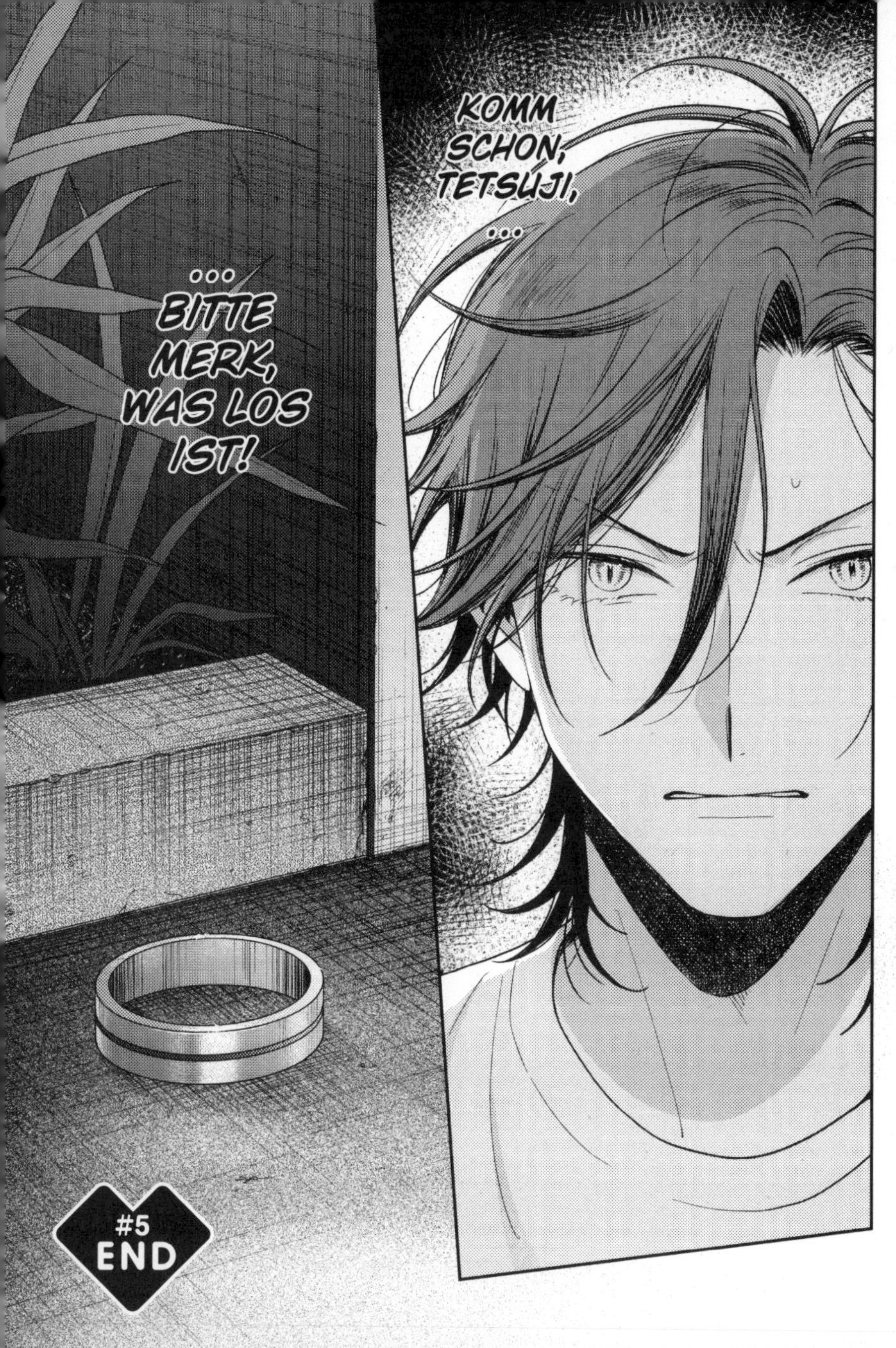
KOMM SCHON, TETSUJI,
...
... BITTE MERK, WAS LOS IST!
#5 END

Hinter den Kulissen bei VOICE, Teil 1

Etwa die Hälfte von Sous Kleidung hat Chiwa ihm überlassen oder für ihn ausgesucht. Inzwischen ist Sou ganz begeistert vom Oversize-Style.

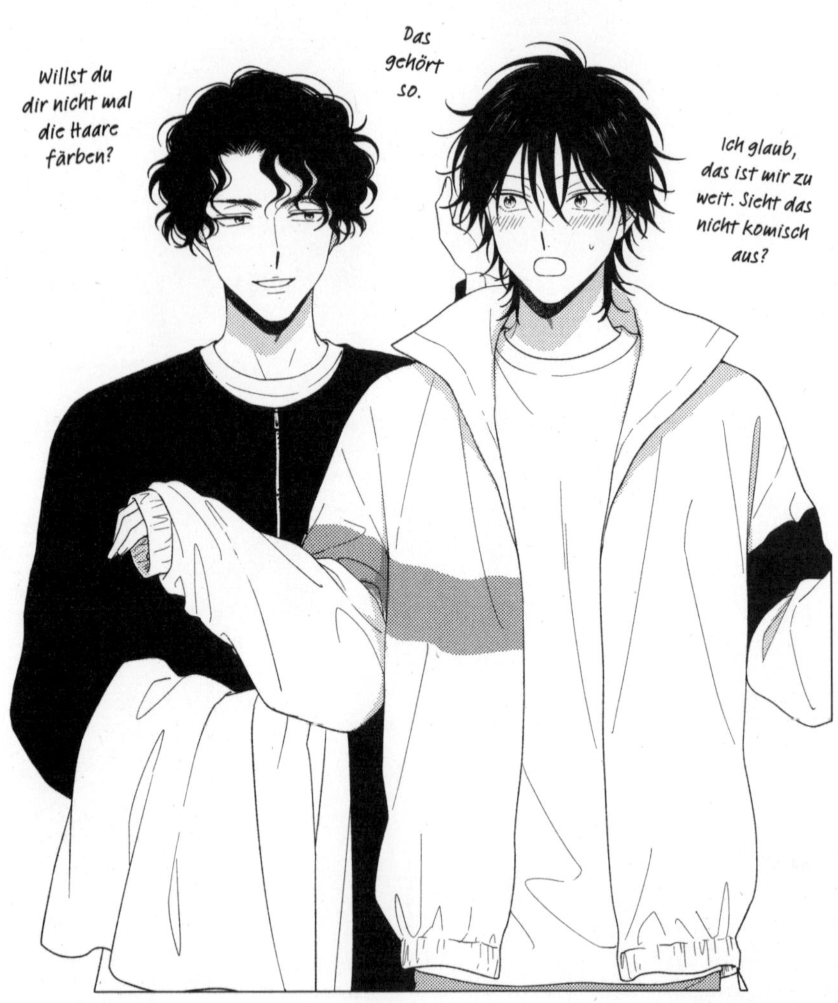

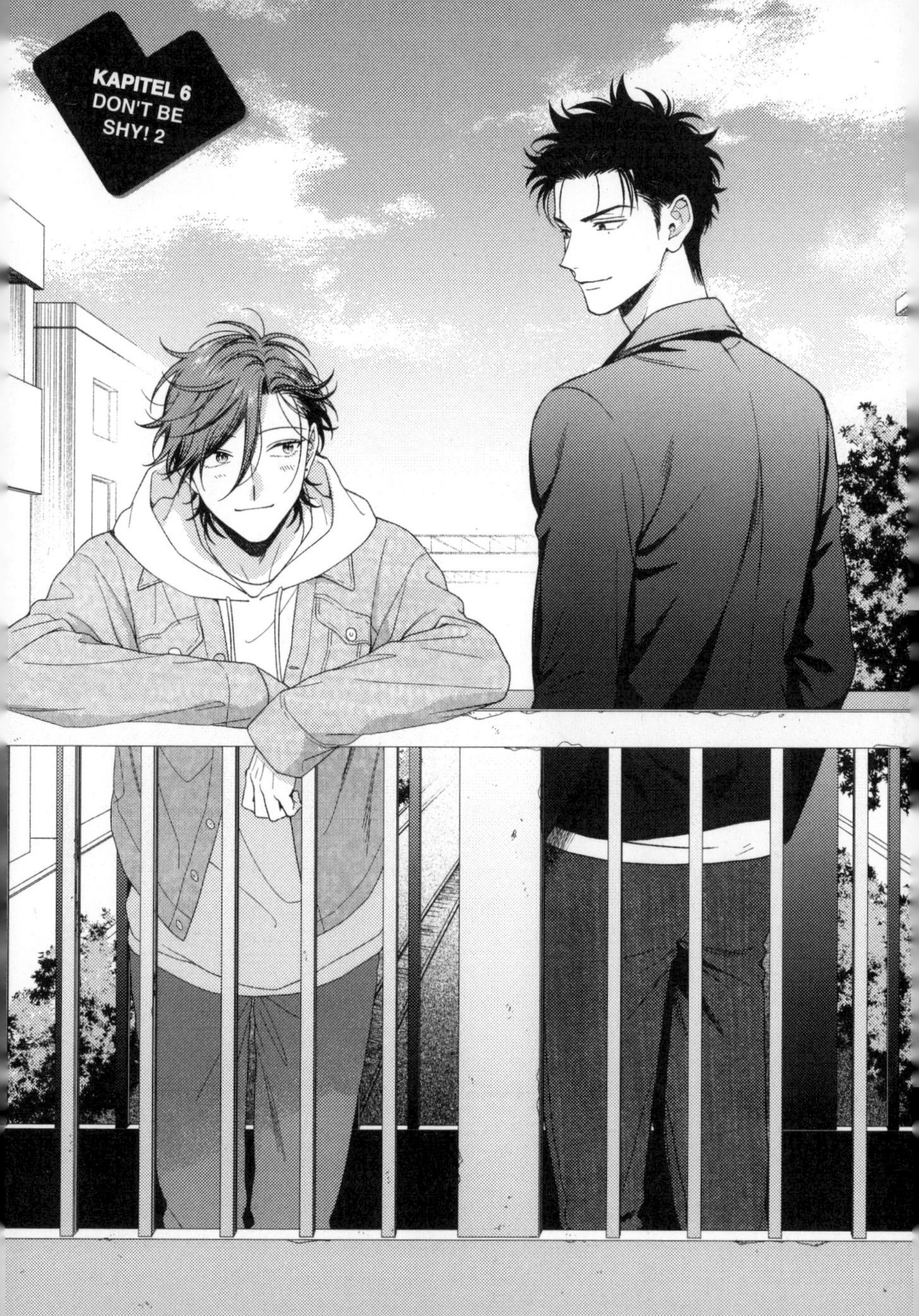
KAPITEL 6
DON'T BE
SHY! 2

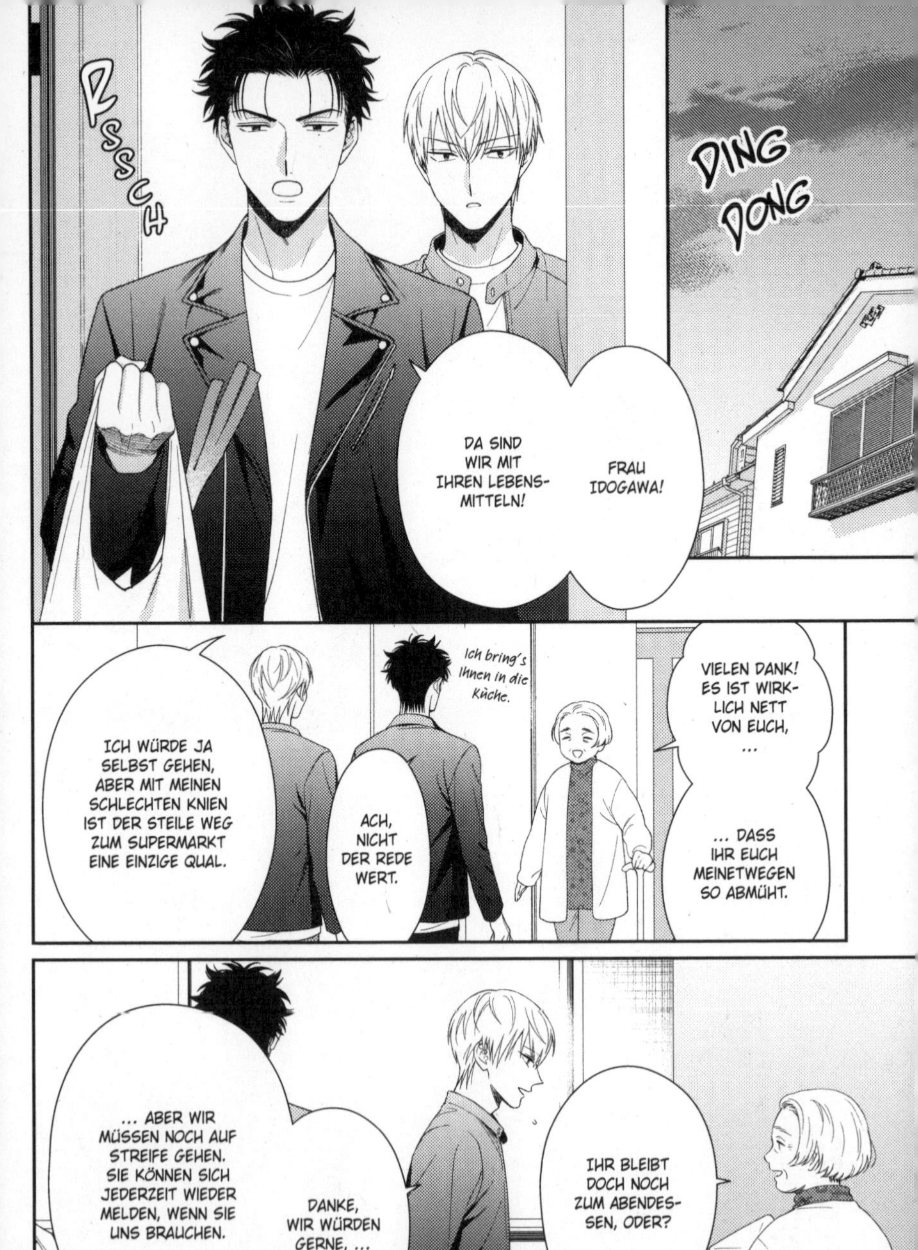
DING DONG
RSSCH
FRAU IDOGAWA!
DA SIND WIR MIT IHREN LEBENSMITTELN!
VIELEN DANK! ES IST WIRKLICH NETT VON EUCH, ...
... DASS IHR EUCH MEINETWEGEN SO ABMÜHT.
Ich bring's Ihnen in die Küche.
ACH, NICHT DER REDE WERT.
ICH WÜRDE JA SELBST GEHEN, ABER MIT MEINEN SCHLECHTEN KNIEN IST DER STEILE WEG ZUM SUPERMARKT EINE EINZIGE QUAL.
IHR BLEIBT DOCH NOCH ZUM ABENDESSEN, ODER?
DANKE, WIR WÜRDEN GERNE, ...
... ABER WIR MÜSSEN NOCH AUF STREIFE GEHEN. SIE KÖNNEN SICH JEDERZEIT WIEDER MELDEN, WENN SIE UNS BRAUCHEN.

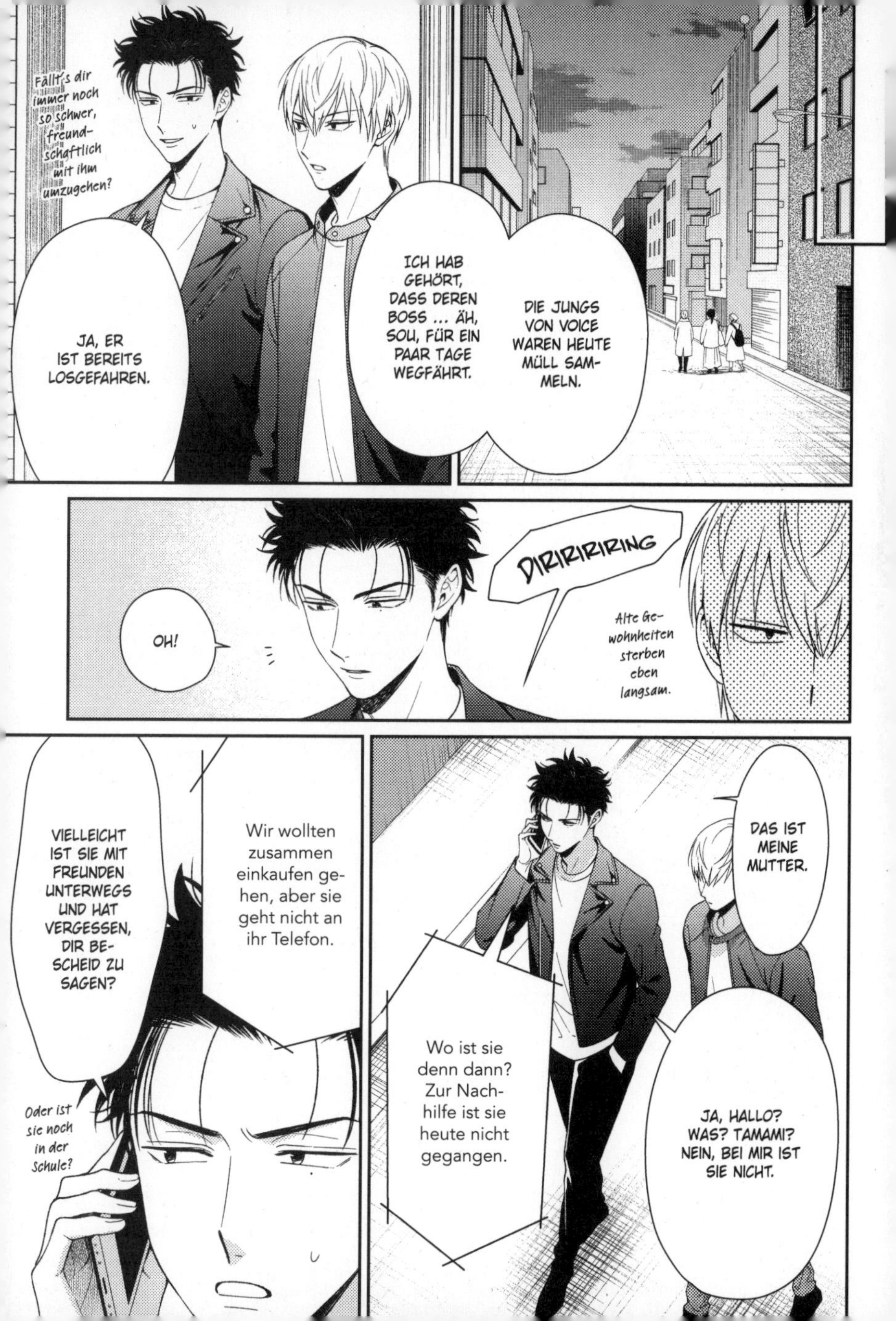

DIE JUNGS VON VOICE WAREN HEUTE MÜLL SAMMELN.

ICH HAB GEHÖRT, DASS DEREN BOSS … ÄH, SOU, FÜR EIN PAAR TAGE WEGFÄHRT.

JA, ER IST BEREITS LOSGEFAHREN.

Fällt's dir immer noch so schwer, freundschaftlich mit ihm umzugehen?

DIRIRIRIRING

Alte Gewohnheiten sterben eben langsam.

OH!

DAS IST MEINE MUTTER.

JA, HALLO? WAS? TAMAMI? NEIN, BEI MIR IST SIE NICHT.

Wo ist sie denn dann? Zur Nachhilfe ist sie heute nicht gegangen.

Wir wollten zusammen einkaufen gehen, aber sie geht nicht an ihr Telefon.

VIELLEICHT IST SIE MIT FREUNDEN UNTERWEGS UND HAT VERGESSEN, DIR BESCHEID ZU SAGEN?

Oder ist sie noch in der Schule?

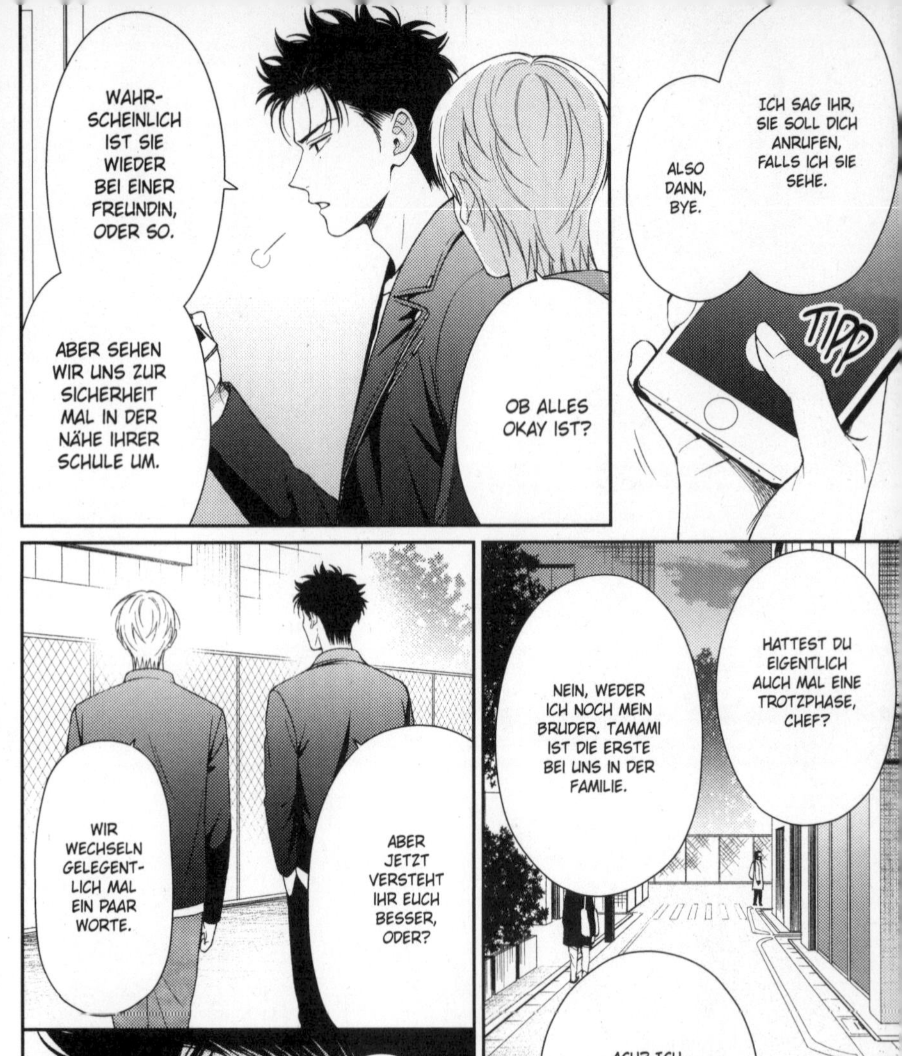
ICH SAG IHR, SIE SOLL DICH ANRUFEN, FALLS ICH SIE SEHE.
ALSO DANN, BYE.
TIPP
WAHR-SCHEINLICH IST SIE WIEDER BEI EINER FREUNDIN, ODER SO.
OB ALLES OKAY IST?
ABER SEHEN WIR UNS ZUR SICHERHEIT MAL IN DER NÄHE IHRER SCHULE UM.
HATTEST DU EIGENTLICH AUCH MAL EINE TROTZPHASE, CHEF?
NEIN, WEDER ICH NOCH MEIN BRUDER. TAMAMI IST DIE ERSTE BEI UNS IN DER FAMILIE.
ACH? ICH HAB MICH MIT MEINEM VATER SOGAR MAL GEPRÜGELT.
ABER JETZT VERSTEHT IHR EUCH BESSER, ODER?
WIR WECHSELN GELEGENT-LICH MAL EIN PAAR WORTE.
NA JA, DANN ...
ZIIING

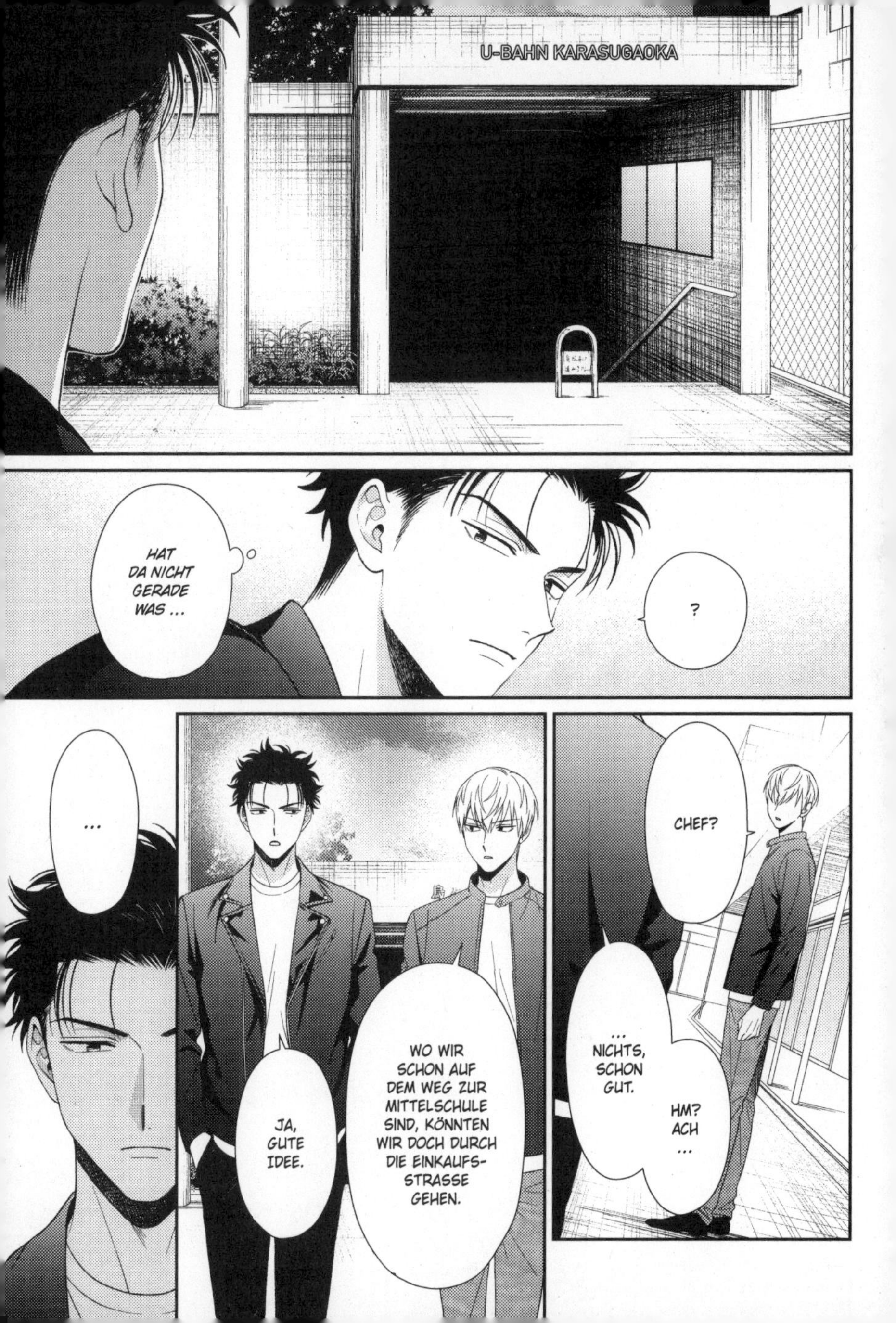

U-BAHN KARASUGAOKA

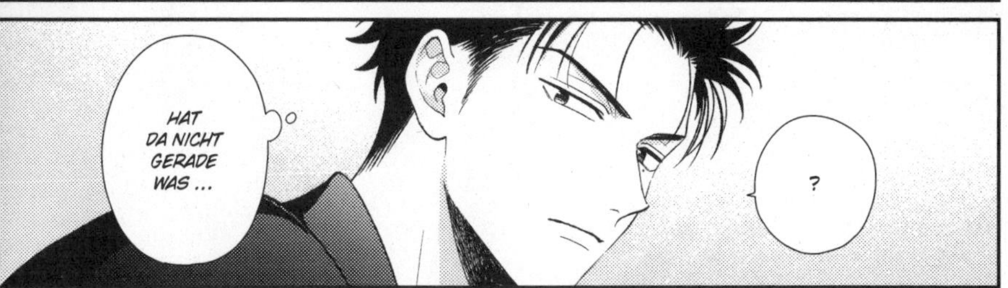
?
HAT DA NICHT GERADE WAS …

CHEF?
… NICHTS, SCHON GUT.
HM? ACH …
WO WIR SCHON AUF DEM WEG ZUR MITTELSCHULE SIND, KÖNNTEN WIR DOCH DURCH DIE EINKAUFS-STRASSE GEHEN.
JA, GUTE IDEE.
…

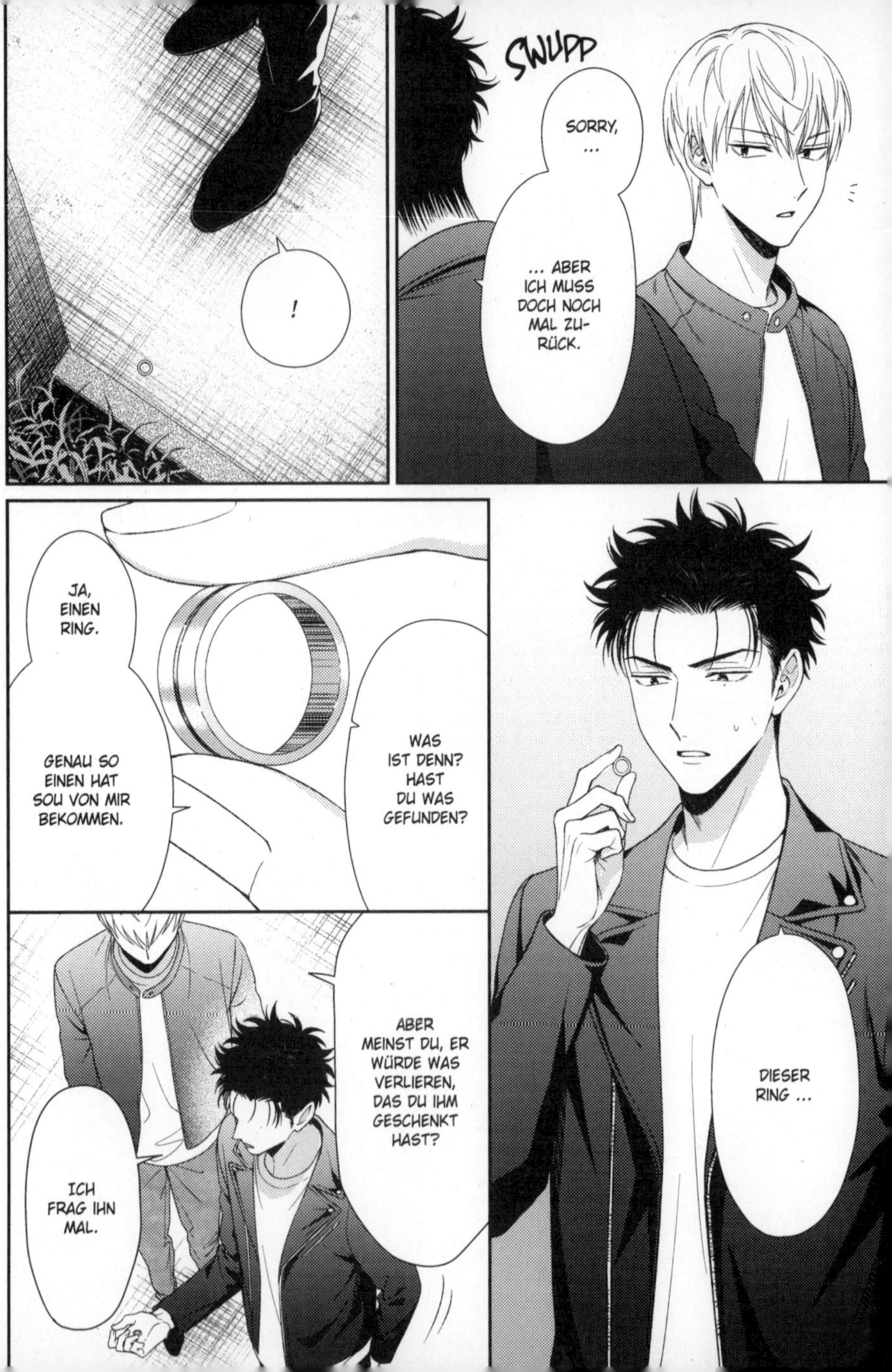

SWUPP

SORRY, …

… ABER ICH MUSS DOCH NOCH MAL ZURÜCK.

!

DIESER RING …

WAS IST DENN? HAST DU WAS GEFUNDEN?

JA, EINEN RING.

GENAU SO EINEN HAT SOU VON MIR BEKOMMEN.

ABER MEINST DU, ER WÜRDE WAS VERLIEREN, DAS DU IHM GESCHENKT HAST?

ICH FRAG IHN MAL.

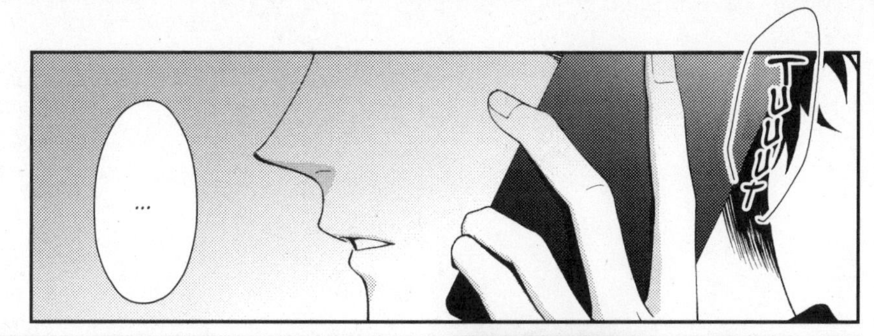
TUUUT
...

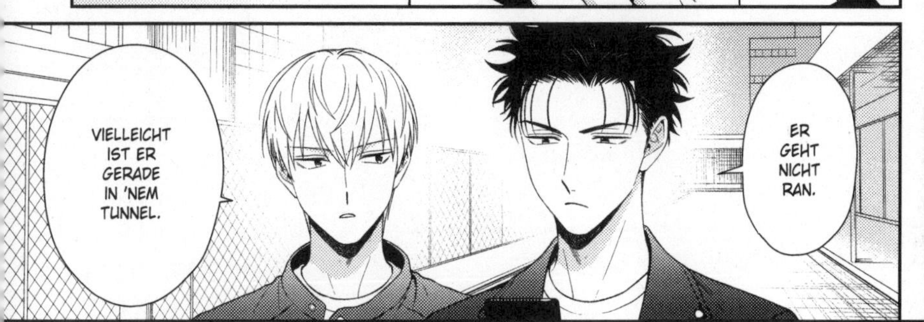
ER GEHT NICHT RAN.
VIELLEICHT IST ER GERADE IN 'NEM TUNNEL.

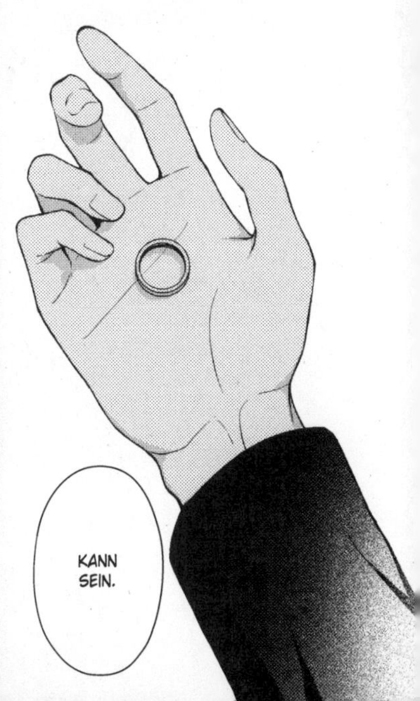
KANN SEIN.

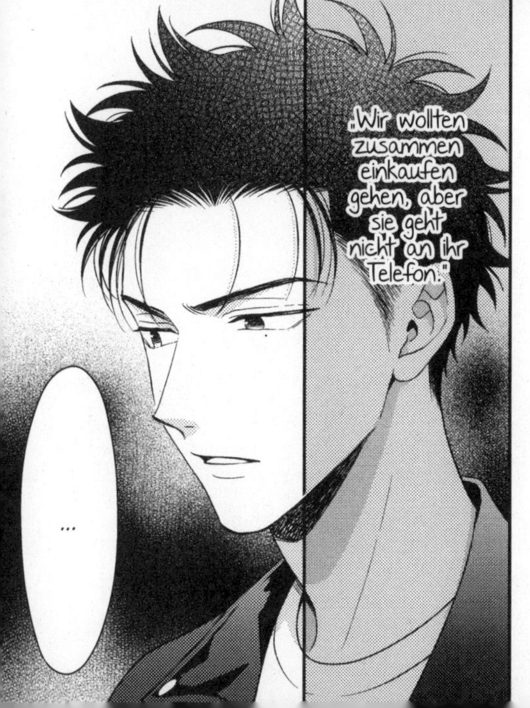
„Wir wollten zusammen einkaufen gehen, aber sie geht nicht an ihr Telefon."
...

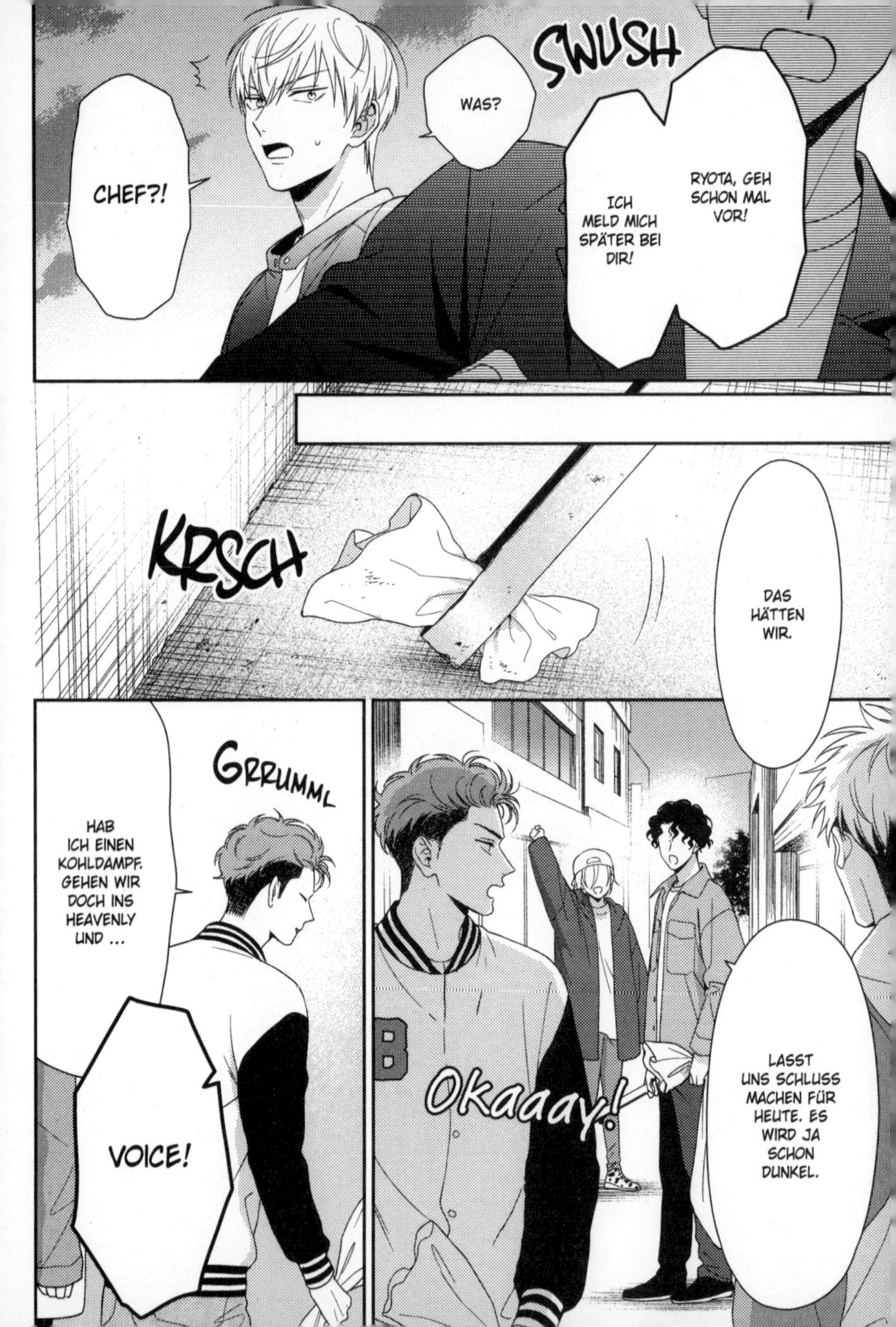
SWUSH
RYOTA, GEH SCHON MAL VOR!
ICH MELD MICH SPÄTER BEI DIR!
WAS?
CHEF?!
KRSCH
DAS HÄTTEN WIR.
LASST UNS SCHLUSS MACHEN FÜR HEUTE. ES WIRD JA SCHON DUNKEL.
Okaaay!
GRRUMML
HAB ICH EINEN KOHLDAMPF. GEHEN WIR DOCH INS HEAVENLY UND …
VOICE!

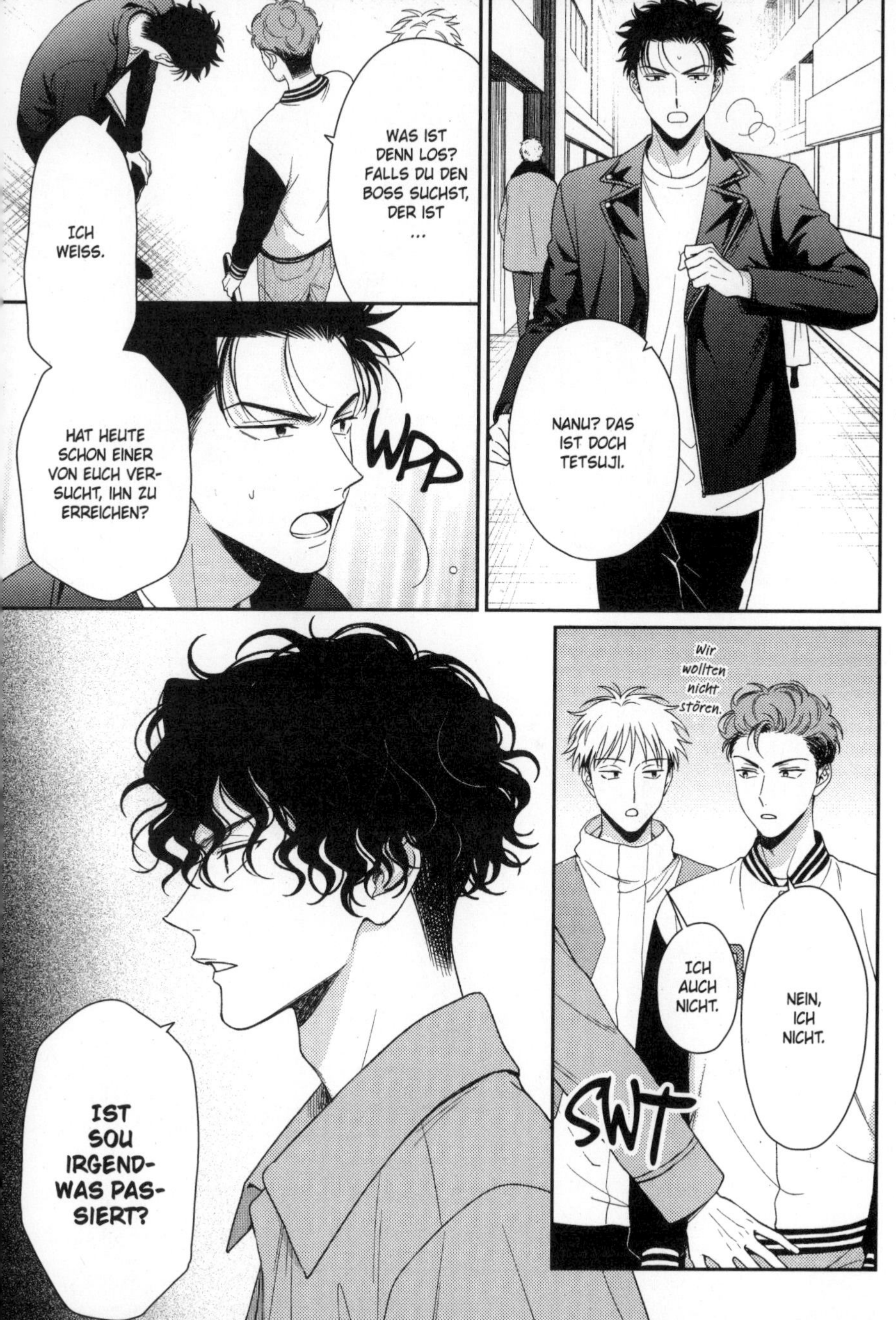
NANU? DAS IST DOCH TETSUJI.
WAS IST DENN LOS? FALLS DU DEN BOSS SUCHST, DER IST …
ICH WEISS.
HAT HEUTE SCHON EINER VON EUCH VER-SUCHT, IHN ZU ERREICHEN?
WPP
Wir wollten nicht stören.
NEIN, ICH NICHT.
ICH AUCH NICHT.
SWT
IST SOU IRGEND-WAS PAS-SIERT?

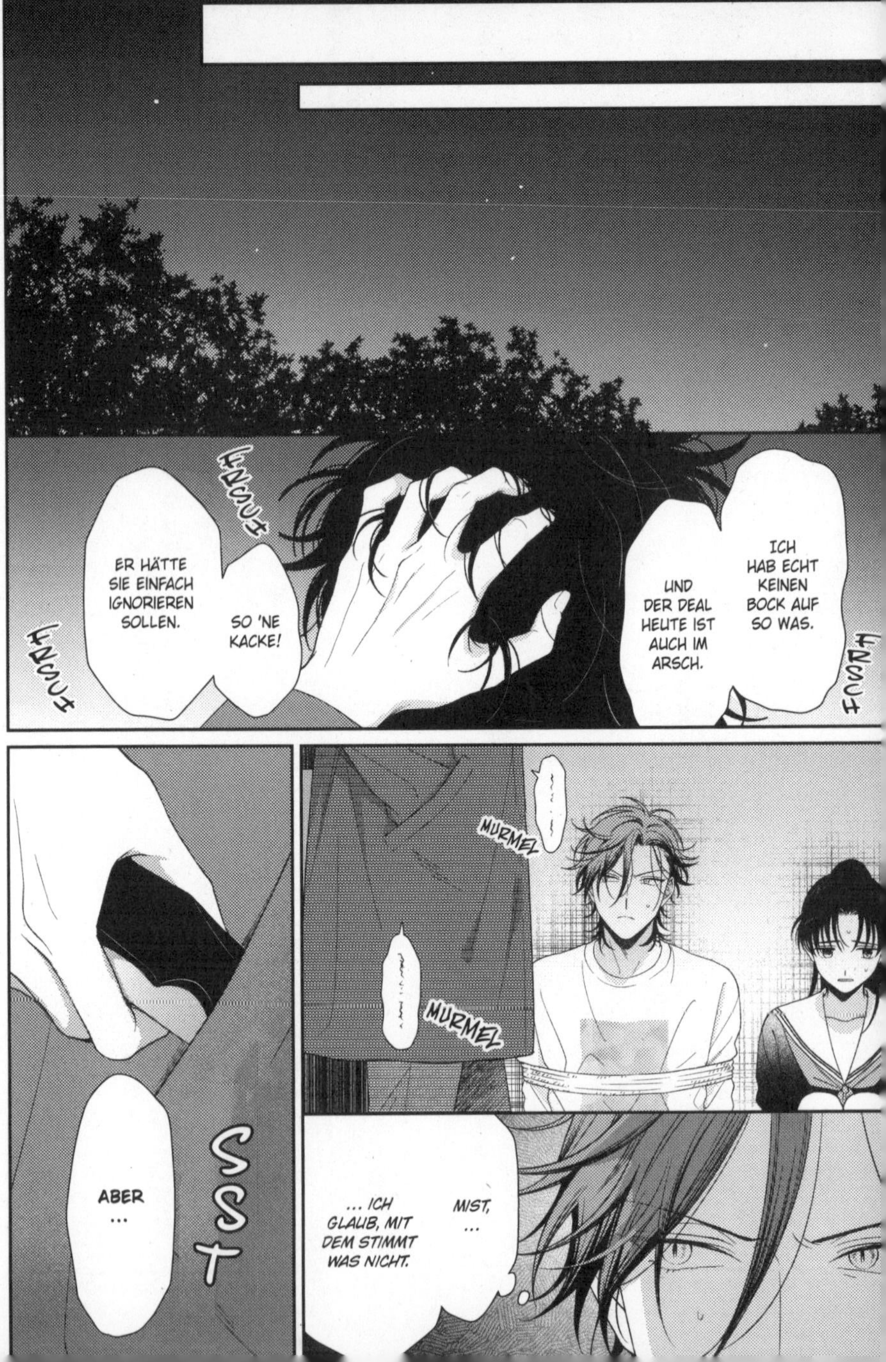

FRSCH

ICH HAB ECHT KEINEN BOCK AUF SO WAS.

UND DER DEAL HEUTE IST AUCH IM ARSCH.

SO 'NE KACKE!

ER HÄTTE SIE EINFACH IGNORIEREN SOLLEN.

FRSCH

FRSCH

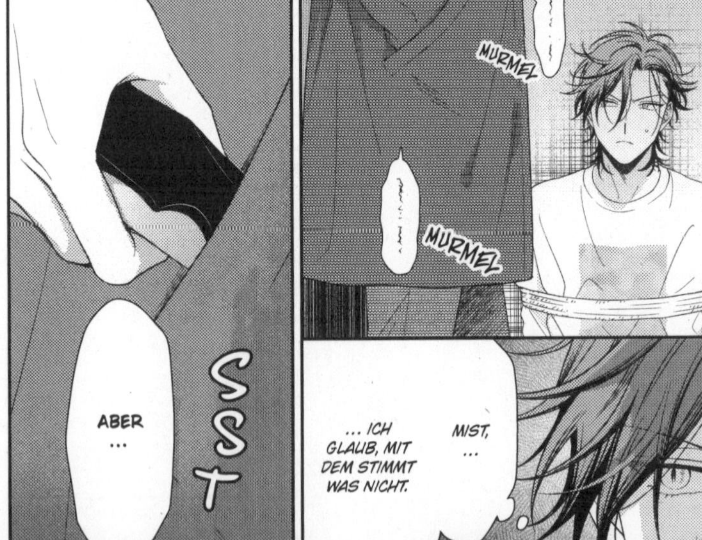

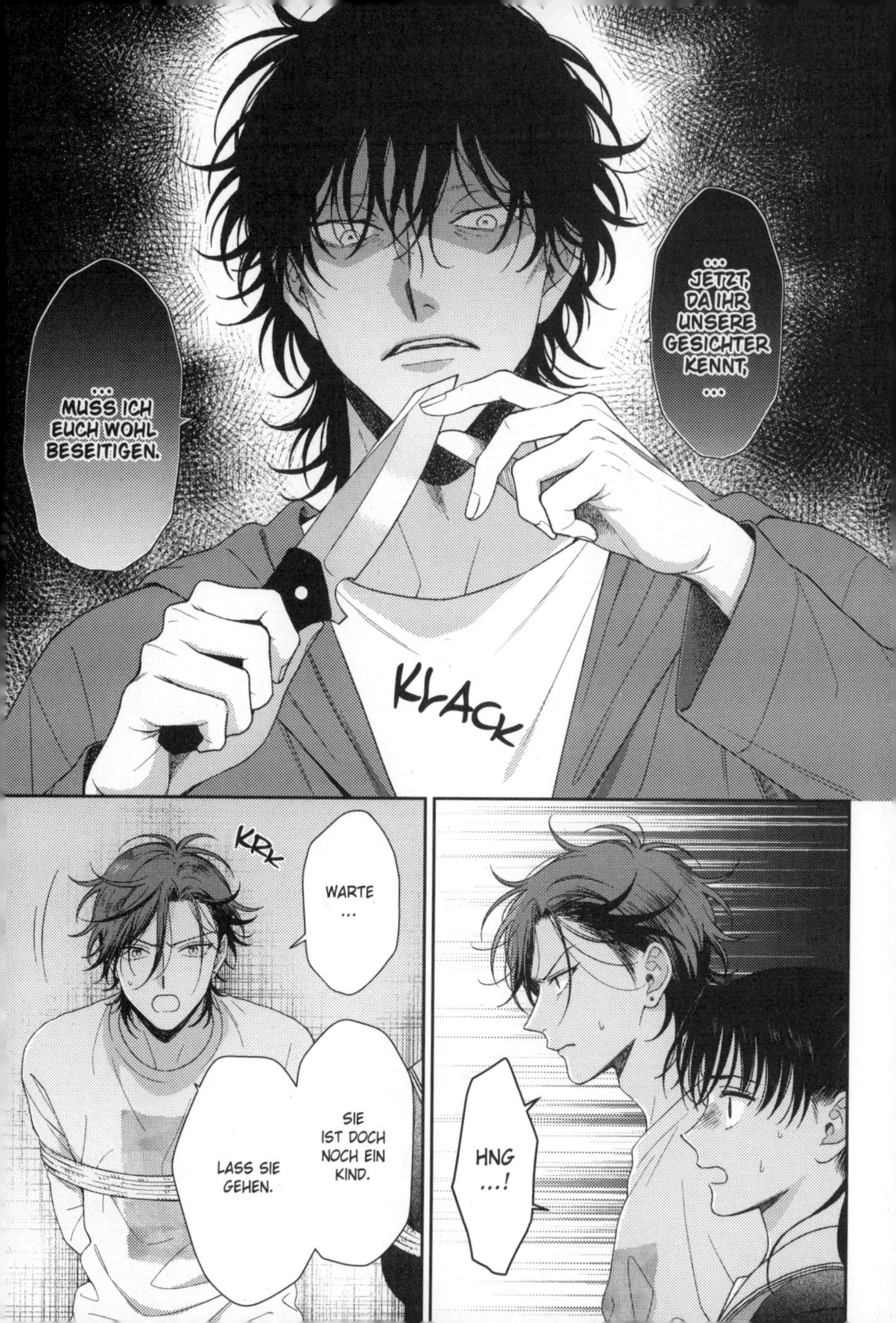
... JETZT, DA IHR UNSERE GESICHTER KENNT, ...
... MUSS ICH EUCH WOHL BESEITIGEN.
KLACK
KRK
WARTE ...
SIE IST DOCH NOCH EIN KIND.
LASS SIE GEHEN.
HNG ...!

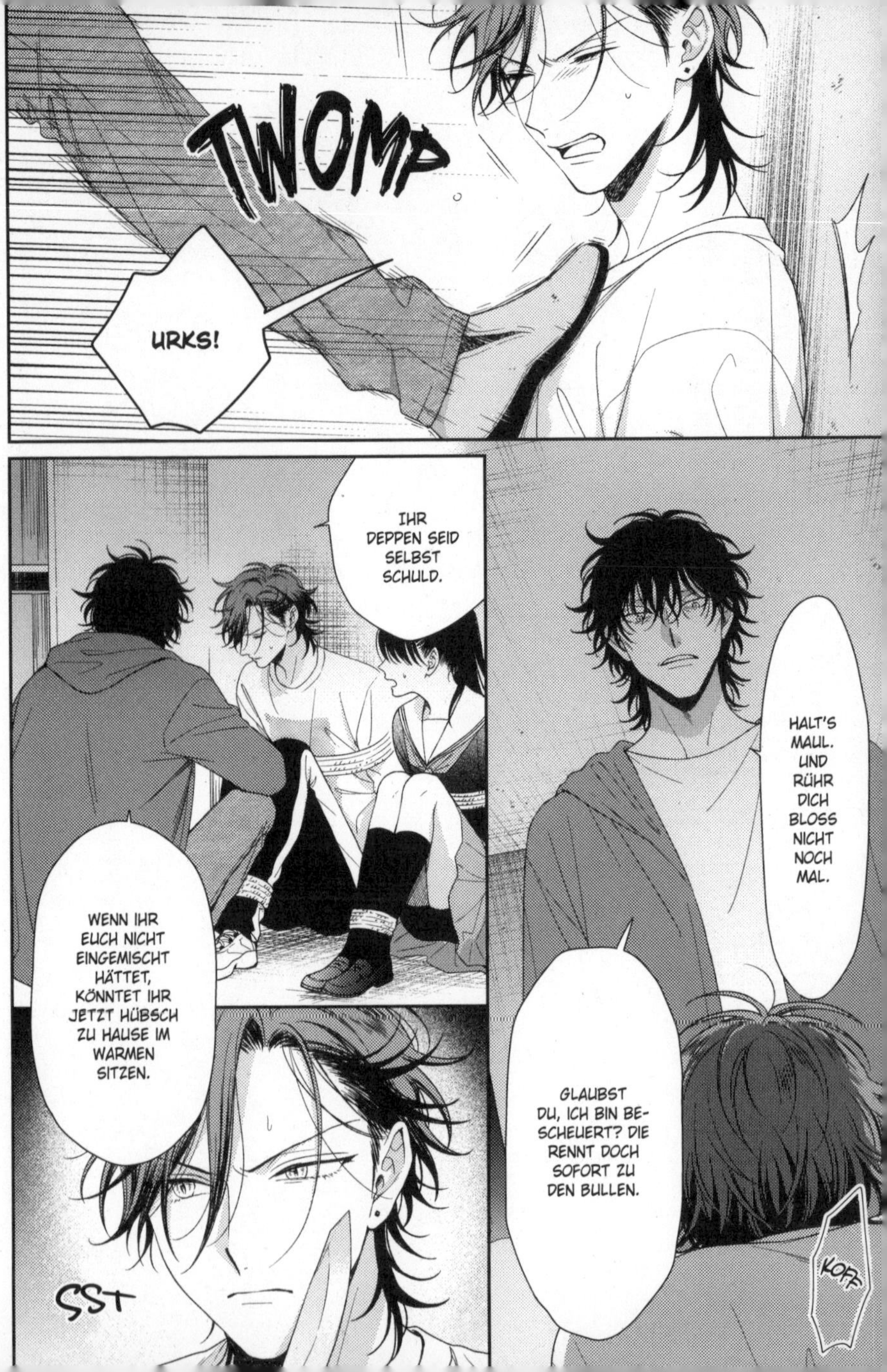

TWOMP

URKS!

HALT'S MAUL. UND RÜHR DICH BLOSS NICHT NOCH MAL.

IHR DEPPEN SEID SELBST SCHULD.

WENN IHR EUCH NICHT EINGEMISCHT HÄTTET, KÖNNTET IHR JETZT HÜBSCH ZU HAUSE IM WARMEN SITZEN.

GLAUBST DU, ICH BIN BE-SCHEUERT? DIE RENNT DOCH SOFORT ZU DEN BULLEN.

KOFF

SST

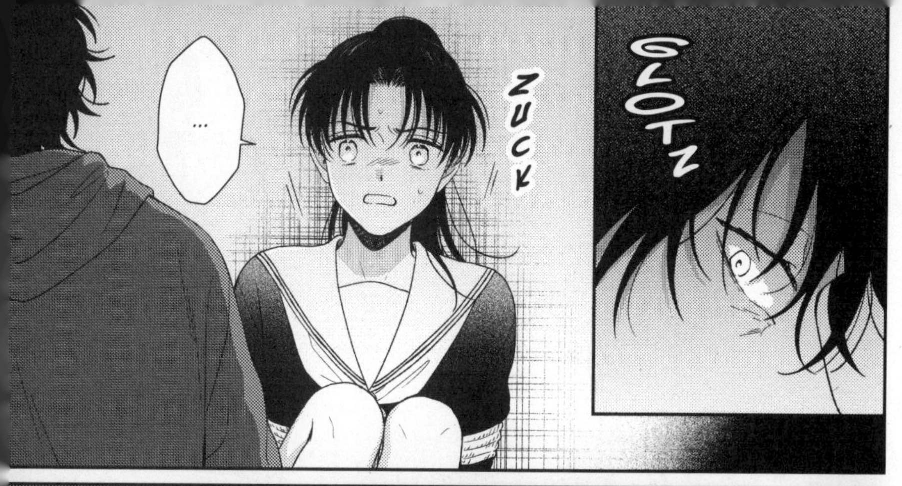
GLOTZ
ZUCK
...

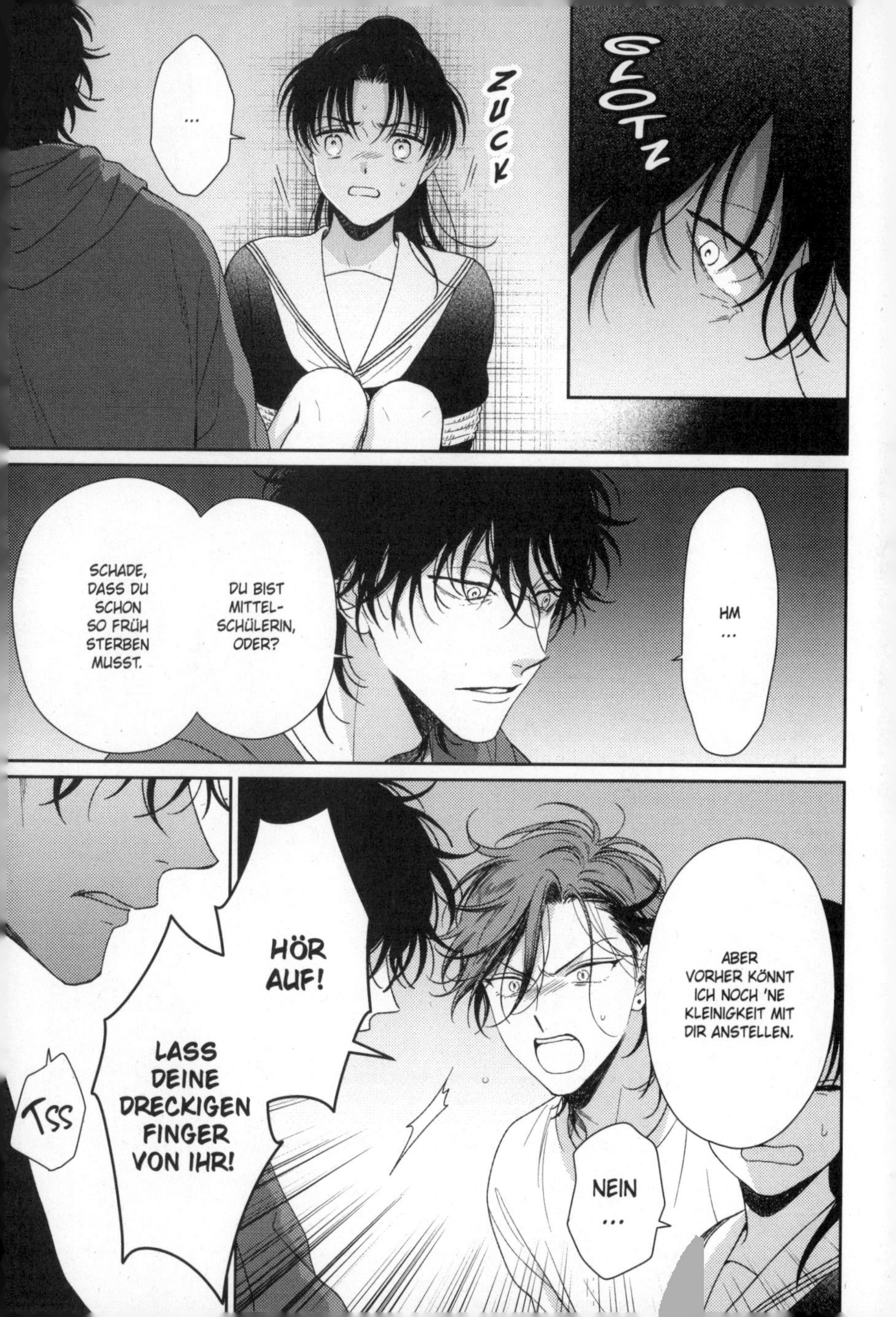

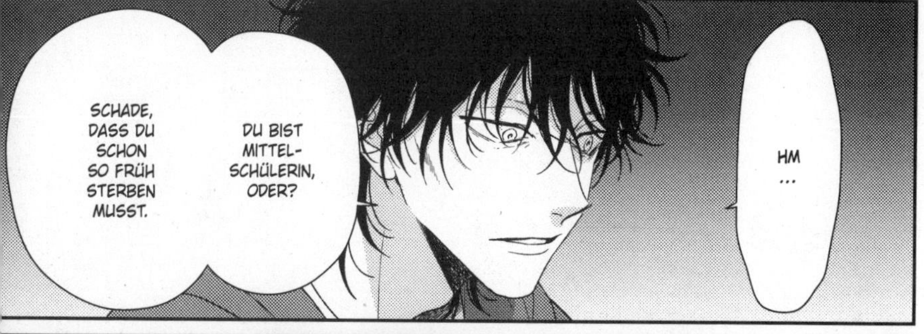
HM ...
DU BIST MITTEL-SCHÜLERIN, ODER?
SCHADE, DASS DU SCHON SO FRÜH STERBEN MUSST.
ABER VORHER KÖNNT ICH NOCH 'NE KLEINIGKEIT MIT DIR ANSTELLEN.
NEIN ...
HÖR AUF!
LASS DEINE DRECKIGEN FINGER VON IHR!
TSS

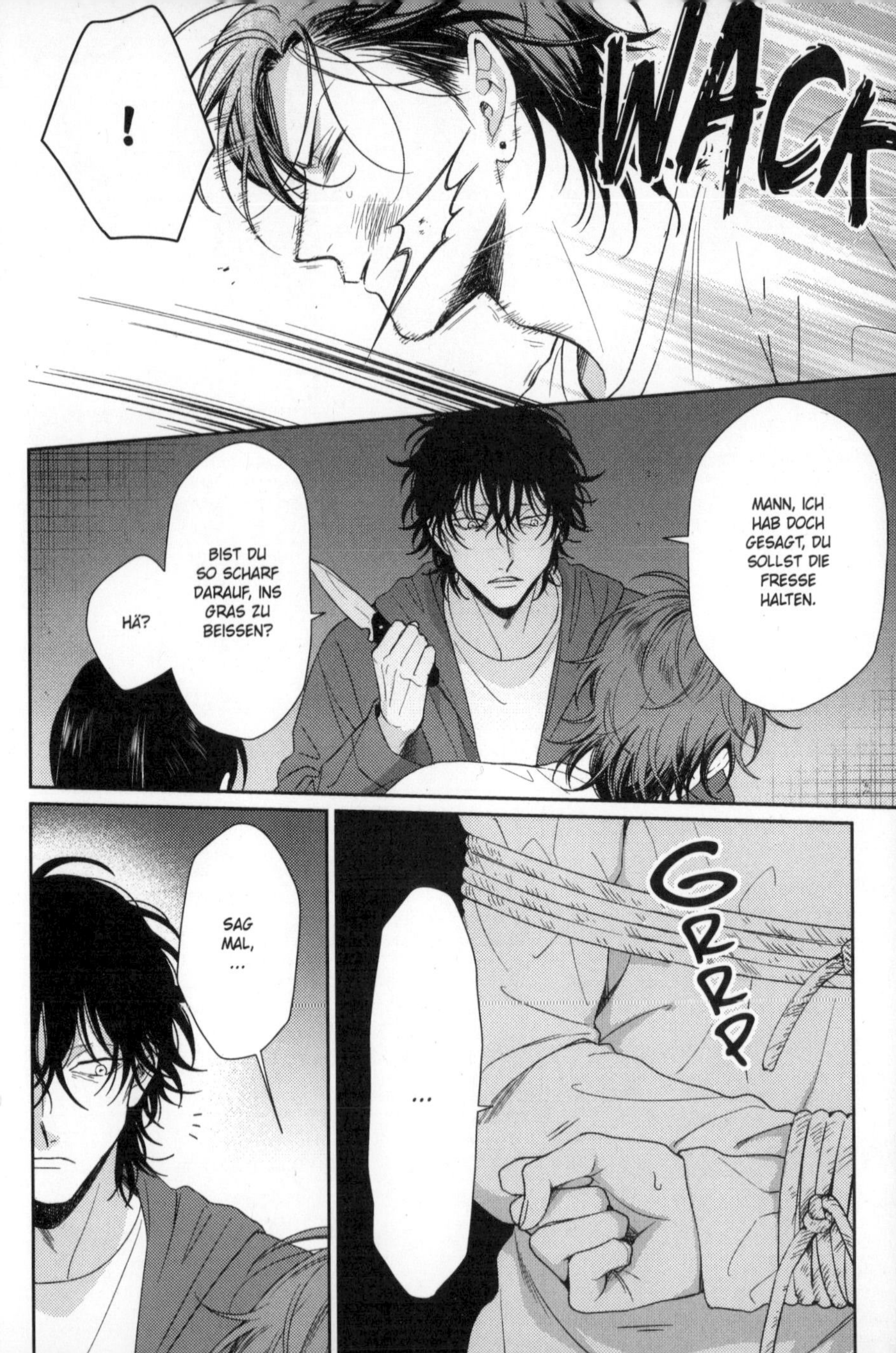

WACK
!
MANN, ICH HAB DOCH GESAGT, DU SOLLST DIE FRESSE HALTEN.
BIST DU SO SCHARF DARAUF, INS GRAS ZU BEISSEN?
HÄ?
GRRP
...
SAG MAL, ...

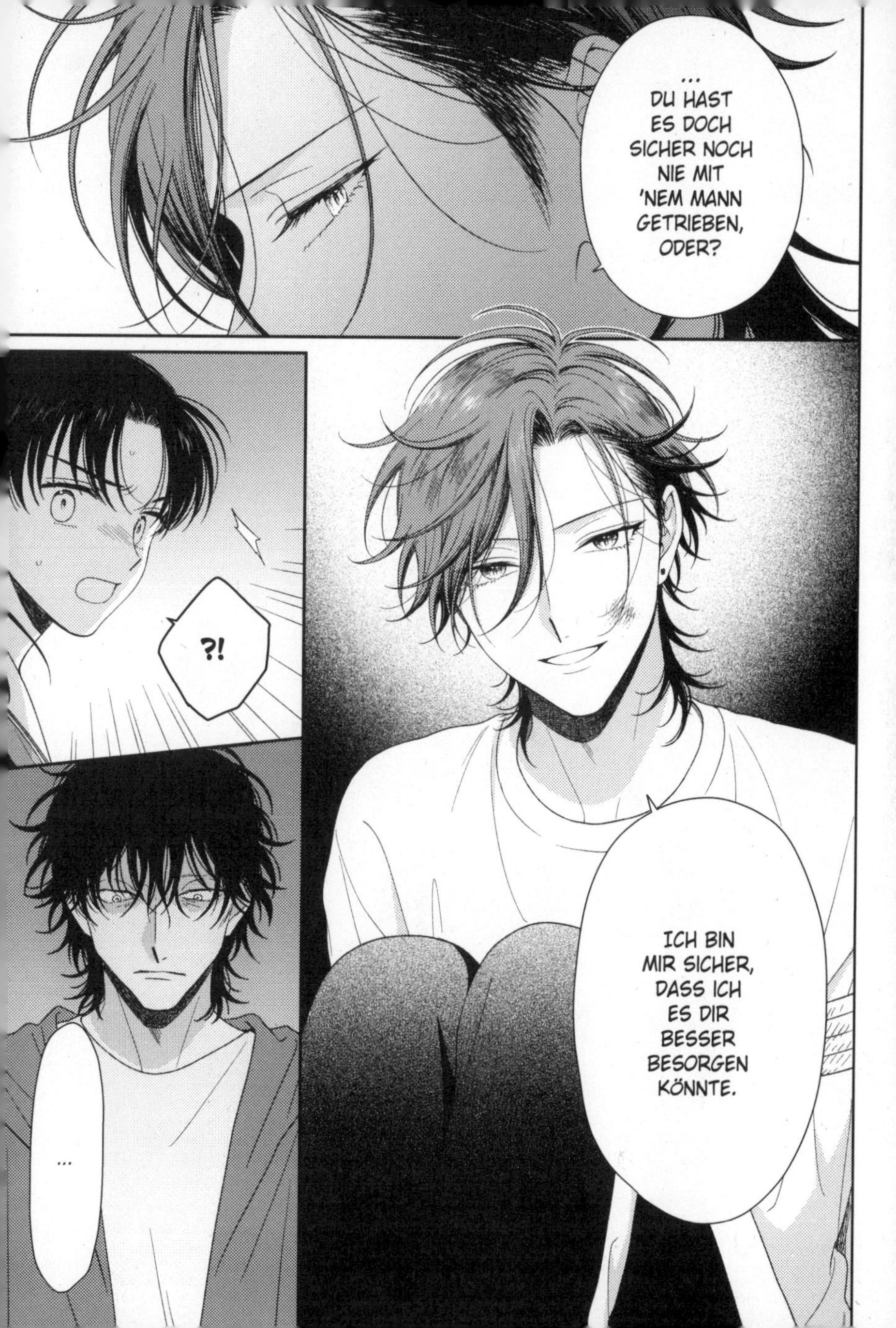
...
DU HAST ES DOCH SICHER NOCH NIE MIT 'NEM MANN GETRIEBEN, ODER?
?!
ICH BIN MIR SICHER, DASS ICH ES DIR BESSER BESORGEN KÖNNTE.
...

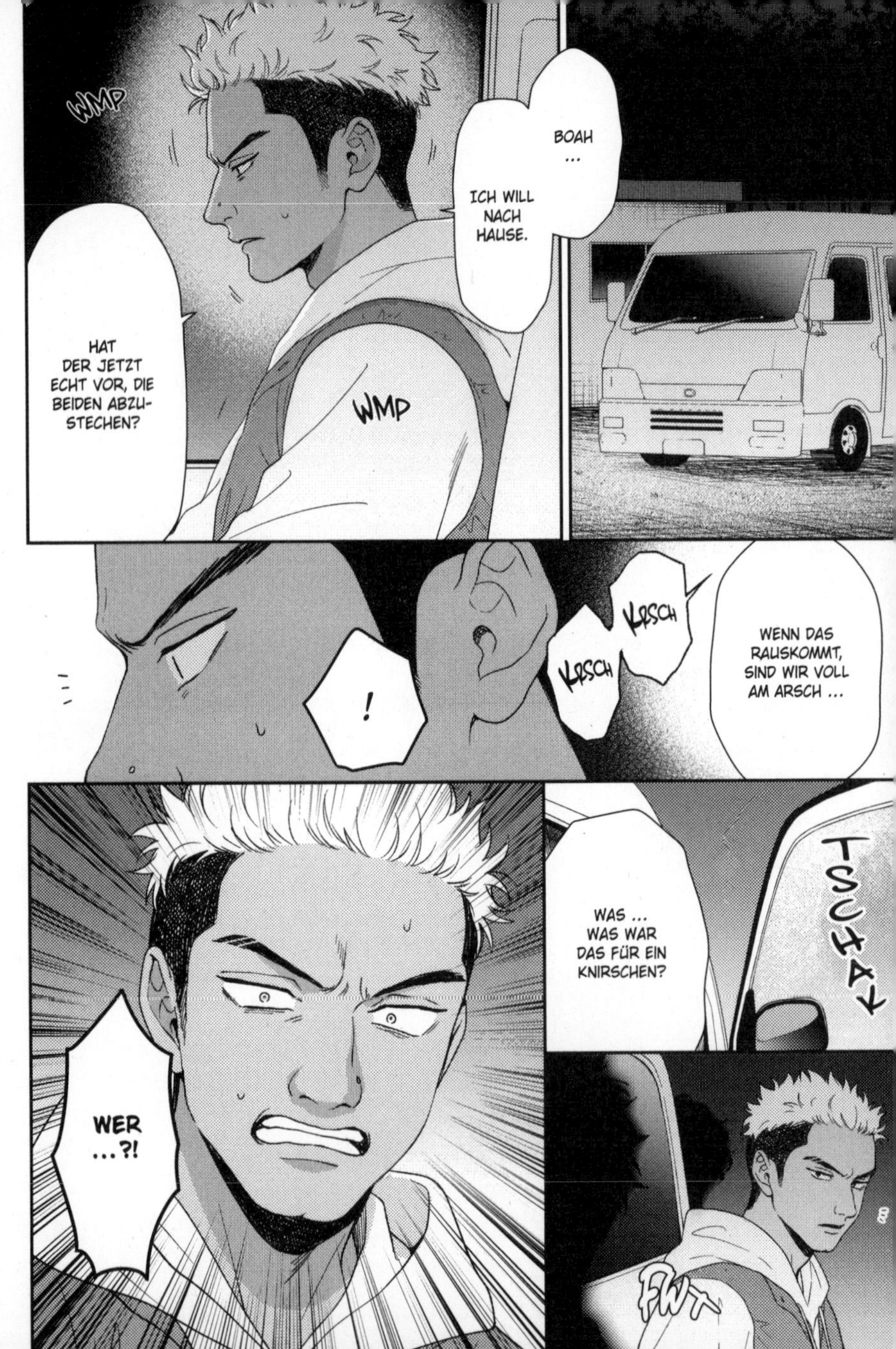
BOAH …
ICH WILL NACH HAUSE.
WMP
WMP
HAT DER JETZT ECHT VOR, DIE BEIDEN ABZU-STECHEN?
WENN DAS RAUSKOMMT, SIND WIR VOLL AM ARSCH …
KRSCH
KRSCH
!
TSCHA
WAS … WAS WAR DAS FÜR EIN KNIRSCHEN?
FWT
WER …?!

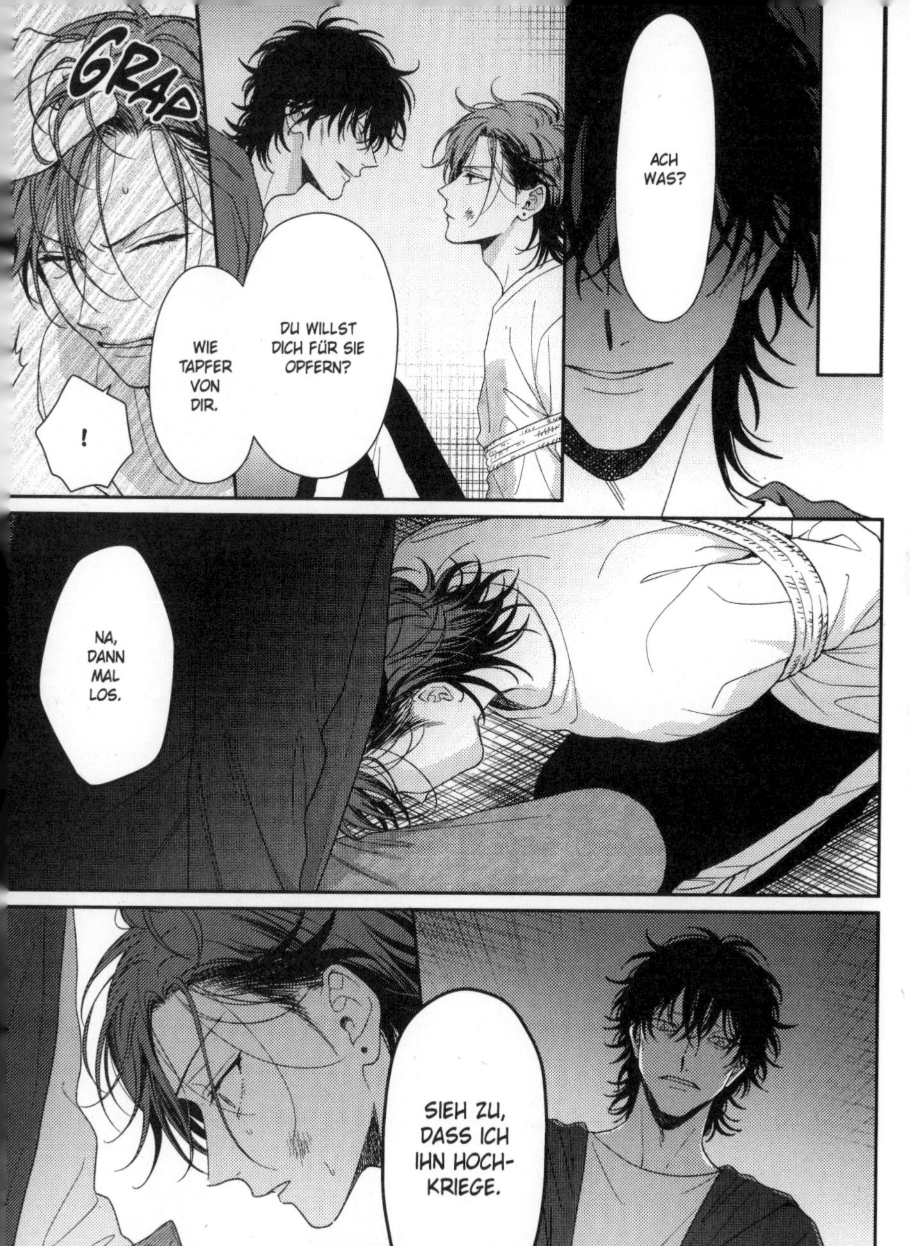
ACH WAS?
DU WILLST DICH FÜR SIE OPFERN?
WIE TAPFER VON DIR.
GRAP
!
NA, DANN MAL LOS.
SIEH ZU, DASS ICH IHN HOCH-KRIEGE.
ZIPP

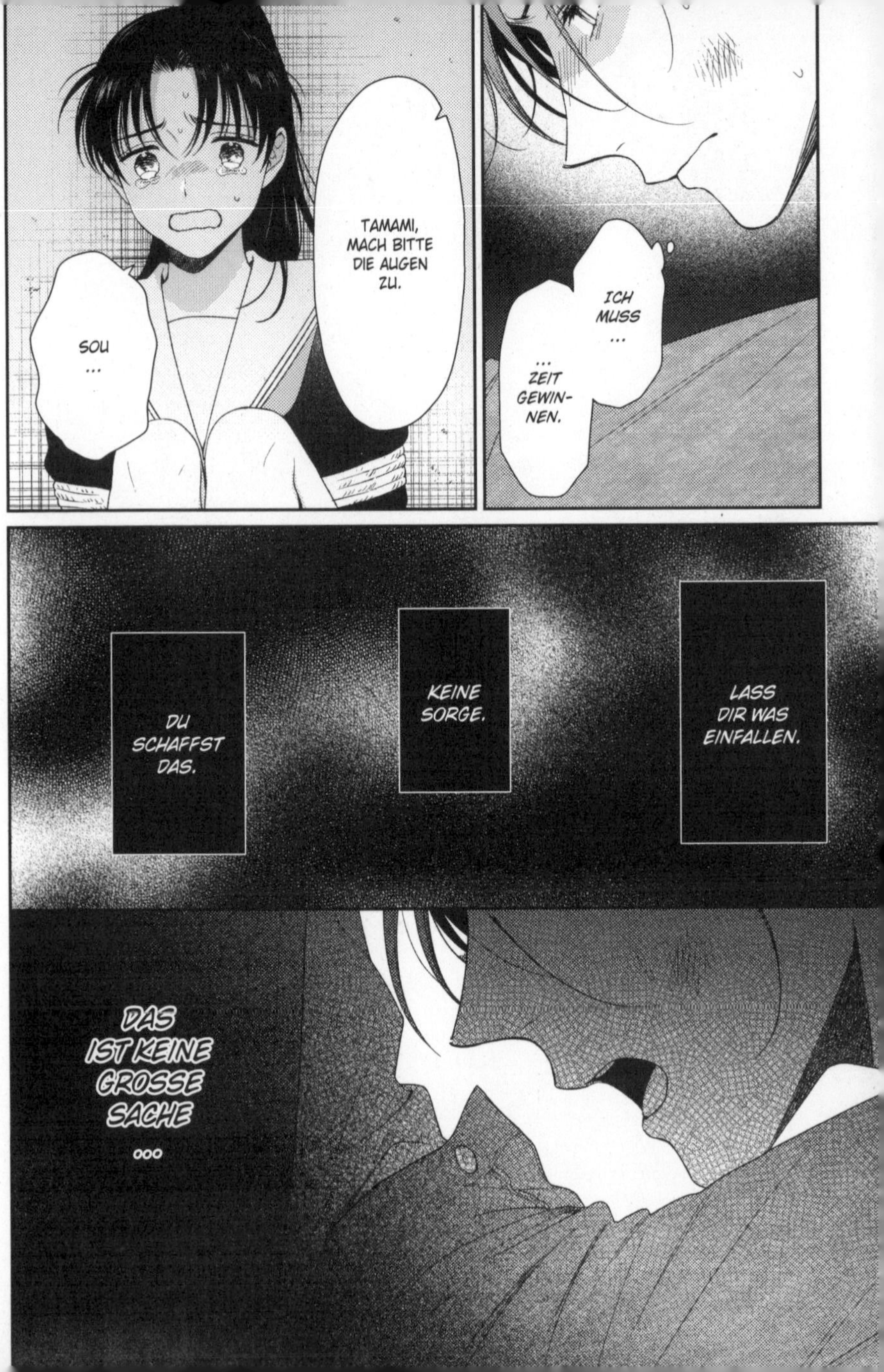

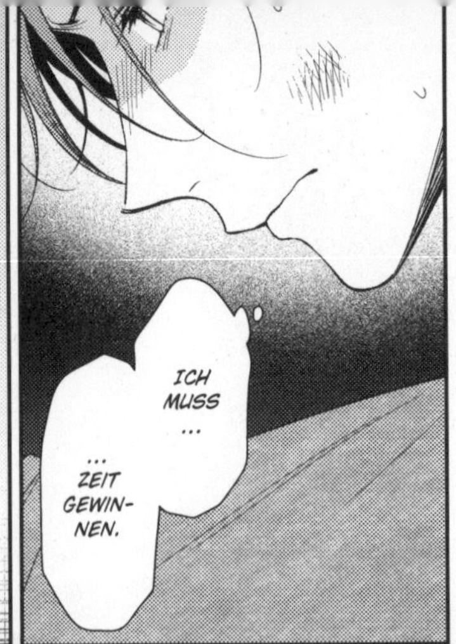

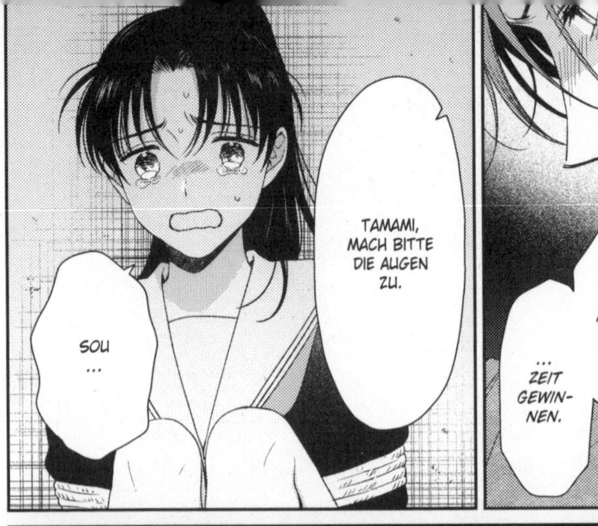

LASS DIR WAS EINFALLEN.

KEINE SORGE.

DU SCHAFFST DAS.

DAS IST KEINE GROSSE SACHE ...

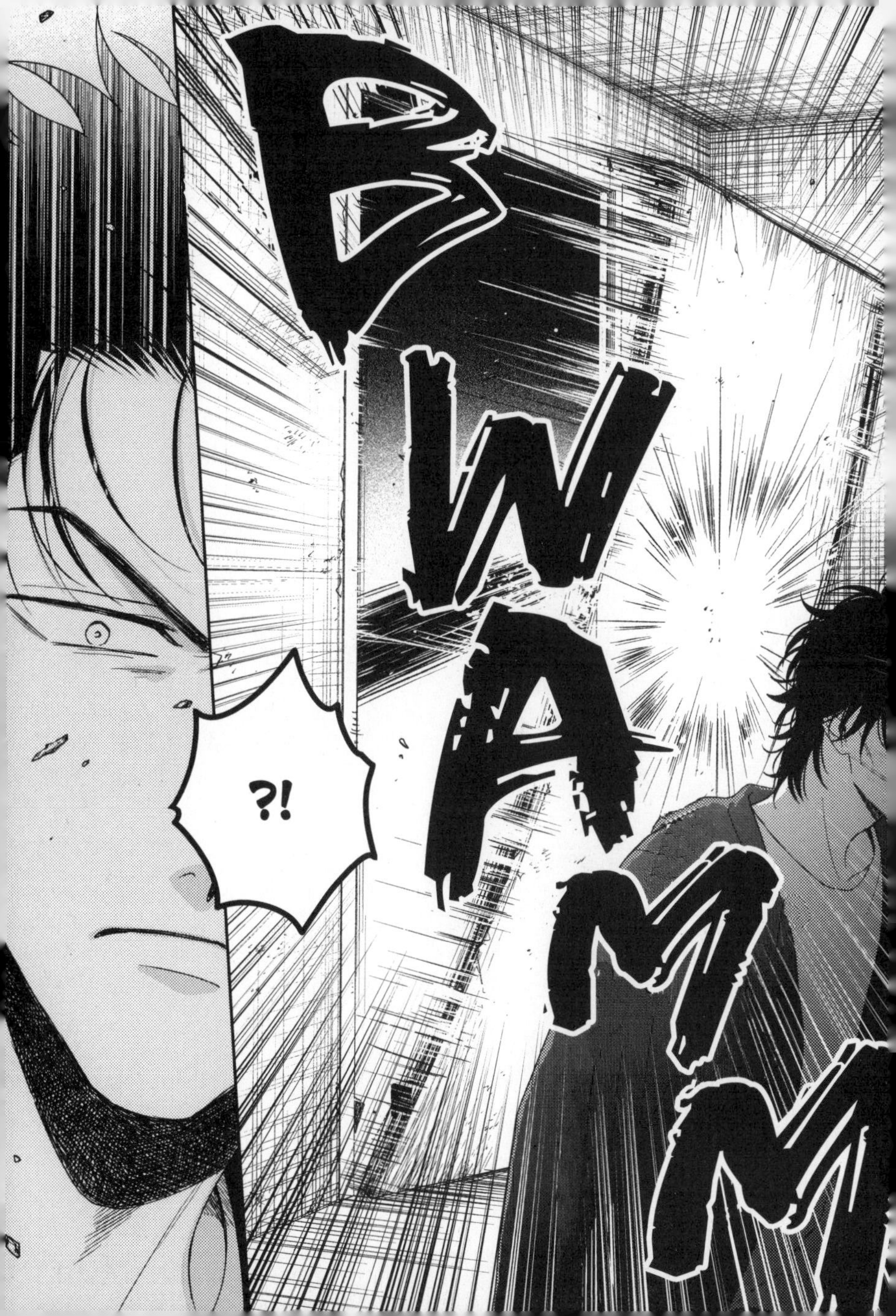

BWAMMM
?!

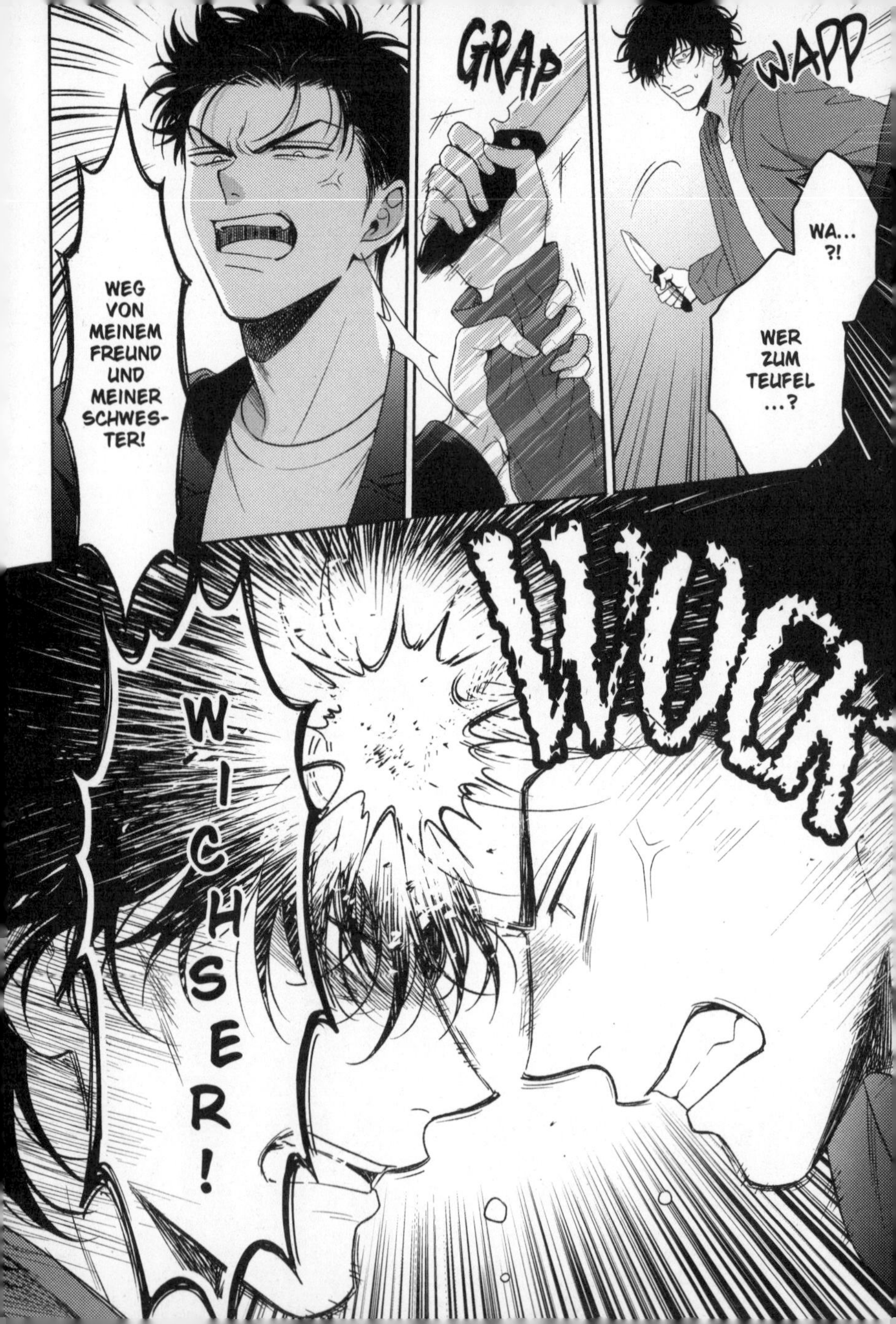
WAPP
WA... ?!
WER ZUM TEUFEL ...?
GRAP
WEG VON MEINEM FREUND UND MEINER SCHWESTER!
WICHSER!

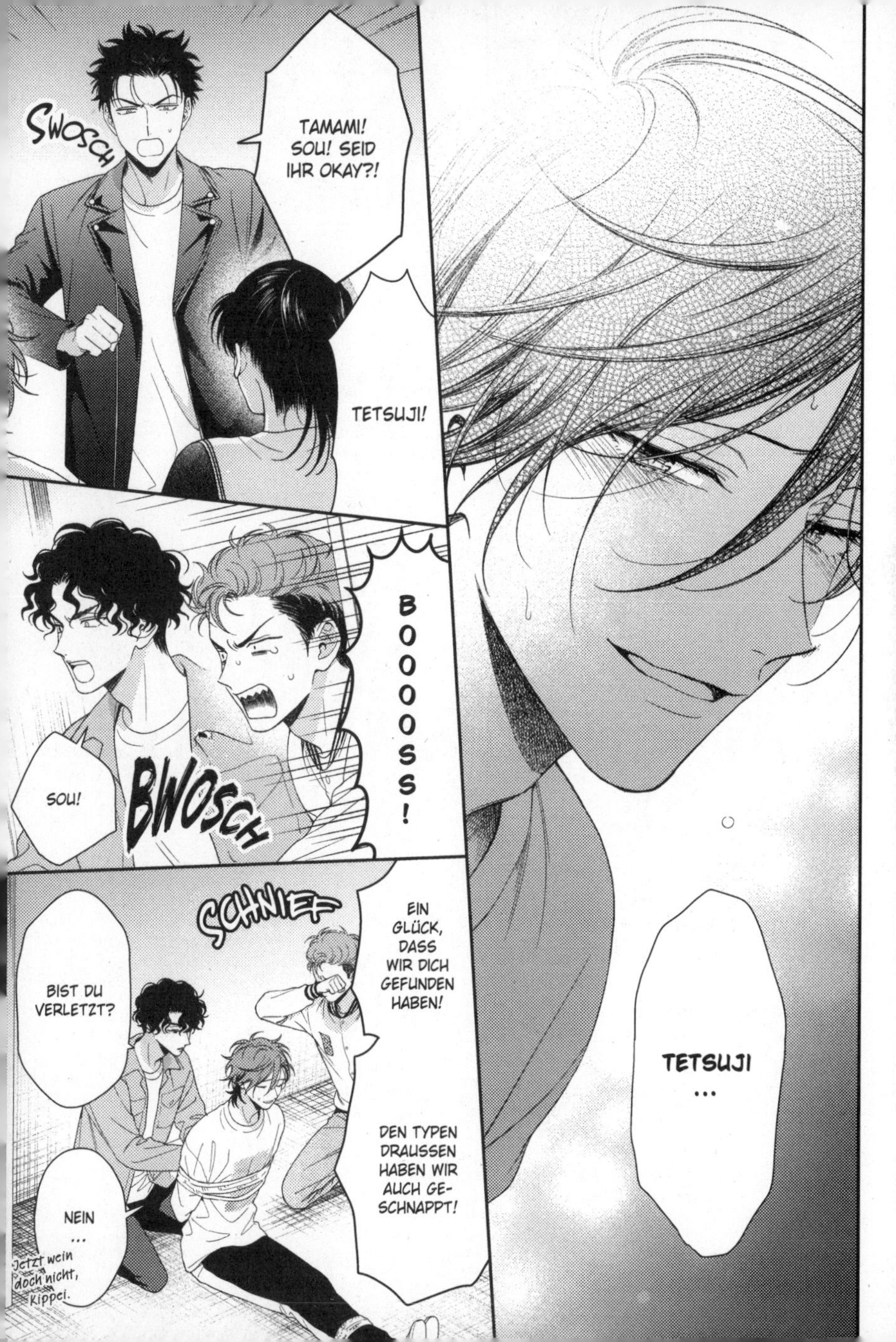
TETSUJI ...
TAMAMI! SOU! SEID IHR OKAY?!
SWOSCH
TETSUJI!
BOOOOOSS!
BWOSCH
SOU!
EIN GLÜCK, DASS WIR DICH GEFUNDEN HABEN!
SCHNIEF
BIST DU VERLETZT?
DEN TYPEN DRAUSSEN HABEN WIR AUCH GE-SCHNAPPT!
NEIN ...
Jetzt wein doch nicht, Kippei.

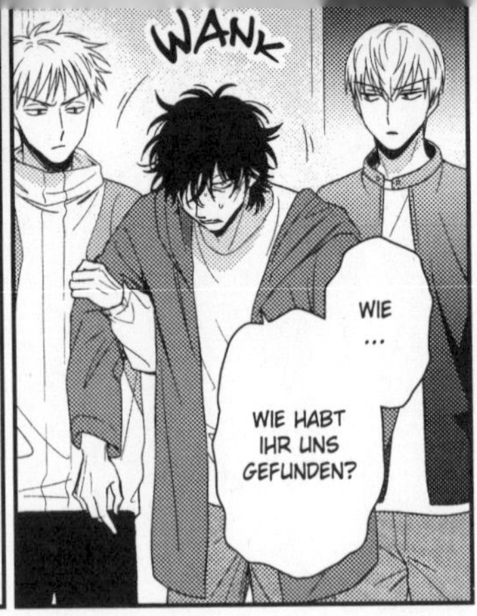
WANK
WIE …
WIE HABT IHR UNS GEFUNDEN?

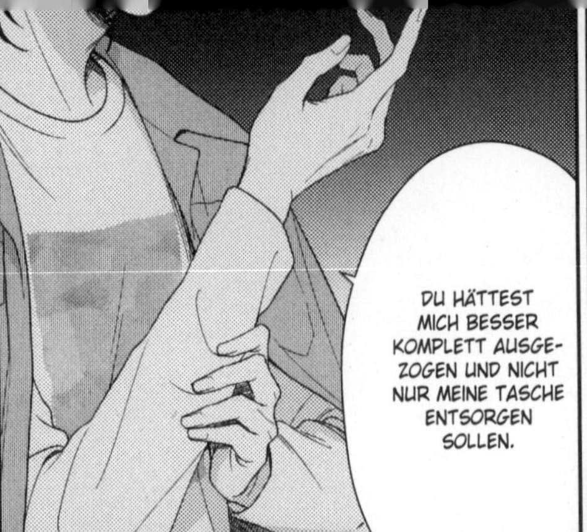
DU HÄTTEST MICH BESSER KOMPLETT AUSGE-ZOGEN UND NICHT NUR MEINE TASCHE ENTSORGEN SOLLEN.

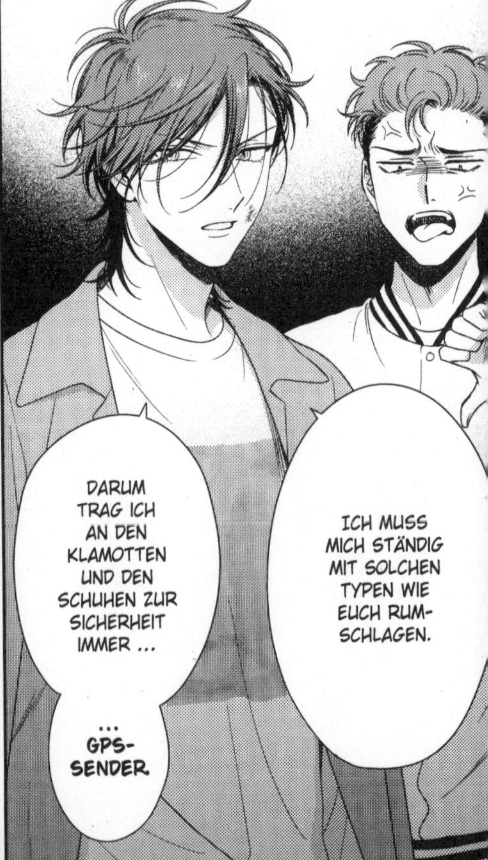
ICH MUSS MICH STÄNDIG MIT SOLCHEN TYPEN WIE EUCH RUM-SCHLAGEN.
DARUM TRAG ICH AN DEN KLAMOTTEN UND DEN SCHUHEN ZUR SICHERHEIT IMMER …
… GPS-SENDER.

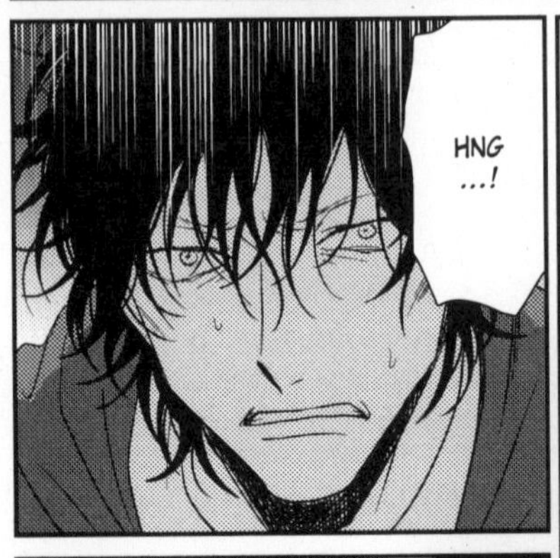
HNG …!

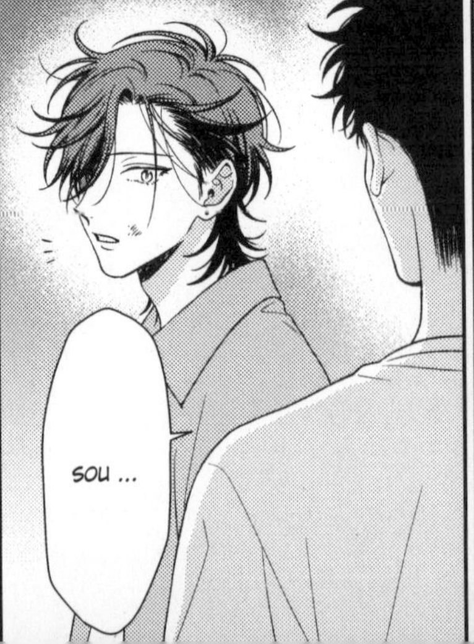
SOU …

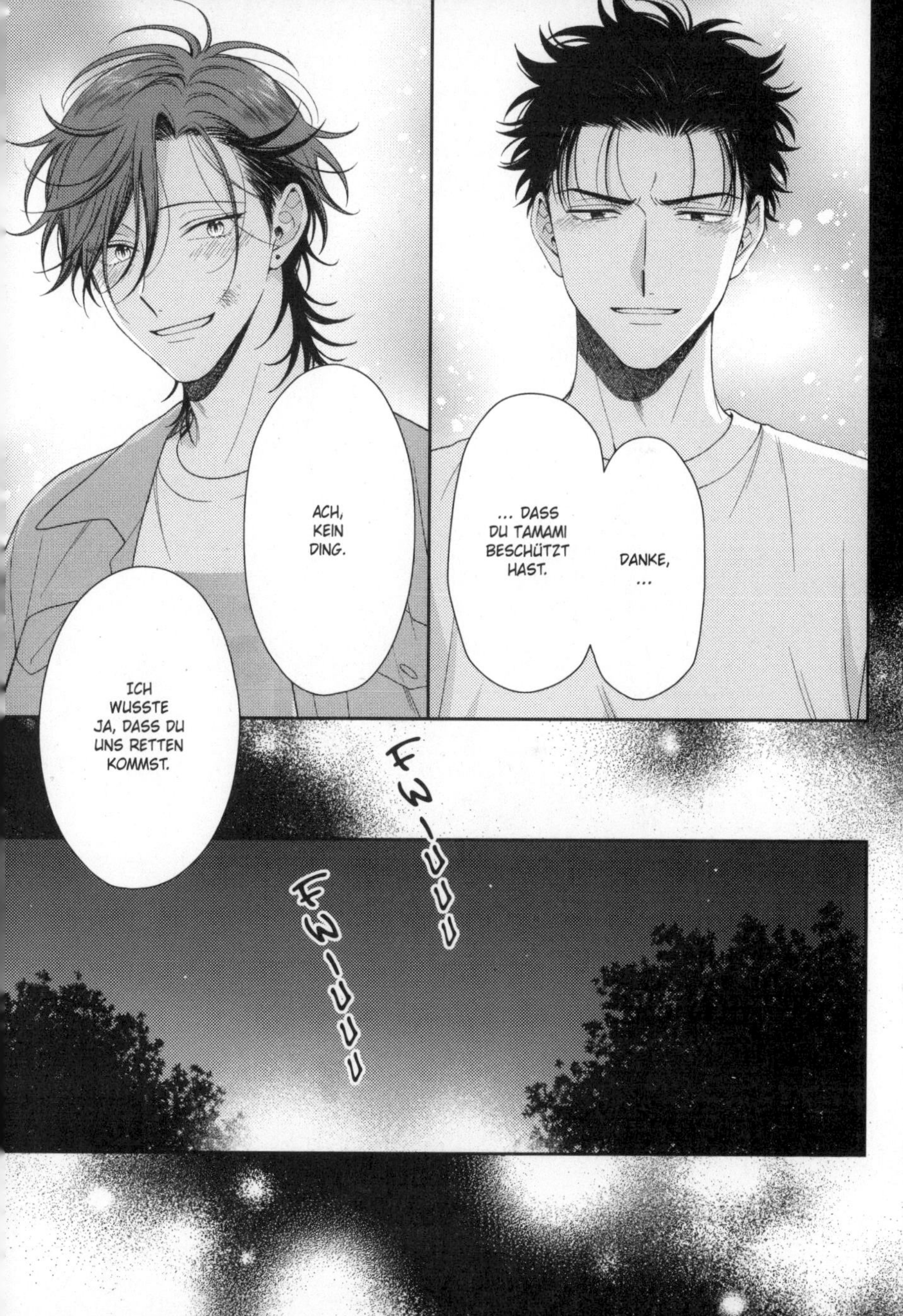

DANKE, …
… DASS DU TAMAMI BESCHÜTZT HAST.
ACH, KEIN DING.
ICH WUSSTE JA, DASS DU UNS RETTEN KOMMST.
FW-UUUU
FW-UUUU

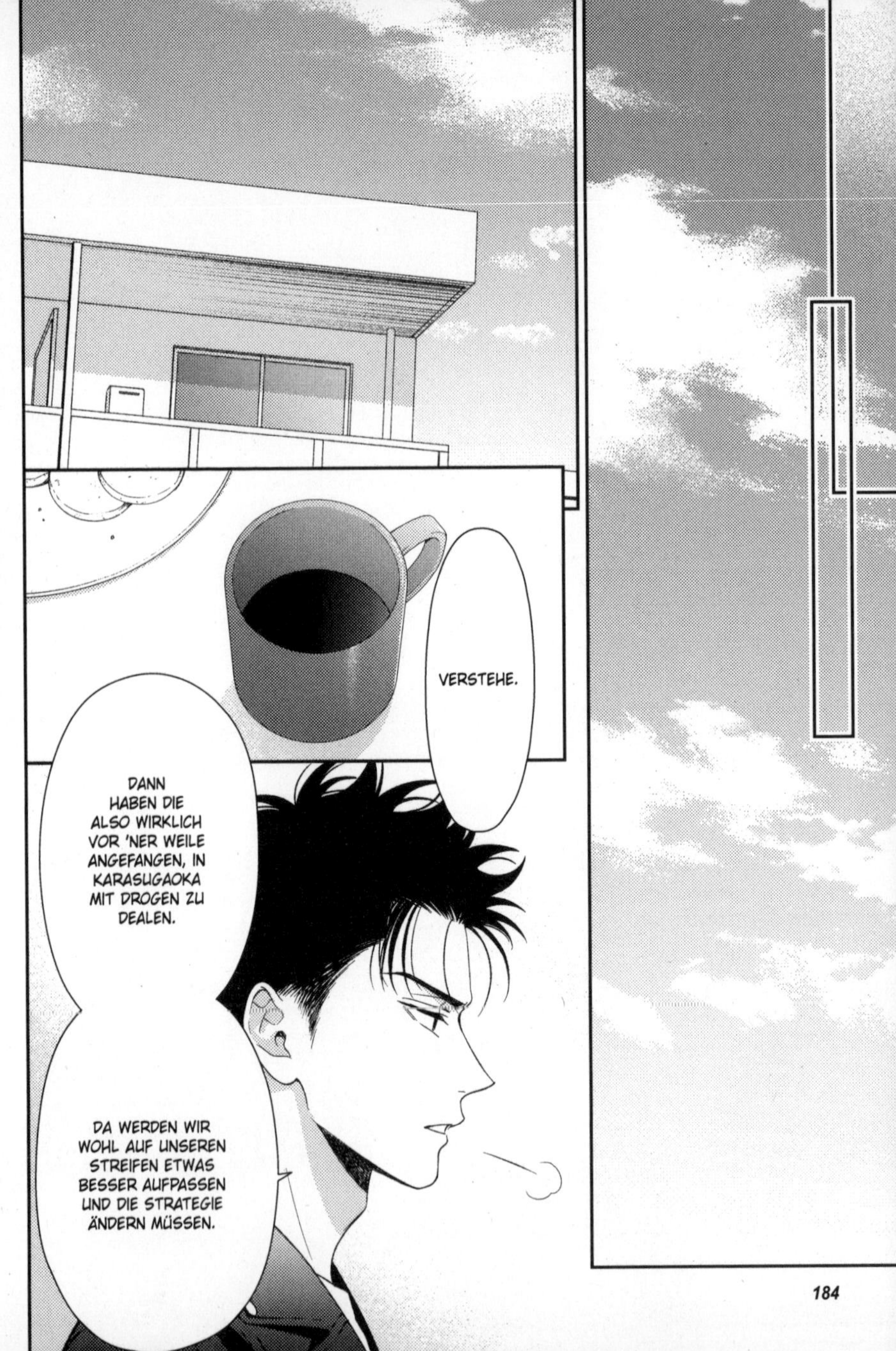
VERSTEHE.
DANN HABEN DIE ALSO WIRKLICH VOR 'NER WEILE ANGEFANGEN, IN KARASUGAOKA MIT DROGEN ZU DEALEN.
DA WERDEN WIR WOHL AUF UNSEREN STREIFEN ETWAS BESSER AUFPASSEN UND DIE STRATEGIE ÄNDERN MÜSSEN.

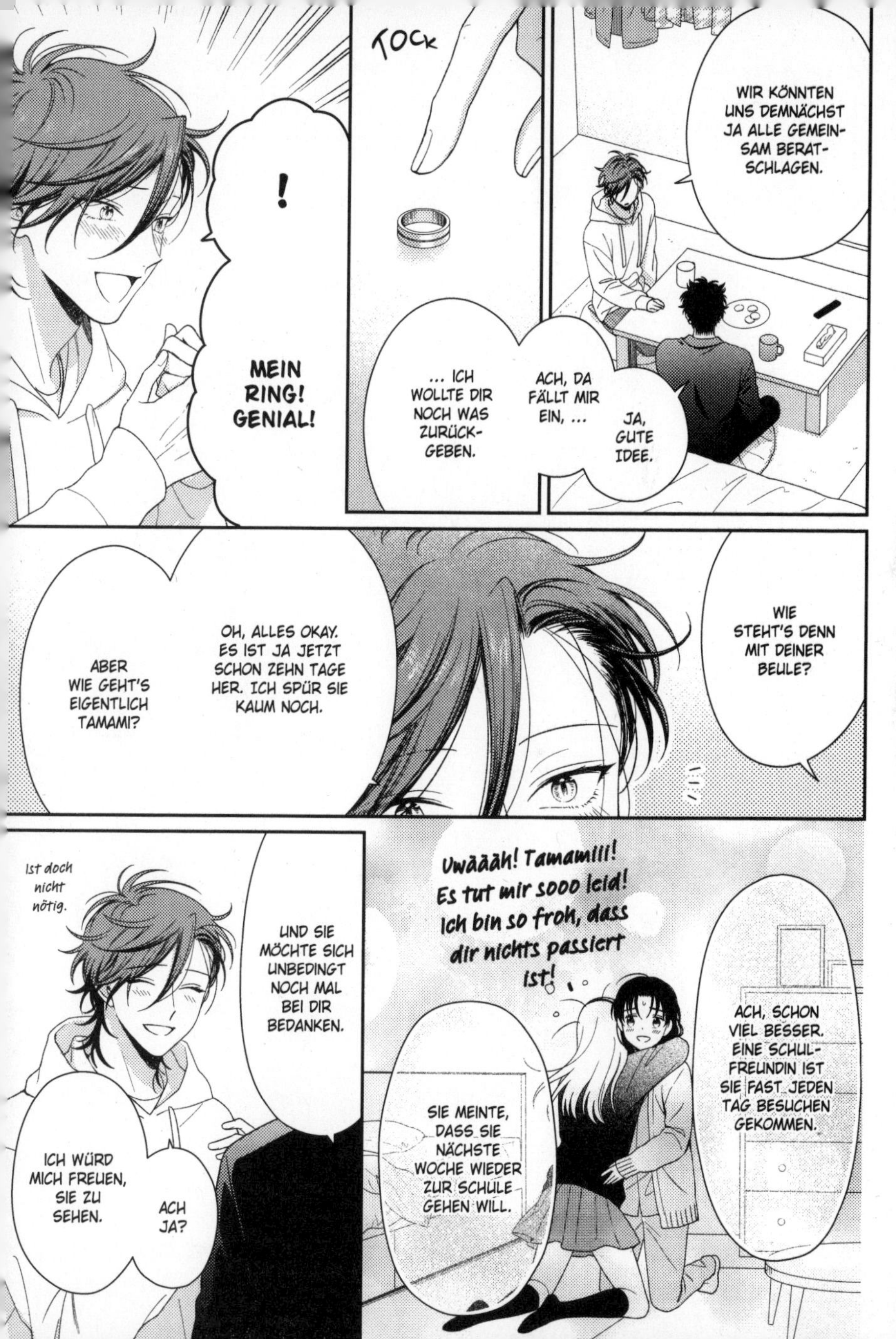
WIR KÖNNTEN UNS DEMNÄCHST JA ALLE GEMEINSAM BERATSCHLAGEN.
JA, GUTE IDEE.
ACH, DA FÄLLT MIR EIN, …
… ICH WOLLTE DIR NOCH WAS ZURÜCKGEBEN.
TOCK
!
MEIN RING! GENIAL!
WIE STEHT'S DENN MIT DEINER BEULE?
OH, ALLES OKAY. ES IST JA JETZT SCHON ZEHN TAGE HER. ICH SPÜR SIE KAUM NOCH.
ABER WIE GEHT'S EIGENTLICH TAMAMI?
ACH, SCHON VIEL BESSER. EINE SCHULFREUNDIN IST SIE FAST JEDEN TAG BESUCHEN GEKOMMEN.
Uwäääh! Tamamiii! Es tut mir sooo leid! Ich bin so froh, dass dir nichts passiert ist!
SIE MEINTE, DASS SIE NÄCHSTE WOCHE WIEDER ZUR SCHULE GEHEN WILL.
UND SIE MÖCHTE SICH UNBEDINGT NOCH MAL BEI DIR BEDANKEN.
Ist doch nicht nötig.
ACH JA?
ICH WÜRD MICH FREUEN, SIE ZU SEHEN.

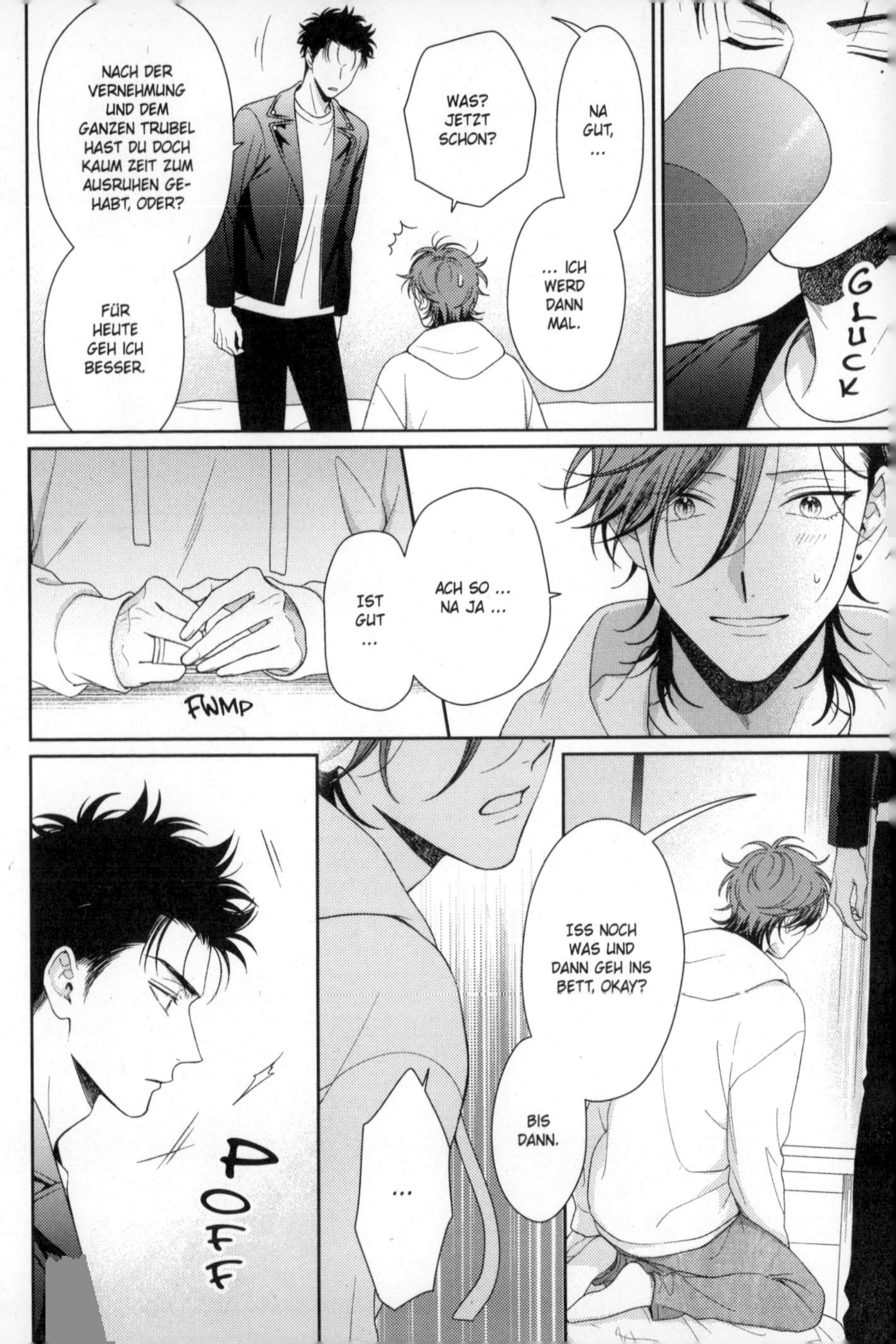
GLUCK
NA GUT, …
… ICH WERD DANN MAL.
WAS? JETZT SCHON?
NACH DER VERNEHMUNG UND DEM GANZEN TRUBEL HAST DU DOCH KAUM ZEIT ZUM AUSRUHEN GE-HABT, ODER?
FÜR HEUTE GEH ICH BESSER.
ACH SO … NA JA …
IST GUT …
FWMP
ISS NOCH WAS UND DANN GEH INS BETT, OKAY?
BIS DANN.
…
POFF

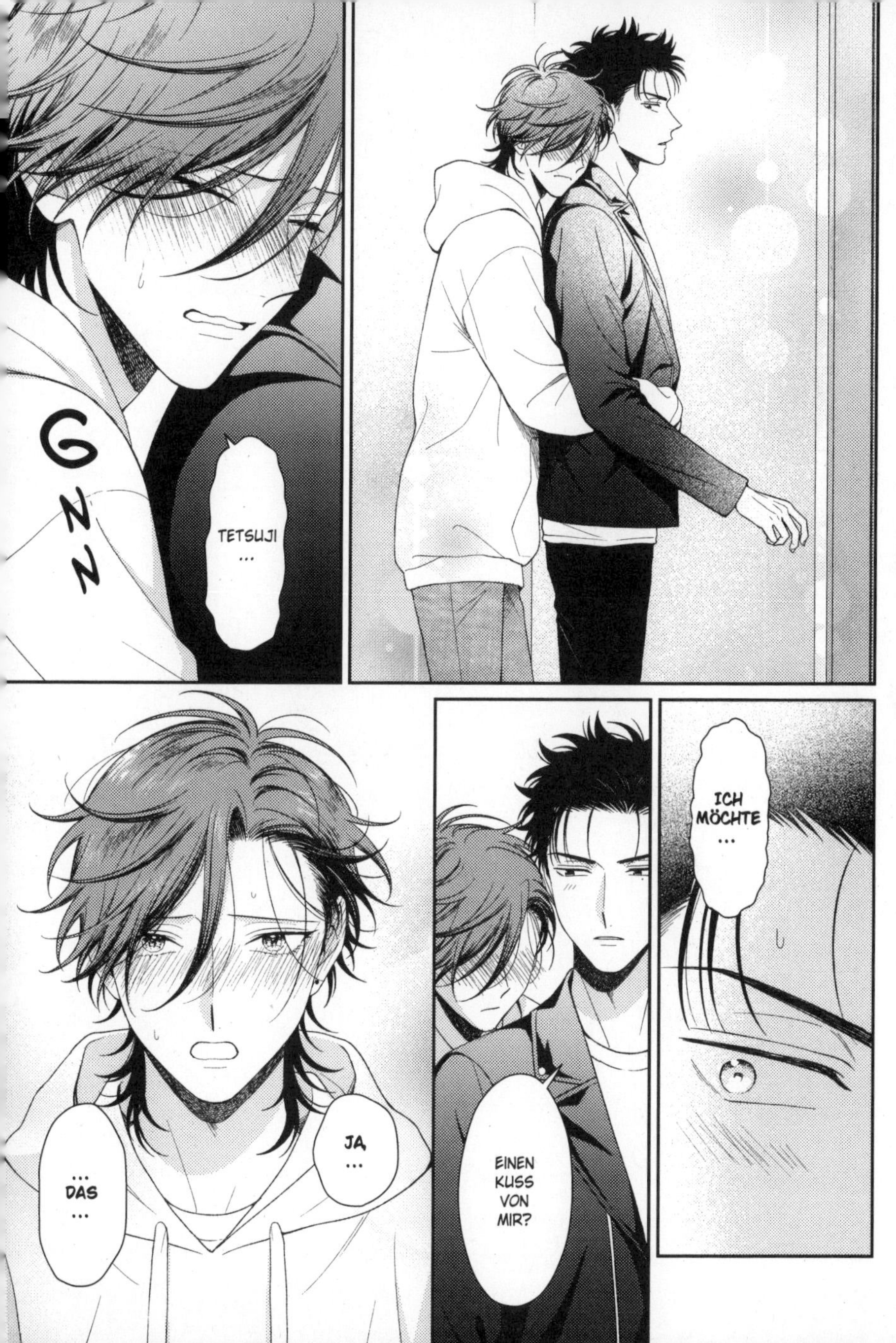
TETSUJI …
GNN
ICH MÖCHTE …
EINEN KUSS VON MIR?
JA …
… DAS …

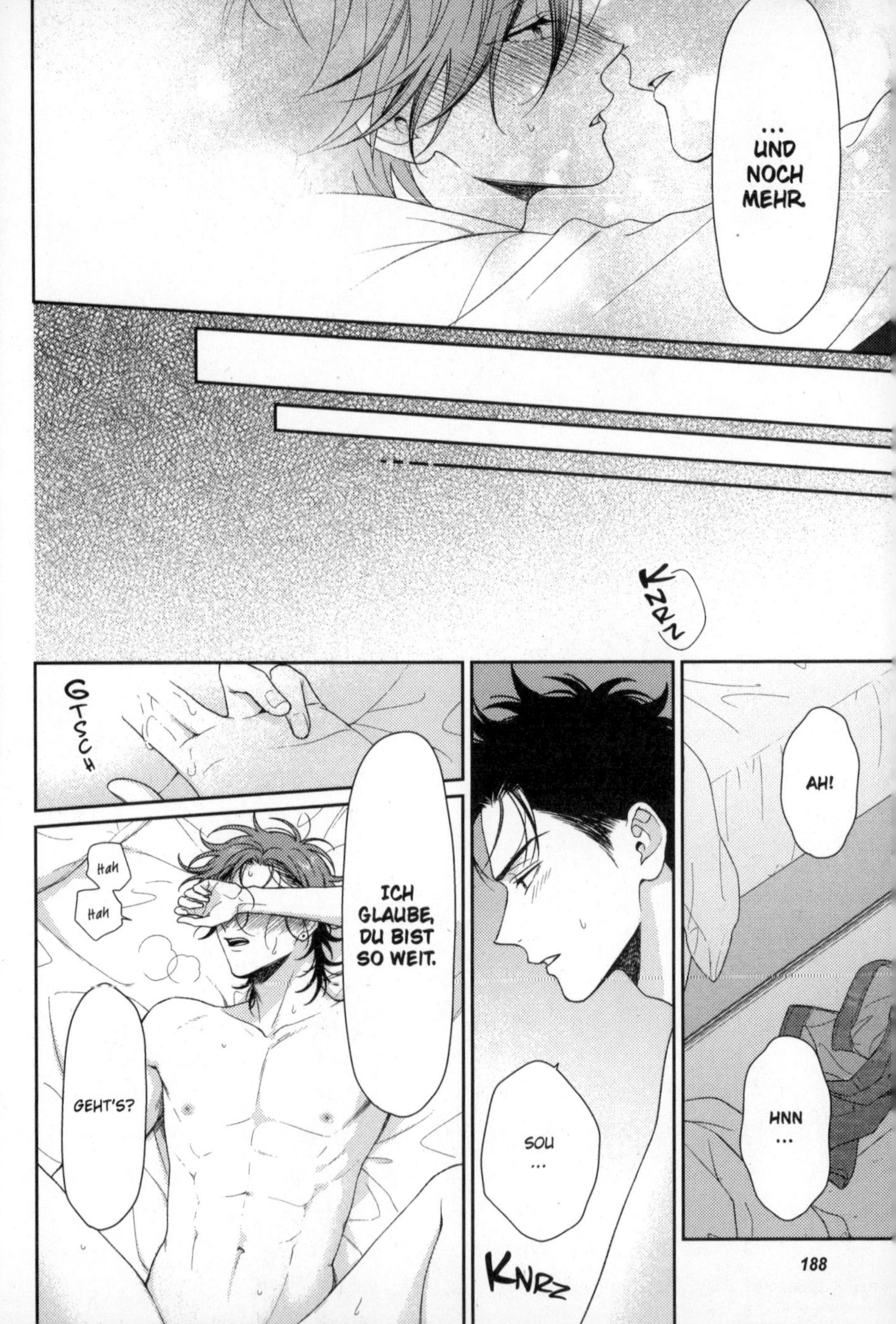

... UND NOCH MEHR.
KNRN
AH!
HNN ...
ICH GLAUBE, DU BIST SO WEIT.
SOU ...
KNRZ
GTSCH
Hah
Hah
GEHT'S?

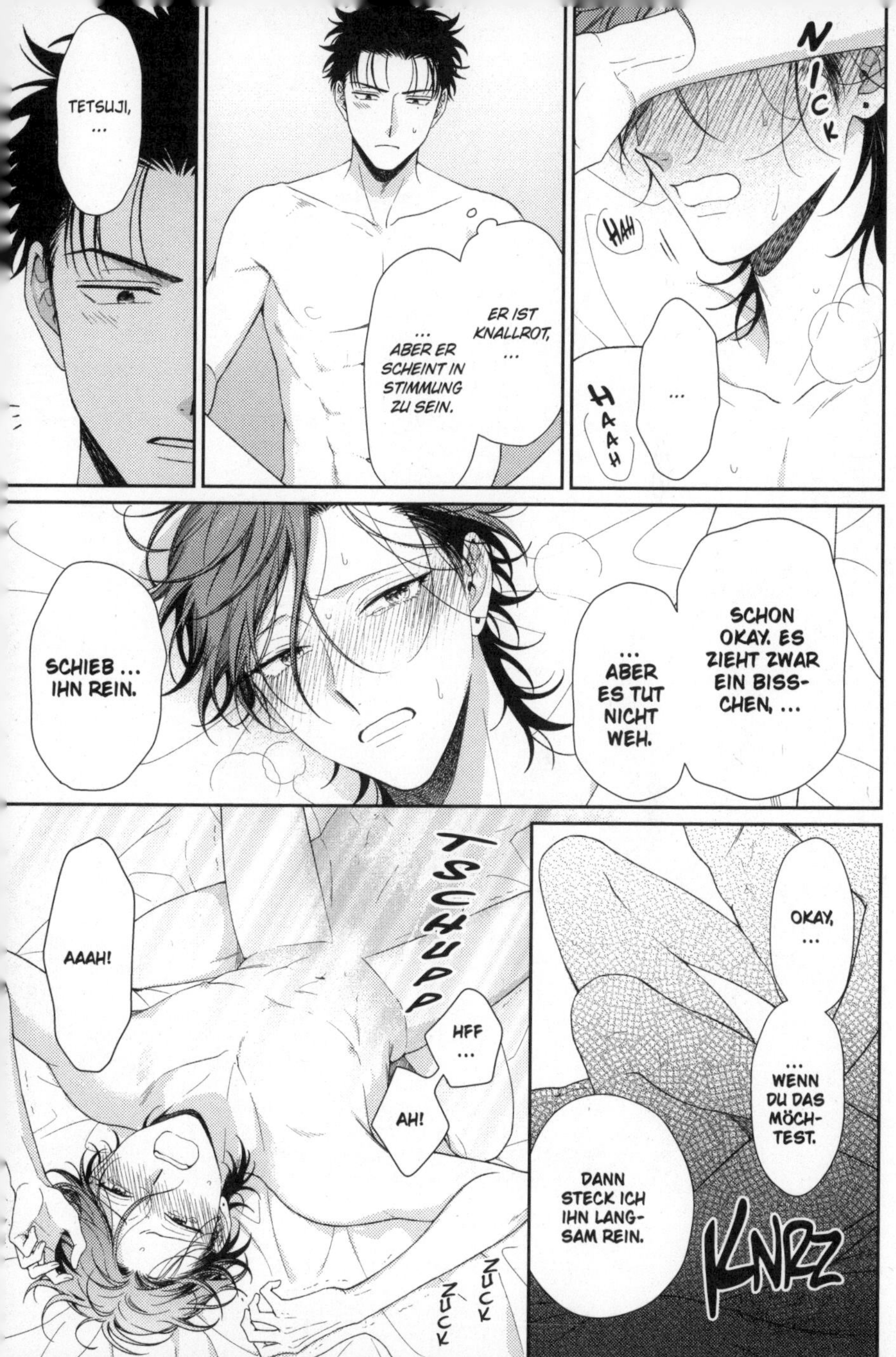
NICK
HAH
HAAH
…
ER IST KNALLROT, …
… ABER ER SCHEINT IN STIMMUNG ZU SEIN.
TETSUJI, …
SCHON OKAY. ES ZIEHT ZWAR EIN BISS-CHEN, …
… ABER ES TUT NICHT WEH.
SCHIEB … IHN REIN.
OKAY, …
… WENN DU DAS MÖCH-TEST.
DANN STECK ICH IHN LANG-SAM REIN.
KNRZ
TSCHUPP
HFF …
AH!
AAAH!
ZUCK
ZUCK

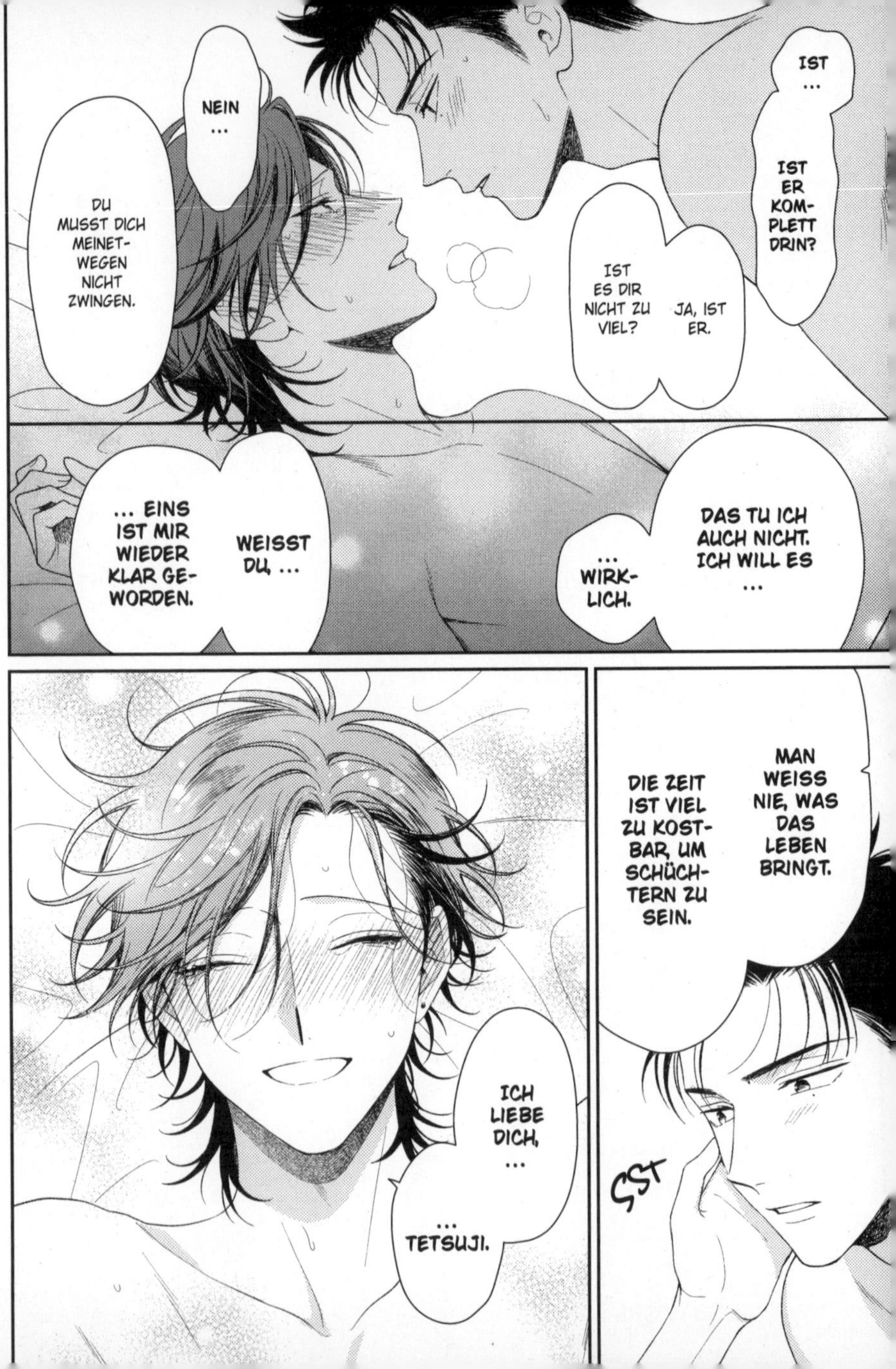

IST ...

IST ER KOMPLETT DRIN?

JA, IST ER.

IST ES DIR NICHT ZU VIEL?

NEIN ...

DU MUSST DICH MEINETWEGEN NICHT ZWINGEN.

DAS TU ICH AUCH NICHT. ICH WILL ES ...

... WIRKLICH.

WEISST DU, ...

... EINS IST MIR WIEDER KLAR GEWORDEN.

MAN WEISS NIE, WAS DAS LEBEN BRINGT.

DIE ZEIT IST VIEL ZU KOSTBAR, UM SCHÜCHTERN ZU SEIN.

ICH LIEBE DICH, ...

... TETSUJI.

DANKE, DASS DU AUF MICH GEWARTET HAST.

AM NÄCHSTEN MORGEN

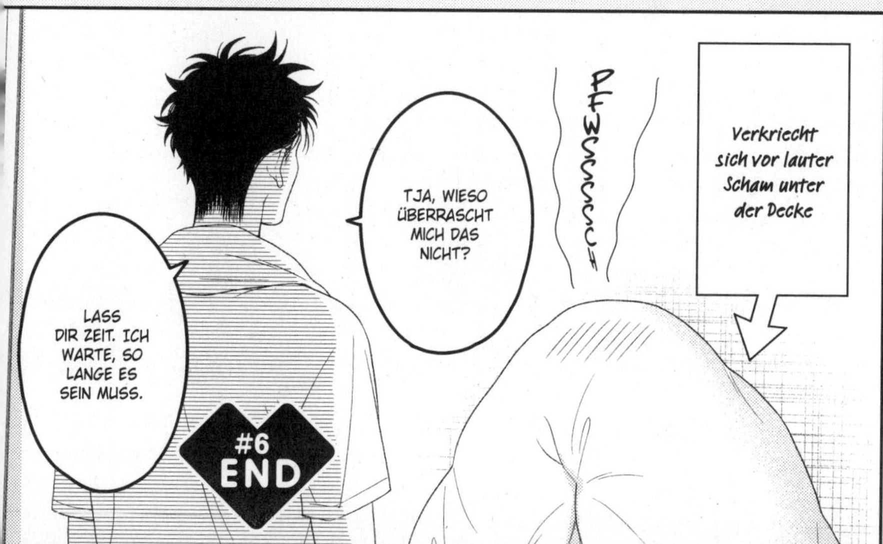

Hinter den Kulissen bei VOICE, Teil ②

Sou fing an, sich GPS-Sender anzustecken, kurz nachdem VOICE gegründet worden war. Da er oft einfach allein drauflosstürmte, wenn er witterte, dass jemand Hilfe brauchte, wollten Kippei und Chiwa eine Möglichkeit haben, nachzuverfolgen, wo er sich gerade aufhielt. Sie sagten ihm zwar, dass er sie nur im Einsatz tragen müsse, aber inzwischen hat er aus Gewohnheit fast immer einen Sender dabei.

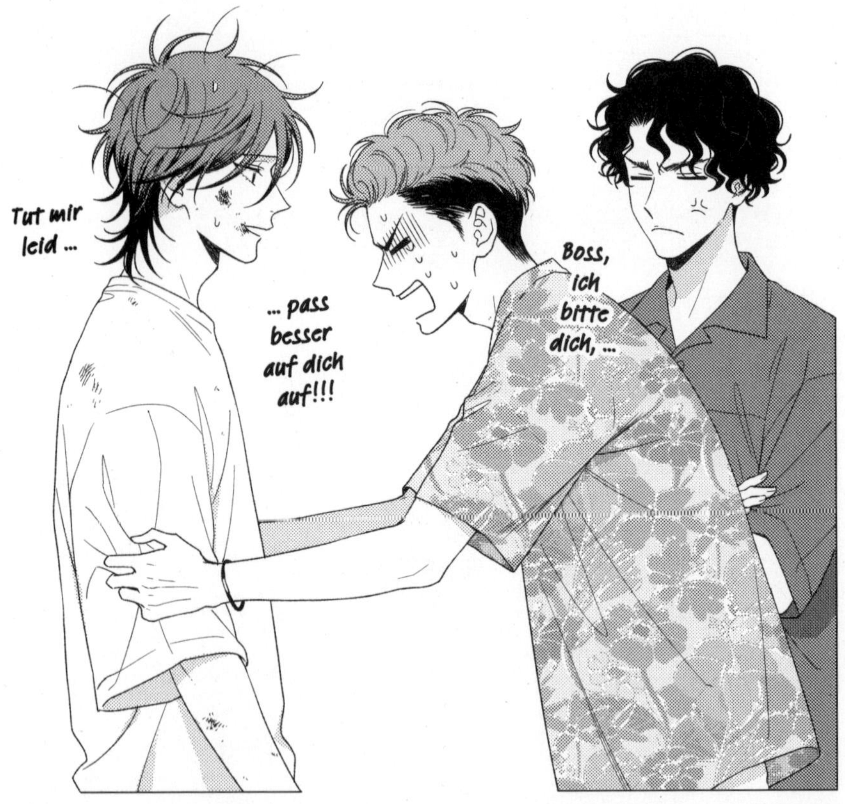

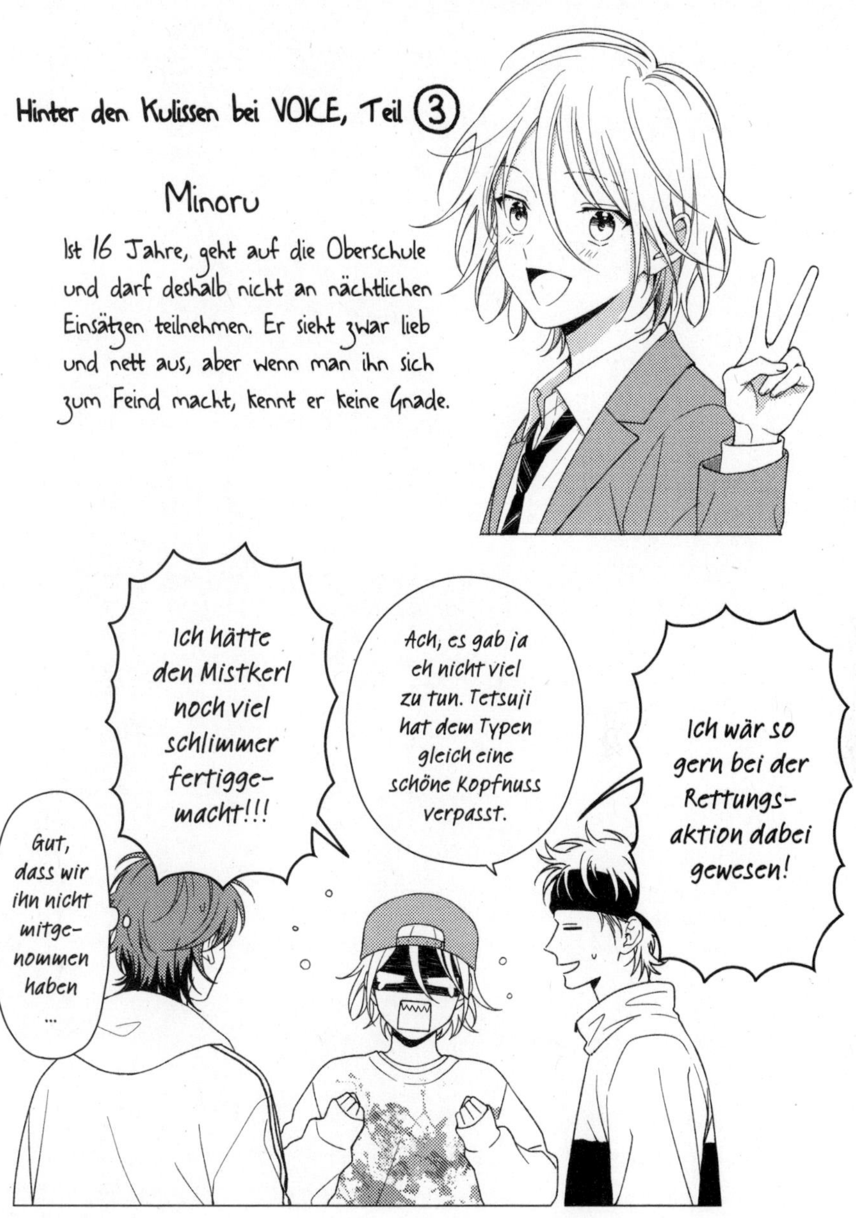
Hinter den Kulissen bei VOICE, Teil 3
Minoru
Ist 16 Jahre, geht auf die Oberschule und darf deshalb nicht an nächtlichen Einsätzen teilnehmen. Er sieht zwar lieb und nett aus, aber wenn man ihn sich zum Feind macht, kennt er keine Gnade.
Ich wär so gern bei der Rettungs-aktion dabei gewesen!
Ach, es gab ja eh nicht viel zu tun. Tetsuji hat dem Typen gleich eine schöne Kopfnuss verpasst.
Ich hätte den Mistkerl noch viel schlimmer fertigge-macht!!!
Gut, dass wir ihn nicht mitge-nommen haben ...

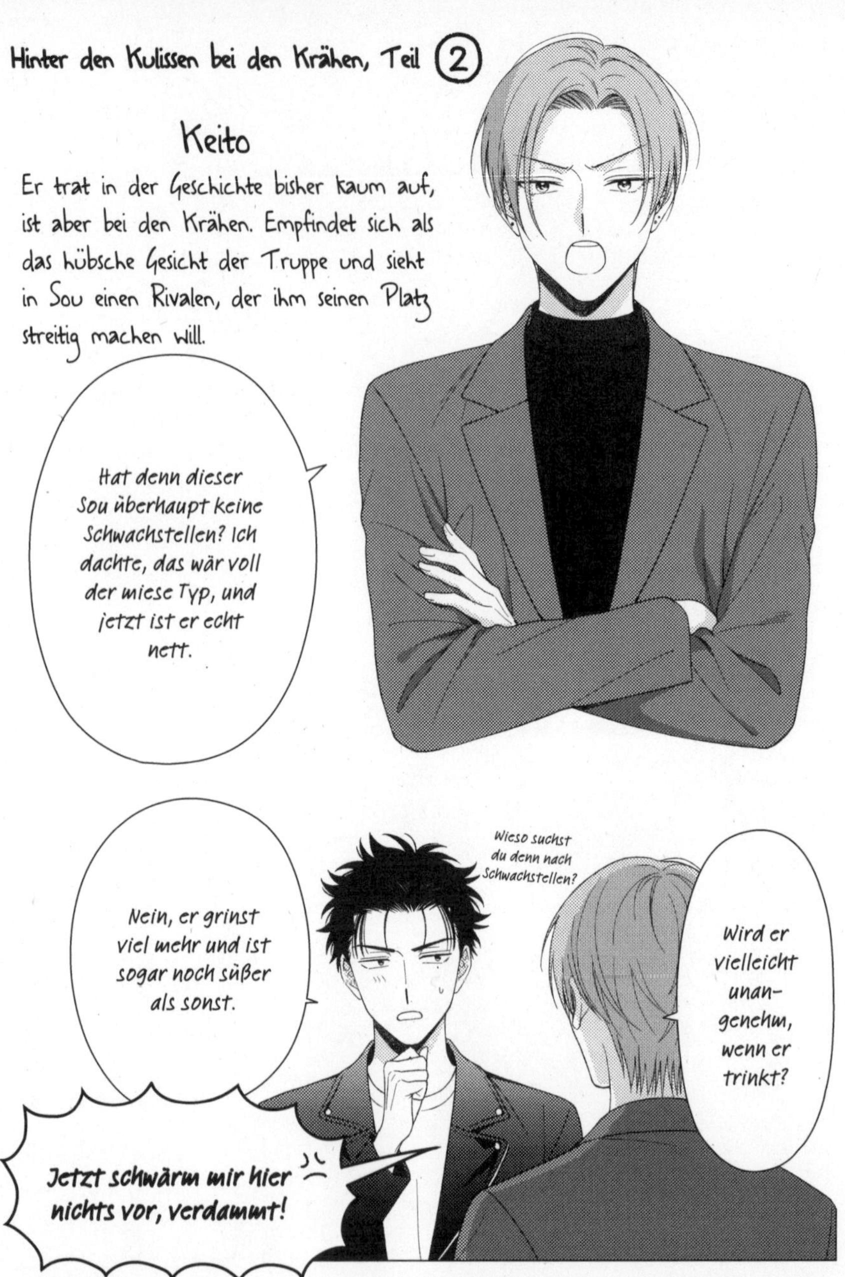
Hinter den Kulissen bei den Krähen, Teil 2
Keito
Er trat in der Geschichte bisher kaum auf, ist aber bei den Krähen. Empfindet sich als das hübsche Gesicht der Truppe und sieht in Sou einen Rivalen, der ihm seinen Platz streitig machen will.
Hat denn dieser Sou überhaupt keine Schwachstellen? Ich dachte, das wär voll der miese Typ, und jetzt ist er echt nett.
Wird er vielleicht unangenehm, wenn er trinkt?
Wieso suchst du denn nach Schwachstellen?
Nein, er grinst viel mehr und ist sogar noch süßer als sonst.
Jetzt schwärm mir hier nichts vor, verdammt!

Hinter den Kulissen in Karasugaoka

Einmal im Jahr findet in Karasugaoka ein Bowlingturnier statt. Die Teams von VOICE und den Krähen werden jedes Jahr vernichtend geschlagen, weil ihre Anführer keinen vernünftigen Wurf hinkriegen. Die beiden stört das allerdings nicht, solange sie Freude daran haben.

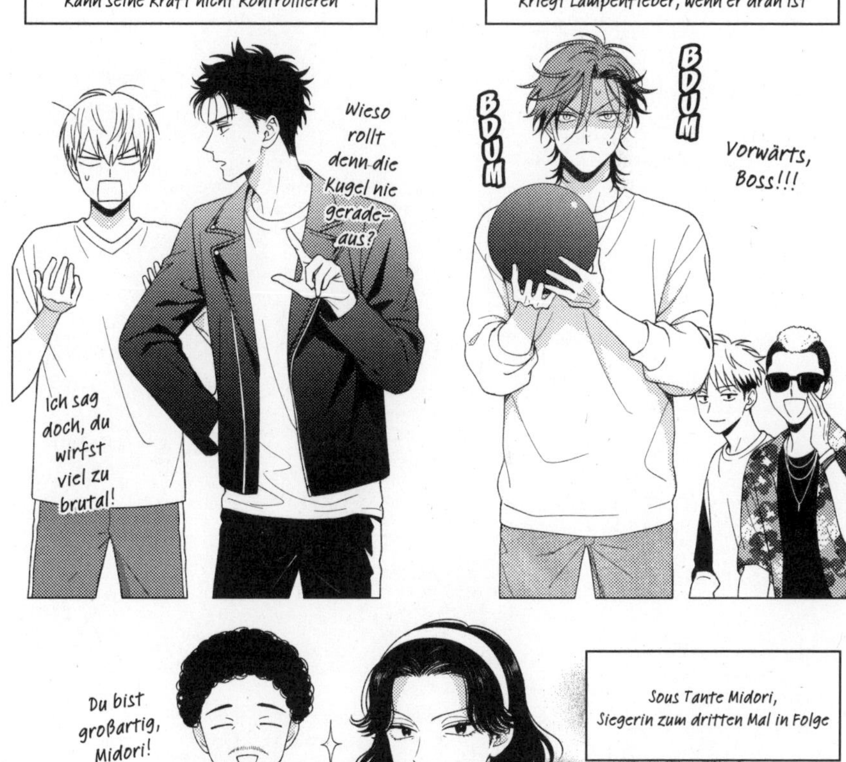

Bonus

Vielen Dank, dass ihr den zweiten Band von „Don't Be Shy!" gelesen habt!
Ich bin eigentlich jemand, der gerne Geschichten darüber zeichnet, wie zwei Figuren zueinanderfinden. Zu zeichnen, was danach passiert, war eine neue Herausforderung und bereitete mir Kopfzerbrechen. Aber da Sou und Tetsuji in ihre Beziehung gestartet sind, ohne überhaupt vernünftig miteinander reden zu können (ein Wunder, dass sie überhaupt zusammengekommen sind), bin ich froh, dass ich eine Fortsetzung zeichnen konnte.
Vielen Dank an alle, die mich unterstützt haben. Ohne euch wäre das nicht möglich gewesen.

Ein wenig über Tetsuji:
Anfangs hatte ich geplant, ihn zwar ein wenig doof, aber machohafter und gelassener zu machen. Im Laufe der Arbeit ist er allerdings zu einer viel menschlicheren Figur geworden, die auch mal eifersüchtig oder nervös wird. Ich bin froh, dass er letztendlich viel netter und liebenswürdiger rüberkommt.

Tetsuji trägt immer einer Lederjacke, weil er es megacool findet. Vermutlich ist es auch ihm zu verdanken, dass alle bei den Krähen ein Faible für Lederjacken haben (insbesondere Ryota). Tetsuji ist jedoch der Einzige, der sie auch bei größter Hitze trägt. Die anderen finden, er könnte sie ruhig auch mal ausziehen.

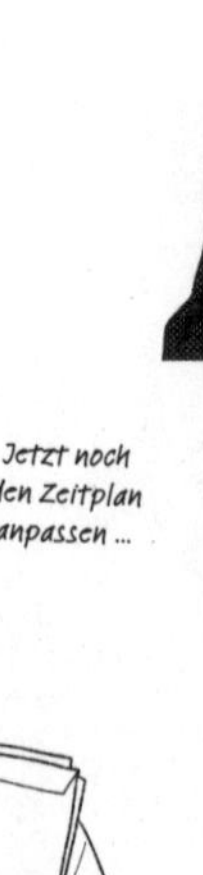

Ein wenig über Ryota:
Er ist öfter vorgekommen, als ich es geplant hatte.
Ryota arbeitet am meisten von allen Krähen (und im Servicebüro Shinba) und erledigt den gesamten Papierkram. Die Last hat er sich allerdings auch selbst aufgebürdet. Trotzdem würde ich mir wünschen, dass sie ihm mal eine Pause gönnen und ihn zum Essen in ein Grillrestaurant oder so einladen.

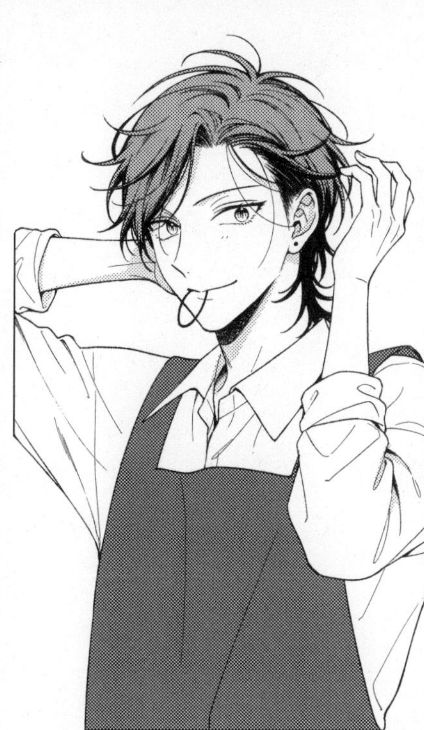

Ein wenig über Sou:
Es hat richtig Spaß gemacht, eine Figur wie ihn mit so einer riesigen Bandbreite an Emotionen zu zeichnen.
Tetsuji wird mit ihm noch einiges durchmachen müssen, so langsam und zaghaft, wie sich Sou weiterentwickelt. Ich hoffe, die beiden bleiben lange glücklich miteinander …
Ich hab beim Zeichnen genauso viel Wert auf seine coole Seite als Anführer wie auf seine niedliche Seite gelegt. Die Balance zu finden, war nicht einfach, aber ich hoffe, dass ich beide Seiten gut rübergebracht habe.

Ich stell mir vor, dass er in Zukunft das Café Heavenly übernimmt und als Chef hinter der Theke steht.

♥♥

Vielen Dank
an meine Redaktion,

an das Design-Team,

an alle, die an der
Produktion dieses Mangas
beteiligt waren,

und natürlich an euch,
meine Leserinnen und Leser!

Aki Yukura, 2020

Neuerdings kann ich mich im Bett kaum bewegen, weil meine Katzen so wie unten auf dem Bild neben mir liegen. Ich bin aber ganz happy darüber.

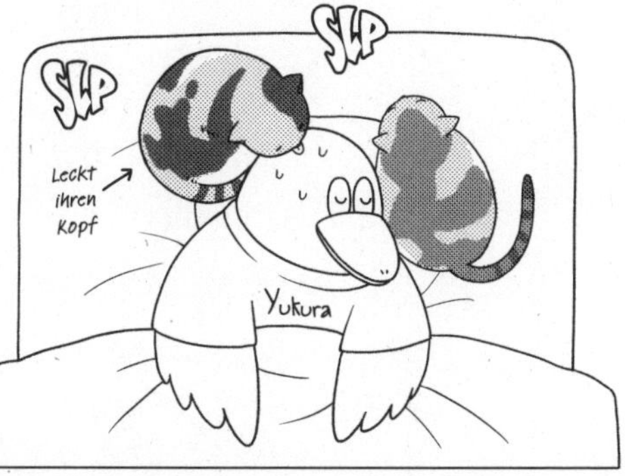

DONT BE SHY! 2 – ENDE

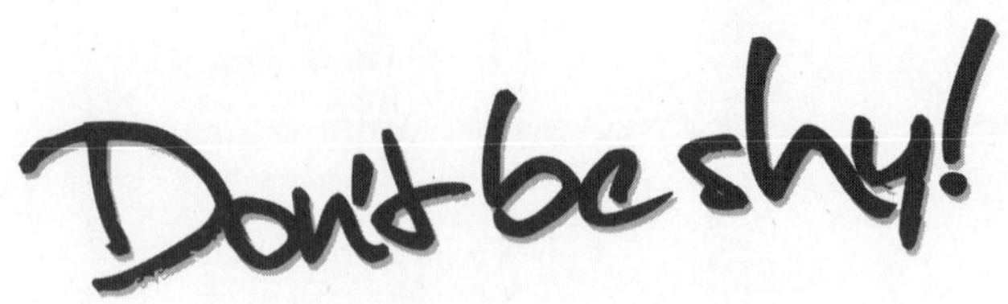

KARASUGAOKA DON'T BE SHY!! Volume 2

First published in Japan in 2020 by AKITA PUBLISHING CO., LTD., Tokyo.
German translation rights in Germany, Austria, German-speaking Switzerland and Luxembourg arranged with AKITA PUBLISHING CO., LTD. through Tuttle-Mori Agency, Inc., Tokyo

Deutschsprachige Ausgabe / German Edition

CH-1007 Lausanne

2. Auflage

Verlegt unter dem Label KAZÉ MANGA
durch Crunchyroll SA

Aus dem Japanischen von Martin Bachernegg

Redaktion: Beatrice Tavares

Herstellung: Sonja Lesch

Lettering: STUDIO CHARON

Druck und Bindung: GGP Media GmbH, Pößneck

ISBN: 978-2-88951-404-5

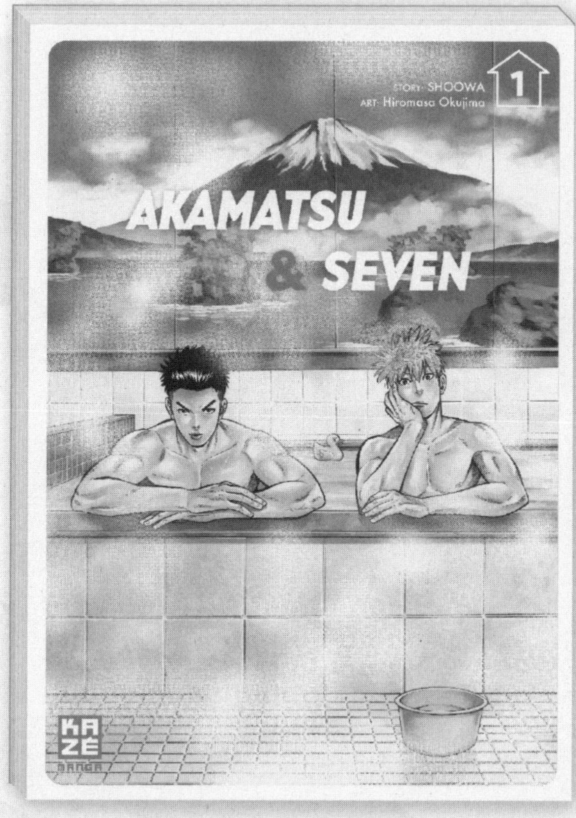

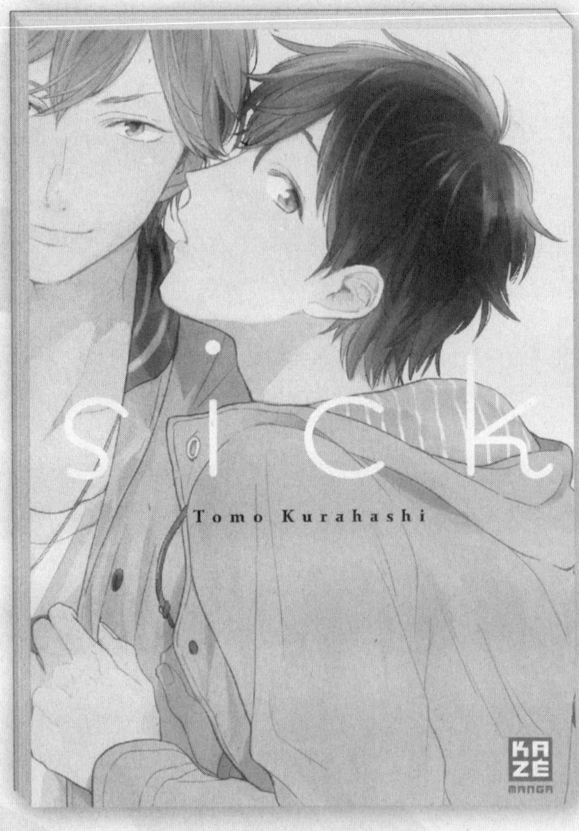